Rolf Leuner (Hrsg.)

Mitarbeiterbeteiligung

Rolf Leuner (Hrsg.)

Mitarbeiterbeteiligung

Recht, Steuern, Beratung

GABLER

Bibliografische Information der Deutschen Nationalbibliothek
Die Deutsche Nationalbibliothek verzeichnet diese Publikation in der
Deutschen Nationalbibliografie; detaillierte bibliografische Daten sind im Internet über
<http://dnb.d-nb.de> abrufbar.

1. Auflage 2009

Alle Rechte vorbehalten
© Gabler | GWV Fachverlage GmbH, Wiesbaden 2009

Lektorat: RA Andreas Funk

Gabler ist Teil der Fachverlagsgruppe Springer Science+Business Media.
www.gabler.de

Umschlaggestaltung: KünkelLopka Medienentwicklung, Heidelberg
Druck und buchbinderische Verarbeitung: Krips b.v., Meppel
Gedruckt auf säurefreiem und chlorfrei gebleichtem Papier
Printed in the Netherlands

ISBN 978-3-8349-0748-6

Vorwort

Hinter dem Begriff Mitarbeiterbeteiligung verbirgt sich ein sehr vielschichtiges Thema. Im angloamerikanischen Raum verbinden Führungskräfte wie Mitarbeiter die sogenannten drei M's damit: „Make me a millionaire". Diese sehr optimistische Sichtweise charakterisiert auch die Denkweise im angloamerikanischen Unternehmertum. Typisch deutsch dagegen erscheint die folgende Interpretation: Mitarbeiterbeteiligung sei, wenn der Chef den Mitarbeiter so über den Tisch ziehe, dass dabei Reibungswärme entstünde und der Chef dies dem Mitarbeiter als Nestwärme verkaufe. Man mag in dieser Aussage den sprichwörtlichen Pessimismus erkennen, der uns Deutschen international so oft nachgesagt wird.

Die Wahrheit liegt – wie bei so vielem – dazwischen. Mitarbeiterbeteiligung hat manche Führungskraft und etliche Vorstände tatsächlich zu Millionären gemacht. Andere Mitarbeiterbeteiligungen konnten hingegen aufgrund einer negativen Unternehmensentwicklung keinerlei Wirkung hervorrufen. Sieht man einmal von den Extremen der Aktienoptionen und der börsennotieren Long Term Incentives ab, so ist aber doch gerade für die mittelständische Wirtschaft festzustellen, dass Mitarbeiterbeteiligung häufig attraktive Renditen für die gesamte Belegschaft erwirtschaftet und dementsprechend bei zielorientierter Ausgestaltung hoch interessant für alle Belegschaftsschichten sein kann. Aus diesem Grund ist dieses Buch sicherlich einem Thema gewidmet, das es wert ist, sich mit ihm zu beschäftigen.

Folgerichtig haben wir uns, die Autoren, auch diesem Thema verschrieben. Die Autoren das sind: Frau Dipl.-Kffr., StB Dr. Blazenka Ban, Frau Dipl.-Kffr. (Univ.) Eva Didion, Herr RA, StB, FAfStR Dr. Klaus Dumser, Prof. Dr. Dodo zu Knyphausen-Aufseß (Technische Universität Berlin), Herr Dipl.-Kfm. WP, StB Dr. Oliver Lehmeier, Herr Dipl.-Kfm., WP, StB Dr. Rolf Leuner, Frau Dipl.-Kffr. (Univ.) Katharina Nawrot, Frau RA Katrin Wenig. Alle Autoren haben sich in Theorie und Praxis bereits seit Jahren, teilweise Jahrzehnte lang, mit der Mitarbeiterbeteiligung beschäftigt. Der Denkanstoß für das Schreiben dieses Buchs kam denn auch aus der täglichen Arbeit mit dem Mandanten und seinen Wünschen und Nöten. Viele in der Praxis höchst erfolgreiche Modelle haben die Autoren gemeinsam konzipiert und auch durch Betriebsprüfungen und Rechtsstreite zielsicher begleitet. Insofern gebührt dem Gründer der Sozietät aus der die meisten Autoren hervorgingen, Herrn WP, StB, RA Dr. Bernd Rödl und StB, RA Dr. Christian Rödl, ein herzliches Dankeschön für die Unterstützung und das Vertrauen, das beide mir und meinem Team in all diesen Jahren geschenkt haben. Dankbar sind wir Autoren auch unserem bewährten Team bestehend aus Frau Manuela Hanke, Frau Sarah Greiner, Frau Susann Kühne, Frau Kerstin Fees, die uns bei der Abfassung der Beiträge in hervorragender Weise und mit höchstem Einsatz unterstützten und uns über so manche technische Klippe hinweghalfen. Großen Dank schulden wir auch unseren Korrektoren, die zwar kritisch aber immer konstruktiv uns bei der Arbeit begleiteten, namentlich erwähnt und gedankt sei hier Herrn RA, FAfStR Lars Spiller und Herrn Dipl.-Kfm. Dieter Lachenmaier, beide erfahrene Praktiker im Bereich Mitarbeiterbeteiligung sowie Frau Dipl.-Kfm., StB Britta Dierichs, einer ausgewiesenen Expertin im Stiftungs- und Gemeinnützigkeitsrecht, die uns im Felde der Mitarbeiterbeteiligung bei gemeinnützigen Betrieben immer konstruktiv und extrem hilfsbereit zur Seite stand.

Dank unserer Mandanten und unserer Kollegen hoffen wir, ein Buch erstellt zu haben, das dem Unternehmer bei der Konzeption der Mitarbeiterbeteiligung zur Seite steht und ihn unterstützt, wenn es um die grundsätzlichen Fragestellungen im Bereich Betriebswirtschaft, Handelsrecht,

Steuern und Recht geht. Gleichfalls würden wir uns freuen, wenn dieses Buch dem Berater eine wertvolle Lektüre zu diesem Thema werden könnte. Wenn so Mitarbeiterbeteiligung noch bekannter zu machen gelänge und in ihrer Verbreitung gestärkt würde, wäre die Absicht dieses Buch zu verfassen, herauszugeben, zur vollsten Zufriedenheit erfüllt.

Nürnberg, im April 2009   Der Herausgeber

Inhaltsübersicht

Bearbeiterverzeichnis

Es wurden bearbeitet von

Dipl.-Kffr., StB Dr. Blazenka Ban	§§ 3, 5 B
Dipl.-Kffr. (Univ.) Eva Didion	§ 2 B
RA, StB, FAfStR Dr. Klaus Dumser	§ 2 A, 2 D, 5 B
Prof. Dr. Dodo zu Knyphausen-Aufseß	§ 2 B
Dipl.-Kfm., WP, StB Dr.Oliver Lehmeier	§§ 2 A, 3, 4, 6
Dipl.-Kfm., WP, StB Dr. Rolf Leuner	§§ 1, 2 A, 2 C, 2 D, 2 E, 4, 5 A, 6
Dipl.-Kffr. (Univ.) Katharina Nawrot	§ 2 B
RA Katrin Wenig	§§ 2 B, 2 E

§ 1 Grundlagen der Mitarbeiterbeteiligung

A. Grundlegung

Der Fachbegriff „Mitarbeiterbeteiligung" ist bereits zu einem guten Teil selbsterklärend: Dem Wortlaut folgend werden Mitarbeiter an dem Unternehmen beteiligt, bei dem sie Dienst leisten. Da Artikel 14 des Grundgesetzes das Recht auf Eigentum garantiert, muss es sich logischerweise um eine für beide Seiten – Arbeitgeber wie Arbeitnehmer – freiwillige Vereinbarung der partnerschaftlichen Partizipation handeln.   1

Offen bleibt dennoch vieles wie: Woran werden die Mitarbeiter beteiligt: an der Entscheidungsfindung, am Unternehmenserfolg, an der Unternehmenssubstanz und Wertsteigerung oder an allem zusammen? Müssen Mitarbeiter etwas für die Beteiligung bezahlen? Was geschieht, wenn sie kündigen, ihnen gekündigt wird? Haben alle Mitarbeiter das Recht gleich viel Mitarbeiterbeteiligung zu erhalten oder kann die Mitarbeiterbeteiligung vom Unternehmer auf einzelne „Wunschkandidaten" begrenzt werden? Ist jedes Unternehmen gleich gut geeignet für die Ausgabe von Mitarbeiterbeteiligung? Ist bei jedem Führungsstil Mitarbeiterbeteiligung ein probates Mittel?

Diesen und etlichen weiteren Fragen will dieses Buch nachgehen. Ferner sei vorab, um Vorurteilen von Beginn an vorzubeugen, Folgendes betont:

Mitarbeiterbeteiligung (MAB) ist nicht nur ein Modell für börsennotierte Unternehmen in Boomphasen. Stattdessen gilt: Die Beteiligung von Mitarbeitern ist für jede Rechtsform in nahezu jeder Lebensphase möglich und sogar in wirtschaftlich rezessiven Phasen sinnvoll. Das ist so, weil MAB größere Lohnflexibilität bei höherer Motivation der Mitarbeiter sicherstellt. Zudem verbessern viele einlagebasierte Modelle die Liquidität und die Eigenkapitalhöhe des betreffenden Unternehmens spürbar und sorgen so für finanzielle Flexibilität und Wachstum.   2

Gesicherte Erkenntnis der Praxis ist auch, dass eine zielgerichtete und erfolgreiche MAB stets unternehmensspezifisch und individuell auszuarbeiten ist. Das gilt bereits deshalb, weil jedes Unternehmen seine eigene Kultur hat und diese im Rahmen der MAB mit den steuer-, handels-, arbeits- und gesellschaftsrechtlichen Rahmenbedingungen in Deutschland zu verknüpfen ist.

Ebenso ist MAB keine Modeerscheinung, sondern bleibt aktuell, solange gutes Personal knapp und Menschen motivationsfähig und -bedürftig sind. Dies gilt gerade heute: Spätestens seit der Rede des Bundespräsidenten Dr. Horst Köhler in 2005 hält das Thema nicht nur die betriebliche Praxis, sondern auch wieder den deutschen Gesetzgeber in Atem. Zuvor, insbesondere in den Jahren 1997 bis 2001 fanden Stock Option Pläne bei börsennotierten Aktiengesellschaften eine rasche Verbreitung und wurden dementsprechend in der Öffentlichkeit verstärkt wahrgenommen. Die Attraktivität dieses Instruments ließ angesichts sinkender Aktienkurse der am damaligen Neuen Markt notierten Unternehmen und dem Niedergang des Index´ selbst danach stark nach. Eine Wende zum erneuten verstärkten Gebrauch hat sich jedoch ab 2005 bereits abgezeichnet, insbesondere bei Tochtergesellschaften angloamerikanischer Konzerne.   3

Diese Volatilität in der Bedeutung gab es für andere Formen der MAB hingegen nicht. Schließlich umfasst MAB neben Stock Options zahlreiche andere Instrumente, die zum Teil eine Dekaden umspannende Tradition haben. So wurde Mitarbeiterbeteiligung bereits von Ludwig Ehrhardt propagiert. Viele nicht börsennotierte Unternehmen unterschiedlicher Rechtsformen bieten ihren Mitarbeitern seit Jahrzehnten eine Beteiligung am wirtschaftlichen Erfolg an. Aufgrund der unbestreitbaren Vorteile – Mitarbeiterbindung und Motivation sowie Möglichkeit der Eigenkapitalzufuhr durch Einlagen der Mitarbeiter – ist und bleibt die MAB – selbst in schwierigen wirtschaftlichen Lagen – auch und gerade für Familien-Unternehmen attraktiv.

4   Ein weiterer Punkt, der die Einführung einer MAB zukünftig verstärkt fördern wird, ist das sogenannte Kredit-Rating, was extrem bedeutsam für Unternehmen ist, die eine Fremdfinanzierung erhalten wollen. Hintergrund ist, dass Banken ihr Kreditvolumen mit einem bestimmten Prozentsatz an Eigenkapital hinterlegen müssen. Dieser Prozentsatz bestimmt sich nach der Kreditwürdigkeit der jeweiligen Bankkunden. Mit dem Rating soll die Kreditwürdigkeit des Unternehmens ermittelt werden. Kriterien, die beim Rating abgefragt werden, sind u.a. die Eigenkapitalquote und eine geregelte Nachfolgeplanung. Beide Kriterien werden durch die Einführung einer MAB – bei entsprechender Ausgestaltung – positiv beeinflusst: Intelligente MAB erhöht einerseits das Eigenkapital und sorgt andererseits für eine Unternehmensnachfolge. Manche Mitarbeiterbeteiligungsmodelle der Praxis ersparten den Unternehmen die Kreditaufnahme sogar ganz. Die Mitarbeiter wurden quasi zur Hausbank.

Dieses Buch wie dieser Beitrag wollen belegen, dass die MAB für jedes moderne Unternehmen ein sinnvolles Instrument ist, um die Interessen der Gesellschafter, des Unternehmens sowie der Mitarbeiter in Einklang zu bringen. Neben individuellen Unternehmenszielen spielt dabei stets die handels- und steuerrechtliche Optimierung eine entscheidende Rolle für alle Beteiligten. Auch die gesellschafts-, arbeits- und sozialversicherungsrechtlichen Aspekte sind nicht zu unterschätzen. Da sich der hier vorliegende Beitrag als einleitendes Kapitel definiert, konzentriert sich dieser jedoch im Folgenden ganz bewusst auf die konzeptionellen Punkte und die übergeordneten Grundgedanken, die hinter jeder MAB stehen.

B.   Zielfindung und Konzeptionsphase der Mitarbeiterbeteiligung

I.   Zielsetzungen der einzelnen Beteiligten mit der Mitarbeiterbeteiligung

5   Unternehmen, Anteilseigner, Manager und Mitarbeiter verfolgen mit der MAB durchaus unterschiedliche Ziele. Eine intelligente MAB harmonisiert diese Ziele und schließt insbesondere die Spezifika eigentümergeführter Familien-Unternehmen mit ein, d. h. insbesondere, dass Anteilseigner und Manager häufig kongruent sind.

Zielsetzungen aus Unternehmensperspektive

6   Oftmals verfolgt das Unternehmen mit der MAB das Ziel, hochqualifizierte und motivierte Mitarbeiter an das Unternehmen langfristig zu binden. Der Faktor „Mitarbeiter" stellt branchenunabhängig mit steigendem Ausbildungsniveau, und damit vor allem in Deutschland, einen wichtigen Erfolgsfaktor dar. Wird eine MAB angeboten, steigt sowohl die Attraktivität des Unternehmens als künftiger Arbeitgeber als auch der Anreiz für einen Verbleib im Unternehmen. Auch wenn in rezessiven Phasen die Rekrutierung von Mitarbeitern oftmals nicht als entscheidendes Problem angesehen wird, ist es teilweise für Unternehmen genauso schwierig, hochqualifizierte Mitarbeiter

im Unternehmen zu halten oder Spezialisten einzukaufen. Auch stehen immer mehr mittelständische Unternehmen im Wettbewerb zu internationalen Großkonzernen. Ferner werden Mitarbeiter heute noch aufwändiger ausgebildet als früher, was für das Unternehmen mit hohen Kosten verbunden ist. Eine Abwanderung dieser Mitarbeiter führt zum Verlust dieses aufgebauten Knowhows und der durch die Kosten geschaffenen immateriellen in den Personen gebundenen Werte.

Schließlich kann eine MAB für das Unternehmen auch nützlich bei Kreditvergabeverhandlungen mit Banken sein und sich dort positiv auswirken: Verbessert die MAB das Eigenkapital oder wird dadurch eine Unternehmensübergabe vorbereitet, werden die Banken die Kreditwürdigkeit des Unternehmens höher einschätzen als ohne MAB und damit günstigere Kredite gewähren.

Das nachfolgende Bild fasst die Ziele aus Unternehmenssicht zusammen: 7

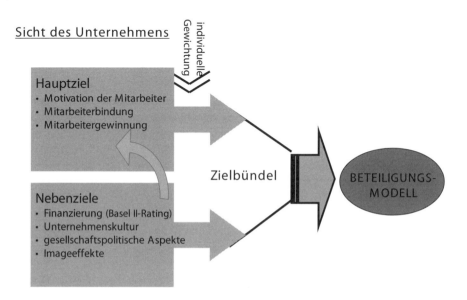

Abbildung 1:   Zielsetzung aus Unternehmenssicht

1.   Zielsetzungen aus Mitarbeitersicht

Mitarbeiter streben mit MAB eine langfristige Verbesserung ihrer Vergütungssituation an. Dabei   8
wird u.U. sogar eine Substitution von fixen Vergütungsbestandteilen zugunsten einer langfristig orientierten, lukrativeren MAB akzeptiert, weil Mitarbeiter so in Gehaltskategorien vorstoßen, die das Unternehmen regelmäßig auszuzahlen nicht im Stande ist. Für die Mitarbeiter bedeutet die MAB damit aber auch ein zusätzliches Risiko, da sie neben dem Arbeitsplatz- zusätzlich ein Vermögensrisiko tragen, denn jedenfalls die einlagenbasierte MAB bewirkt ein im Unternehmen gebundenes Vermögen des Mitarbeiters. Daher wird vor allem von der einlagepflichtigen Belegschaft und deren Vertretungen, sei es Betriebsrat oder Gewerkschaften, aber eben auch manchmal von Führungskräften, die einen hohen Kapitaleinsatz für ihre Beteiligung erbringen sollen, eine Risikoabsicherung für den Fall der Insolvenz des Arbeitgebers angestrebt.

Ein weiteres Ziel aus Mitarbeitersicht ist, Entscheidungs-, Mitsprache- und Kontrollrechte im Unternehmen zu erlangen. Dieses Ziel dürfte umso bedeutsamer sein, je höher qualifiziert der Mitarbeiter ist und je mehr er in einer Führungsposition ist.

2.   Zielsetzungen aus Anteilseigner-Perspektive

9   Primäres Ziel der nicht spekulativ orientierten Anteilseigner stellt die langfristige Wertsteigerung ihres Unternehmensanteils dar. Dies gilt – rechtsformunabhängig – sowohl für die perspektivisch agierenden Aktionäre von börsennotierten Aktiengesellschaften als auch für die Anteilseigner von GmbHs und Personengesellschaften, die nicht gleichzeitig Geschäftsführer sind. Andere Zielsetzungen werden dagegen hinzutreten, wenn Geschäftsführung und der Anteilsbesitz in einer Hand liegen, wie z. B. bei vielen Familienunternehmen. Indem Mitarbeiter an der Unternehmenswertentwicklung beteiligt und so zusätzlich lukrativ vergütet werden, orientieren sie sich verstärkt auch an den Zielsetzungen der Anteilseigner. Und dies ist das Hauptziel der MAB aus Anteilseignersicht, den Konflikt zwischen Managern ohne Anteile und Anteilseignern ohne Managementkapazitäten zu überwinden bzw. erst gar nicht aufkommen zu lassen.

Zwar werden Gesellschafter durch eine MAB dann wirtschaftlich belastet, wenn ihre Anteile an die Mitarbeiter teilweise unentgeltlich übertragen werden oder eine Gewinnbeteiligung gewährt wird, die dann den an die Anteilseigner auskehrbaren Gewinn reduziert. Idealerweise erhöht die durch MAB ausgelöste Mehraktivität der Belegschaft jedoch Gewinn und Wert des Unternehmens, so dass die Anteilseigner ohne Wertverlust Anteile abgeben oder durch eine Kapitalerhöhung prozentual betrachtet verwässert werden können. Für die Gesellschafter ist eine MAB sogar vorteilhaft, wenn die Verwässerung durch MAB wiederum durch eine Wertsteigerung des Unternehmens durch Mitarbeiteraktivität überkompensiert wird. Eine Anteilsabgabe ist jedoch kein zwingendes MAB-Kriterium.

10   Die Zielsetzungen der Anteilseigner und Mitarbeiter fasst das folgende Schaubild zusammen:

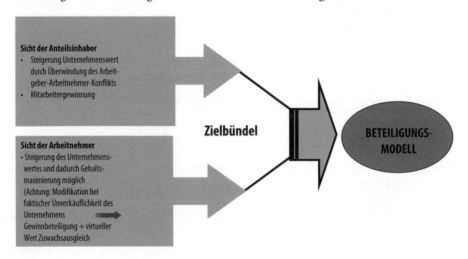

Abbildung 2:   Zielsetzungen aus Anteilseigner- und Mitarbeitersicht

II.   Weitere Vorüberlegungen zur Konzeption einer Mitarbeiterbeteiligung

Nach erfolgter Zielfindung von Anteilseignern, Managern und Unternehmern sollte sich der In-   11
itiator einer planmäßig erfolgreichen MAB insbesondere über folgende Fragestellungen und zwar
vor Einführung der MAB klar werden:

- Ist mittelfristig ein Börsengang geplant?
- Welche Rechte sollen die Mitarbeiter erhalten?
- Welche Mitarbeiter sind zu beteiligen?
- Wer finanziert wie die MAB?

Warum gerade diese Fragen so bedeutsam sind, ergibt sich aus Folgendem: 12

Die erste Frage gibt Aufschluss darüber, wie realistisch die Perspektive des Mitarbeiters ist, allein über Wertsteigerungsgewinne in überschaubarer Zeit zu profitieren (Frage der realen Markt-
gängigkeit seiner MAB. Hieraus ergibt sich unmittelbar die Antwort auf die Frage, ob eine reine
Wertsteigerungsbeteiligung als MAB ausreicht). Die zweite Frage betrifft die Abwägung zwischen
Abgabe/ Nichtabgabe eigener Rechte und der daraus resultierenden bzw. wegfallenden Motivationssteigerung der Mitarbeiter. Die dritte Frage betrifft die diffizile Entscheidung, ob nur das
Top-Management, alle Führungskräfte und/oder (nur) die gesamte Belegschaft durch Mitarbeiterbeteiligung motiviert und am Erfolg und/oder Wertzuwachs teilhaben sollen. Versachlichen
lässt sich diese Thematik nur durch das individuelle Beantworten der Frage, welche Möglichkeiten
die jeweils potentiell zu beteiligenden Personen haben, den Unternehmenserfolg und den Wertzuwachs zu steuern und positiv zu beeinflussen. Alle Personen die signifikant hierzu in der Lage
sind, sind auch potenziell wertvolle Beteiligungskandidaten.

Die letzte Frage betrifft neben etwaig wünschenswerten Finanzzuflüssen insbesondere das Nutzen   13
steuerlicher und sozialversicherungsrechtlicher Gestaltungsmöglichkeiten für Unternehmen wie
Mitarbeiter bei der Finanzierung der jeweiligen Beteiligung und die Thematik, ob die Pflicht eine
Einlage zu erbringen, die Intensität des Mitarbeiterengagements für das Unternehmen merklich
und spürbar erhöht oder gar das Gegenteil bewirken kann.

Je nach Beantwortung dieser Fragen ergeben sich jeweils unterschiedliche, höchst individuelle
MAB-Programme und somit Motivationswirkungen, Folgeeffekte für die Anteilseigner und u.U.
gewisse Exitzwänge für das Unternehmen.

Diese wesentlichen Differenzierungsüberlegungen stellt nochmals die folgende Grafik zusam-   14
men:

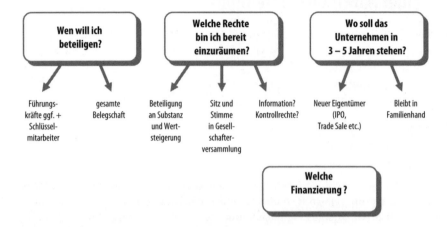

Abbildung 3: Vorüberlegungen zur Mitarbeiterbeteiligung

Im Nachfolgenden wird vertieft, was diese Weichenstellungen an Konsequenzen für die Modellgestaltung nach sich nachziehen.

Differenzierung nach Ambition zum Börsengang

Börsengang/Trade Sale

15   Ist ein Börsengang – auch Initial Public Offering, kurz IPO genannt, – oder Trade Sale[1] mittelfristig geplant, ist eine (gegebenenfalls ausschließliche) Partizipation an der Wertsteigerung für den Mitarbeiter durch Anteilsverkauf ein realistisches Szenario? Hier kann der Unternehmer am effektivsten die Mitarbeiter über Aktienoptionspläne, Wandelschuldverschreibungen oder Aktienkaufmodelle am Unternehmenswert beteiligen. Im Gegensatz zu den reinen Gewinnbeteiligungsmodellen profitiert der Mitarbeiter hier im Wesentlichen an der bloßen Wertsteigerung des Unternehmens beim Aktienverkauf, da er an der Unternehmenssubstanz beteiligt ist.

Kein Börsengang/Trade Sale

16   Wenn umgekehrt nur für wenige Familienunternehmen der Börsengang eine präferierte Alternative ist, muss bei diesen die Mitarbeitermotivation und –beteiligung folglich über andersartige Partizipationsformen erfolgen, die insbesondere die Entscheidungs- und laufende Gewinnpartizipation übergewichten. Beispielhaft seien hier stille Beteiligungen oder Genussrechtsmodelle genannt, die diesen Anforderungen entsprechend ausgestaltet werden können. Schließlich wird dem Mitarbeiter bei Ausschluss von Börsengang und Trade Sale als Ausstiegsszenario eine MAB durch Wertsteigerungspartizipation als unglaubwürdig und daher irreal erscheinen. Nicht Kapitalmarkt gängige reale MAB wie Kommanditbeteiligungen oder GmbH-Geschäftsanteile oder gar atypisch stille Gesellschaftsanteile sind für den Mitarbeiter nun einmal ungleich schwerer wieder zu verkaufen als börsennotierte Aktien.

---

1   Unter Trade Sale wird hier der Verkauf aller Anteile oder wenigsten einer Mehrheit der Anteile an einen (meist strategischen) Investor außerhalb eines geregelten Marktes verstanden.

Der Mitarbeiter nicht IPO-fähiger Unternehmen, die auch nicht an strategische Investoren veräußert werden sollen, wird daher anstelle von Wertsteigerungspartizipationsmodellen MAB erwarten, die diese fehlende Perspektive durch entsprechende laufende Gewinn- und/ oder Schlussbeteiligung überkompensieren.

Werden manchen Personen, z.B. Geschäftsführern dennoch Substanzbeteiligungen angeboten, so sind zwingend geeignete Bewertungs- und Abfindungsregelungen für den Fall der Rückgabe der Beteiligung zu treffen; im beiderseitigen Interesse, denn beim Wiederausstieg muss der Unternehmer die Anteile vom Mitarbeiter bezahlbar zurückkaufen können und der Mitarbeiter muss sich dieser Verkaufsoption auch sicher sein dürfen.

Pro und Contra Mitsprache- und Informationsrechte

Hinzu kommt, vor allem dann, wenn Familienunternehmen keinen Börsengang planen, auch das Problem, dass es dem einen oder anderen Unternehmer doch recht schwer fällt, Mitarbeitern – selbst Führungskräften – Sitz und Stimme in der Gesellschafterversammlung einzuräumen. Das mag insoweit verständlich sein, als – dies ist jedoch Rechtsform abhängig – beteiligte Mitarbeiter per Gesetz extrem weitreichende Stimm-, Zustimmungs-, Mitsprache- und Informationsrechte haben können, vor allem bei GmbH-Beteiligungen. Insbesondere die empfindlich weitgehenden Einsichtsrechte des GmbH-Gesellschafters sind oftmals nicht gewollt. 17

Auf der anderen Seite sehen die Mitarbeiter die Möglichkeit zur Teilhabe an vorher verwehrten Entscheidungsprozessen im Unternehmen als motivierend an. Dies stärkt die Bindung an das und die Identifikation mit dem Unternehmen.

Wenn folglich Unternehmer wegen zu weitgehender Gesellschaftsrechte zu anderen Beteiligungsformen greifen und so Stimmrechte ausschließen wollen, z. B. durch Nutzung hybrider Beteiligungen wie Genussrechte oder stille Beteiligungen, müssen sie sich bewusst sein und daher besonders darauf achten, auf andere Art und Weise die Mitarbeitermotivation zu erhalten und die verwehrten Rechte aus Mitarbeitersicht zu kompensieren. Aus Beratungs- und Gestaltungssicht können diese konträren Interessengegensätze dennoch, z.B. durch freiwillige Informationshingabe, sei es in und durch Partnerausschüsse miteinander in Einklang gebracht werden, individuell vereinbart im Rahmen von Genussrechtsbedingungen oder Stillen Gesellschaftsverträgen. 18

Eine andere Lösung kann aber auch die Umwandlung eines Unternehmens von der Rechtsform der GmbH in die der AG sein, um so Informationsrechte auf ein akzeptables Maß zu reduzieren; erinnert sei hier insbesondere an die nur einmal im Jahr stattfindende ordentliche Hauptversammlung.

Ähnliche Effekte lassen sich bei GmbHs aber auch ohne Umwandlung durch Zwischenschaltung einer Mitarbeiterbeteiligungs-GmbH zwischen Belegschaft und Zielgesellschaft erreichen oder durch Verwendung von Optionsmodellen, die die Stimmrechtsausübung solange verhindern können, bis die Option gezogen wird. Da die Optionsausübung und vor allem ihr Zeitpunkt gestaltbar sind, sind auch solche Modelle für oben genannte Zwecke Sinn stiftend.

Pro und Contra Substanzbeteiligung

Tendenziell entfalten Mitarbeiterbeteiligungen, die Vermögenspositionen einräumen, eine höhere Motivationswirkung, d.h. wenn der Mitarbeiter am Wertzuwachs des Unternehmens dadurch teil hat, dass ihm z.B. Geschäftsanteile an einer GmbH oder KG-Anteile übertragen werden oder er atypisch still beteiligt wird. So partizipiert er am Wertzuwachs der Unternehmenssubstanz, dem Geschäftswert, den stillen Reserven und gegebenenfalls am Liquidationswert. 19

Geltung hat diese Aussage aber nur unter der Prämisse, dass hinsichtlich der Beteiligung die Chance auf Wertzuwachs vorhanden und diese Wertsteigerung durch Verkauf für den Mitarbeiter konkret in naher Zukunft realisierbar ist. Deswegen ist auch die Frage nach dem Ausstieg (IPO, Trade Sale) so eminent wichtig. Nur dann schafft sich der Mitarbeiter tatsächlich einen langfristigen Vermögensvorteil, der z.B. zur Alterssicherung dienen kann[2], wenn sich die Beteiligung wie erhofft positiv entwickelt hat. Je größer das Potenzial des möglichen Wertzuwachses, welches sich z.B. in der Vergangenheit bei einigen Technologieunternehmen auch realisiert hat, desto höher ist der Motivationsanreiz des Mitarbeiters (durch den eingetretenen Vermögensvorteil). Umgekehrt heißt dies für den Unternehmer, dass er prinzipiell Unternehmenssubstanz abgibt. Er muss für sich entscheiden, ob die hohe Motivationswirkung beim Mitarbeiter und der daraus erwachsende Reflex auf die Unternehmenserträge diesen zunächst für ihn wertmindernden Substanzverlust überkompensieren kann: Studien zufolge sind Betriebe mit Mitarbeiterbeteiligung regelmäßig produktiver als ohne[3], so dass dieses Szenario nicht unwahrscheinlich ist.

20   Umgekehrt entfalten MABen ohne Teilhabe am Unternehmenswertzuwachs nur eingeschränkte Motivationswirkung, wie z.B. Langzeittantiemen (und -guthaben) oder typisch stille Gesellschaften. Sie verursachen zwar begrenzten rechtlichen und finanziellen Aufwand und berühren die gesellschaftsrechtlichen Beziehungen im Unternehmen tendenziell nicht. Ihr gravierender Nachteil ist aber, dass ohne Substanzbeteiligung und ohne diesen Malus kompensierende Gewinnpartizipations-, Informations- und ggfs. Entscheidungsrechte keine über den Arbeitsvertrag hinausreichende Bindung des Mitarbeiters an das Unternehmen entsteht.

Einen Kompromiss können insoweit wieder Genussrechte oder stille Beteiligungen darstellen, die über die gesetzlich vorgesehenen Teilhaberechte hinausgehen und z.B. eine Schlussvergütung am Ende der Laufzeit bei entsprechender Wertsteigerung ausloben.

Auch rein Arbeitgeber finanzierte Mitarbeiterguthaben, die dem Mitarbeiter erst nach mehreren Jahren ohne vom Arbeitnehmer zu erbringendes Eigeninvestment zustehen, zeigten diesen Effekt. Sie fordern in der Ansammelphase regelmäßig lang anhaltende Unternehmenstreue ein, generieren dann aber im Auszahlungszeitpunkt echten Mehrwert für die Belegschaft, ganz ohne Risiko.

Differenzierung nach den beteiligten Mitarbeitern

21   Ob MAB allen gewährt wird oder ob nur Führungskräfte oder ausschließlich die Belegschaft in deren Genuss kommen, entscheidet allein die Unternehmensleitung und die Anteilseigner.

Tendenziell immer beteiligte Personen werden die Führungskräfte sein, von denen der Erfolg und die strategische Entwicklung des Betriebs abhängen. Ferner werden Mitarbeiter in diesen Kreis – sogenannte „Schlüsselmitarbeiter" – gehören, die nicht unerheblichen Einfluss auf die Wertschöpfung bzw. Wertsteigerung des Unternehmens haben, z.B. aufgrund funktions- oder produktionswichtiger Stellung. Auch gibt es in vielen Unternehmen Schlüsselmitarbeiter, die nicht zu den Führungskräften gehören, aber dennoch Meinungsführer im Unternehmen sind. Diese zu beteiligen macht ferner häufig Sinn.

Doch leisten nicht nur die Führungskräfte eines Unternehmens einen Beitrag zum Unternehmenserfolg. Vielmehr bedienen sich Führungskräfte für die Realisierung von Erfolgen immer ihrer Mitarbeiter, d.h. faktisch müssen alle Mitarbeiter auf die Erreichung des vorgegebenen Unternehmensziels hinarbeiten, damit die Unternehmenserfolgssteigerung gelingt. Wenn sich nun die übergeordneten Unternehmensziele auf Ziele herunter brechen lassen, die auch für die Beleg-

---

2   Vgl. den späteren Beitrag zur betrieblichen Altersversorgung in Verbindung mit der Mitarbeiterbeteiligung.
3   Vgl. IAB Kurzbericht, Ausgabe Nr. 9 vom 30.5.2001 sowie *Leuner, R., DStR 2003*, S. 669-672, dort Fußnote 29.

schaft beeinflussbar erscheinen, dann steht einer breiten MAB jedenfalls insofern nichts im Wege. Da sich zudem und zunehmend zentralisierte Steuerungsinstrumente als ineffektiv erwiesen haben, wird häufig versucht, kleinen Einheiten mehr Entscheidungsautonomie zu gewähren. MAB kann hierbei gewährleisten, dass weiterhin die Zielsetzung des Gesamtunternehmens verfolgt wird, trotz aller Dezentralität.

Wichtig ist in diesem Zusammenhang zu erwähnen, dass bei Belegschaftsmodellen der arbeits-   22 rechtliche Gleichbehandlungsgrundsatz eine ganz große und stets gestalterisch zu beachtende Rolle spielt: Rein sachliche, intersubjektiv nachvollziehbare Differenzierungskriterien, wie Unternehmenszugehörigkeitsdauer oder die Einordnung nach Hierarchieebenen, erlauben hier jedoch, unternehmenszieladäquate Lösungen zu finden.

Abschließend sollte jedem Unternehmer bewusst sein, und dies ist sicherlich eines der stärksten Argumente für die Beteiligung aller Mitarbeiter, dass die Beteiligung nur einer der beiden Parteien, Führung einerseits und Belegschaft andererseits, zwangsläufig zu Neid, Frustration oder Argwohn führt, die sich nur kontraproduktiv auf den Unternehmenserfolg auswirken können. Umgekehrt heißt die Beteiligung aller Mitarbeiter jedoch gerade nicht, dass Führungskräfte wie Belegschaft dieselben Einlagen zu zahlen, die selben Erfolgsziele zu erreichen und die selben Vergütungen zu erwarten hätten. Hier zu differenzieren ist gerade der Schlüssel einer erfolgreichen MAB.

Finanzierung

Schließlich ist die Finanzierung des Beteiligungsmodells zu klären. Sollen sich die Mitarbeiter am   23 Unternehmen überhaupt in Geld beteiligen (müssen)? Sollen sie „Haut in der Gesellschaft haben" und so noch mehr „am eigenen Leib" spüren, wie es um ihr Unternehmen bestellt ist? Müssen sie ein doppeltes Insolvenzrisiko eingehen, bei Unternehmensniedergang: Den Arbeitsplatz- wie den Einlageverlust?

Ist das so gewollt, so sollte der weitsichtige Unternehmer durch intelligente Gestaltung Wege anbieten, wie seine Mitarbeiter liquiditätsschonend und steuergünstig die Einlage erbringen können. Andernfalls darf er sich nicht wundern, wenn die gewünschte Beteiligungsquote von der real erreichten abweicht. Konkret heißt dies: Sämtliche staatlichen Fördermöglichkeiten für die Einlageleistung des Arbeitnehmers, wie Arbeitnehmersparzulage, Bewertungszugeständnisse oder Freigrenze für Erwerbsrabatte sollten ausgeschöpft, steuerlich zulässige Entgeltumwandlungen von Barlohn in Mitarbeiterbeteiligung eingesetzt und genutzt werden.[4]

Auch haben sich- unabhängig von einer steuerlichen Förderung – gestaffelte Gratis-Anteilszuwendungen des Arbeitgebers in Abhängigkeit von der Höhe des jeweiligen Eigeninvestments des Mitarbeiters bewährt.

Ist die Einlageleistung nur deswegen gewünscht, damit die Unternehmung eine Innenfinanzierung erreichen kann, bieten sich im Übrigen rein Arbeitgeber finanzierte Modelle mit langen Ansammelphasen und Bindungsfristen an, die steuerlich Betriebsausgabenabzug ohne Liquiditätsabfluss im Zeitpunkt der Bildung des internen Finanzmittelfonds generieren und die die Belegschaft hoch motivieren durch die beispielsweise eine Dekade später an die treu gebliebene Belegschaft ausgeschütteten zurückgestellten Beträge.

Das folgende Schaubild veranschaulicht mögliche Wege und Kombinationen zur Finanzierung   24 der MAB:

---

4   Vgl. z.B. BFH vom 14.5.1982 VI – R – 124/77, BFHE 135, 542.

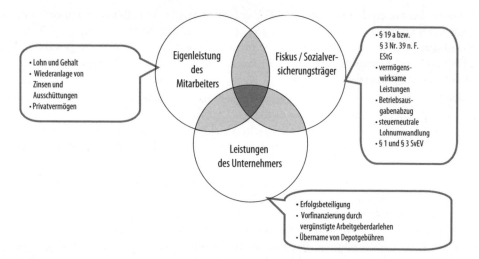

Abbildung 4:   Wege und Kombinationen zur Finanzierung der MAB

Sollte dagegen die Einlageleistung nicht zwingend vorausgesetztes Kriterium sein, so bieten sich virtuelle Modelle oder Optionsmodelle genauso an. Diese sind insbesondere dann zu präferieren, falls das Unternehmen sehr risikoreich agiert und die Gefahr des Einlageverlusts und der Mitarbeiterdemotivation dadurch sehr groß ist.

Nach o.g. Vorüberlegungen schließt sich die Modellausarbeitung für den Initiator der MAB an. Nachfolgende Darstellung soll hierfür einige Anregungen liefern.

C.   Modellausarbeitung und Realisation

25   Anders als bei der stets voranzustellenden Konzeption der Mitarbeiterbeteiligung aus betriebswirtschaftlicher, personalwirtschaftlicher und führungstechnischer Sicht ist spätestens bei der Modellausarbeitung selbst konsequent auf den Typus der Mitarbeiterbeteiligung zu achten. Konkret heißt dies, Eigenkapitalmodelle müssen anders gestaltet sein als Fremdkapitalmodelle und diese wiederum abweichend von hybriden Modellen. Dies ergibt sich zwangsläufig bereits daraus, dass Eigenkapitalmodelle sich nach dem durchaus unterschiedlichen Gesellschaftsrecht ihrer jeweiligen Rechtsform zu richten haben. So ist bei GmbHs insbesondere das GmbH-Recht und das HGB maßgeblich, bei Aktiengesellschaften das Aktiengesetzbuch und das HGB und bei Personenhandelsgesellschaften das Handelsgesetzbuch (HGB) und, soweit darauf verwiesen wird, ggf. das GmbH-Gesetz.

Umgekehrt ist bei Fremdkapitalmodellen vor allem das Schuldrecht des Bürgerlichen Gesetzbuches beachtlich. Bei hybriden Modellen, wie Genussrechte, stille Beteiligungen etc. ist eine gesetzliche Kodifizierung im Wesentlichen nur in § 311 BGB, § 221 AktG bzw. §§ 230 HGB vorhanden. Deswegen ist es dort umso wichtiger, die betreffenden Verträge mangels Rückgriffmöglichkeit auf gesetzlich bestehende Regeln sehr genau und weitreichend zu fassen sowie so klar auszugestalten, dass keinerlei Rechtsfragen (idealerweise) offenbleiben. Dass dies oftmals eine reine Zielsetzung in Praxi bleibt, ergibt sich aus der komplexen Rechtsprechung zum Arbeitsrecht, Kündigungsschutz und natürlich auch dem Steuerrecht. Dennoch macht es Sinn, nach dem Kapitalcharakter zu differenzieren und so die bereits betriebswirtschaftlich konzipierten Modelle auszuarbeiten, da nur dann eine zielgerichtete und auch für die Abwicklung taugliche Modellgestaltung resultiert

I.   Differenzierung nach der Art der Kapitalhingabe

1.   Eigenkapitalmodelle

Bei diesen Mitarbeiterbeteiligungs-Modellen handelt es sich regelmäßig um einlagebasierte reale   26
Beteiligungserwerbe, d. h. Mitarbeiter erwerben entweder sofort gegen Zahlung GmbH-Anteile,
Aktien, Kommanditanteile bei Personenhandelsgesellschaften etc. Damit erwerben Sie auch alle
Vor- und Nachteile der direkten gesellschaftsrechtlichen Beteiligung.

Zu denken ist hier beispielsweise bei GmbH-Anteilen an die Pflicht zur notariellen Beurkundung
bei Übertragung und Erwerb von Anteilen bei Gründung, Kapitalerhöhung etc. Immer relevant
sind dort auch die besonderen, sehr weitgehenden Auskunfts- und Einsichtsrechte der GmbH-
Gesellschafter. Erst unlängst wurde wiederum ein Urteil des Oberlandesgerichts München (Beschluss vom 11.12.2007, Az. 31 WX 48/07, rechtskräftig, DB 2008, S. 115) zu diesem Themenkreis
veröffentlicht. Danach kann auch einem Gesellschafter, der sich einem Konkurrenzunternehmen
angeschlossen hat, die Einsicht in die Jahresabschlüsse der Gesellschaft nicht verweigert werden.
Bezöge sich die verlangte Auskunft auf wettbewerbsrelevante Informationen, könne maximal die
Entgegennahme der Informationen durch einen zur Verschwiegenheit verpflichteten, für beide
Seiten vertrauenswürdigen Treuhänder in Betracht zu ziehen sein.

Derartige Urteile zwingen naturgemäß – jedenfalls bei GmbHs – dazu, die Mitarbeiterbeteiligung   27
so auszugestalten, dass spätestens für den Fall der Kündigung eines Mitarbeiters Regelungen vorgesehen sind, die eine Rückgabe der Anteile ermöglichen, dies zu einem fairen Preis und so einen
reibungslosen Ausstieg der Mitarbeiter zum Wohle des Unternehmens garantieren.

Soeben geschilderte Zwänge sind auch oftmals der Grund, dass Unternehmer sich nicht der direkten gesellschaftsrechtlichen Beteiligung bedienen, sondern beispielsweise den hybriden Formen
zuneigen, wie der stillen Beteiligung oder den Genussrechten.

Diese Schlussfolgerung ist zwar nachvollziehbar, jedoch nicht zwingend. So kann durch sorg-   28
fältige vorherige Umgestaltung des bisherigen Gesellschaftsvertrages der GmbH vor Aufnahme
der zu beteiligenden Mitarbeiter der gleiche Effekt bewirkt werden, ohne dass es stiller Gesellschaften oder Genussrechte und der damit geringeren Motivationseffekte bedarf. Verknüpft mit
Bündelung der GmbH-Gesellschafter in dazwischen geschalteten Gesellschaften des bürgerlichen
Rechts können die gewünschten Zielsetzungen noch leichter und pragmatischer erreicht werden
(sogenanntes Pooling).

Vermeiden lassen sich die befürchteten Einsichtnahmen oder Stimmrechtseinbußen auch durch
Gewährung bloßer Anwartschaftsrechte auf Gesellschaftsrechte wie Optionen oder diesen vergleichbar nachgebildeten Wandelschuldverschreibungen oder Wandelgenussrechte auf GmbH-
Anteile. Mit Gewährung dieser Anwartschaftsrechte wird die Pflicht zur Einlagenleistung aber
auch die Stimmrechtsmacht, die Möglichkeit der Einsichtnahme etc. auf einen späteren Zeitpunkt
verlegt, eben den der Ausübung. Dieser Termin wird idealerweise so festgesetzt, dass eine Optionsausübung dann nicht mehr von den Unternehmern als bedrohlich empfunden wird, weil beispielsweise die ehemalige GmbH dann bereits AG und börsennotiert ist und ein stimmberechtig-
ter Mitarbeiter der weit angenehmere Aktionär ist als der reine Kapitalanleger. Da diese Modelle
aber eben doch früher oder später prinzipiell die gleichen Vermögens- und Verwaltungsrechte
wie die echten Anteile gewähren, werden sie hier unter den Eigenkapitalmodellen eingeordnet.

1

29 Vorstehende Überlegungen gelten in ähnlicher Form auch bei realen Beteiligungen an Personenhandelsgesellschaften, z.B. als Kommanditist. Auch hier kommt es entscheidend auf die Abfassung des Gesellschaftsvertrages an, was Kontroll-, Widerspruchs- und Einsichtrechte betrifft. Bei den Personenhandelsgesellschaften liegen jedoch die Fallstricke der MAB zusätzlich im Steuer- und Sozialversicherungsrecht, da hier Arbeitnehmer, die beteiligt werden sollen, mit ihrer Beteiligung nicht nur aus der Lohnbesteuerung herausfallen und in die gewerbliche Unternehmerrolle gedrängt werden, sondern auch sozialversicherungsrechtlich zum Unternehmer werden können, was vielen Mitarbeitern zu weitreichend ist. Deswegen sind reale Mitarbeiterkapitalbeteiligungen an Personenhandelsgesellschaften höchst selten und regelmäßig nur bei wenigen Spitzenführungskräften anzutreffen. Diesen Modellen wird folgerichtig in diesem Buch auch kein eigenes Kapitel gewidmet. Auf die Ausführungen in dem Kapitel zur Mitarbeiterbeteiligung bei Freiberuflern wird jedoch ausdrücklich verwiesen.

Weniger problematisch ist hingegen die Gewährung von Aktien als MAB. Die Einsichts- und Auskunftsrechte sind hier deutlich verkürzt. Eine ordentliche Hauptversammlung findet nur einmal im Jahr statt. Auch der Erwerb von Aktien kann prinzipiell ohne notarielle Beurkundung erfolgen. Die Partizipation an Gewinn und Verlust und stillen Reserven ist jedoch genauso groß wie bei GmbH-Anteilen, gegebenenfalls sogar noch größer, wenn die Aktiengesellschaft später einmal ihre Aktien an der Börse notieren lässt.

30 Ganz allgemein und zusammenfassend ist aber positiv festzuhalten, dass bei Eigenkapitalmodellen die Motivationswirkung regelmäßig sehr groß ist, da mit der Beteiligung Stimm- und Vermögensrechte gewährt werden. Umgekehrt ist natürlich für das Unternehmen ein besonderes Augenmerk schon bei Konzeption auf den Ausstieg der Mitarbeiter, auf die Abfindung beim Ausstieg, auf die Möglichkeit zur Beendigung der Mitarbeiterbeteiligung bei Kündigung, auf Stimmbindung und Einsichtsrechte zu achten. Bei Freiberuflern ist bei diesen Modellen auch immer das Standesrecht besonders zu beobachten und zu würdigen.

2. Fremdkapitalmodelle

31 Diese Modelle zeichnen sich dadurch aus, dass sie aufgrund der rein schuldrechtlichen Art und Weise der Ausgestaltung relativ leicht zu installieren und zu konzipieren sind. Es gibt keine Probleme mit Gesellschaftsrecht, keine Probleme mit Standesrecht, keine Probleme mit Einsichts- und Auskunftsrechten. Allerdings beeinträchtigt die sehr schwache Motivationswirkung dieser Fremdkapitalmodelle die Verbreitung dieser Mitarbeiterbeteiligungen. Bei reinen Fremdkapitalmodellen ist ein sehr viel größeres Augenmerk auf die immaterielle Beteiligung, auf die Beteiligungen an Entscheidungen und Informationsprozessen etc. zu richten. Prinzipiell gewährt diese Beteiligung diese Rechte natürlich nicht.

Dementsprechend muss sich der Unternehmer, der hier motivieren will, durch Zusatzregelungen und Institutionen wie freiwillige Lenkungsgremien, die Möglichkeit schaffen, die Mitarbeiter zu motivieren. Dies gilt bei Fremdkapitalmodellen auch deswegen, da eine Beteiligung an stillen Reserven und Liquidationserlös, und in der Regel – von partiarischen Darlehen einmal abgesehen – auch am Gewinn und am Verlust nicht vorgesehen ist. Wirklich motivierend wirken daher nur wenige Modelle mit reinem Fremdkapitalcharakter.

32 Eines dieser Modelle, das sich in der Praxis tatsächlich bewährt hat, ist das rein Arbeitgeber finanzierte Mitarbeiterguthabenmodell. Hier erhalten Mitarbeiter oftmals erst nach einer sehr langen Ansparphase von beispielsweise 10 Jahren Unternehmenszugehörigkeit einen dann aber erfreu-

lich hohen Betrag ausbezahlt, der vorher brutto für netto vom Arbeitgeber zurückgestellt wurde und von ihm als Betriebsausgabe abgesetzt werden konnte. Wohlgemerkt ohne Zufluss und damit ohne Versteuerung beim Mitarbeiter. Erst bei der am Ende erfolgenden Auszahlung versteuert dann der Mitarbeiter. In der Zwischenzeit gilt es die Motivation und Bindung der Mitarbeiter durch entsprechende Information über die erreichten Anlagestände aufrecht zu erhalten.

Für den Arbeitgeber kann ein solches Modell trotz der alleinigen Übernahme der Finanzierungsfunktion ebenfalls hoch attraktiv sein, wenn es so ausgestaltet ist, dass dem Unternehmer die volle Liquidität und Investitionshoheit über die so geschaffenen Mitarbeiterguthaben bis zum Auszahlungszeitpunkt verbleibt. Die Mitarbeiter mutieren so faktisch zur Hausbank des Unternehmers und ermöglichen ihm eine Wachstumsfinanzierung, die so manches Kreditinstitut nie bewilligt hätte.

Abrundend sei darauf hingewiesen, dass den Fremdkapitalmodellen im weitesten Sinn auch die virtuellen Anteilsoptionen, auch „Stock Appreciation Rights" genannt, zuzurechnen sind. Sie gewähren grundsätzlich keine Verwaltungs- oder Informationsrechte für Mitarbeiter, sondern wollen planmäßig ausschließlich die Unternehmenswertsteigerung vergüten und in Geld abfinden ohne Möglichkeit zum Anteilserwerb. Sind diese rein schuldrechtlich mit dem Mitarbeiter vereinbarten Instrumente „im Geld", dann führen sie zu Rückstellungen und damit zum Fremdkapitalausweis in der Handels- und Steuerbilanz des Unternehmens, das sie begab. Die Höhe ergibt sich aus dem erwarteten Abfindungsbetrag, der erforderlich ist, um die virtuelle Anteilsoption glatt zu stellen.

3.   Hybride Modelle

Unter hybriden Modellen werden Mischformen der MAB verstanden, die gleichermaßen Eigen- wie Fremdkapitalelemente auf sich vereinen. Es sind vor allem Modelle der laufenden Gewinnpartizipation ohne all die weitgehenden Einsichts- und Verwaltungsrechte, wie sie für reale gesellschaftsrechtliche Beteiligungen typisch sind. Regelmäßig sind sie als einlagebasierte MAB konzipiert, die jedoch den Vorteil für sich haben, sowohl handelsrechtlich als Eigenkapital ausgewiesen werden zu können und dennoch steuerrechtlich Fremdkapital darstellen, so dass die gezahlten Vergütungen für diese MAB–Form dennoch den Betriebsausgabenabzug für das gewährende Unternehmen erlaubt. Für die Mitarbeiter hat dies den Charme, dass die laufenden Erträge aus der hybriden Beteiligung bei den Mitarbeitern grundsätzlich zu Einkünften aus Kapitalvermögen im Rahmen der Abgeltungssteuer führen, soweit ein typisch stilles Genussrecht oder eine typisch stille Beteiligung vorliegt.

All dies lässt sich in Deutschland durch die unterschiedlichen Eigenkapitaldefinitionen, die das deutsche Handelsrecht (Langfristigkeit, Nachrangigkeit und Verlustbeteiligung) und Steuerrecht (Mitunternehmerrisiko und –initiative) haben, gleichzeitig realisieren, was die nachfolgende Grafik am Bild veranschaulicht. Zur internationalen Bilanzierung wird auf die nachfolgenden Kapitel verwiesen.

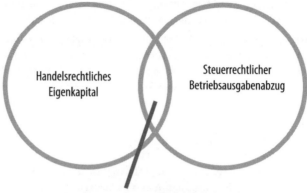

Kreditwürdigkeit des Unternehmens erhöhen bei Erhalden Betriebsausgabenabzugs

- Handelsrechtliches Eigenkapital
- Steuerrechtlicher Betriebsausgabenabzug

Genussrechte / stille Beteiligung

- Langfristig
- Nachrangig
- Verlustbeteiligung

Keine Beteiligung an
- Geschäftswert
- Liquidationserlös
- stillen Reserven
- Rechte < Kommanditist

Abbildung 5:   Wege und Kombinationen von handels- und steuerrechtlichem Eigenkapital in der MAB

35   Hybride MAB, wie stille Beteiligungen oder Genussrechte, sind daher vor allem Modelle für den nicht börsennotierten Mittelstand, der laufende Ergebnispartizipation ermöglichen will, jedoch den Fokus nur untergeordnet oder gänzlich nicht auf die Wertsteigerungsbeteiligung legt. Derartige Modelle sind auch sehr flexibel gestaltbar, z.B. im Hinblick auf freiwillige Gewährung von Informations- und Einsichtsrechten oder die Einrichtung eines Partnerschaftsausschusses. So lässt sich also Mitarbeitermotivation trotz fehlender gesellschaftsrechtlicher Beteiligung erreichen. Dies macht diese Modelle so interessant. Auch können sie Einsteigermodelle für Unternehmen sein, die Stimmrechte nicht oder nicht zum jetzigen Zeitpunkt gewähren wollen.

Ferner lassen sich die hybriden Modelle noch um Optionsrechte erweitern. Derartige Wandelgenussrechte können dann auch Wertsteigerungen in Unternehmensbeteiligungen für Mitarbeiter realisierbar machen. Je geringer dabei die Einlageleistung ausgestaltet ist (bis hin zur symbolischen Einlage von 1 Euro) und je schwächer die laufende Ergebnispartizipation ausgeprägt ist, desto mehr ergibt sich der fließende Übergang vom einlagebasierten Wandelgenussrecht hin zur nur noch anders „benannten" Aktienoption und damit zum Eigenkapitalinstrument.

36   Gesetzlich kodifiziert sind stille Beteiligungen in den § 230 ff HGB, Genussrechte dagegen nur höchst rudimentär über § 311 BGB sowie über § 221 ff. AktG. Einsichts- oder gar Kontrollrechte sind dort nur sehr wenige vorgesehen, vom Recht auf Einsicht des Jahresabschlusses bei stillen Beteiligungen einmal abgesehen. Deswegen ist bei diesen Modellen auch so auf die immaterielle Beteiligung zu achten, da jedenfalls bei Genussrechten keinerlei Informations- und Einsichtsrechte gewährt werden müssen. Das heißt, nur durch freiwillige Installation derartiger Rechte im Beteiligungsvertrag erhalten dann die Mitarbeiter das Recht, z.B. in die Geschäftsführungssitzung

einmal im Jahr einen Vertreter zu entsenden, der dort ihre Belange und Ideen vertritt und sich auch von der Geschäftsleitung beispielsweise Informationen holen darf, die er dann an seine mitarbeiterbeteiligten Kollegen weiterleitet.

Dass derartige Maßnahmen auch für das Unternehmen und die Geschäftsleitung durchaus ihren Sinn haben, zeigen die oft mühsamen und mit wenig Erfolg gekrönten Anstrengungen vieler Unternehmen hinsichtlich prämiengestützter Vorschlags- und Verbesserungssysteme und ihre Implementierung in der arbeitstäglichen Unternehmenspraxis. Durch Mitarbeiterbeteiligung lassen sich diese viel unproblematischer und lebendiger quasi mit implementieren.

II.   Beteiligte der Ausarbeitung

Für die Auswahl der zu beteiligenden Personen bei der Modellausarbeitung ist vor allem entscheidend, wer Auftraggeber der Mitarbeiterbeteiligung ist. Wie bereits vorne dargestellt gibt es verschiedene Interessenlagen bei Gesellschafter, Aufsichtsräten, Geschäftsführern und Vorständen, Mitarbeitern und deren Vertretungen. Oftmals wird die Konzeption zunächst mit der Geschäftsführung beziehungsweise mit dem Vorstand erfolgen. Dann wird die Gesellschafterversammlung und/oder der Aufsichtsrat informiert und einbezogen. Bei großen Unternehmen wird oftmals ein Lenkungsausschuss vorgeschaltet, der die Modellkonzeption ausarbeitet und dann die Konzeption der Geschäftsführung vorlegt. Dies kann dementsprechend, je nach Vielzahl der Gremien, zu einem unterschiedlich raschen Durchlauf der Mitarbeiterbeteiligungskonzeption führen. 37

Wichtig ist auch nicht zu vergessen, dass bei der Konzeption Schlüsselmittelarbeiter möglichst frühzeitig einbezogen werden, soweit sie als Meinungsbildender und Multiplikatoren dienen können und sollen. Das kann z.B. ein besonders kompetenter und kooperativer Betriebsratsvorsitzender sein.

Je nach Erfahrung der Gestalter der Mitarbeiter auf Unternehmensebene ist dann besser früher als später ein professioneller Berater, insbesondere betreffend Personalwirtschaft, Betriebswirtschaft, Steuer- und Arbeitsrecht, aber auch bei Fragen der internationalen Rechnungslegung hinzuzuziehen. 38

Schlussendlich werden spätestens dann, wenn die Konzeption steht, die Mitarbeiter informiert. Im Regelfall durch eine Präsentation vor diesen mit anschließender Fragerunde und späterer Ausgabe der Beteiligungsverträge zur Zeichnung dieser nach einer Bedenkzeit. Bei der Präsentation der Mitarbeiterbeteiligung den Mitarbeitern gegenüber muss selbstverständlich bereits alles Material, was diesen ausgehändigt werden soll, fertig konzipiert, geprüft und für gut befunden worden sein. Das heißt, sämtliche Verträge, sämtliche Prospekte, sämtliche Flyer, sämtliche Handouts, die die Mitarbeiterbeteiligung und deren Konzeption definieren und erklären, müssen vorliegen und müssen ausgabebereit sein. Nur dann macht eine Präsentation vor der Belegschaft Sinn und hat Erfolgsaussicht.

III.   Zeithorizont der Ausarbeitung

Es sollte selbsterklärend sein, dass Standardmodelle stets rascher einzuführen sind als rein individuell gestaltete Modelle. Da jedoch eine Mitarbeiterbeteiligung immer nur dann Erfolg haben wird, wenn Sie auf das jeweils sie begebende Unternehmen, seine Mitarbeiter, seine Kultur und seine Führung angepasst ist, gibt es in der Praxis nicht das stets verwendbare Mustermodell. Dennoch lassen sich aus der Praxiserfahrung heraus erste Anhaltspunkte für den einzuplanenden Zeithorizont der Ausarbeitung geben: 39

Klar definierte und stark standardisierte Modelle können durchaus in drei Monaten realisiert werden, wenn die Priorität auf Seiten des Unternehmens klar hierauf liegt. Dass dies möglich ist, zeigt sich insbesondere bei börsennotierten Unternehmen bzw. Unternehmen, die an die Börse gehen wollen und wenig Zeitbudget vorgeben können. Hier ist Schnelligkeit ein wichtiges, wenn nicht das wichtigste Thema und dementsprechend müssen möglichst standardisierte Modelle gewählt werden. Bei entsprechender Kompetenz und Erfahrung der Führungskräfte im Unternehmen und entsprechender Beraterdichte und –güte können diese dann auch rasch realisiert werden.

40   Individuelle Modelle benötigen dagegen oftmals längere Konzeptionsphasen. Sie haben dafür den Vorteil der Passgenauigkeit. Bei Rückfragennotwendigkeit bei Finanzbehörden kann der Prozess von der Konzeption bis zur Einführung durchaus bis zu einem dreiviertel Jahr dauern. Dies sollte jedoch die Gestalter einer solchen Mitarbeiterbeteiligung nicht schrecken, da eine sorgfältige und attraktive Konzeption der Mitarbeiterbeteiligung der wesentliche Treiber des Erfolgs im späteren Echtbetrieb ist und die Geschäftsleitung nicht beliebig viele Umsetzungsversuche starten kann.

IV.   Umsetzung der Mitarbeiterbeteiligung und Dauerbetrieb

41   Nach erfolgter Präsentation und Zeichnung aller Verträge ist die Mitarbeiterbeteiligung vertraglich in Kraft und umgesetzt. In der Realität ist dies jedoch erst der Beginn der Umsetzung der Mitarbeiterbeteiligung. Die Mitarbeiterbeteiligung muss nun „gelebt" werden. Das heißt, es sind die Mitarbeiter regelmäßig über die Schlüsselgrößen zu informieren, am besten durch Aushänge, e-mails, Intranet oder sonstige Medien im Unternehmen, die es ermöglichen, rasch, kostenarm und zeitnah über die aktuelle Situation zu informieren, so dass der Mitarbeiter auch sehen kann, ob die seine und die Tätigkeit seiner Kollegen im Hinblick auf die Zielerreichung der Schlüsselkriterien und damit seiner Vergütung der Mitarbeiterbeteiligung fruchtet. In vielen Unternehmen werden die Mitarbeiter regelmäßig (z.B. einmal im Quartal) von der Geschäftsleitung persönlich über die Entwicklung informiert.

Neben dieser informatorischen Komponente ist insbesondere die Teilhabefunktion der Mitarbeiterbeteiligung mit Leben zu erfüllen. Das heißt, Partnerschaftsausschüsse, Entscheidungs- und Informationsgremien dürfen nicht nur auf dem Papier existieren, sondern müssen auch in der Praxis eingesetzt und abgehalten werden. Nur wenn diese immateriellen Bestandteile zu den materiellen der MAB hinzutreten, kann lebendige, erfolgreiche und partnerschaftliche MAB gelingen. Natürlich spielt hier auch das Betriebsklima (Unternehmenskultur) eine herausragende Rolle. Nur wenn das Betriebsklima stimmig ist und die Beziehung zwischen Mitarbeitern und Management intakt ist und auf Vertrauen basiert, ist eine Mitarbeiterbeteiligung realisierbar und auf Dauer haltbar.

42   Oftmals hat es sich auch bewährt, zumindest einmal im Jahr ein großes Event zu veranstalten, bei dem die monetären Ergebnisse der MAB veröffentlicht und dementsprechend auch gefeiert werden. Die mentale Komponente derartiger MAB ist im Dauerbetrieb nicht zu unterschätzen und hält sie lebendig.

D. Mitarbeiterbeteiligung im Lebenszyklus des Unternehmens

Die bisherigen Ausführungen hatten zum Ziel, den Prozess der Konzeption, der Einführung und des Dauerbetriebs einer Mitarbeiterbeteiligung aufzuzeigen. Die nachfolgende Ausführung zielt hingegen darauf ab darzustellen, dass Mitarbeiterbeteiligung prinzipiell in jeder Lebensphase des Unternehmens sinnstiftend installiert werden kann. Dass diese in manchen Lebensphasen leichter realisiert werden kann, z. B. bei Wachstum, als in anderen, wie der Krise, erklärt sich bereits aus der Eigenart des Menschen, bei angenehmen Lebensumständen tendenziell mehr investitionsbereit zu sein als bei unangenehmen. Der mangelnden Investitionsbereitschaft in der Krise könnte jedoch zum Beispiel dadurch begegnet werden, dass ein einlagefreies MAB –Modell gewählt wird, welches nur motivieren und binden will. D.h. unterschiedliche Lebensphasen erfordern oftmals andere Modelle, jedoch nicht zwingend. Dies will der nachfolgendeTeil differenzieren:

43

I. Gründung

Rein juristisch betrachtet wird unter Gründung der Beginn einer eigenen Rechtspersönlichkeit verstanden. D. h. natürliche oder juristische Personen rufen eine neue juristische Person ins Leben.

44

Prinzipiell lassen sich zwei Formen der gesellschaftlichen Zusammenschlüsse unterscheiden. Zum einen die gesellschaftlichen Zusammenschlüsse, die von einem nichtwirtschaftlichen Zweck getragen werden. Hier geht es um Orden, Religionsgemeinschaften, politische Parteien, Vereine (nichtrechtsfähige Vereine und Genossenschaften). Daneben gibt es die, bei denen die Mitarbeiterbeteiligung weitaus häufiger ist, nämlich die gesellschaftlichen Zusammenschlüsse mit wirtschaftlichem, gewerblichem Zweck. Das sind Personengesellschaften (Gesellschaften des bürgerlichen Rechts, die sog. GbR, Offene Handelsgesellschaften (OHG), Kommanditgesellschaften (KG) und juristische Personen wie die Aktiengesellschaft (AG) oder die Gesellschaft mit beschränkter Haftung (GmbH)). Diese haben regelmäßig einen Gesellschaftszweck, der in dem Gesellschaftsvertrag oder der Satzung niedergelegt ist. Dies ist zwar nicht die Voraussetzung für eine rechtswirksame Gründung, aber ein in der Praxis unverzichtbares Instrument. Generell sind die Voraussetzungen für eine rechtswirksame Gründung durchaus vielfältig und grundsätzlich gesetzlich normiert. Es ist niedergelegt im Handelsgesetzbuch, im GmbH-Gesetz, im Genossenschaftsgesetz oder im Aktiengesetz bzw. im BGB. Die Gründungsvoraussetzungen können vom einfachen Beschluss bis zur notariellen Urkunde bei der GmbH-Gründung reichen. Insofern ist auch der Zeitpunkt der Gründung aus juristischer Sicht je nach Rechtsform durchaus unterschiedlich. Aus Sicht des Praktikers ist die Gründung jedenfalls regelmäßig dann vollzogen, wenn die Gesellschaft – weil Kaufmann – im Handelsregister eingetragen ist. Dies gilt für die KG, OHG, GmbH oder AG gleichermaßen. Festzuhalten ist ferner, dass die Gründung per se ein sehr kurzer Akt in zeitlicher Hinsicht ist, wenn sie juristisch betrachtet wird.

Betriebswirtschaftlich betrachtet erfolgt die Gründung zu einem Zeitpunkt, zu dem sowohl Wachstumsaussichten und Wachstumsarten als auch etwaige spätere Verkaufsszenarien nicht sicher abschätzbar sind. D. h. es lässt sich nicht bestimmen, ob die Unternehmung in Zukunft ein Ertrags-, Umsatz- und/ oder Wertwachstum erzielen kann. Genauso wenig lässt sich absehen, ob das Unternehmen später einmal an die Börse gehen wird oder an einen strategischen Investor verkauft werden kann. All dies ist zum Zeitpunkt der Gründung maximal unzuverlässig abschätzbar.

45

Oftmals verknüpft mit der Gründung ist zusätzlich eine Mittelknappheit auf Gründerseite und auch eine Zeitknappheit. Andererseits besteht natürlich aus Sicht der beteiligten Personen oder zu beteiligenden Personen gerade in dieser Lebensphase die Aussicht auf enorme Wertzuwachschancen, verbunden natürlich auch mit einem hohen persönlichen Einlageverlustrisiko wegen der noch wenig absehbaren künftigen Unternehmensentwicklung. Der Homo Oeconomicus, der im vorhinein die künftige Situation abschätzen kann, würde sich also gerade in dieser Phase durch einen direkten realen Einstieg im Wege der Mitarbeiterbeteiligung an einer stetigen erfolgreichen Unternehmensentwicklung beteiligen, da er sich hier am kostengünstigsten beteiligen kann durch den Beitritt im Rahmen der Gründung zum Nennkapital.

46 Es lässt sich ferner sagen, dass sich nur zum Gründungszeitpunkt ein Nominaleinstieg zuverlässig, zivilrechtlich wie steuerrechtlich möglich erreichen lässt. Der Einstiegspreis ist damit im Gründungszeitpunkt der denkbar günstigste, falls die Unternehmung zukünftig eine stetige positive Unternehmensentwicklung haben wird. Umgekehrt sind natürlich die Risiken im Rahmen und zum Zeitpunkt der Gründung nicht unbedeutsam. Die Insolvenzrate neu gegründeter Unternehmen ist erfahrungsgemäß extrem hoch.

In Summe führt dies jedenfalls in der Praxis dazu, dass eine Mitarbeiterbeteiligung bei Gründung eher selten stattfindet. Sie ist zudem regelmäßig auf die reale direkte Anteils-Beteiligung begrenzt, weil insbesondere aufgrund der oftmals gegebenen Zeit- und Mittelknappheit und der Kürze des Gründungsakts ein Mitarbeiterbeteiligungsprogramm neben der Gründung selbst nicht aufgelegt wird. Somit findet Mitarbeiterbeteiligung bei Gründung nur als Ausgabe realer Anteile durch die damit zum Gründer werdenden Mitarbeiter statt. Dementsprechend lässt sich zumindest für die Praxis sagen, dass es eine Mitarbeiterbeteiligung in der Gründung, wenn sie denn stattfindet, faktisch nur für Mitarbeiter geben wird, die bereit sind, sich als Gründer durch Nominalwerteinstieg zu engagieren.

47 Da die vorbezeichneten Gründe allesamt unabhängig davon sind, ob das zu gründende Unternehmen ein Dienstleistungs-, Produktions-, Vertriebs- oder Franchise-Betrieb ist und auch davon unabhängig ist, ob das Unternehmen „Low-Tech" oder „High-Tech" herstellt, erübrigt sich eine Definition vorbezeichneter Begriffe an dieser Stelle. Gleiches gilt für die Differenzierung der Mitarbeiterbeteiligung bei Gründung danach.

Abschließend zeigt die nachfolgende Darstellung nochmals die gefundenen Ergebnisse als Bild:

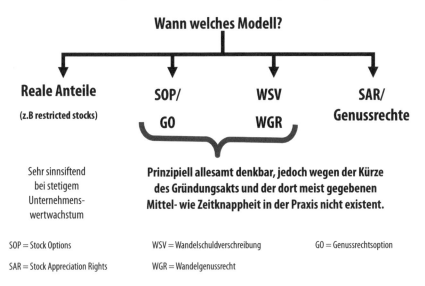

Abbildung 6: MAB-Modelle in der Gründung

Fazit:

Aus Sicht der zu beteiligenden Personen ist die Lebensphase „Gründung" vor allem durch enorme   48
Wertzuwachschancen, hohes persönliches Einlageverlustrisiko wegen der noch wenig absehbaren
künftigen Unternehmensentwicklung und dem Faktum gekennzeichnet, dass bei Gründung ein
Einstieg in direkte reale MAB – jedenfalls bei stetiger Unternehmensentwicklung – am kostengünstigsten erfolgen kann. Dass bedeutet jedoch nicht, dass ein solcher Einstieg unproblematisch
zu realisieren wäre. Hier zeichnet vor allem wieder das Steuerrecht verantwortlich[5] ().

II.   Wachstum

Auf die Mitarbeiterbeteiligung in der Wachstumsphase einzugehen macht nur Sinn, wenn der   49
Wachstumsbegriff selbst definiert ist. Unter Wachstum soll daher Folgendes verstanden werden:

Im Allgemeinen wird organisatorisches Wachstum mit Größenwachstum gleichgesetzt. Unter-
nehmenswachstum ist dann die positive Veränderung der Unternehmensgröße. D. h. Unterneh-
menswachstum ist die relative Vergrößerung einer oder mehrerer das jeweilige Anspruchsniveau
des Unternehmens repräsentierenden Maßzahlen über einen längeren Zeitraum. Operationalisie-
ren lässt sich das Wachstum durch unterschiedliche Maßzahlen. Maßzahlen können hier sein:

- marktbezogene Messgrößen (z. B. Umsatz, Absatz, Marktanteil)
- leistungsbezogene Größen
  (z. B. Sortimentspreise, Fertigungstiefe, Zahl der Patentanmeldungen)

---

5   Vgl. hierzu zur Problemerkenntnis Leuner, R., Der Steuerberater, 2008, Editorial sowie die neugefassten § 11 Abs. 2 BewG
i. V. m. §§ 97-109 BewG.

1

- faktorbezogene Messgrößen (z. B. Beschäftigtenanzahl, Anlagevermögen)
- ergebnisbezogene Messgrößen (z. B. Gewinn, Bilanzsumme, Cashflow).[6]

50   Dieser Wachstumsbegriff für Unternehmen ist nun abzugleichen mit der Fragestellung, welche oben genannten Wachstumsbegriffe für eine Differenzierung der Mitarbeiterbeteiligung entscheidend sind.

So ist beispielsweise festzuhalten, dass falls ein reines Wertwachstum (z.B. durch bloßes Umsatzohne Ertragswachstum) stattfindet, eine MAB an den laufenden Erträgen nicht wirklich sinnhaft ist, sondern nur eine MAB, die auf Wertzuwachs abstellt. Eine MAB an den laufenden Erträgen wäre wiederum sinnvoll, wenn das Unternehmen zwar stabile Erträge und Cash-flows generiert, jedoch kein Wertwachstum.

51   Im Umkehrschluss lässt sich ableiten: Leistungsbezogene Messzahlen sind regelmäßig nicht geeignet, um Mitarbeiterbeteiligungsarten unterscheiden zu können, da hiermit gerade keine Aussage über Unternehmenswertsteigerung oder Ertragssteigerung zielsicher getroffen werden können. Gleiche Begründung gilt für faktorbezogene Messgrößen.

Aus Sicht der Praxis der Mitarbeiterbeteiligung sind daher nur ergebnisbezogene und marktbezogene Wachstumsgrößen tauglich. Von diesen wiederum sind für die Messung von Ertrags- und Wertwachstum zum einen Gewinn- resp. Cash-flow- aber auch Umsatzwachstum entscheidungsrelevant. All diese Wachstumsarten als Kurstreiber wurden in praxi bereits von den Börsen und den dort eingetretenen Aktienkurssteigerungen belegt.

Fraglich ist nun, ob es eine Möglichkeit gibt, die jeweils geeignete Form der MAB in Abhängigkeit vom Ertrags- bzw. Wertwachstum abzuleiten.

52   Bereits die vorgezeigten Überlegungen zeigen, dass dies prinzipiell möglich sein muss. Allerdings muss diese Unterscheidung mit den Vorüberlegungen zur Mitarbeiterbeteiligung weiter verprobt und verglichen werden (s.o.), namentlich die Beantwortung der Fragen wer zu beteiligen ist, welche Rechte einzuräumen sind und an welche Finanzierungsformen gedacht wird. Zur Operationalisierung wird im Folgenden ein Fragenkatalog vorgestellt, der eine Differenzierung der potenziell geeigneten MAB-Formen in der Wachstumsphase ermöglichen soll. Die Fragen lauten wie folgt:

1. Wird Wertwachstum realisiert?
2. Ist ein Ausstiegsszenario gegeben, sprich sind Börsengang oder Trade Sale idealerweise in drei bis fünf Jahren realistisch?
3. Ist der reale Kauf von Anteilen für die Mitarbeiter finanzierbar und riskierbar (steuerliche wie liquiditätsmäßige Betrachtung)?
4. Ist einen Gewährung von Stimmrechten an die Mitarbeiter seitens der bisherigen Gesellschafter und seitens der Unternehmensleitung gewünscht und gewollt?

In Abhängigkeit von den Antworten auf die vorgenannten Fragen lässt sich die am besten geeignete Form der Mitarbeiterbeteiligung im Wachstumszeitraum gut einengen.

53   Lassen sich beispielsweise alle oben genannten vier Fragen mit „Ja" beantworten, ist prinzipiell davon auszugehen, dass eine Beteiligung über echte Anteile – sei es direkt oder indirekt – der sinnvollste Weg der Mitarbeiterbeteiligung im Wachstumszeitraum ist.

---

6   vgl. zum Wachstumsbegriff: Purle, Enrico „Management von Komplexität in jungen Wachstumsunternehmen" einer fallstudiengestützte Analyse EUL-Verlag Köln 2004, Seiten 16 und 17 mwN.

Lassen sich die Fragen 3. und 4. jedenfalls aktuell nicht mit „Ja" beantworten, sprich ist ein Kauf entweder nicht finanzierbar, nicht riskierbar, sei es aus steuerlicher oder liquiditätsmäßiger Sicht oder ist auch eine Stimmrechtsgewährung an Mitarbeiter nicht/ noch nicht gewünscht, so sind Formen wie Stock Options (SOP), Wandelschuldverschreibung (WSV), Wandelgenussrechte (WGR), Optionen auf derartige Genussrechte bei GmbHs (GO) oder virtuelle Anteilsoptionen, wie Stock Appreciation Rights (SAR), je nach Rechtsform ins Kalkül zu ziehen.

Lassen sich hingegen die Fragen 1. und 2. nicht mit „Ja" sondern mit „Nein" beantworten, findet also beispielsweise nur ein Ertragswachstum statt, dann bieten sich vor allem Genussrechte und stille Beteiligungen als einfacher und sinnvoller Weg der laufenden Beteiligung der Mitarbeiter am Unternehmenserfolgswachstum an. Ferner sind auch in dieser Situation natürlich virtuelle Lösungen wie SAR denkbar und gegebenenfalls sinnstiftend, wenn keine reale Beteiligung gewollt ist.   54

Sollten sich im Extremfall die Fragen 1. bis 4. allesamt nur verneinen lassen, so bleiben letztendlich nur virtuelle Modelle der MAB übrig. Würde zudem auch noch kein Ertragswachstum zu erwarten sein, verbietet sich eine Mitarbeiterbeteiligung ganz. Für diesen Fall sollte jedoch ohnehin davon auszugehen sein, dass ein Unternehmen, das nicht wächst, tendenziell der Liquidation zustreben wird.

Zu verknüpfen und zu verproben ist dann das so gefundene jeweilige Ergebnis aus oben genannter Fragenfolge ferner mit der jeweils vorliegenden oder geplanten Rechtsform des Unternehmens und den hieraus resultierenden Restriktionen. Dies gilt vor allem für die Fälle der direkten realen Anteilsgewährung, aber auch für die Anteilsoptionsmodelle und ähnlich konzipierte Gestaltungen.   55

Klassisch und weit verbreitet sind die Problemfragen insbesondere bei der Rechtsform der GmbH und dort im Zusammenhang mit der realen GmbH-Anteilsbeteiligung: Bei der GmbH ist nicht nur für jeden Erwerb, jede Veräußerung und für jeden Rückerwerb einer Beteiligung jeweils eine notarielle Beurkundung erforderlich. Kritisch sind vor allem die per Gesetz sehr weitgehenden Einsichtnahmerechte der GmbH-Anteilseigner. Diese werden meist als höchst problematisch und einengend empfunden. Hinzu kommen noch steuerliche Probleme, vor allem bei der Anteilsbewertung der Kapitalgesellschafts-Anteile für die Mitarbeiter, wenn sie GmbH–Anteile verbilligt erwerben und Auskunft bezüglich der Bestimmung des daraus erwachsenden geldwerten Vorteils verlangen. Wegen der wohl bewusst wenig eindeutig formulierten Bewertungsvorschrift des § 11 BewG ergibt sich hier fast zwangsläufig ein Bedarf nach einer verbindlichen Zusage der Finanzverwaltung, die zwischenzeitlich gebührenpflichtig ist. In dasselbe Dilemma geraten auch die Anteilseigner, welche für die Ausreichung der Mitarbeiterbeteiligung Anteile an die Belegschaft abgeben sollen. Auch hier kann die steuerliche Sicherheit der Transaktion nur durch Einholen einer verbindlichen Auskunft erkauft werden. All dies kann ein Grund sein, dass eine echte reale Beteiligung nicht ausgegeben wird[7].

Deswegen bietet sich gerade bei GmbHs mit realistischer Exit – Perspektive an, den Mitarbeitern dieser Wachstumsunternehmen Optionen auf Genussrechte zu offerieren. Diese Genussrechtsoptionen bieten regelmäßig eine Abfindung zum Verkehrswert in Geld im Trade Sale Fall. Für den Fall der Umwandlung der GmbH in die AG ermöglichen sie stattdessen eine Wandlungsmöglichkeit der Genussrechtsoptionen in reale Aktienoptionen, vorausgesetzt der bisherige Genussrechtsoptionär akzeptiert die dann aufzulegenden Aktienoptionsbedingungen und erreicht das   56

---

7   Vgl. zur Vertiefung allgemein und zur Rechtslage bis Veranlagungszeitraum 2008: Leuner, Der Steuerberater 2008, Editorial Seite 1. Für die Rechtslage ab 1.1.2009 vgl. §§ 3B, S. 154-156, 5, S. 197 ff. sowie § 6.

Erfolgsziel, regelmäßig das IPO.

Die Genussrechte selbst, die jedoch im Falle des nicht stattfindenden Exits zum Tragen kommen, werden oftmals so ausgestaltet, dass sie hinsichtlich Gewinnausschüttung und Wertsubstanzbeteiligung den realen GmbH-Anteilen gleichgestellt sind.

57   Derartige Genussrechtsoptionen (GO), die später in reale Aktienoptionen gewandelt werden können, wären beispielsweise gerade dann sinnstiftend für Wachstumsunternehmen, bei denen den Mitarbeitern die Vision auf einen Börsengang nicht genommen werden soll und für Unternehmen, bei denen erhebliche gesellschaftsrechtliche Veränderungen abzusehen sind, die aber Bedarf an MABen haben.

Im Gegensatz zu einer direkten Beteiligung bei der GmbH muss die Einrichtung einer Genussrechtsoption auch nicht beim Notar beurkundet werden. Insofern sind diese Kosten auf Null reduziert. Anzumerken ist, dass Notarbeurkundungskosten auch bei der Gewährung von echten Optionen auf GmbH-Anteile nicht zu vermeiden sind, hier zeigt sich demzufolge ein Vorteil der Genussrechtsoptionen.

58   Optionen auf Genussrechte anstelle von GmbH-Anteilen ersparen aber auch eine steuerliche Wertermittlung, weil eine Option vor Ausübung in aller Regel als steuerliches Nullum gilt.[8] Weiter bietet die Begebung von Optionen auf Genussrechte die Möglichkeit, eine eventuell in der Zukunft günstigere Besteuerung von MAB zu erhalten und bei Optionsausgabe keine Steuern auszulösen.

Ferner erspart sich der Optionär auch Einlagezahlungen. GO sind deswegen auch dann zu bevorzugen und Genussrechten an GmbHs vorzuziehen, wenn in den nächsten Jahren im Unternehmen kein Gewinn erwartet wird und die Mitarbeiter so bei Begebung von Genussrechten nur den Zwang zur Einlage, jedoch keinen weiteren Vorteil hätten.

59   Ohnehin ist tendenziell, wenn ein einheitliches Modell für Führungskräfte und Belegschaft gewünscht wird, eine direkte Beteiligung an der GmbH oder notariell zu beurkundende Optionen auf GmbH-Anteile nicht zu empfehlen. Neben der notariellen Beurkundungspflicht jedes Vorgangs, steuerlicher Risiken und der Problematik des Fehlens eines bedingten Kapitals bei der GmbH wird diese MAB daher nicht nur unflexibel und teuer. Auch die Entscheidung in der Gesellschaft bleibt den bisherigen Gesellschaftern nicht mehr alleine vorbehalten, sondern geht z. T. auf die Mitarbeiter über und die weitgehenden Einsichtsrechte nach GmbHG stehen den Mitarbeitern zudem offen.

Ganz grundsätzlich existieren selbstverständlich vielschichtige Beteiligungsformen der Mitarbeiterbeteiligung an Wachstumsunternehmen. Diese hier darzustellen, würde den Rahmen dieses Beitrags sprengen. Sinn und Zweck dieses Beitrags ist es daher lediglich einen Überblick zu verschaffen für die in der Praxis denkbaren Formen der Mitarbeiterbeteiligung bei Wachstumsunternehmen. Vertiefungen finden sich an vielen Stellen dieses Buches, insbesondere in den folgenden Beiträgen zu GmbH und AG.

---

8   Dies gilt jedenfalls immer dann, wenn Optionennicht vor Ausübung anderweitig verwertet wurden (vgl. Bundesfinanzhof, Urteil vom 20.11.2008; VI R-25/05, Gründe 3b, Bundesfinanzhof, Urteil vom 23.06.2005, VI R-10/03, Gründe, 4c sowie Finanzgericht Münster, 12-K-4391/07-E Urteil vom 10.07.2008 rechtskräftig).

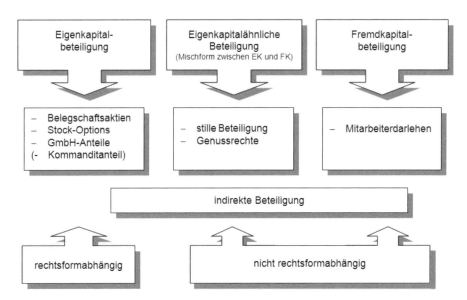

Mitarbeiterbeteiligungsmodelle

Übersicht über Beteiligungsformen

Abbildung 7: Rechtsformabhängigkeit der MAB

Das soeben theoretisch Skizzierte bedarf im praktischen Einzelfall selbstredend einer noch ver-   60
tiefteren Prüfung, die dieser Beitrag hier nicht leisten kann, da die entsprechenden Basisdaten
hierfür nicht generalisierend vorgegeben werden können. Als Faustformel für die Praxis lassen
sich jedoch vereinfachend folgende Tendenzaussagen für Wachstumsfinanzierungen im Bild treffen:

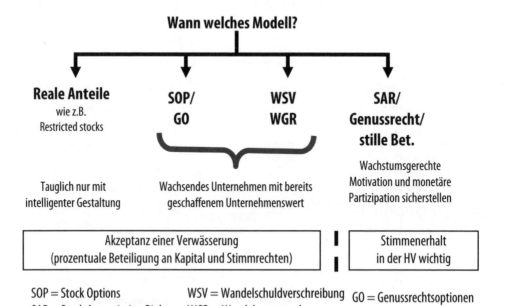

Abbildung 8: MAB in Wachstumsphasen

III.   Stabile Ertragslage

61 Nach der Wachstumsphase oder zwischen diesen folgen regelmäßig Phasen der Konsolidierung. Es sind Phasen, die oftmals von auskömmlichen Erträgen gekennzeichnet sind. Gerade dann sollte die Möglichkeit einer Beteiligung der Mitarbeiter am Unternehmen in Betracht gezogen werden. Oft kann sie ein sehr wirksames Instrument sein, um die Probleme und Herausforderungen der heutigen Zeit zu bewältigen, wie die Globalisierung, der sich auch der Mittelstand stellen muss, oder aber der Nachfolgeregelungen, die in vielen mittelständischen deutschen Unternehmen demnächst getroffen werden müssen.

Welche Form der MAB in dieser Phase sinnstiftend ist, hängt vor allem von der Zukunftsperspektive ab: Erscheint trotz der Sättigungserscheinung eine Wertsteigerung des Unternehmens zukünftig realistisch, so sind die im vorbezeichneten Abschnitt des Wachstums aufgezeigten MAB-Modelle zielführend. Auch der Abschnitt Eigenkapitalmodelle gibt hierfür hilfreiche Gestaltungshinweise für MAB-Modelle in dieser Phase der Ertragsstabilität.

62 Ist dagegen keine Wertsteigerungschance für die Zukunft zu erwarten oder ist das zur Beteiligung bereite Unternehmen ein Familienbetrieb ohne Drang zum , sei es der Börsengang oder der Trade Sale, so bieten die im Abschnitt „Hybride respektive Fremdkapitalmodelle" beschriebenen MAB – Formen gute Hinweise für die angezeigten geeigneten Gestaltungsmöglichkeiten. Zur Vermeidung von Wiederholungen wird daher auf diese verwiesen.

IV. Krise

Unter Krise wird im Folgenden verstanden, was § 32 a GmbHG jedenfalls noch in 2008 als solche 63
definierte: Es handelt sich um eine Phase, in der ein Kreditinstitut dem Unternehmen keinen Kredit mehr gewähren würde, sondern lediglich der Anteilseigner. MAB die in dieser Lebensphase etabliert wird, ist weit seltener anzutreffen als die MAB in Wachstums- oder Gründungsphasen. Dies hat folgende spezifische Hintergründe:

In der Krise gibt ex definitionem ein Kreditinstitut kein Geld mehr als Fremdkapital ins Unternehmen. Der Gesellschafter selbst hätte also einzustehen und frische Liquidität ins Unternehmen einfließen zu lassen. Tut er das und will er gerade in dieser Situation seine Belegschaft an sich binden und zum Bleiben bewegen, und will er Kündigungen von Schlüsselmitarbeitern und Knowhow-Trägern, die sich wissend um die Krisensituation ihres Arbeitgebers eine sichere neue Stelle suchen könnten, bestmöglich dem Unternehmen ersparen, so ist die einfachste Beteiligung in dieser Situation eine MAB ohne Einlage, wie virtuelle Beteiligungen oder reale Anteilsoptionen.

Kann der bisherige Anteilseigner diese Finanzierungsfunktion jedoch nicht mehr wahrnehmen, 64
so tritt bei der MAB in der Krise die Finanzierungsfunktion dominant in den Vordergrund. Mitarbeiterbindung und Mitarbeitermotivation werden dann quasi vorausgesetzt, damit die MAB in dieser Unternehmenslebensphase überhaupt noch zum Tragen kommen kann. Existiert jedoch keine Bindung und keine Motivation, wird die Belegschaft sich nicht zusammenfinden, das nötige Geld zum Herauskauf des Unternehmens aus der Insolvenzmasse oder vom Unternehmer, der das Unternehmen in eine schwierige Phase gebracht hat, aufzubringen.

Selten ist die Mitarbeiterbeteiligung in der Krise auch deshalb, weil die vielen Individualinteressen der einzelnen Mitarbeiter zu einer einzigen Interessengruppe quasi gebündelt werden müssen, die sich auf ein Ziel einigt, nämlich den Kauf eines Unternehmens mit allen Risiken und Chancen. Hierzu bedarf es im Regelfall einer starken Persönlichkeit, die diese Interessengruppe, die sich auf das Ziel des Kaufs einigen soll/muss, eint und trotz der Vielzahl der dahinter stehenden Personen handlungsfähig macht.

In der betriebswirtschaftlichen Praxis haben sich oftmals ein von der ganzen Belegschaft akzep- 65
tierter, von außen, in der Krise zum Unternehmen gestoßener Sanierer oder beispielsweise der Insolvenzverwalter, der dann selber das Unternehmen mit der Belegschaft zusammen herauskauft und fortführt, als solche Personen hervorgetan. Es mag paradox erscheinen; doch auch der Betriebsratsvorsitzende oder ein Mitglied dieses Gremiums kann eine solche Person sein. Jedenfalls ist die Existenz des Betriebsrats in der Praxis oftmals ein weiterer Grund für den Erfolg der MAB in der Krise. Arbeiten Geschäftsführung und Betriebsrat Hand in Hand, können sie nicht nur die kleinen Probleme des Alltags schnell und effizient lösen. Schon bei der Initiierung des Modells haben Betriebsratsgremien in der Praxis immer wieder wertvolle Überzeugungsarbeit bei den Mitarbeitern geleistet, gerade bei in der Krise befindlichen Unternehmen. Denn nicht alle Mitarbeiter sind sofort begeistert bei der Sache, sondern sind – verständlicher Weise – eher skeptisch. Auch an der notwendigen Fortentwicklung des Arbeitszeit- und Entlohnungssystems kann der Betriebsrat konstruktiv mitarbeiten und mit seiner Unterstützung kann die Geschäftsleitung Verbesserungen für das von der Krise betroffene Unternehmen umsetzen, die dessen Wettbewerbsfähigkeit erhalten und weiter stärken.

66   Zudem müssen die Mitarbeiter zusammen mit der vorbezeichneten Leitperson, sei es Sanierer, Verwalter oder Betriebsrat, so viel Kapital bereitstellen können, dass tatsächlich das Unternehmen aus der Insolvenz oder aus der bisherigen Gesellschafterhand herausgekauft werden kann. Dies ist oftmals kein leichtes Unterfangen. Bei sanierungsbedürftigen Unternehmen stellen Banken regelmäßig erst dann neue Kredite hierfür bereit, wenn andere Personen zuvor Managementsachverstand und frisches nachrangiges Kapital hingegeben haben.

Aus diesem Grund wird es im Wesentlichen auf eine Eigenfinanzierung der Mitarbeiter herauslaufen. Auch deswegen ist die Mitarbeiterbeteiligung in der Krise so selten.

67   Hinzu kommt das erhebliche Risiko der Mitarbeiterschaft, die ihre Unternehmung in der Krise erwirbt. Neben den gefährdeten Arbeitsplatz tritt dann noch der Einsatz eines bisher ungefährdeten Kapitals, das nunmehr zu Risikokapital wird.

Zudem wird die MAB – Einlage durch Mitarbeiter bis heute – soweit ersichtlich – nicht als „Leadinvestorenkapital" seitens der Förderbanken des Bundes und der Länder akzeptiert. D.h. anders als Venture Capital von Finanzinvestoren wird die Einlage der Mitarbeiter eben nicht durch die Förderbanken durch die Hingabe von Fördermitteln „verdoppelt". Gerade dies würde in der Krise jedoch besonders hilfreich sein.

68   Die in der Krise eingeführte MAB ist daher relativ selten anzutreffen. Erfreulicherweise gibt es jedoch erfolgreich verlaufene Beispiele, in denen die Mitarbeiterschaft ein kriselndes Unternehmen entweder aus der Insolvenzmasse heraus oder davor noch vom Gesellschafter erwarb. Oftmals gelangen diese Individualbeispiele nicht zuletzt deswegen, weil sich das Unternehmen in einer eher ländlich geprägten Umgebung befand, viele Mitarbeiter beschäftigte und diesen Mitarbeitern klar war, dass wenn sie nicht selbst ihr Schicksal in die Hand nehmen, jedenfalls viele von ihnen in die sichere Arbeitslosigkeit abdriften. Dies ermöglichte insofern dann leichter die Interessenbündelung und die Hingabe von Kapital quasi als eigene Hilfe zur Selbsthilfe.

Resümierend ist gerade für die MAB in der Krise festzuhalten: Hier gab und gibt es nicht die Generallösung. Einige grundsätzliche Tendenzaussagen lassen sich aus der praktischen Erfahrung heraus dennoch treffen. Charakteristisch bzw. symptomatisch für diese Fälle waren insbesondere:

69   1. Die durch MAB sanierten Unternehmen stellten oftmals Speziallösungen oder gar hochkomplexe Unikate her, deren Entwicklung und Herstellung viele Monate dauerte. Entscheidend war dabei, dass es den Kunden nicht möglich war, kurzfristig den Lieferanten zu wechseln, ohne die eigene Produktion zu gefährden. Die bereits beauftragten Produkte/ Dienstleistungen blieben daher meist dem Unternehmen erhalten. Die erste kritische Phase in der Fortführung begann danach jedoch mit der Akquisition der Folgeaufträge. Hierbei war, anders als bei den zum Zeitpunkt der Insolvenzeröffnung schon erteilten Aufträgen, die Abhängigkeit der Kunden in Folgeprojekten viel geringer, und Konkurrenz gab und gibt es immer. Dass es dann gelang, die notwendigen Anschlussaufträge zu erhalten, war meist entscheidend für das Mitarbeiter beteiligte Krisenunternehmen.

70   2. Neben dem hohen technologischen Stand und der Qualität des Produkts, war die Frage entscheidend, ob es durch die MAB gelang, das Know-how durch den Zusammenhalt der Belegschaft zu erhalten und dass trotz der Krise nur wenige Leistungsträger verloren gingen, unabhängig von der katastrophalen wirtschaftlichen Lage und so der gute Ruf des kriselnden Unternehmens bei den Kunden erhalten blieb.

71   3. Einlage basierte MAB in der Krise gelingt nur, wenn alle mitmachen (müssen). Ließe man Ausnahmen zu, droht der Erosionsprozess. Denn dann wird es viele geben, die gute Gründe dafür haben, die geforderte Mindesteinlage nicht zu bringen und damit wäre das Projekt

„MAB in der Krise" gescheitert, noch vor dem Start. Praxisbeispiele zeigen, dass es in der Krise durchaus gelingen kann von jedem Vollzeitbeschäftigten 5.000,00 Euro und mehr zu erlangen und so, bei entsprechend großer Belegschaft, sogar einen Millionen – Betrag zusammen zu bringen, weil alle zum Mitmachen bewegt werden konnten.

4. Entscheidend war bei bereits in der Insolvenz befindlichen Unternehmen die konstruktive Zu-   72
    sammenarbeit mit dem Insolvenzverwalter, z. B. in Form seiner Zusage, den Geschäftsbetrieb
    fortzuführen, so dass die Belegschaft und das Unternehmen die erforderlichen Anschlussauf-
    träge hereinholen konnten. Auch die Bereitschaft des Verwalters, mit der Belegschaft über
    das Modell einer von den Mitarbeitern getragenen Auffanggesellschaft nachzudenken, war
    oftmals erfolgskritisch in der betriebswirtschaftlichen Praxis der MAB in der Krise. Das glei-
    che galt für die meist parallel stattfindenden Sondierungsgespräche mit den Sicherungsgläu-
    bigern, vornehmlich den Hausbanken, damit diese die erforderlichen Betriebsmittelkredite
    zur Verfügung stellten sowie ggf. je nach Unternehmensgröße mit dem betreffenden Bundes-
    land, welches beispielhaft diese Kredite mit Landesbürgschaften absicherte. Wesentlich war
    häufig aber auch das Verhalten der Lieferanten und der Kreditversicherer. All dies musste po-
    sitiv verlaufen, ehe die Mitarbeiter beteiligte Auffanggesellschaft in den bekannten Praxisfäl-
    len gegründet werden konnte. Hilfreich war in diesen Situationen immer auch die Überzeu-
    gungsarbeit des Insolvenzverwalters bei den Hausbanken, so dass diese z.B. bereit waren, das
    gesamte ihnen sicherungsübereignete Anlage- und Umlaufvermögen zum Zerschlagungswert
    zu verkaufen und neu zu finanzieren.

5. Ein Erfolgsmerkmal der MAB in der Krise ist neben vorbezeichneten Fakten auch das Beteili-   73
    gungsmodell selbst: Auf der einen Seite sollte den Mitarbeitern, die über so manche Auffang-
    gesellschaft bis zu 100 % des Kapitals halten, der entsprechende Einfluss eingeräumt werden.
    Auf der anderen Seite gilt es, eine sinnvolle Trennung zwischen Arbeitnehmer- und Gesell-
    schafterstellung beizubehalten. Denn ebenso wichtig wie die Identifikation der Mitarbeiter
    mit ihrem Unternehmen ist dessen Handlungsfähigkeit und Schlagkraft. Beiden Ansprüchen
    gerecht zu werden, ist unter anderem in der Aktiengesellschaft sehr gut möglich. Über die
    Hauptversammlung und den Aufsichtsrat haben die Mitarbeiter weitgehende Möglichkeiten
    der Einflussnahme und der Mitgestaltung sowie umfassende Informationsrechte. Im Auf-
    sichtsrat sind, z.B. neben einem externen Großaktionär eben auch Mitarbeiter vertreten. Der
    Aufsichtsrat tagt in der Regel viermal jährlich und erhält zusätzlich jeden Monat vom Vor-
    stand einen schriftlichen Bericht mit Bilanz und GuV. Darüber hinaus steht den Mitarbeitern
    die einmal jährlich stattfindende ordentliche Hauptversammlung offen. Daneben kommen,
    aus besonderem Anlass, Informationsveranstaltungen für die Aktionäre hinzu. Dass parallel
    hierzu auch ein Betriebsrat existieren wird, sollte niemanden verwundern oder gar enttäu-
    schen. Auf diesen wollen oftmals auch Arbeitnehmer, die ihre eigenen Arbeitgeber sind, nicht
    verzichten. Ein Grund hierfür könnte darin liegen, dass der einzelne Arbeitnehmer das Betei-
    ligungsmodell nicht nur in seiner Gesamtheit sieht, sondern auch sich als einzelner mit einem
    recht kleinen Anteil am Ganzen. Ein weiterer Grund besteht immer dann, wenn die Gruppe
    der Mitarbeiter und die Gruppe der Aktionäre nicht (mehr) identisch sind.

    In diesem Zusammenhang sei ergänzend darauf verwiesen, dass eine andere oft gewählte Mo-
    dellvariante, insbesondere bei Unternehmen in der Rechtsform der GmbH, das Dazwischen-
    schalten einer Mitarbeiter–GmbH zwischen GmbH-Unternehmen und Belegschaft ist. So
    lässt sich trotz der extrem weitgehenden, gesetzlich kodifizierten Einsichtsrechte des GmbHG
    ein ähnlich guter Effekt erzielen wie bei AG-Beteiligungen, immer vorausgesetzt, dass die Sat-
    zung der MAB-GmbH mit Weitsicht gefasst wurde.

1

74 6. In vielen Sanierungspraxisfällen spielte auch das Generieren einer hohen Flexibilisierung der Arbeitszeit und der Entlohnung durch MAB eine große Rolle, denn Löhne und Gehälter machen oftmals über 40 % der Betriebs-Gesamtkosten aus. Noch wichtiger waren jedoch die sogenannten „weichen" Faktoren, die zu nicht unmittelbar messbaren Vorteilen führen: Eine große Einsatzbereitschaft der Belegschaft, die sich in wöchentlichen Arbeitszeiten einschließlich Überstunden deutlich über 40 Stunden pro Woche niederschlug, ein ausgezeichnetes Betriebsklima, ein minimaler Krankenstand, Kreativität und sparsamer Umgang mit den Ressourcen sowie geringe Fluktuation dank der Beteiligung, schlagen hier besonders positiv zu Buche. MAB als Fluktuationsbremse wird umso wichtiger, wenn das Know-how der Mitarbeiter zum wesentlichen Kapital des Unternehmens in der Krise zählt.

Eminent wichtig war in diesem Zusammenhang auch, dass die Mitarbeiter – Aktionäre neue Arbeitsverträge akzeptierten und in diesen auf ihren bisher erdienten, sozialen Besitztümer verzichteten, die aufgrund der Regelungen des § 613 a BGB sonst auch bei übertragenden Sanierungen aus der Insolvenz Anwendung gefunden hätten. Vereinbart wurden unter anderem und oftmals Mehrarbeit ohne Lohnausgleich, eine Erfolgsprämie, die einen gewissen Teil der Löhne und Gehälter vom Unternehmenserfolg abhängig macht, ein Arbeitszeitkonto oder eben variable Erfolgsbeteiligung anstelle eines fixen Weihnachtsgeldes.

75 7. Für manche Unternehmen in Mitarbeiterhand wurde sie sogar zum echten Alleinstellungsmerkmal, die große, unternehmerisch handelnde und mit weitgehenden Kompetenzen ausgestattete Führungsmannschaft. Dies gilt vor allem, wenn die meisten der Wettbewerber klassische Familienunternehmen sind, die zudem patriarchisch geleitet wurden und in denen nur ganz wenige Personen entscheidungsbefugt sind.

76 8. Wichtig war bei den MAB sanierten Unternehmen auch immer, dass es zwar meist eine große Führungsmannschaft und einen noch größeren Gesellschafterkreis gab. Dies durfte aber nicht zu parlamentsähnlichen Strukturen führen, in denen Nichtigkeiten in Arbeitskreisen oder sonstigen Gremien zerredet wurden. Stattdessen galt es, klare Führungsstrukturen einzuziehen, die z.B. der globalen Kundenstruktur, dem hohen technologischen Produktstand und der damit verbundenen Komplexität der Fertigung Rechnung trugen.

77 9. Bei der Mitarbeiterbeteiligung in der Krise kommt es insbesondere auch auf die Ursachen an. Eine anhaltende Ertragsschwäche, die zu Dauerverlusten führt, ist anders zu bewerten als eine (wachstumsbedingte) Liquiditätsschwäche oder eine durch schwache Zahlungsmoral der Kunden resultierende Ausweitung der Forderungsbestände und die sich daraus ergebende vorübergehende Beeinträchtigung der Zahlungsfähigkeit. Schwieriger zu würdigen ist schon ein Liquiditätsengpass, der auf wegen einer grundsätzlichen Wirtschaftskrise nicht abgenommene teilfertige Arbeiten, Fertigwaren etc. beruht. Jedenfalls in den zweitgenannten, gegebenenfalls auch in den letztgenannten Fällen kann es sinnvoll sein, die Mitarbeiter „als Bank" zu gewinnen. Die Mitarbeiterbeteiligung ist in solchen Fällen ein Sanierungsbeitrag der Mitarbeiter neben solchen der Gesellschafter, Banken, Lieferanten etc. Dies kann, muss aber nicht zur Mehrheitsbeteiligung der Mitarbeiter führen.

E.   Fazit

MAB lässt sich für jede Rechtsform und in jeder Lebensphase eines Unternehmens konzipieren, realisieren und im Dauerbetrieb aufrecht erhalten. 78

Auch wenn MAB auf den ersten Blick für Aktiengesellschaften und in Wachstumsphasen leichter zu realisieren scheint, es ist ein Trugschluss:

Erfolgreich sind auch diese Modelle nur, wenn sie den Unternehmenszielen und denen der Anteilseigner und Mitarbeiter sowie der künftigen Unternehmensentwicklung gleichermaßen Rechnung tragen, mit der Unternehmenskultur harmonisieren und eben nicht standardisiert ohne Sinn und Verstand von einem anderen Betrieb auf den eigenen übergestülpt werden. Die Mitarbeiterbeteiligung muss integraler Bestandteil der Unternehmens- und Personalführung sein. Es sind die Abhängigkeiten zu und von anderen Instrumenten der Unternehmens- und Personalführung zu berücksichtigen.

§ 2 Mitarbeiterbeteiligung nach Arbeitgebertypus

A. Mitarbeiterbeteiligung bei börsennotierten Unternehmen

I. Begriff und Motive für eine Mitarbeiterbeteiligung

1 Im weitesten Sinne bezeichnet Mitarbeiterbeteiligung die Teilhabe der Mitarbeiter an Rechten und Funktionen auf allen Ebenen des arbeitgebenden Unternehmens, die über das in Arbeitsverträgen in der Regel festgelegte Maß hinausgeht.[1] Dies beinhaltet sowohl die materielle Beteiligung an den ökonomischen Grundlagen und Ergebnissen als auch die individuelle Teilhabe der Mitarbeiter (im Gegensatz zur kollektiven betrieblichen Mitbestimmung) an betrieblichen Informationen und Entscheidungen im Arbeitgeber-Unternehmen. Insofern bedeutet Mitarbeiterbeteiligung die Ausweitung der innerbetrieblichen Zusammenarbeit durch partnerschaftliches Miteinander von Unternehmen und Mitarbeitern. Diese zu stärken ist insbesondere bei börsennotierten Unternehmen sehr wichtig, da bei diesen Unternehmen regelmäßig die Gesellschafter nicht persönlich am Unternehmenserfolg mitarbeiten.

Zu unterscheiden sind neben der immateriellen Beteiligung zwei verschiedene Beteiligungsformen: Erfolgs- sowie Kapitalbeteiligung.

2 Die **Erfolgsbeteiligung** ist eine Form der materiellen Beteiligung, bei der die Mitarbeiter aufgrund ihrer Eigenschaft als Arbeitnehmer eine über das übliche Lohnniveau hinausgehende Zahlung, die vom Unternehmenserfolg abhängt, erhalten.

Abbildung 1: Möglichkeiten einer Erfolgsbeteiligung

---

1   Bertelsmann Stiftung/Prognos GmbH (Hrsg.), Mitarbeiter, S. 12.

Als Beispiele für solche reine Erfolgsbeteiligungen sind Stock Appreciation Rights (SAR) und 3
Phantom Stocks zu nennen. Hierbei handelt es sich um virtuelle Aktienoptionen bzw. virtuelle
Aktien.

Im Gegensatz dazu ist unter einer **Kapitalbeteiligung** der Mitarbeiter die vertragliche, mittelfristige bis dauerhafte Beteiligung der Mitarbeiter am Kapital des arbeitgebenden Unternehmens
zu verstehen. Bei der Kapitalbeteiligung werden die Mitarbeiter zu Kapitalgebern ihres arbeitgebenden Unternehmens wie jeder andere Kapitalgeber, z.B. ein Geldinstitut, auch. Aufgrund des
Kapitalanteils werden die Mitarbeiter am Unternehmensergebnis beteiligt bzw. erhalten eine Verzinsung. Des Weiteren sind mit der Kapitalbeteiligung – abhängig vom Vertragsverhältnis und
der Rechtsform des Unternehmens – Informations-, Kontroll- und Mitwirkungsrechte verbunden. Die „Mitarbeiter-Kapitalbeteiligung" kann in Form einer Beteiligung am Eigenkapital, am
Fremdkapital bzw. in einer Mischform erfolgen.

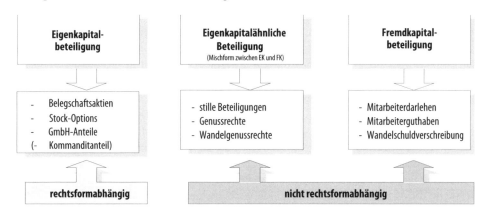

Abbildung 2: Möglichkeiten einer Kapitalbeteiligung

Da bei börsennotierten Unternehmen und solchen, die den Börsengang (IPO) planen, der große 4
Vorteil für die Mitarbeiter darin besteht, stattfindende Unternehmenswertsteigerungen über die
Börse mittels Aktienverkauf realisieren zu können, werden bei diesen Betrieben die Mitarbeiterkapitalbeteiligungsmodelle die Relevanten sein.

Die Einführung eines Mitarbeiterbeteiligungsmodells hängt in Inhalt und Struktur in hohem
Maße von der verfolgten Zielsetzung ab, womit die Erarbeitung eines persönlichen Zielkatalogs
für das zukünftige Beteiligungsunternehmen unabdingbar ist. Üblicherweise werden nicht einzelne Ziele angestrebt; vielmehr wird ein ganzes Zielbündel ausschlaggebend für die Einführung
eines Mitarbeiterbeteiligungsmodells sein. Folgende Hauptziele werden mit der überwiegenden
Zahl von Beteiligungsvorhaben verfolgt: die Motivation und Bindung der Mitarbeiter sowie die
Optimierung der Lohngestaltung.

Eine Kapitalbeteiligung soll den Mitarbeiter zum Mit-Unternehmer machen.[2] Erfolg oder Misser- 5
folg des Arbeitgeber-Unternehmens wirken sich für beteiligte Mitarbeiter sowohl auf das eigene
Vermögen als auch auf die Ertragsfähigkeit der neuen Einkunftsquelle aus. Dieser Zusammenhang
wird durch die Mitarbeiterbeteiligung unmittelbar im jährlichen Einkommen sichtbar. Dadurch
sollen die Mitarbeiter motiviert werden, sich stärker für das Unternehmen zu engagieren. Beteiligte Mitarbeiter werden sich verstärkt mit dem Unternehmen identifizieren und sich für bessere
Prozesse und Problemlösungen im Unternehmen einsetzen. Das Verständnis für notwendige An-

---

2 Haas, Firmenkapital in der Hand von Arbeitnehmern, Süddeutsche Zeitung v. 06.10.2006.

passungsmaßnahmen und die Bereitschaft zur Zusammenarbeit in Problemsituationen wächst. Die Fluktuations- und Abwesenheitsrate wird verringert, das Kostenbewusstsein geschärft, die Arbeitsleistung verbessert und damit letztlich die Produktivität erhöht.

Bei den Finanzierungseffekten wird eine Erhöhung der Liquidität und des Eigenkapitals, die Verbesserung der Kapitalstruktur und in der Folge die Erweiterung des Finanzierungsspielraums angestrebt. Darüber hinaus kann der Einstieg in eine Mitarbeiterbeteiligung die Chance zur Flexibilisierung von Gehaltskosten und zur Entlastung von fixen Gehaltszahlungen bieten.

6   Mit diesen Hauptzielen sind meist Nebenziele verbunden, z. B. die Gewinnung neuer qualifizierter Mitarbeiter oder Imageeffekte. Das Interesse und Engagement von Mitarbeitern für unternehmerisches Denken und für Risikobereitschaft werden durch eine Mitarbeiterbeteiligung gefördert. Durch sie hat der Mitarbeiter die Möglichkeit, an modernen Shareholder-Value-Konzepten teilzuhaben und eigenverantwortlich Vermögensbildung zu betreiben.

Positive Imageeffekte bei Aktiengesellschaften, die den IPO planen, können insbesondere bei Stock Option Plänen erzielt werden, die zielgerichtet auf die Steigerung des Shareholder Value ausgerichtet sind und effektvoll im Rahmen des Emmisions-Marketings eingesetzt werden. Stock Options können aber auch – wenn unökonomisch gestaltet – negative Effekte auf den Börsengang haben.[3]

7   Auch dienen Mitarbeiterbeteiligungsmodelle als Element zur Entwicklung und Unterstützung einer modernen Unternehmenskultur. „Betriebliche Partnerschaft" erfordert zunächst und in erster Linie positive Rahmenbedingungen im Bereich der Unternehmensführung und Personalarbeit, indem Mitarbeiter intensiv in betriebliche Projekte und Problemlösungen einbezogen werden und ein Klima der Kooperation und Kreativität geschaffen wird.[4] Auf diesem Weg zum Miteinander von Arbeit und Kapital, von Unternehmensleitung, Führungskräften und Arbeitnehmern im Betrieb kann die Mitarbeiterbeteiligung einen wesentlichen Beitrag zur Glaubwürdigkeit leisten und materielle Anreize zu weiteren Anstrengungen beider Seiten bieten.

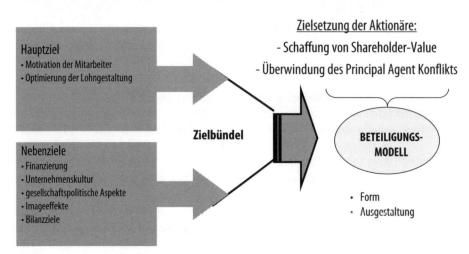

Abbildung 3:   Zielbündel bei der Ausgestaltung einer Mitarbeiterbeteiligung

---

3   Siehe etwa Bursee/Schawilye, Finance v. Mai 2004 (Stock Options auf der Suche nach Alternativen. Unternehmen rücken von Stock Options ab.).
4   Guski/Schneider, Mitarbeiterbeteiligung, Band 1, Fach 3100, Rz. 23 ff.

Trotz der Vielzahl positiver Effekte hat bislang nur jedes zehnte deutsche Unternehmen ein Mitarbeiterbeteiligungsmodell eingeführt. Damit hat sich an der Verbreitung von Kapitalbeteiligungssystemen in den letzten Jahren kaum etwas verändert. Innerhalb der Europäischen Union hält Deutschland lediglich einen Mittelfeldplatz.[5]   8

Während folglich bei der Verbreitung von Beteiligungsmodellen kaum Veränderungen ersichtlich sind, war bis 2004 jedenfalls bei der Art der Ausgestaltung der Beteiligung eine Tendenz weg von Stock Options zu erkennen. Zu Zeiten des Neuen Marktes setzten zahlreiche Unternehmen auf Stock Options. Zwischenzeitlich beginnen mehr und mehr Unternehmen nach Alternativen zu suchen. Gründe hierfür sind die Börsenbaisse der Jahre 2002 bis 2004 sowie die jüngeren Modifikationen hinsichtlich der verschärften IFRS- und US-GAAP-Rechungslegungsvorschriften in Sachen Mitarbeiterbeteiligung. Als Alternativen mit langfristigem Anreizcharakter werden neben virtuellen Optionen (Stock Appreciation Rights oder SAR) insb. Restricted Stock (Unit)s und Phantom Stocks diskutiert.

II. Beteiligungsformen

1. Überblick

Das Gesellschaftsrecht stellt eine ganze Reihe unterschiedlicher Beteiligungsformen zur Verfügung. Welche konkrete Gestaltung im Einzelfall sinnvoll ist, muss von dem potenziellen Beteiligungsunternehmen unter Berücksichtigung seiner Zielvorstellungen untersucht werden. Immer sollte das IPO-Unternehmen jedoch in sein Kalkül einbeziehen, dass die Börse als Exitkanal der „USP" (Unique Selling Proposition) der Mitarbeiterbeteiligung bei solchen Unternehmen ist.   9

Ein weiteres grundlegendes Kriterium bei der Wahl der geeigneten Beteiligungsform ist die finanzwirtschaftliche Charakterisierung des angestrebten Beteiligungskapitals, wonach sich die Beteiligung entweder als Eigenkapital, als Fremdkapital oder als Mischform zwischen Eigen- und Fremdkapital darstellen kann.

Eine Eigenkapitalbeteiligung ist nur in Abhängigkeit von der Rechtsform des Beteiligungsunternehmens gestaltbar, während andere Beteiligungsformen rechtsformunabhängig eingesetzt werden können. Je nach Beteiligungsform und konkreter Ausgestaltung unterscheiden sich die Modelle auch in der Bemessung des Gewinnanteils, der Teilhabe an der Unternehmenssubstanz, der Übernahme eines Verlustrisikos oder den gewährten Mitsprache- und Informationsrechten.   10

Während eine Eigenkapitalbeteiligung für den Großteil der Unternehmen wegen ihrer nicht kapitalistisch ausgerichteten Rechtsform kaum umsetzbar ist, stellt sie in Form der Belegschaftsaktien/Restricted Stocks oder der Stock Options den Regelfall der Mitarbeiterbeteiligung an einer Aktiengesellschaft dar.

---

5 Bellmann/Möller, IAB Kurzbericht, Nr. 13/2006; Haas, Firmenkapital in der Hand von Arbeitnehmern, Süddeutsche Zeitung v. 06.10.2006.

2.   Eigenkapitalbeteiligungen

11   Die Aktiengesellschaft verkörpert aufgrund ihrer Gesellschaftsstruktur[6], der Möglichkeit zur Begründung verschiedener Aktiengattungen[7] und der weit gehenden Fungibilität der Anteile eine grundsätzlich sehr gut geeignete Rechtsform für eine Mitarbeiterbeteiligung. Dies gilt umso mehr da die Aktiengesellschaft schon von ihrer Idee her für die Aufnahme vieler Teilhaber konzipiert ist. Durch die Ausgabe von Belegschaftsaktien kann eine Kapitalbeteiligung realisiert werden, die den Mitarbeiter zum vollwertigen Anteilseigner mit entsprechenden Vermögens-, Gewinn- und Mitbestimmungsrechten macht. Dem Unternehmen erschließt die Belegschaftsaktie in der eigenen Belegschaft mit steigender Mitarbeiteranzahl eine nicht zu unterschätzende Eigenkapitalquelle.

Belegschaftsaktien werden den Mitarbeitern vom Unternehmen in der Regel aus dem Bestand an eigenen Aktien oder aus einer Kapitalerhöhung zum – oftmals verbilligten – Kauf angeboten. Solange die Aktien nicht an der Börse notiert sind, sind relativ komplexe Bewertungsfragen zu beachten, was vor allem für die steuerrechtliche Beurteilung von Bedeutung ist.

12   Eine besondere Form der Mitarbeiterbeteiligung, insbesondere für Führungskräfte börsennotierter Aktiengesellschaften, sind Stock Option-Pläne, bei denen den Begünstigten das Recht zum späteren Erwerb von Aktien zu einem bereits vorher festgelegten Bezugspreis (regelmäßig dem Börsenkurs der Aktie zum Zeitpunkt der Optionseinräumung) gewährt wird. Diese Form der Mitarbeiterbeteiligung wird unten gesondert behandelt.

3.   Andere Beteiligungsformen

13   Bei den sonstigen Kapitalbeteiligungen ist grundsätzlich zwischen Fremdkapitalbeteiligungen und eigenkapitalähnlichen Beteiligungen zu unterscheiden.

Auf die Fremdkapitalbeteiligungen wurde bereits im Eingangsbeitrag eingegangen. Da diese Beteiligungsformen keine Spezifika bezogen auf Aktiengesellschaften aufweisen, wird an dieser Stelle zur Vermeidung von Wiederholungen auf den Grundlagenteil des § 1 verwiesen. Festzuhalten ist jedoch, dass tendenziell diese Beteiligungsform gerade nicht die einzigartige Möglichkeit der börsennotierten Aktiengesellschaft bzw. der zeitnah „public" gehenden Aktiengesellschaft zu nutzen weiß: die Anteilswertsteigerung. Insofern werden erfahrene Gestalter von Mitarbeiterbeteiligungsprogrammen diese Beteiligungsform bei bösennotierten AGs und IPO-Kandidaten selten in die Praxis umsetzen.

14   Ähnliches gilt für die eigenkapitalähnlichen Beteiligungen wie Genussrechte und stille Beteiligungen. Sie können zwar, anders als die reinen Fremdkapitalbeteiligungen, betriebswirtschaftlich, und unter bestimmten Bedingungen auch handelsrechtlich[8] wie Eigenkapital ausgestaltet werden. Steuerrechtlich lassen sie sich auch regelmäßig dem Fremdkapital zuordnen, was den Betriebsausgabenabzug für das begebende Unternehmen bei Vergütungsauszahlungen auf diese Mitarbeiterbeteiligungen sichert. Jedoch kranken auch diese Modelle daran, dass Sie die Fungibilität und das Wertsteigerungspotenzial von (in Bälde) notierten Aktien als Mitarbeiterbeteiligungsform nicht nutzen.

---

6   Funktionsteilung zwischen Vorstand, Hauptversammlung und Aufsichtsrat.
7   Beispielsweise Vorzugsaktien oder vinkulierte Namensaktien für Führungskräfte.
8   Vgl. Institut der Wirtschaftsprüfer (IDW), Hauptfachausschuss HFA 1/ 1994; Stichworte: Langfristigkeit, Nachrangigkeit, Verlustbeteiligung.

Die Anteilswertsteigerung würde nur dann einbezogen, wenn diese Genussrechte oder stillen Beteiligungen auch am Geschäfts- und Firmenwert, den stillen Reserven beteiligt werden würden[9]. Dies ist zwar theoretisch sehr wohl möglich, jedoch sind derartige Modelle gerade für den bevorstehenden Börsengang wie auch bei bereits notierten Aktiengesellschaften ein echtes Investitionshemmnis. Denn welcher Aktionär würde akzeptieren, dass Dividenden und Wertsteigerungen an seinen Aktien vorbei geschleust werden zugunsten eines still Beteiligten oder Genussrechtsinhabers? Im Rahmen eines Börsengangs oder bei bereits notierten Aktiengesellschaften wird die Neubegründung einer Mitarbeiterbeteiligung etwa im Wege einer stillen Gesellschaft deshalb aller Wahrscheinlichkeit nach keine Rolle spielen. Unternehmen, die bereits über eine solche Mitarbeiterbeteiligung verfügen, werden regelmäßig dafür zu sorgen haben, dass diese Beteiligungsform spätestens vor dem IPO aufgelöst und idealerweise in Aktien oder Aktienoptionen „gewandelt" wird, damit genügend Investoren für das Bookbuilding gefunden werden können.

Häufig wird man daher, wenn der IPO naht, das alte Beteiligungsmodell auslaufen lassen (keine Neubegründung von Beteiligungen, gegebenenfalls auch Auflösung und Rückzahlung nach Ablauf von Sperrfristen) und nach und nach durch ein Angebot von Belegschaftsaktien oder Aktienoptionen – seien sie real oder virtuell – ersetzen, um auch für die beteiligten Mitarbeiter die Vorteile der Rechtsform der Aktiengesellschaft und des Börsengangs effektiv nutzen zu können.   **15**

Dagegen sind Mitarbeiterbeteiligungen für börsennotierte AGs und solche, die es werden wollen, denkbar, die sich im Zeitablauf von der Fremd- zur Eigenkapitalbeteiligung wandeln (so genannte Anwartschaftsmodelle). Diese Mischformen bieten große Gestaltungsmöglichkeiten hinsichtlich Kapitalcharakter und zeitlich gesteuerten Mitwirkungsrechten. Zu den Mischformen zählt z. B. die Beteiligung der Mitarbeiter mittels Wandelgenussrechten oder Restricted Stock Units. Diese Beteiligungsformen generieren, jedenfalls nach Ausübung, handelsrechtlich wie steuerrechtlich Eigenkapital. Davor sind sie handels-wie steuerrechtlich als Fremdkapital zu qualifizieren. Gleichzeitig sind bis zur Wandlung in reale Aktien Beteiligungs- und Mitwirkungsrechte ausgeschlossen.

III.   Eckpunkte eines Mitarbeiterbeteiligungsmodells bei börsennotierten Unternehmen

1.   Entscheidungsmodell zur Einführung einer Mitarbeiterbeteiligung

Der Erfolg eines Mitarbeiterbeteiligungsmodells hängt wesentlich von dessen systematischer Einführung ab. In einem idealtypischen Entscheidungsmodell[10] kann der Prozess der Entscheidung über eine Mitarbeiterbeteiligung in folgende Phasen gegliedert werden: **16**

- Informationsbeschaffung,
- Festlegung der Eckdaten der Mitarbeiterbeteiligung,
- Entwicklung eines betriebsindividuellen Beteiligungskonzeptes,

---

9   Zudem ist festzuhalten, dass z.B. eine Betriebsvereinbarung über die Beteiligung aller Mitarbeiter durch eine stille Gesellschaft an der AG als Teilgewinnabführungsvertrag gilt mit der Folge, dass die Zustimmung der Hauptversammlung einzuholen und dieser Vertrag ins Handelsregister einzutragen ist.
10   Vgl. zum Folgenden Bertelsmann Stiftung/Prognos GmbH, Mitarbeiter, S. 91 ff.

- Entscheidung über das Beteiligungsmodell,

- Information der Belegschaft und Einführung der Mitarbeiterbeteiligung im Unternehmen.[11]

17 Am Anfang des Entscheidungsprozesses steht die **Informationsbeschaffung**, -aufnahme und -verarbeitung. Allen an der Entscheidung wesentlich Beteiligten sollte bereits zu Beginn eine ausreichende Informationsbasis zur Verfügung gestellt werden, um Grundsatz- und spätere Detailentscheidungen qualifiziert untermauern zu können. Bereits dieser erste Schritt kann Befürchtungen und Vorbehalte, aber auch Illusionen über die realistischen Chancen einer Mitarbeiterbeteiligung und ihre Bedingungen zurechtrücken. Hilfreich kann dabei der Kontakt zu anderen Unternehmen bzw. die Hinzuziehung von Beratern sein, die bereits Erfahrungen mit der Beteiligung von Mitarbeitern haben. Für diese erste Phase sollte bereits genug Zeit eingeplant werden, dient sie doch vor allem der ersten Annäherung an die Zielvorstellungen für das eigene Beteiligungsprojekt.

Auf Basis der gesammelten Informationen ist im zweiten Schritt über die grundsätzlichen Fragen des Beteiligungsmodells zu entscheiden. Im Mittelpunkt steht die Erarbeitung eines **betriebsindividuellen Zielkatalogs** mit klar festgelegten Präferenzen. Hier müssen die langfristigen Vorstellungen der Unternehmensführung und der Personalarbeit (z. B. Auflage besonderer Förderprogramme für Arbeitnehmer mit Schlüsselqualifikationen) eingebracht werden. Die festgelegten Zielvorgaben sowie die konsequente Orientierung aller nachfolgenden Maßnahmen an dieser Richtschnur sind entscheidend für den Erfolg eines Beteiligungsmodells. Diese Phase steht im Zentrum des gesamten Entscheidungsprozesses und ist dementsprechend mit besonderer Sorgfalt zu betreiben. Die hier verwendete Zeit für Diskussionen erweist sich bei der Detailplanung und im Rahmen der Umsetzung des Beteiligungsprogramms als Gewinn bringende Investition. Außerdem ist an dieser Stelle über Grundsatzfragen als Grundlage weiterer Gestaltungsüberlegungen zu entscheiden, z. B. über Art und Umfang eines Firmenbeitrags zur Finanzierung oder den Umfang möglicher Informations- und Mitwirkungsrechte der Mitarbeiter. Einige für die Ausgabe von Belegschaftsaktien bedeutsame Grundsatzfragen werden im Folgenden noch angesprochen. Eine erste Information der Mitarbeiter über die getroffenen Grundsatzentscheidungen schließt diese Phase ab.

18 Im dritten Schritt erfolgt die Erarbeitung des **konkreten Beteiligungsmodells**.[12] Hier gilt es, die betriebsindividuellen Besonderheiten zu berücksichtigen und umzusetzen. Bereits praktizierte Beteiligungskonzepte anderer Unternehmen können Anregungen bieten, die Konzeption eines „eigenen" Modells aber nicht ersetzen. Bewährt hat sich die Bildung einer Projektgruppe, die auf der Basis der zuvor formulierten Eckpunkte verschiedene Gestaltungsvarianten prüft, das Beteiligungskonzept im Detail ausarbeitet und die Grundlagen für die nachfolgenden Entscheidungen und die Einführung erarbeitet. Die späteren Auswirkungen des Mitabeiterbeteiligungsprogramms bestimmen sich schon bei Gestaltung des Plans, spätere Anpassungen sind häufig nicht mehr oder nur unzureichend möglich. Insofern ist schon bei der Planung ein besonderes Augenmerk auf den Inhalt und die Struktur des Plans – unabhängig vom gewählten Modell – zu legen.

Auf Basis der Projektgruppenarbeit erfolgt im vierten Schritt die Entscheidung für das **passende Mitarbeiterbeteiligungsmodell** und dessen Verabschiedung durch die zuständigen Gremien. Je nach Konzept sind Beschlüsse der Geschäftsleitung, des Betriebsrates, des Aufsichtsrates und oftmals der Anteilseigner erforderlich. Für einen reibungslosen Entscheidungsprozess sollte auf eine

---

11 Ein Ablaufschema zur Einführung eines MAB finden Sie am Ende von Punkt III.

12 Neben Vertretern der Unternehmensführung, der Personalabteilung und eventuell einem spezialisierten Berater sollte die Einbeziehung von Mitarbeitern erwogen werden, die sich für das Thema engagieren, das Vertrauen ihrer Kollegen genießen und die Sichtweise der Betroffenen frühzeitig in den Entscheidungsprozess einbringen. Besteht ein Betriebsrat, sollte er bereits in diesem Stadium gehört werden, was spätere Verzögerungen in der Entscheidungsphase vermeidet und das Vertrauen der Mitarbeiter in das Beteiligungskonzept erhöhen kann.

sorgfältige Vorbereitung und Bereitstellung ausreichender und plausibler Informationen Wert gelegt werden.

Die mit der Mitarbeiterbeteiligung verfolgten Ziele werden zumeist nur dann erreicht, wenn die Mitarbeiter das Modell auf breiter Basis akzeptieren. **Akzeptanz bei den Mitarbeitern** setzt deren Wissen und Verständnis der Modellstruktur voraus, sodass im fünften Schritt die ausführliche Information der Mitarbeiter unabdingbar ist. Insbesondere sind verständliche schriftliche Unterlagen und Erläuterungen vorzubereiten, aus denen sich alle wesentlichen Merkmale der Beteiligung ergeben. In dieser Phase können Mitglieder der Projektgruppe sowie gegebenenfalls der Betriebsrat die Aufgabe von Vertrauensleuten und Beratern übernehmen, die für Fragen zur Verfügung stehen und als Multiplikatoren für das Beteiligungsprojekt wirken. Die Einführung und Verwaltung der Mitarbeiterbeteiligung wird durch die Entwicklung und Verwendung standardisierter Formulare (z. B. Zeichnungsschein) erleichtert und transparent gemacht.

Hinweis: Die vorbezeichnete idealtypische Vorgehensweise ist anders als bei bereits börsennotierten, mitarbeiterbeteiligungserfahrenen AGs bei Einführung von Mitarbeiterbeteiligungsmodellen bei Unternehmen, die den Börsengang planen, tendenziell eher selten. Dies liegt häufig daran, dass ein Börseneinführungsprozess unter engen zeitlichen Restriktionen steht. Gerade in diesen Fällen wird das IPO-Unternehmen diesen zeitlichen Engpass durch Einkaufen externer Beraterleistungen in der Regel zu kompensieren versuchen.

2.   Zeitpunkt der Einführung einer Mitarbeiterbeteiligung bei börsennotierten AGs

Den idealen Zeitpunkt zur Einführung einer Mitarbeiterbeteiligung bei börsennotierten AGs per se gibt es nicht. Stattdessen gibt es steuerrechtliche wie andere wirtschaftliche Gründe, die eine Form der Mitarbeiterbeteiligung einer anderen zu einem bestimmten Zeitpunkt vorzuziehen.

Bezogen auf Aktiengesellschaften, die den Börsengang planen oder bereits börsennotiert sind, ergibt sich folgendes Grobraster, das sich auch in der nachfolgenden Abbildung 4 widerspiegelt:

Sogenannte Restricted Stocks (s. dazu Abschnitt V.) sind ein Instrument der Frühphase. Sie sollten wenn, dann deutlich vor einem Börsengang ausgegeben werden und zu einem Zeitpunkt, zu dem keine Kaufpreisrealisierung durch fremde Dritte stattgefunden hat oder kurz bevorsteht. Andernfalls wäre bei einer verbilligten Gewährung der geldwerte Vorteil des Mitarbeiters womöglich so hoch, dass die Steuerzahllast für diesen geldwerten Vorteil es für die Mitarbeiter unattraktiv erscheinen lässt, diese Beteiligungsform zu zeichnen. Eine Ausnahme gilt lediglich für Belegschaftsaktien, die in kleinen Mengen an Mitarbeiter auch nach dem Börsengang oder zum Börsengang ausgegeben werden können. Auch für diese gilt jedoch, dass der steuerliche Bewertungsspielraum hinsichtlich des geldwerten Vorteils bei verbilligter Ausgabe vor dem Börsengang noch viel größer ist. Jedoch können Mitspracherechte in der Hauptversammlung auch gegen die Einführung einer von Belegschaftsaktien/Restricted Stocks und damit auch in der Frühphase bereits für die Ausgabe von Stock Options noch vor dem Börsengang sprechen.

Aktienoptionen (SOP) sowie Wandelschuldverschreibung (WSV) und Wandelgenussrechte (WGR) sind Beteiligungsformen, die vor wie nach dem Börsengang attraktiv sein können. Da die Besteuerung grundsätzlich im Zeitpunkt der Ausübung erfolgt, wenn diese Beteiligungsformen nicht handelbar sind, ist die steuerliche Behandlung eindeutig definiert und behindert somit die Gewährung an Mitarbeiter im Zeitpunkt der Ausgabe nicht.

19

20

21

22   Anzumerken ist in diesem Zusammenhang, dass die Finanzrechtsprechung unlängst die Abtretung nicht handelbarer Aktienoptionen unlängst als Ausübung definierte[13].

Ein weiterer Vorteil dieser Beteiligungsform ist insbesondere bei Unternehmen, die den Börsengang in Angriff nehmen, gegeben. Die Ausgabe von Aktienoptionen und Wandelschuldverschreibungen bzw. Wandelgenussrechten führt dazu, dass Mitarbeiter zwar beteiligt und motiviert sind, jedoch noch nicht an Hauptversammlungen teilnehmen können und hier auch nicht die Erschwernisse generieren, wie beispielsweise nicht vollzähliges Erscheinen der Aktionäre bei Hauptversammlungen etc.. Auch aus diesem Grund sind Aktienoptionen und Wandelschuldverschreibungen ein interessantes Mittel, um Mitarbeiter bereits vor dem IPO zu beteiligen. Umgekehrt würde es der Demonstration einer aktionärsfreundlichen Unternehmenspolitik entsprechen, würde gerade ein Stock Option-Plan erst nach dem Börsengang unter Beteiligung der neuen Aktionäre beschlossen.

23   Eine Beteiligung über virtuelle Instrumente, wie Stock Appreciation Rights (SAR) sowie Phantom Stocks, ist sowohl vor wie nach dem Börsengang immer möglich und durchaus attraktiv. Dies liegt daran, dass hier eine Besteuerung des geldwerten Vorteils bei Gewährung und während der Laufzeit der Programme wegen der Virtualität niemals in Betracht kommt. Die Besteuerung erfolgt immer erst bei Auszahlung der Beteiligungsinstrumente in Geld. Im Übrigen haben diese Beteiligungsformen für sich, dass es durch sie keine Anteilsverschiebung in der Hauptversammlung gibt und für deren Ausgabe es grundsätzlich auch keines Hauptversammlungsbeschlusses bedarf.[14]

24   ## Zwischenfazit:

Als Faustregel kann festgehalten werden, dass Aktienoptionen, Wandelschuldverschreibungen und Wandelgenussrechte sowie virtuelle Instrumente wie SAR und Phantom Stocks zu jedem Zeitpunkt ein geeignetes Mittel der Mitarbeiterbeteiligung darstellen können. Gleiches gilt für Belegschaftsaktien. Restricted stocks sollten jedoch immer nur zu einem Zeitpunkt ausgegeben werden, der sehr weit vor dem Börsengang oder einer Kaufpreiskonkretisierung durch fremde Dritte liegt. Dieses Zwischenfazit veranschaulicht nachfolgende Grafik:

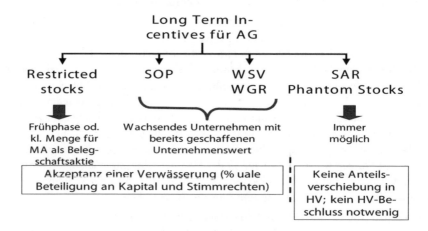

Abbildung 4:   **Idealer Zeitpunkt der Beteiligung**

---

13   Vgl. FG Münster, Urteil 10.7. 2008, Az: 12 K 4391/ 07 E – rechtskräftig.
14   Vgl. Leuner, R, Auslaufmodell Aktienoption?, FAZ 2005, S. 20.

Die mögliche Mitarbeiterbeteiligung hängt somit auch bei börsennotierten AGs entscheidend von der Unternehmenssituation ab. Im Rahmen des Börsengangs beschränken sich diese jedoch in der Regel auf die in Abbildung 4 dargestellten Varianten.

25

Im Hinblick auf einen Börsengang ist die beabsichtigte Einführung einer Mitarbeiterbeteiligung zu terminieren. Neben technischen Aspekten, z.B. der Zeitbedarf oder der Frage der Aktienbeschaffung, sind insbesondere die Auswirkungen des geplanten Modells auf den Erfolg der Börseneinführung zu bedenken. Die hierbei zu berücksichtigenden Aspekte müssen im Einzelfall mit Beratern und der Emissionsbank analysiert werden und können hier nur beispielhaft angesprochen werden.

3. Kreis der Berechtigten

Grundsätzlich ist es möglich, sowohl die Führungskräfte als auch die Belegschaft an einer Mitarbeiterbeteiligung in Form von Belegschaftsaktien teilhaben zu lassen.

26

Meist bietet sich aber eine Differenzierung der Beteiligungsprogramme für diese großen betrieblichen Gruppen an, um unterschiedlichen Schwerpunkten in den Zielvorgaben oder den eigenen Finanzierungsmöglichkeiten der Begünstigten Rechnung zu tragen. Reine Belegschaftsaktienprogramme werden beispielsweise eher für breite Mitarbeiterkreise konzipiert, während für Führungskräfte und Mitglieder der Geschäftsleitung verstärkt Stock Options oder vergleichbare Instrumente angeboten werden.

Bei der genauen Abgrenzung des Kreises der beteiligungsberechtigten Mitarbeiter ist der arbeitsrechtliche Gleichbehandlungsgrundsatz zu beachten. Regelmäßig werden Belegschaftsaktien Mitarbeitern aber erst angeboten, wenn von einer längerfristigen Beschäftigung auszugehen ist (Ausschluss der Hauptfluktuation in den ersten zwölf Monaten des Arbeitsverhältnisses).

Neben dem arbeitsrechtlichen Gleichbehandlungsgrundsatz ist seit August 2006 auch das Allgemeine Gleichbehandlungsgesetz (AGG) zu berücksichtigen. Nach § 7 Abs. 1 i. V. m. § 2 Abs. 1 Nr. 2 AGG stellt eine Vereinbarung über eine differenzierte Teilnahme der Mitarbeiter an einem Beteiligungsmodell ggf. eine Benachteiligung dar und ist folglich nichtig. Etwas anderes würde sich lediglich dann ergeben, wenn die Ungleichbehandlung aus sachlichen Erwägungen zu rechtfertigen wäre. Inwiefern die unterschiedliche Behandlung der Arbeitnehmer im Rahmen eines Mitarbeiterbeteiligungsmodell zu rechtfertigen ist, kann an dieser Stelle mangels gesicherter Erkenntnisse nicht abschließend geklärt werden. Bis entsprechende Ausführungen zum AGG in der Rechtsprechung vorhanden sind, ist anzuraten soweit auf den arbeitsrechtlichen Gleichbehandlungsgrundsatz abzustellen.[15]

27

4. Mittelaufbringung

Werden keine Aktienoptionspläne, Wandelschuldverschreibungen, Wandelgenussrechte, virtuelle Mitarbeiterbeteiligung oder vergleichbare einlagelose Modelle begeben, ist eine Einlageleistung oder Kaufpreiszahlung unabdingbar. Für eine solche Finanzierung der Mitarbeiterbeteiligung an einer börsennotierten AG können die Mittel vom Mitarbeiter, vom Unternehmen als auch durch staatliche Förderung aufgebracht werden. Sinnvoll ist oftmals eine Kombination der Varianten.

28

---

15 Vgl. Punkt IV. zu den Auswertungen des AGG bei Stock-Option-Programmen.

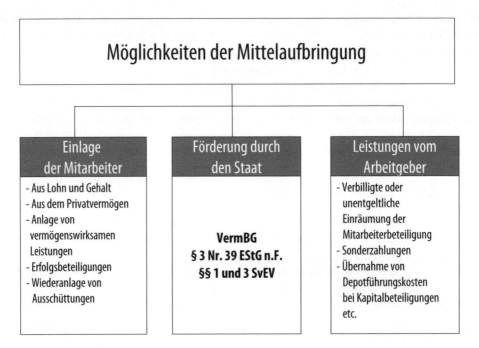

Abbildung 5:   Möglichkeiten der Mittelaufbringung

a)   Eigenleistung der Mitarbeiter

29   Eigenleistungen sind finanzielle Mittel aus der Sphäre des Mitarbeiters. Hierzu zählen in erster Linie die Verwendung eines Teils des Gehalts, von Geldbeträgen aus dem Privatvermögen und vermögenswirksame Leistungen. Gewinnausschüttungen oder Zinsen aus einer bereits bestehenden (auch anders strukturierten) Mitarbeiterbeteiligung sind ebenfalls als Eigenleistungen anzusehen, wenn der Mitarbeiter entscheiden kann, ob er diese Mittel im Unternehmen belässt oder stattdessen eine Auszahlung in bar vorzieht. Die Mitarbeiterbeteiligung kann auch durch die investive Verwendung einer Erfolgsbeteiligung (Provision, Tantieme, Beteiligung am Unternehmensergebnis) finanziert werden. Viele moderne Kapitalbeteiligungen, z.B. Mitarbeiterguthabenmodelle sehen eine Gutschrift dieser Vergütung und ihre zeitweise Reinvestition in der Mitarbeiterbeteiligung vor. Solche Gestaltungen bieten sich an, wenn Erfolgsanteile nicht als Bestandteil einer flexiblen Entlohnung kalkuliert, sondern zusätzlich gezielt als Einstieg in eine betriebliche Kapitalbeteiligung gewährt werden.

30   In all diesen Fällen ist festzuhalten: Beteiligt sich ein Mitarbeiter durch Eigenleistungen an seinem Unternehmen, so identifiziert er sich mit diesem und glaubt an dessen prosperierende Entwicklung. Eine Finanzierungsfunktion sollte man sich von diesem Modellen jedoch nur bei kopfzahlenmäßig großer Belegschaft erhoffen.

Aufgrund der regelmäßig begrenzten Finanzmittel pro Kopf weiter Kreise der Mitarbeiterschaft setzen innovative Beteiligungskonzepte deshalb auf Finanzierungshilfen durch den Arbeitgeber, um eine höhere Zeichnung von Belegschaftsaktien und damit langfristig eine höhere Beteiligungsquote der Belegschaft zu erreichen.

b)   Leistungen vom Arbeitgeber

Die bekannteste Form der Arbeitgeberleistung zur Finanzierung der Mitarbeiterbeteiligung ist   31
die verbilligte oder unentgeltliche Einräumung der Beteiligung. Der dadurch vom Unternehmen
gewährte geldwerte Vorteil ist unter bestimmten Voraussetzungen durch § 19a Abs. 1 bzw. ab
2009 durch § 3 Nr. 39 EStG begünstigt.

Darüber hinaus kann das Unternehmen, wenn es seine Rechtsform erlaubt, zinsgünstige Darlehen begeben zur Finanzierung der Mitarbeiterbeteiligung. Ob, wann und wie diese Darlehen
zurückzuzahlen sind, sind ebenfalls gestaltbare Parameter. Auch können Nebenleistungen zur
Mitarbeiterbeteiligung durch den Arbeitgeber übernommen werden, wie Depotführung, Kurssi-
cherung etc. Ob diese Gebührenübernahmen steuerlich zum Arbeitslohn zählen, ist regelmäßig
danach zu beurteilen, ob sie voll im eigenbetrieblichen Interesse des Arbeitgebers erfolgten oder
auch Entlohnungscharakter haben. Dies ist immer eine Einzelfrage, die oftmals erst der Bundesfinanzhof abschließend klären kann.

Das Unternehmen kann ferner die Mitarbeiterkapitalbeteiligung fördern, z.B. durch die zusätz-   32
liche Zusage von Prämien oder Zuwendungen zu besonderen Anlässen, wie einem Firmenjubi-
läum. Auch die Gewährung von Einmalzahlungen bei Erreichen eines besonderen Erfolgsziels
und hier insbesondere die Honorierung des Leistungsbeitrags der Belegschaft zur Erreichung der
Börsenreife kann als Einstiegsfinanzierung in eine Mitarbeiterbeteiligung genutzt werden.

c)   Förderung durch den Staat

Eine ernstzunehmende Förderung steuerlicher Art für börsennotierte Unternehmen gab und gibt   33
es bis einschließlich 2008 nicht. 135 Euro steuerfreier Freibetrag pro Mitarbeiter und Jahr ist ein
vernachlässigbarer Betrag selbst für mittelmäßig verdienende Mitarbeiter. Auch die ab 2009 geltende Freibetragsregelung von 360 Euro pro Jahr und Person ändert daran eher wenig. Ferner gibt
es in Deutschland keine indirekte Förderung über ermäßigte Bemessungsgrundlagen bzw. Versteuerung zu früheren Bewertungszeitpunkten als dem Verkauf, z.B. bei Aktienoptionen. Auch
sind Gewinne aus Mitarbeiteraktienoptionen regelmäßig mit dem Spitzensteuersatz zu versteuern
und nicht etwa, wie man meinen könnte, mit der 25%igen Abgeltungssteuer. Stattdessen schaffte
der Gesetzgeber zu allem Unglück in 2007 für noch nicht börsennotierte Unternehmen eine der
effektvollsten Regelungen ab: Galt bis dato für Unternehmen, bei denen es im Jahr vor dem Mitar-
beitereinstieg keine Verkehrswerttransaktionen gab, das Stuttgarter Verfahren, was sehr moderate
Unternehmenswerte und damit Steuerbemessungsgrundlagen ermöglichte[16], so ist diese indirekte
Förderung zwischenzeitlich weitgehend eliminiert (Neufassung von § 11 II BewG). Eine Kompensation hierfür wurde nicht einmal erwogen. Auch der Bürokratiezuwachs aus der Modifikation
dieser Regelung des § 11 Abs. 2 BewG ist leider nicht zu unterschätzen, wie seitdem notwendige
Verkehrswertgutachten allein für Steuerzwecke belegen.

Bliebe daher nur noch die Vergünstigung des 5. Vermögensbildungsgesetzes. Diese durchaus
effektvolle Zusatzförderung ist jedoch an das Nichtüberschreiten von Einkommensgrenzen geknüpft, die dazu führen, dass selbst der deutsche Durchschnittsverdiener weit über diesen Grenzen liegt und damit nicht in den Genuss dieser Zusatzförderung gelangen wird. Auch hier ist de
lege ferenda keine Aussicht auf Besserung zu erwarten.

---

16   Vgl. Leuner, R. Der Steuerberater, Heft 5, Mai 2008, Editorial S. 1.

5.   Rechtsgrundlagen der börsennotierten Mitarbeiterbeteiligung

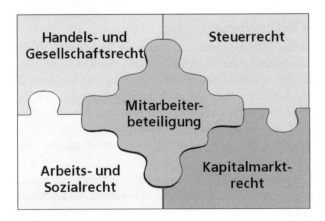

Abbildung 6:   Betroffene Rechtsmaterie

34   Im Rahmen der Mitarbeiterbeteiligung sind insbesondere das Handels- und Gesellschaftsrecht, das Steuerrecht, das Arbeits- und Sozialrecht sowie das Kapitalmarktrecht zu beachten. Ausgewählten Rechtsproblemen soll bereits an dieser Stelle besondere Aufmerksamkeit gewidmet werden:

Aus arbeitsrechtlicher Sicht bieten sich dem Unternehmen grundsätzlich drei Gestaltungsformen, um seinen Mitarbeitern ein Angebot zur Mitarbeiterbeteiligung zu unterbreiten: die einzelvertragliche Vereinbarung, das „unverbindliche Jahresangebot" und die Betriebsvereinbarung.

35   Da die im Rahmen einer **einzelvertraglichen Vereinbarung** erfolgte Zusage einer Beteiligung Bestandteil des Arbeitsvertrages wird und etwaige zukünftige Änderungen oder Einschränkungen der Beteiligung dann nur mit Zustimmung des Mitarbeiters beziehungsweise mittels Änderungskündigung zu erzielen sind, wird diese Form in der Regel nur bei Führungskräften mit individuell ausgehandelten Dienstverträgen angewandt.

Eine Mitarbeiterbeteiligung wird meist über ein **„unverbindliches Jahresangebot"** (Gesamtzusage) angeboten, das sich mit festgelegten Konditionen allgemein an den Begünstigtenkreis richtet und von den Mitarbeitern individuell gezeichnet werden kann. An das Angebot ist das Unternehmen nur für das zugesagte Jahr und nur auf Basis der vereinbarten Konditionen gebunden. In den Folgejahren können durch jeweils neue Jahresangebote weitere Beteiligungen zugesagt werden. Durch die Aufnahme einer Freiwilligkeitsklausel in das Jahresangebot wird die Entstehung weiterreichender Ansprüche aus betrieblicher Übung vermieden.

36   Ein Mitarbeiterbeteiligungsmodell kann drittens auch im Wege einer **freiwilligen Betriebsvereinbarung** nach §§ 77, 88 Nr. 3 BetrVG eingeführt werden. Diese Alternative lässt Vertragsgestaltungen zwischen Geschäftsleitung und Betriebsrat zu, die mit Kündbarkeitsklauseln versehen werden können oder automatisch auslaufen (zeitliche Befristung). Der Abschluss einer Betriebsvereinbarung bietet sich an, wenn der Betriebsrat intensiv in die Beteiligungsaktivitäten einbezogen werden soll.

Daneben ist bei der Umsetzung eines Mitarbeiterbeteiligungsmodells für börsennotierte Unternehmen oder solche in spe immer auch das Wertpapierprospektgesetz (WpPG) zu beachten.

Das WpPG gibt den gesetzlichen Rahmen für Wertpapieremissionen durch öffentliches Angebot vor. Das Gesetz stellt in § 1 auf die „Erstellung, Billigung und Veröffentlichung von Prospekten für Wertpapiere, die öffentlich angeboten oder zum Handel an einem organisierten Markt zugelassen werden sollen" ab. Entscheidend ist dabei die Definition des Begriffs öffentliches Angebot: **37**

„Eine Mitteilung an das Publikum in jedweder Form und jedwede Weise, [...], um einen Anleger in die Lage zu versetzen, über den Kauf oder die Zeichnung dieser Wertpapiere zu entscheiden."

Diese weite Definition führt dazu, dass bei Ausgabe von Wertpapieren durch ein Unternehmen grundsätzlich eine Prospektpflicht gegeben ist. Dies gilt im hier besprochenen Kontext immer für die Ausgabe von Aktien an Mitarbeiter. Aber auch Stock Option-Pläne fallen – spätestens bei Ausgabe der Aktien nach Ausübung der Optionen durch die Mitarbeiter d.h. bei allen Modellen ohne Abfindungsmöglichkeit – in den Anwendungsbereich des WpPG. Eine Ausnahme hiervon regelt § 4 Abs. 1 Nr. 5 WpPG. Sofern bei Umsetzung des Mitarbeiterbeteiligungsprogramms Aktien der Gesellschaft bereits zum Handel zugelassen sind, greift die Prospektpflicht nicht. Wird das Mitarbeiterbeteiligungsmodell jedoch bereits vor Zulassung der Aktien eingeführt, liegen die Voraussetzungen des § 4 Abs. 1 Nr. 5 WpPG nicht vor. In diesem Fall kann von der Veröffentlichung lediglich dann abgesehen werden, wenn das Angebot sich an weniger als 100 Personen pro Angebotsstaat richtet bzw. ein Angebotsvolumen von 100.000 EUR nicht überstiegen wird, § 3 Abs. 2 WpPG. **38**

Ein Verstoß gegen die Prospektpflicht kann die Bundesanstalt für Finanzdienstleistungsaufsicht mit einer Geldbuße von bis zu 500.000 EUR ahnden. Um eine Bestrafung zu vermeiden, ist im Rahmen der Gestaltung eines Mitarbeiterbeteiligungsprogramm regelmäßig zu prüfen, ob ein Prospekt veröffentlicht werden muss, oder ob ein Ausnahmetatbestand im speziellen Fall vorliegt.

6.   Zusammenfassung

Folgende Übersichten geben nochmals einen zusammenfassenden Überblick über die wesentlichen Aspekte und Fragen bei Einführung einer Mitarbeiterbeteiligung. **39**

a)   Ablaufschema

I. Zielsetzung des Mitarbeiterbeteiligungsprogramms

Regelmäßig wird mit einem Mitarbeiterbeteiligungsprogramm nicht nur ein Ziel verfolgt. Ausschlaggebend für die Einführung dessen ist meist ein ganzes Zielbündel. Als Einzelziele kommen folgende Begebenheiten in Betracht: **40**

- Realisierung von Finanzierungseffekten
  - Erhöhung der Liquidität
  - Verbesserte Eigenkapitalausstattung
  - Erweiterung des Finanzierungsspielraums

- Steigerung der Mitarbeitermotivation
    - Größere Identifikation mit dem Unternehmen
    - Erhöhung der Produktivität
    - Verringerung des Krankenstands und der Fluktuation
    - Verbessertes Kostenbewusstsein
- Mitarbeiterrekrutierung und -bindung
- Flexibilisierung der Gehaltskosten bzw. niedrigere fixe Gehaltskosten
- Reduzierung des Principal – Agent-Konflikts

II. Informationsbeschaffung

41   Zu Beginn steht die Informationsbeschaffung, -aufnahme und -verarbeitung. Allen Entscheidungsträgern sollten schon von Anfang an die wesentlichen Informationen zur Verfügung gestellt werden. Dieser Schritt zielt darauf ab

- Grundsatzentscheidungen zu treffen,
- Befürchtungen, Vorbehalte und evtl. Illusionen aus der Welt zu schaffen,
- realistische Chancen einer Mitarbeiterbeteiligung herauszuarbeiten,
- zu überprüfen, ob die erarbeiteten Zielvorgaben erreicht werden können.

III. Festlegung der Eckdaten einer Mitarbeiterbeteiligung

42   Auf der Grundlage der gesammelten Informationen sind in dieser Phase die grundsätzlichen Fragen des Modells auf Grundlage der Zielvorstellungen des Unternehmens zu diskutieren:

- Langfristige Vorstellungen der Unternehmensführung
- Auflage besonderer Förderprogramme beispielsweise für Mitarbeiter mit Schlüsselqualifikationen
- Art und Umfang des Beitrags der Gesellschaft
- Finanzierungsmöglichkeiten
- Informations- und Mitwirkungsrechte der Begünstigten
- Steuerliche/ sozialversicherungsrechtliche Gestaltungsmöglichkeiten

Diese Phase bildet das Zentrum des gesamten Entscheidungsprozesses und ist entsprechend mit einer besonderen Sorgfalt anzugehen. Nach Erarbeitung der Grundsatzentscheidungen sollten die Arbeitnehmer frühestens über den Programmentwurf informiert werden.

Als Faustregel gilt:

Je mehr die Mitarbeiter einlegen sollen, desto früher sollten sie informiert werden.

IV. Entwicklung eines betriebsindividuellen Beteiligungskonzepts

1. Bestimmung der Beteiligungsform

   (a) Kapitalbeteiligung

   - Eigenkapitalbeteiligung
       beispielsweise: Belegschaftsaktien, Stock-Options

- Fremdkapitalbeteiligung
  beispielsweise: Wandelschuldverschreibungen
- Eigenkapitalähnliche Beteiligung
  beispielsweise: (Wandel-) Genussrechte

(b) Erfolgsbeteiligung
beispielsweise SARs, Phantom Stocks

(c) Mischformen, wie Restricted Stock Units oder Genussrechtsoptionen, d.h. virtuelle Modelle mit der Möglichkeit, unter bestimmten Umständen Aktien oder andere Kapitalbeteiligungen zu erhalten.

2. Entscheidung über die Gestaltungsparameter des Mitarbeiterbeteiligungsmodells

(a) Kreis der Bezugsberechtigten

- Vorstand und/ oder
- Arbeitnehmer mit und ohne Leitungsfunktion und / oder
- Mitarbeiter von beteiligten Unternehmen

(b) Laufzeit des Programms

Eine gesetzliche Regelung bezüglich der Laufzeit eines Programms besteht in Deutschland nicht.

(c) Bestimmung des Bezugspreis

- Fixbezugspreis steht absolut bei Gewährung der Begünstigung fest
- Premium Price Modell (PPM)
  Ein festgelegter Preis wir mit einem relativen Aufschlag (sogenanntes Premium) versehen.
- Variabel z.B. Ausübungskurspreis abzüglich x-Prozent

(d) Festlegung der Erfolgsziele

- Absolut
  Ein aktienkursbezogener Zielwert wird vorgegeben
- Relativ
  Es wird auf die Aktienperformance im Vergleich zu einem Referenzwert abgestellt
- Kombiniert
  Eine Kombination aus absoluten und/oder relativen und/oder operativen Erfolgszielen

(e) Wartezeit/Vesting[17]

Gesetzlich vorgesehen ist bei Mitarbeiterbeteiligungen im Rahmen einer bedingten Kapitalerhöhung allein eine mindestens zweijährige Wartezeit zwischen Einräumung und Ausübung der Aktienoptionen (§ 193 Abs. 2 Nr. 4 AktG). Weil allein eine Wartezeit keine Mitarbeiterbindung hervorruft, werden darüber hinausgehend Unternehmen in den Mitarbeiterbeteiligungsprogrammen Unverfallbarkeitsfristen vorsehen, nach deren Ablauf eine erstmalige Ausübung möglich ist (Vesting).

---

17 Nur bei Stock Option-Plänen, Wandelschuldverschreibungen, Wandelgenussrechten, Stock Appreciation Rights oder Restricted Stocks Units etc.

(f) Übertragbarkeit

- nicht übertragbar
- vererbbar
- frei übertragbar/frei handelbar

Die Erarbeitung des Beteiligungskonzepts sollte in einer so genannten Projektgruppe in Zusammenarbeit von Vertretern der Unternehmensleitung – gegebenenfalls auch der Personalabteilung und der Mitarbeiter – und einem spezialisierten Berater erfolgen. Besteht ein Betriebsrat, ist er in dieser Phase zu hören, dadurch werden Verzögerungen in der Entscheidungsphase vermieden.

V. Einführung des Mitarbeiterbeteiligungskonzepts im Unternehmen

- Verabschiedung des Modells durch die zuständigen Gremien. Je nach Konzept sind Beschlüsse
  - der Geschäftsleitung,
  - des Betriebsrats,
  - des Aufsichtsrats,
  - der Hauptversammlung

  notwendig.

- Für die Akzeptanz des Plans bei den Mitarbeitern werben. Akzeptanz setzt Wissen und Verständnis voraus:
  - ausführliche Information der Arbeitnehmer
  - verständliche schriftliche Unterlagen und Erläuterungen ausgeben
  - Vertreter der Arbeitnehmer in der Projektgruppe sollten für Fragen zur Verfügung stehen.

b)   Fragenkatalog vor Erarbeitung einer Mitarbeiterbeteiligung

1. Was soll mit der Mitarbeiterbeteiligung bezweckt werden?

Vorteile für Arbeitgeber

- Verbesserung der Eigenkapitalbasis
- Mitarbeitermotivation
- Mitarbeitergewinnung und -bindung

Vorteile für Arbeitnehmer

- Zusätzliche Einkommensmöglichkeiten
- Erhöhung der Arbeitszufriedenheit
- Größere Arbeitsplatzsicherheit

2. Worüber sollte von Beginn an Klarheit herrschen?

- Mitarbeiterbeteiligung bringt eine Veränderung in der Unternehmenskultur mit sich
- Mitarbeiterbeteiligung verlangt vom Arbeitgeber grundsätzlich Offenheit zur Information der Mitarbeiter

- Mitarbeiterbeteiligung gibt dem Arbeitnehmer – je nach Ausgestaltung – unter Umständen sogar ein Recht zur unternehmerischen Mitsprache
- Die Einführung einer Mitarbeiterbeteiligung ist zeitintensiv
- Die Mitarbeiterbeteiligung darf nicht gegen tarifvertragliche und betriebliche Regelungen verstoßen

3. In welcher Sitution befindet sich das Unternehmen?

- Pre-IPO-Phase
- Börsengang (IPO)
- Nachfolgeregelung für ausscheidende Betriebsinhaber
- Unternehmen befindet sich in der Gründungsphase
- Unternehmen befindet sich in der Wachstumsphase
- Neuanfang nach einer Insolvenz

4. Welche Form der Mitarbeiterbeteiligung kommt in Frage ?

a) Kapitalbeteiligung
- Eigenkapitalbeteiligung
  beispielsweise: Belegschaftsaktien, Stock-Options
- Fremdkapitalbeteiligung
  beispielsweise: Wandelschuldverschreibungen
- Eigenkapitalähnliche Beteiligung
  beispielsweise: (Wandel-) Genussrechte,

b) Erfolgsbeteiligung
  beispielsweise: SARs, Phantom Stocks

c) Mischformen, wie Restricted Stock Units oder Genssrechtsoptionen

5. Wie werden die Mittel für die Kapitalbeteiligung (4a) aufgebracht ?

- Eigenleistung der Mitarbeiter
  - Zahlung aus Lohn und Gehalt
  - Vermögenswirksame Leistungen
  - Zahlungen aus dem Privatvermögen
  - Wiederanlage von Gewinnanteilen und Zinsen
- Leistungen des Arbeitgebers
  - Erfolgsbeteiligung
  - Unternehmenszuschuss
  - sonstige Leistungen (z. B. Depotkostenübernahme)

6. Fördert der Staat die Mitarbeiterbeteiligung ?

- Förderung durch Sparzulage
- Förderung durch Steuer- und Sozialabgabenbefreiung
  Brutto für Netto Entgeltumwandlung (Mitarbeiterguthaben)

7. Welche Punkte sind bei der Implementierung der Mitarbeiterbeteiligung vor allem zu beachten ?

- Betriebsrat hat im Rahmen einer Mitarbeiterkapitalbeteiligung ein Mitbestimmungsrecht
- Abstimmung bei der Ausgestaltung der Mitarbeiterbeteiligung
- Mitarbeiterbeteiligung durch Betriebsvereinbarung
- Ausschluss von bestimmten Mitarbeitergruppen kann gegen den arbeitsrechtlichen Gleichbehandlungsgrundsatz verstoßen
- Allgemeines Gleichbehandlungsgesetz
- WPPG

8. Welche weiteren Informations- und Beratungsmöglichkeiten gibt es ?

- Unternehmen, die bereits Mitarbeiterkapitalbeteiligungen umgesetzt haben
- Spezialisierte Berater
- Organisationen der Wirtschaft
- Gewerkschaften / Argeitgeberverbände
- Stiftungen, Vereinigungen
- Literatur zur Mitarbeiterbeteiligung

IV.   Stock Options

1.   Alleinstellungsmerkmale dieser Beteiligungsformen für Manager und Mitarbeiter

43   Stock Options sind **Bezugsrechte auf Aktien**, die von einer Aktiengesellschaft speziell an Organmitglieder und Mitarbeiter ausgegeben werden.

44   Die Begünstigten sind berechtigt, innerhalb der Ausübungsfrist eine bestimmte Anzahl von Aktien zu einem im Voraus, wenn nicht wenn nicht beitragsgenau so doch formelhaft, festgelegten Preis zu erwerben. Steigt der Aktienkurs bis zum Zeitpunkt der Optionsausübung über diesen Bezugspreis („strike price"), kann der Inhaber die Option ausüben und die eingetretene Wertsteigerung realisieren; bei negativer Kursentwicklung verfällt die Option. Stock Options sind regelmäßig als langfristig orientierte Vergütungs- und Beteiligungsmodelle zu sehen.

45   In den Vereinigten Staaten sind derartige Aktienbezugsrechte als Gehaltsbestandteil bereits seit Jahrzehnten weit verbreitet und liefern einen wichtigen Beitrag zur Förderung von Shareholder-Value-Konzepten und Partizipation von Management und Mitarbeitern an der Entwicklung des

Unternehmenswerts. Globalisierung, verschärfte internationale Konkurrenz um Top-Mitarbeiter im Management und den zukunftsträchtigen Schlüsseltechnologien sowie der verstärkte Trend zur Gründung und Entwicklung junger, wachstumsstarker High-Tech-Unternehmen mit hohem Potenzial für einen Börsengang hatten und haben auch in Deutschland die Diskussion über diese Form der Mitarbeiterbeteiligung angefacht. In Zeiten des Neuen Marktes mit einer Spitze von 175 Börsengängen im Jahr 1999 wurden bei einer Vielzahl von Unternehmen Stock Option-Plänen im Rahmen des Börsengangs eingeführt.

Nach dem Zusammenbruch dieses Marktsegments blieben in den Folgejahren Börsengänge die Ausnahme. Seit 2004 zeigt sich eine Tendenz hin zu vermehrten Börsengängen.[18] Seither sind Stock Options wieder aktuell.

Mit Stock Options werden folglich **Motivations- und Leistungsanreize** für die Unternehmens- 46 leitung und Mitarbeiter zugunsten einer unternehmenswertorientierten Geschäftspolitik gesetzt ohne Stimm- und Entwicklungsrechte den Mitarbeitern zuordnen und ohne von diesem bereits bei Gewährung Einlagen abverlangen zu können.

Die Teilhabe an der Kursentwicklung der Arbeitgeber-Aktie fördert Maßnahmen und das Engagement zur nachhaltigen Stärkung der Ertragskraft, Identifizierung und Entwicklung zukunftsträchtiger Geschäftsfelder und Erschließung neuer Technologien, Know-how und Märkte für das Unternehmen. Diese Aspekte werden oftmals zugunsten kurzfristiger Erfolge vernachlässigt, sind aber für die Sicherung des Unternehmens und seine Attraktivität auf den Finanzmärkten besonders bedeutsam. Der Schwerpunkt der praktischen Anwendung von Stock Options liegt daher bei Optionsprogrammen für Vorstände und sonstige Führungskräfte, die mit strategischen Entscheidungen auch unmittelbar Einfluss auf die wertbildenden Faktoren des Unternehmens haben. Mittlerweile werden Stock Options aber auch schon als Incentive für breitere Mitarbeiterkreise eingesetzt. Sinnvoll erscheint dies vor allem dann, wenn ein eigener Leistungsbeitrag der begünstigten Mitarbeiter zur Entwicklung des Unternehmenswertes transparent gemacht werden kann oder Mitarbeiter zugunsten der zukünftigen Entwicklung ihres Unternehmens auf Leistungen verzichten, z. B. bei jungen Unternehmen in der Anlauf- oder Wachstumsphase oder zur Sicherung des „turn-around" in Sanierungsfällen. Bei Begünstigung der gesamten Belegschaft wird dagegen weniger das Ziel der Steigerung des Shareholder Value im Vordergrund stehen, als Überlegungen zu einem betrieblichen Investivlohnkonzept zur breiteren Vermögensbildung in der Hand der Arbeitnehmer.

Mit der Ausgabe von Stock Options kann das Unternehmen seine **Attraktivität als Arbeitgeber** 47 bei der Gewinnung qualifizierter Führungs- und Fachkräfte stärken; im internationalen Personalwettbewerb, gerade in den Zukunftsbranchen, können deutsche Unternehmen mit Aktienoptionen zumindest wieder Boden gut machen gegenüber der amerikanischen „Konkurrenz", deren Vergütungsangebote der Höhe und der Struktur nach meist wesentlich attraktiver sind als die in Deutschland üblichen Konditionen. Darüber hinaus führen Stock-Option-Programme zu einer verstärkten Bindung wertvoller Mitarbeiter an das Unternehmen, da sie die langfristige Entwicklung des Unternehmenswertes honorieren und in der Regel mit verschiedenen Warte- und Ausübungsfristen verbunden sind.

Gerade bei **jungen Wachstumsunternehmen** bietet die Integration von Aktienoptionen in das Vergütungssystem Vorteile für alle Seiten.

---

18 Vergleiche Franke, Börsengänge 2005: Es geht wieder bergauf, abrufbar unter: *www.die-bank.de.*

48   Die Gesellschaft kann eine attraktive Vergütung bieten und wird gleichzeitig von ertrags- und liquiditätsmäßig gerade in der Wachstumsphase nicht tragbaren fixen und baren Gehaltsforderungen entlastet. Bei Optionsausübung kommt es u. U. sogar zu einem Kapitalzufluss für das Unternehmen. Für den Mitarbeiter bietet sich die Möglichkeit einer Beteiligung am Unternehmen und seinen von ihm mitgeschaffenen Entwicklungschancen, ohne gleichzeitig in der Anlaufphase hierfür Liquiditäts- und Finanzierungsbelastungen sowie das bei einer direkten Beteiligung zunächst hohe Verlust- und Renditerisiko tragen zu müssen.[19]

Im jüngster Zeit gibt es auch etliche Fälle, bei denen der Emittent der Aktienoptionen nicht die Arbeitgeberin, also die Aktiengesellschaft, ist, sondern beispielsweise ein einflussreicher Mehrheitsgesellschafter dieser. Grund hierfür ist oftmals das Vermeiden von Eklatsituationen in der Hauptversammlung, welcher es nicht bedarf, wenn die Aktienoptionen durch einen Gesellschafter begeben werden. Werden Aktienoptionen ergänzt durch virtuelle Dividendenpartizipation während der Vesting Periode, so spricht man auch von sogenannten Restricted Stock Units.

2.   Arbeitsrecht

49   Bei der Einführung einer Mitarbeiterbeteiligung über Aktienoptionen außerhalb des engsten Führungskreises ist – wie bei anderen Mitarbeiterbeteiligungsprogrammen – besonderes Augenmerk auf das Arbeitsrecht zu richten.

Bei der Umsetzung eines Mitarbeiterbeteiligungsprogramms können sich – sofern ein Betriebsrat besteht – aus §§ 87 Abs. 1 Nr. 10, 88 Nr. 3 BetrVG Mitbestimmungsrechte ergeben. Die zwingenden Kompetenzen sind jedoch eher gering. Die Entscheidung des Arbeitgebers, die Mitarbeiter überhaupt am Unternehmen zu beteiligen, ist ebenso mitbestimmungsfrei wie die generelle Form der Beteiligung, Art und Umfang eines Firmenzuschusses oder die grundsätzliche Festlegung des Berechtigtenkreises. Zu einzelnen Ausgestaltungsfragen, z. B. hinsichtlich der Verteilung von Firmenzuwendungen auf verschiedene Arbeitnehmergruppen, oder Durchführungsregelungen ist jedoch die Zustimmung des Betriebsrates einzuholen. Um inhaltliche und zeitliche Abstimmungsprobleme zu vermeiden, ist deshalb regelmäßig die frühzeitige Einbeziehung des Betriebsrates in den Entscheidungsprozess zu empfehlen.

50   Besondere Beachtung muss bei der Modellkonzeption des Weiteren dem arbeitsrechtlichen **Gleichbehandlungsgrundsatz** geschenkt werden.

Dieser besagt, dass zwischen einzelnen Mitarbeitern und Mitarbeitergruppen hinsichtlich der Einbeziehung und der Gewährung von Vergünstigungen nur differenziert werden darf, wenn dies nach der Zielsetzung des Beteiligungsmodells geboten und dieser Zweck selbst sachlich gerechtfertigt ist. Die Differenzierung nach Mindestbetriebszugehörigkeit oder Hierarchieebenen (Führungskräfte- versus Belegschaft) und der Ausschluss von Auszubildenden und Aushilfskräften wirft in der Regel keine Schwierigkeiten auf.

51   Arbeitsrechtliche Rückzahlungsklauseln, die dem Arbeitnehmer den finanziellen Vorteil aus der Mitarbeiterbeteiligung bei Ausscheiden aus dem Unternehmen wieder nehmen, sind als Kündigungsbeschränkung grundsätzlich problematisch; bei angemessener Gestaltung (z. B. Befristung, zeitanteilige Anrechnung) können sie aus der Zwecksetzung des Beteiligungsprogramms heraus (Motivation von Mitarbeitern zur langfristigen Steigerung des Unternehmenswertes) aber durchaus je nach Einzelfall gerechtfertigt sein.

---

19   Kessler/Sauter, Handbuch Stock Options, S. 394.

Seit August 2006 ist das **allgemeine Gleichbehandlungsgesetz** (AGG) in Kraft. Schwerpunktmäßig befasst sich das AGG mit dem Arbeitsleben. Sinn und Zweck des AGG aus arbeitsrechtlicher Sicht ist der Schutz der Arbeitnehmer vor Diskriminierungen. § 2 AGG kodifiziert ein Diskriminierungsverbot. Es umfasst vor allem (1) den Zugang zu Arbeitsplätzen sowie den beruflichen Aufstieg, (2) die Beschäftigungs- und Arbeitsbedingungen einschließlich des Arbeitsentgelts, (3) die Berufsbildung, (4) die Mitgliedschaft in berufsbezogenen Vereinigungen, (5) den Sozialschutz einschließlich der damit zusammenhängenden Vergünstigungen sowie (6) den Zugang zu und die Versorgung mit Gütern und Dienstleistungen.

Verboten ist grundsätzlich jede Benachteiligung, unerheblich ob in unmittelbarer oder mittelbarer Form. Der Tatbestand einer unmittelbaren Benachteiligung ist erfüllt, wenn ein Arbeitnehmer gegenüber einem Mitarbeiter in einer vergleichbaren Lage eine ungünstigere Behandlung erfährt (§ 3 Abs. 1 AGG). Mittelbar benachteiligt ist ein Arbeitnehmer gemäß § 3 Abs. 2 AGG, sofern „dem Anschein nach neutrale Vorschriften, Kriterien oder Verfahren Personen [...] gegenüber anderen Personen in besonderer Weise benachteiligen können [...].“   52

Bestimmungen, die das Diskriminierungsverbot verletzen, sind unwirksam (§ 7 Abs. 2 AGG) und stellen darüber hinaus noch eine Verletzung vertraglicher Pflichten dar (§ 7 Abs. 3 AGG). Allerdings ist nicht jede Ungleichbehandlung zugleich auch eine verbotene Diskriminierung. Abzustellen ist darauf, ob die Ungleichbehandlung durch hinreichende sachliche Gründe gerechtfertigt werden kann (§ 8 AGG).

Dem folgend ist auch bei der Konzeption eines Stock Option-Plans das AGG zu beachten. Die Gewährung von Stock Options ist als Teil der Arbeitnehmervergütung zu sehen und fällt insofern ist den Anwendungsbereich des § 2 Abs. 1 Nr. 2 AGG. Dementsprechend dürfen einzelne Mitarbeiter bzw. die jeweiligen Mitarbeitergruppen hinsichtlich Einbeziehung und Gewährung von Aktienoptionen grundsätzlich nicht unterschiedlich behandelt werden   53

Allerdings dürften Differenzierungen zwischen den einzelnen Hierarchieebenen mit einem Verweis auf den Zweck und das Ziel des Beteiligungsmodells durchaus zu rechtfertigen sein. Dasselbe dürfte wohl bei einer Differenzierung nach der Betriebszugehörigkeit gelten. Problematischer erscheint eine unterschiedliche Behandlung innerhalb der einzelnen Mitarbeitergruppen bzw. Hierarchieebenen. Hier ist den Unternehmen anzuraten jede unterschiedliche Einbeziehung und Zuteilung der Belegschaftsaktien an die Mitarbeiter für jeden Arbeitnehmer einzeln zu begründen.

Derzeit liegen noch keine gesicherten Erkenntnisse zur Anwendung des AGG im Rahmen der Konzeption von Mitarbeiterbeteiligungsprogrammen vor. Insbesondere den ersten Entscheidungen der Rechtsprechung wird große Bedeutung zukommen.   54

Solange ist anzuraten, sich bei der Gestaltung eines Mitarbeiterbeteiligungsmodells weiterhin innerhalb der durch den arbeitsrechtlichen Gleichbehandlungsgrundsatz abgesteckten Grenzen zu halten.

Darüber hinaus ist § 285 Nr. 9a HGB zu beachten. Nach dieser Vorschrift hat das Geschäftsführungsorgan einer Kapitalgesellschaft die gewährten Gesamtbezüge offenzulegen; d.h. neben dem Gehalt auch die aktienbasierten Vergütungen etc.. Durch das Gesetz über die Offenlegung der Vorstandsvergütungen (VorstOG) vom 03.08.2005 wurde § 285 Nr. 9a HGB um die Pflicht zur Offenlegung von Belegschaftsaktien erweitert.[20]

---

20   Baumbach/Hopt (Hrsg.), Handelsgesetzbuch, § 285 Rz. 9.

3.   Aktienbeschaffung und Beschlussverfahren

55   Die Aktienbeschaffung ist auf verschiedenen Wegen möglich. In der Regel erfolgt sie bei Stock Option Plänen durch eine bedingte Kapitalerhöhung.

Die bedingte Kapitalerhöhung zeichnet sich dadurch aus, dass Sie dann und nur insoweit durchgeführt wird, wie von den Bezugsrechten auf junge Aktien Gebrauch gemacht wird. § 192 Abs. 2 Nr. 3 AktG lässt die bedingte Kapitalerhöhung (bis zu 10 % des Grundkapitals) als Regelfall für die Gewährung von Aktienbezugsrechten an Vorstände und Arbeitnehmer, auch bei verbundenen Unternehmen, zu.

56   Stock-Options-Programme sind damit regelmäßig von der Hauptversammlung zu beschließen, wobei den Aktionären weit reichende Informations- und Zustimmungsrechte zukommen: Die wesentlichen Eckdaten der Bezugsrechte – Zweck, Kreis der Berechtigten, Ausgabebetrag der Aktien, Aufteilung auf Vorstände und Arbeitnehmer, Erfolgsziele, Erwerbs- und Ausübungszeiträume sowie eine Wartezeit für die Ausübung – müssen im Beschluss der Hauptversammlung festgelegt sein (§ 193 Abs. 2 Nr. 1- 4 AktG). Der Umfang eventuell darüber hinaus bestehender Informationspflichten in der Hauptversammlung, insbesondere zum Wert der Optionen oder zur Darstellung des Verwässerungseffektes für die Altaktionäre, ist im Einzelnen umstritten.[21]

Berücksichtigt ein Optionsmodell ausgewogen die Interessen von Aktionären, Unternehmen und Optionsberechtigten, kann eine offene Informationspolitik die Akzeptanz und den Erfolg des Programms im Unternehmen und in der Öffentlichkeit unterstützen. Ausschließlich technische Konditionen des Aktienoptionsplans, wie etwa Verkaufssperren für aus Optionen bezogene Aktien, Verfall der Option bei Beendigung des Mitarbeitervertrages, Zeichnung und Ausübung der Option usw., unterliegen nicht der Beschlussfassung der Hauptversammlung.[22] Diese technischen Festlegungen sind vom Vorstand und/oder dem Aufsichtsrat zu treffen. Dabei sind die Ermessensschranken des § 87 Abs. 1 S. 1 AktG einzuhalten. Insofern müssen in den Aktienoptionsplänen die individuellen Leistungs- und Funktionsbewertungen zum Ausdruck gebracht werden. Anzuraten ist, den Börsenkurs um weitere Parameter zu ergänzen, um dadurch eine ausreichende Annäherung an die Lage des Unternehmens zu erreichen.[23]

57   Der Hauptversammlungsbeschluss bedarf der Mehrheit von mindestens drei Vierteln des bei der Beschlussfassung vertretenen Grundkapitals, sofern nicht die Satzung eine größere Kapitalmehrheit und weitere Erfordernisse bestimmt (§ 193 Abs. 1 AktG). Der Beschluss enthält immanent den Ausschluss der Altaktionäre vom Bezugsrecht.

In der Hauptversammlungspraxis gab und wird es auch zukünftig immer Fälle geben, in denen die erforderliche Mehrheit in der Hauptversammlung zugunsten eines Stock Option-Plans nicht erzielt werden kann. Auch dafür gibt es jedoch Gestaltungsalternativen.

58   So können die Stock Options auch von dem Mehrheitsgesellschafter/den Mehrheitsgesellschaftern zur Verfügung gestellt und unmittelbar an den Kreis der Begünstigten ausgegeben werden. Eine Beteiligung der Hauptversammlung ist in diesem Fall nicht erforderlich.[24] Damit besteht eine interessengerechte Möglichkeit, den Vergütungserwartungen der Vorstände zu entsprechen. Doch bietet dieses Modell auch für die Mehrheitsaktionäre Vorteile. So können sie die Aktien-

---

21   Der Umfang der Informationspflichten war auch Gegenstand von Anfechtungsklagen gegen Hauptversammlungsbeschlüsse, vgl. Urteil des OLG Braunschweig vom 19.06.1998, Az: 3 U 75/98 zum Aktienoptionsplan der Volkswagen AG.

22   Siehe die Einzelaufzählung in der amtlichen Begründung zum KonTraG, ZIP 1997, 2068.

23   Hüffer, AktG Kommentar, 6. Auflage 2008, § 87 Rz. 6.

24   Vgl. Leuner, Auslaufmodell Aktienoption?, FAZ 2005, S. 20

optionen im Hinblick auf die Ihnen bedeutsamen Erfolgskriterien und zeitlichen Verweildauern ohne Rücksicht auf gesellschaftsrechtliche Vorgaben frei gestalten. Die Umsetzung eines solchen Stock Option-Plans erfolgt durch Abschluss eines schuldrechtlichen Vertrages, den der Mehrheitsaktionär und der Bezugsberechtigte, in der Regel der Vorstand der Gesellschaft, miteinander abschließen. Inhalt ist neben der Ausgabe von Aktienoptionen (sei es real oder virtuell) durch den Mehrheitsaktionär an die Begünstigten ferner die Vorgabe von Erfolgszielen, die das Unternehmen zu einem bestimmten Zeitpunkt erreicht haben muss. Ferner werden die Ausübungsfristen und andere Bedingungselemente wie z.B. Rechtsfolgen bei Kündigung, Tod etc. vereinbart.

Der Mehrheitsaktionär kann hierbei die Bedingungen weit gehend selbst vorgeben. Die inhaltlichen Beschränkungen, denen ein Stock Option-Plan, der von der Hauptversammlung beschlossen werden muss, unterliegt, greifen grundsätzlich nicht. Des Weiteren müssen die Formalien zur Herbeiführung eines Hauptversammlungsbeschlusses nicht beachtet werden. Zusätzliche Rechte und Pflichten für die Vertragsparteien ergeben sich grundsätzlich nicht. Der Vorstand bleibt dienstvertraglich nur mit der Gesellschaft verbunden. Gerade diese Gestaltungsfreiheit stellt einen großen Vorteil gegenüber „gewöhnlichen" Stock Option Plänen dar und macht dieses Konzept besonders attraktiv und flexibel.

Allerdings gilt es für die Mehrheitsaktionäre zu beachten, dass die Ausgabe von Stock Options   59 durch sie selbst auch eigene Ausgaben und eine Verminderung der eigenen Beteiligungsquote bedeutet.

Diese Aufwendungen verringern letztlich den Gewinn, den die Mehrheitsaktionäre aufgrund der Unternehmenswertsteigerung hätten erzielen können. Die Schmälerung ist jedoch nur der Preis für die erfolgreiche Arbeit der Begünstigten. Denn eine Optionsausübung ist lediglich dann möglich, wenn der Vorstand den Unternehmenswert derart gesteigert hat, dass die zuvor festgelegten Erfolgsziele erreicht wurden. Die Erhöhung des Unternehmenswerts spiegelt sich regelmäßig im Aktienkurs wider, sodass sich die Aufwendungen der Mehrheitsaktionäre regelmäßig überkompensieren sollten.[25]

4.   Ausgestaltung eines Stock Option-Modells

a)   Erfolgsziele – Ausübungshürden

Einige in Deutschland aufgelegte Stock-Options-Programme[26] sind zum Teil heftig in die Kritik   60 geraten, da sie zulasten der Aktionäre kurzfristige Gewinnmitnahmeeffekte ohne nachweisbaren Leistungsbeitrag der Begünstigten ermöglichen. Gefordert wird deshalb eine anreizverträgliche Ausgestaltung, die sich an den wirtschaftlichen Effekten und Zielen für Unternehmen und Altaktionäre orientiert.[27]

---

25   Vgl. Leuner, R., „Auslaufmodell Aktienoptionen?, FAZ v. 21.11.2005, S. 20
26   Bernhardt, Wolfgang, Stock Options wegen oder gegen Shareholder Value?, Blick durch die Wirtschaft vom 08.05.1998, S. 8 und 13.05.1998, S. 7.
27   Menichetti, Marco J., Aktien-Optionsprogramme für das Topmanagement, DB 1996, S. 1688. Das Stuttgarter Oberlandesgericht vertrat zur abgewiesenen Klage von Ekkehard Wenger in Bezug auf den Aktienoptionsplan der Daimler-Benz AG die Auffassung, dass die Anknüpfung an die Steigerung des Börsenkurses des Unternehmens als Maßstab des für die Vergabe der Optionen vorausgesetzten Unternehmenserfolges sachgerecht sei. Es sei nicht zwingend, auf andere Performancemaßstäbe, z. B. relative AktienIndices, zurückzugreifen (OLG Stuttgart v. 12.08.1998, Az: 20 U 111/97, DB 1998, S. 1757).

Durch Kapitalerhöhung bedingte Aktienoptionsmodelle verursachen für das Unternehmen zwar keinen Mittelabfluss, sondern führen ihm sogar im Fall der Ausübung zusätzliches Kapital zu. Die „Kosten" der Stock Options tragen aber dann im Ergebnis die Altaktionäre, denn der Bezug von Aktien zum (gegenüber dem Kurswert) begünstigten Basispreis führt zur Verwässerung des Wertes der Altaktien. Zielgerecht ausgestaltete Stock-Option-Programme werden deshalb Ausübungsbedingungen vorsehen, die eine Kompensation dieses Wertetransfers zwischen Altaktionären und Begünstigten durch den Anreizeffekt zur Erhöhung des Shareholder Value sicherstellen.

61   Eine zentrale Rolle bei der Gestaltung der Optionsbedingungen spielt die Festlegung einer **erfolgsbezogenen Ausübungsschwelle**. Da Stock Options nicht ausschließlich der „Aufbesserung" sonstiger Vergütungen dienen, sondern eine spezifisch am Aktienkurs orientierte Erfolgskomponente verkörpern, muss ein Maßstab gefunden werden, der den Mindesterfolg für die Inanspruchnahme des Optionsrechtes markiert.

Ein Beispiel hierfür ist eine am Mindestwert der eigenen Aktie ausgerichtete Ausübungsschwelle. Formuliert lautet sie typischerweise: „Voraussetzung für die Ausübung der Option ist, dass der Schlusskurs der Aktie der Gesellschaft an der Wertpapierbörse zu Frankfurt am Main am Vortag der Ausübung mindestens 20 % über dem Schlusskurs der Aktie der Gesellschaft an der Wertpapierbörse zu Frankfurt am Main am Ausgabetag liegt."

62   Derart ausschließlich linear an einer Mindestwertentwicklung der eigenen Aktie ausgerichtete Ausübungsschwellen – sogenannte absolute Erfolgsziele – ermöglichen es den Begünstigten jedoch, so genannte „windfall profits" zu realisieren. Das sind Kursgewinne, die in erster Linie auf exogenen Faktoren einer allgemeinen Börsenhausse und nicht auf der individuellen Leistung und der spezifischen Verbesserung des Shareholder Value des eigenen Unternehmens beruhen.[28] Umgekehrt können in Zeiten allgemein zurückgehender Kurse solche Stock Options ihre Anreizwirkung trotz guter Leistungen der Begünstigten nicht mehr erfüllen. Angemessener erscheinen daher Ausübungsbedingungen, die sich an der relativen Wertentwicklung der Aktie orientieren – **relative Ausübungsschwellen**. Die Ausübungsschwelle wird dann nicht mehr an der Entwicklung des eigenen absoluten Kurses gemessen, sondern auf die Entwicklung eines Index (Branchenindex, DAX, europäischer Aktienindex) bezogen. Erst wenn die Performance der eigenen Aktie die des Index übersteigt, kann die Option ausgeübt werden.

Beispielhaft lautet eine Formulierung einer Ausübungsschwelle, die sich an der relativen Wertentwicklung der Aktie orientiert: „Das Bezugsrecht auf die Aktie kann nur ausgeübt werden, wenn sich die Aktie der Gesellschaft im Referenzzeitraum besser entwickelt als der TecDax der Deutschen Börse AG."

63   Durch die Koppelung an einen Index wird die Leistung nicht nur bei absolut steigenden Kursen honoriert, sondern auch die relative Performance bei fallenden Kursen. Wird die Indexierung mit einer Durchschnittsbetrachtung von Index- und Kursentwicklung der eigenen Aktie verbunden, können auch Zufallseffekte weit gehend ausgeschaltet werden. Ebenso kann der Basispreis variabel gestaltet werden, z. B. um die Ausübung der Option auch bei einem sinkenden Kursniveau noch zu ermöglichen. Darüber hinaus kommt die Bindung der Zahl der eingeräumten Optionen sowie des Bezugspreis an die Erreichung individuell vereinbarter Leistungsziele in Betracht.

Eine weitere Möglichkeit stellt die Vorgabe eines **operativen Erfolgsziels** dar. Operative Erfolgsziele sind vom Aktienkurs unabhängig und geben stattdessen unternehmensinterne Kennziffern

---

28   Die mangelnde Indexbereinigung mancher der vorgelegten Aktienoptionspläne führte dazu, dass Optionsprogramme als „Selbstbedienungsinstrumente" in Verruf kamen.

als Ziele vor. Diese sind insbesondere bei marktengen Werten sowie bei hochvolatilen Märkten sinnvoll. Nachteilig ist jedoch, dass nicht unbedingt eine Kausalität zwischen internen Kennzahlen und dem Wert des Unternehmens besteht.[29] Beispiele für operative Erfolgshürden sind Kennziffern wie der bereinigte Konzerngewinn je Aktie, das Ergebnis der gewöhnlichen Geschäftstätigkeit, die Steigerung der Umsatzerlöse, das EBITDA oder das Konzernergebnis nach IFRS.

Formuliert in der Optionsbedingung könnte eine solche Ausübungsschwelle, die sich an dem operativen Unternehmensergebnis orientiert, wie folgt werden: „Das Bezugsrecht auf die Aktie kann nur ausgeübt werden, wenn sich der Umsatz der Gesellschaft im Referenzzeitraum um mindestens 10 % steigert."   64

Des Weiteren können die verschiedenen Erfolgsziele miteinander verbunden werden (**Kombination**). In diesem Fall wird erst bei Erreichen sämtlicher Erfolgsziele die Option ausübbar.

Für die Praxis formuliert, würde eine Ausübungsschwelle, die absolute und relative Erfolgsziele miteinander kombiniert, wie folgt lauten können: „Voraussetzung für die Ausübung der Option ist, dass der Schlusskurs der Aktie der Gesellschaft an der Wertpapierbörse zu Frankfurt am Main am Vortag der Ausübung mindestens 10 % über dem Schlusskurs der Aktie der Gesellschaft an der Wertpapierbörse zu Frankfurt am Main am Ausgabetag liegt **und** sich die Aktie der Gesellschaft im Referenzzeitraum besser entwickelt hat als der TecDax der Deutschen Börse AG."

b)   Ausübungs-, Warte- und Unverfallbarkeitsfristen

Neben den Erfolgszielen stellen Fristen wesentliche Gestaltungselemente von Stock Options dar: 65

Ausgedehnte allgemeine Ausübungsfristen für die Option (meist fünf bis zu zehn Jahre) – sogenannte Holding Periods – entsprechen dem langfristigen Charakter dieser Programme.

Im Hinblick auf die Bindungsfunktion für den Begünstigten beinhalten Stock Options zumeist   66
eine so genannte Bindefrist („vesting period") (ein bis vier Jahre), die der Begünstigte im Unternehmen zumindest verweilen muss: Erst nach Ablauf dieser Unverfallbarkeitsfrist können die Optionen unabhängig von einer weiteren Tätigkeit für das Unternehmen ausgeübt werden.

Zum Dritten sieht das Aktiengesetz in § 193 Abs. 2 Nr. 4 eine Mindestwartefrist von zwei Jahren vor. Sie kann zudem vertraglich verlängert werden. Im Gegensatz zur Vestingperiode hat sie aber keine Auswirkung auf den Verfall der Optionen und regelt nur die erstmalige Ausübbarkeit.

D.h. die Wartezeit ist ein probates Mittel um die Anreizwirkung von Stock Options für eine   67
langfristige Steigerung des Unternehmenswertes zu unterstreichen, auch wenn Optionen bereits unverfallbar geworden sind. Deswegen sehen Ausübungsbedingungen oftmals zusätzlich Wartezeiten (z.T. gestaffelt für einzelne Tranchen) innerhalb der allgemeinen Ausübungsfrist bis zur Inanspruchnahme des Optionsrechtes vor. Hier sind zwei bis fünf Jahre durchaus als nicht unangemessen anzusehen, in dem sich der Erfolg einer nachhaltig auf Steigerung des Shareholder Value ausgerichteten Unternehmensstrategie tatsächlich einstellen kann, ebenso kann das Vesting gestaffelt nach mehreren Tranchen erfolgen, d.h. über mehrere Jahre.

Folgendes extrem gewähltes Beispiel soll den Sinn und Effekt von Wartezeiten und Vesting Perioden nochmals verdeutlichen:

„Die Optionen dürfen erst nach Ablauf einer Wartefrist von fünf Jahren ab dem jeweiligen Ausgabetag ausgeübt werden. Ausgabetag ist der Tag, an dem die Optionsberechtigten das konkrete Angebot zum Erwerb von Aktienoptionen spätestens annehmen können. Gerechnet ab dem Tag der

---

29 Schmeisser, Personal 10/2000, S. 518.

Angebotsannahme wird ein Drittel der Aktien nach Ablauf von zwei Jahren unverfallbar, jeweils ein weiteres Drittel nach Ablauf des dritten bzw. des vierten Jahres; bei vorherigem Ausscheiden aus dem Unternehmen verfallen die noch nicht unverfallbaren Optionen ersatz- und entschädigungslos (Vesting)."

68   Als Effekt dieser Formulierung ist festzuhalten, dass kurzfristige Gewinnmaximierungskalküle durch den Einsatz der fünfjährigen Wartezeit verhindert werden können, da eine Optionsausübung trotz Unverfallbarkeit erst nach Ablauf der Wartezeit möglich ist. Dies zeigt auch nochmals folgende Grafik.

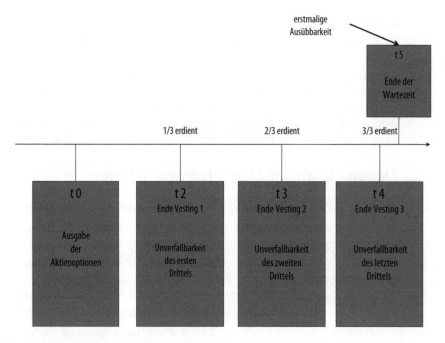

Abbildung 7:   Ausübungsfristen und Tranchen

69   Folglich ließe sich durch diese beispielhafte Kombination aus Vestingperioden und Wartefrist ein wesentliches Ziel der Aktienoptionen zu erreichen: die Langzeiterfolgspartizipation ohne Mitnahmeeffekte.

Daneben werden in der Praxis die Ausübungskorridore eingegrenzt. Eine Eingrenzung dieser innerhalb der allgemeinen Ausübungsfrist hilft, der Sorge vor einer Insiderproblematik bei Ausübung der Optionen zu begegnen (sogenanntes Ausübungsfenster).

70   Diskutiert wird hinsichtlich solcher Ausübungsfenster etwa eine Frist von vier Wochen beginnend beispielsweise einige Werktage nach Vorlage des Geschäfts- oder eines Zwischenberichtes, nach dem alle Marktteilnehmer über vollständige Informationen über das Unternehmen verfügen.[30] Wird für die aus Optionen erworbenen Aktien auch noch eine zeitliche Veräußerungssperre festgelegt, begründen Stock Options sogar eine Art Verlustbeteiligung, die kurzfristige Gewinnmitnahmestrategien auf den Optionszeitpunkt hin sanktioniert. Der Begünstigte steht dann, wenn er den Kursgewinn nicht unmittelbar nach Optionsausübung realisieren kann, auch mit eigenem Vermögen für die nachhaltige Wertsteigerung ein.

---

30   Von Rosen, Rüdiger: Aktienorientierte Vergütungssysteme, E. VI.

c)   Mögliches Beispiel eines Stock Option-Plans

Nachfolgend wird skizzenhaft, ein Modell eines typischen, sehr einfach gehaltenen Modells eines Stock Option-Plans vorgestellt: 71

Die D-AG möchte ein Aktienoptionsprogramm auflegen. Sie beschließt den Aktionären auf der Hauptversammlung folgendes Modell zur Abstimmung vorzulegen.   72

(a) Schaffung von bedingtem Kapital

Zur Bedienung eines Aktienoptionsprogramms soll neues bedingtes Kapital geschaffen werden. Dadurch soll in Zukunft die Möglichkeit gegeben sein, Vorständen und Arbeitnehmern der Gesellschaft Aktienoptionen zu gewahren.

(b) Kreis der Bezugsberechtigten

Die Optionsrechte können ausschließlich an Vorstände und Arbeitnehmer mit und ohne Leitungsfunktion der Gesellschaft ausgegeben werden. Einzelheiten werden vom Vorstand bzw. für den Vorstand vom Aufsichtsrat festgelegt.

(c) Laufzeit

Die Laufzeit der auszugebenden Bezugsrechte beträgt maximal sieben Jahre ab dem Zeitpunkt der Gewährung der Bezugsrechte. Nach Ende der Laufzeit verfallen die Aktienoptionen ersatz- und entschädigungslos.

(d) Bezugspreis

Der Bezugspreis für die Aktie der D-AG entspricht dem arithmetischen Mittel der Schlussauktionspreise an den letzten 20 Börsentagen vor Ausgabe der jeweiligen Aktienoption.

(e) Wartefrist

Die Begünstigten können die Bezugsrechte gemäß § 193 Abs. 2 Nr. 4 AktG frühestens nach Ablauf von zwei Jahren seit Gewährung der Bezugsrechte ausüben.

(f) Vesting

Die Aktienoptionen dürfen nur dann ausgeübt werden, wenn zum Zeitpunkt der Ausübung eine Unverfallbarkeitsfrist (Vesting Period) abgelaufen ist, die für die zugeteilten Aktienoptionen drei Jahre beträgt.

(g) Ausübungsfenster

Die Bezugsrechte können zudem nur innerhalb eines Zeitraums von vier Wochen nach Vorlage des Geschäfts- oder eines Zwischenberichtes ausgeübt werden.

(h) Erfolgsziele

Aus den Aktienoptionen können Bezugsrechte nur ausgeübt werden, wenn das arithmetische Mittel der Schlussaktienkurse der Aktie der D-AG an den letzten 20 Handelstagen vor dem Tag der Ausübung des Bezugsrechts den Bezugspreis um mindestens 15 % übersteigt.

(i) Übertragbarkeit

Die Aktienoptionen sind nicht übertragbar. Für den Todesfall, Ruhestand, das einvernehmliche Ausscheiden bzw. für Härtefälle können Sonderregelungen vorgesehen werden (Öffnungsklausel)

(j) Weitere Regelungen

Soweit Mitglieder des Vorstands der D-AG betroffen sind, werden die Einzelheiten der Optionsbedingungen – insbesondere Ausgabe und Ausgestaltung der Aktienoptionen – durch den Aufsichtsrat festgelegt.

5. Grenzüberschreitende Stock Option-Pläne

73 Die Ausgabe von Aktienoptionen kann nicht nur an Mitarbeiter des eigenen Unternehmens erfolgen; Aktienoptionen können vielmehr auch Mitarbeitern ausländischer Tochterunternehmen gewährt werden.[31]

§ 192 Abs. 2 Nr. 3 AktG ermöglicht die Ausgabe von Stock Options an Arbeitnehmer und Mitarbeiter der Geschäftsführung der Gesellschaft oder eines verbundenen Unternehmens.[32] Als verbundene Unternehmen sind gemäß §§ 15 ff. AktG Mehrheitsbeteiligungen, abhängige Unternehmen gemäß § 17 AktG, Konzernunternehmen und eingegliederte Unternehmen gemäß § 319 AktG zu sehen. Heutzutage ist anerkannt, dass die §§ 15 ff. AktG auch Beteiligungen an ausländischen Unternehmen umfassen. Dementsprechend ist es möglich auch ausländische Konzernunternehmen in Stock Option-Programme einzubeziehen.

74 Dabei sind in internationalen Konzernen bei der Zuteilung von Aktienoptionen die unterschiedlichen Erwartungshaltungen der Begünstigten in den jeweiligen Konzerngesellschaften zu berücksichtigen.

In angloamerikanischen Ländern sind Aktienoptionen seit jeher ein übliches Vergütungsmittel. Die Mitarbeiter werden daher die Anzahl der angebotenen Stock Options mit weiteren Programmen in ihrem Umfeld vergleichen und deswegen eine relativ hohe Zahl an zugewiesenen Optionen mit tendenziell geringem Bezugspreis erwarten. Die Gesellschaft sollte diese Erwartungshaltung bei der Ausgestaltung der Stock Options-Pläne berücksichtigen. Im Ergebnis werden die vorhandenen Stock Options meist in unterschiedlicher Höhe konzernintern an die Mitarbeiter verteilt. Diese unterschiedliche Behandlung im Ausland begegnet weder deutschen aktienrechtlichen noch arbeitsrechtlichen Bedenken. Jedoch sollte die unterschiedliche Zuteilung aufgrund des Gesichtspunkts Mitarbeitermotivation plausibel erklärt werden und können.

75 Eine Obergrenze der Optionszuteilung an Vorstandsmitglieder gibt auch im internationalen Konzern § 87 Abs. 1 AktG vor, wonach die Gesamtbezüge der Organe in einem angemessenen Verhältnis zu ihren Aufgaben und zur Lage der Gesellschaft stehen müssen.

Ferner sind bei der Erarbeitung eines Aktienoptionsprogramms die Vorschriften des jeweiligen Landes zu beachten, in denen der betroffene Mitarbeiter ansässig ist. In manchen Ländern ist es den Staatsbürgern kapitalmarktrechtlich untersagt, Aktien deutscher Gesellschaften zu erwerben. Inwieweit dies für den Einzelfall zutrifft, sollte vor Implementierung des Stock Options-Plans mit einem Rechtsberater vor Ort geklärt werden. Bei vielen Tochtergesellschaften wächst so der Beratungsbedarf rasch an und kann so ggf. die Implementierung mancher Modelle akut gefährden oder verhindern.

76 Zudem ist stets und vorab zu prüfen, welcher Besteuerung die Aktienoptionen in welchem Land unterliegen. Über die Attraktivität des Aktienoptionsprogramms aus Sicht der Mitarbeiter entscheidet nicht zuletzt die steuerliche Belastung. Eine steueroptimale Gestaltung ist insofern von entscheidender Bedeutung für den Erfolg des Stock Options-Programms.

---

31 Zu dualen Stock Option-Plänen Deutschland – USA vgl. Leuner / Radschinsky, Duale Stock Option-Modelle als effektiver Weg zur Bindung und Motivation von Mitarbeitern in Deutschland und in USA, in: Finanzbetrieb 2001, S. 362 ff.

32 Zu den Grenzen der Optionsgewährung an Vorstände von Tochtergesellschaften vgl. OLG München vom 07.05.2008, Az. 7 U 5618/07. Das OLG hinterfragt hier die Zulässigkeit von Aktienoptionen auf Muttergesellschaftsaktien, weil die Vorstände der Tochtergesellschaft zu wenig auf ihre Gesellschaftsergebnisse bedacht sein könnten, sondern vielmehr die Gewinnmaximierung bei der Muttergesellschaft anstreben könnten.

Leuner/Lehmeier/Dumser

In multinationalen Konzernen mit einer Ermächtigung der Hauptversammlung zu mehreren Plänen und einem großen Kreis an Berechtigten besteht die Möglichkeit, dass die zugebilligten Aktien nach § 192 Abs. 3 AktG in Höhe von maximal 10 % des Grundkapitals nicht ausreichen, um ein attraktives Stock Options-Programm zu offerieren.[33] In rein europäischen Konzernen ist anzunehmen, dass die Führungskräfte in einem solchen Fall, wenn nicht ein genehmigtes Kapital oder Aktienverkäufe als Basis für die Aktienlieferung genutzt werden können, andere Vergütungsmöglichkeiten – insbesondere eine höhere Tantieme – als Kompensation akzeptieren. Im angloamerikanischen Raum dagegen erwarten Führungskräfte meist die Ausgabe von Aktienoptionen und sind nicht gewillt andere Vergütungsvarianten anzunehmen. Um einen Mangel an zugebilligten Aktien zu vermeiden und gleichzeitig für die Mitarbeiter ein Vergütungsinstrument anzubieten, das denselben wirtschaftlichen Erfolg wie eine Aktienoption gewährt, können zusätzlich Stock Appreciation Rights (SAR) angeboten werden. Im Rahmen des SAR-Plans werden dem Begünstigten keine Aktien überlassen, sondern bei Erreichen des Erfolgsziels anstelle der Ausübung und Aktienlieferung sogleich eine Auszahlung in Höhe der Differenz zwischen Basispreis und Ausübungspreis zugestanden.

Somit wird bei der Implementierung von SAR-Plänen kein zusätzliches Aktienkapital benötigt. Damit ist eine Mitwirkung der Hauptversammlung nicht erforderlich und entsprechend ist die für Aktienoptionspläne geltende Obergrenze des § 192 Abs. 3 AktG nicht maßgeblich.   77

Bei deutschen Tochtergesellschaften gibt es noch eine steuerliche Besonderheit zu beachten: Werden Stock Options einer ausländischen Konzernmutter an die Mitarbeiter einer inländischen Konzerntochter gewährt, gilt es zu beachten, dass die deutschen Tochterunternehmen für die Abführung der Lohnsteuer bei Optionsausübung im Zuflusszeitpunkt verantwortlich sind (§ 38 Abs. 1 Satz 3, Abs. 4 EStG).   78

V. Weitere Beteiligungsmodelle

1. Wandelschuldverschreibungen

Wandelschuldverschreibungen (WSV) sind Darlehen der Mitarbeiter an Ihre Arbeitgeber (regelmäßig börsennotierte Unternehmen). Diese Darlehensform gewährt dem Mitarbeiter das Recht, dass er anstatt der Rückzahlung des Nennbetrages auch eine bestimmte Anzahl an Aktien des Unternehmens erhalten kann.   79

Die Beschaffung der Aktien erfolgt meist im Wege einer Kapitalerhöhung. Der Mitarbeiter als Inhaber der Wandelschuldverschreibung kann selbst entscheiden, ob er sich am Unternehmen beteiligen möchte oder nicht.

Meistens wird mit dem Mitarbeiter vereinbart, dass er ein Darlehen gewährt, das dem Nennbetrag der einzelnen Aktie multipliziert mit der Stückzahl der Aktien, die von ihm erworben werden können, entspricht. Regelmäßig handelt es sich um ein unverzinsliches bzw. niedrig verzinsliches Darlehen. Dadurch wird dem Mitarbeiter die Möglichkeit gegeben, an einer Kurssteigerung der Aktie zu partizipieren, da ihm der Unterschiedsbetrag zwischen dem hingegebenen Darlehen und   80

---

33 Die Zulässigkeit einer Überschreitung der 10 %-Schwelle, beispielsweise durch den Rückkauf eigener Aktien, ist in der Literatur umstritten. Die herrschende Meinung spricht sich jedoch dafür aus, dass für Zwecke eines Aktienoptionsprogramms, unabhängig von der Herkunft der Aktien, insgesamt nicht mehr Aktien bereitgestellt werden dürfen, als 10 % des bei der Beschlussfassung vorhandenen Kapitals.

dem Kurswert der Aktie zur Zeit der Wandlung verbleibt. Aus Sicht des Unternehmens wird bei der Wandlung Fremdkapital zu Eigenkapital.

Entscheidet sich die Gesellschaft die Aktienausgabe an eine Wandelschuldverschreibung zu koppeln, müssen die Mitarbeiter bei Zeichnung der Anleihe einen Zeichnungsbetrag (Eigeninvestment) aufwenden. Für die Gesellschaft ist dementsprechend die Ausgabe von Wandelschuldverschreibungen eine Möglichkeit zur günstigen Fremdfinanzierung. Jedoch spielt der Finanzierungsgedanke bei Wandelschuldverschreibungsprogrammen jedenfalls für Mitarbeiterbeteiligung regelmäßig eine untergeordnete Rolle. In erster Linie sollen durch die Ausgabe von Wandelschuldverschreibungen Leistungsanreize für die Begünstigten gesetzt werden, um im Ergebnis eine Unternehmenswertsteigerung in Form von Aktienkurssteigerungen zu erzielen.

81   Die Wahl einer Wandelschuldverschreibung bringt sowohl für den Begünstigten als auch für die Gesellschaft Vorteile. Dem Inhaber der Wandelschuldverschreibung steht es frei, ob er sich am Unternehmen beteiligen möchte oder nicht. Aus Unternehmenssicht bringt die Ausgabe von Wandelschuldverschreibungen zunächst einmal den Vorteil einer günstigen Fremdfinanzierung mit sich, da die Zinsen regelmäßig niedriger sind als bei anderen Schuldverschreibungen. Die zusätzliche Möglichkeit Fremdkapital in Eigenkapital zu transformieren, führt darüber hinaus zu einer potenziellen Verbesserung des Ratings.

Nachteilig für die Mitarbeiter an Wandelschuldverschreibungsprogrammen ist, dass ein geldwerter Vorteil bei der Wandlung als Arbeitsvergütung in nahezu allen Fällen zu versteuern ist. Ferner verlieren die Altaktionäre bei der Wandlung einen Teil ihrer Mitgliedschaftsrechte (Verwässerungseffet), durch die neu hinzutretenden Mitarbeiter-Aktionäre.

82   **Auszug aus dem Formulierungsbeispiel**
zur Ausgabe von Wandelschuldverschreibungen

(a) Beschlussfassung über die Schaffung von neuem bedingten Kapital
Zur Bedienung einer Wandelschuldverschreibung soll neues bedingtes Kapital geschaffen werden. Das Grundkapital wird erhöht durch die Ausgabe neuer Inhaberaktien mit Gewinnberechtigung ab Beginn des im Jahr der Ausgabe laufenden Geschäftsjahres. Die bedingte Kapitalerhöhung dient der Gewährung von Umtauschrechten der Inhaber von Wandelschuldverschreibungen, zu deren Ausgabe der Vorstand ermächtigt wurde.

(b) Ermächtigung zur Ausgabe von Wandelschuldverschreibungen
Der Vorstand wird ermächtigt, mit Zustimmung des Aufsichtsrates bis zum 30.06.2010 einmalig oder mehrmalig Wandelschuldverschreibungen im Sinne von § 192 Abs. 2 Nr. 1 AktG mit einer Laufzeit von längstens fünf Jahren auszugeben und den Inhabern von Wandelschuldverschreibungen Wandlungsrechte auf den Bezug von Aktien der Gesellschaft nach Maßgabe der Bedingungen der Wandelschuldverschreibungen zu gewähren.

2.   Stock Appreciation Rights (SARs)

83   SARs sind virtuelle Optionen auf den Bezug von Aktien, die bei Erreichen vorgegebener Erfolgsziele in einen Geldbetrag umgewandelt und an den begünstigten Mitarbeiter ausbezahlt werden. SARs werden meist unentgeltlich ausgegeben.

Aufgrund des virtuellen Charakters der SARs erhält der Begünstigte im Zuge eines solchen Programms keine Aktien, sondern einen dem Aktienwertzuwachs entsprechenden Geldbetrag. SARs gewähren insofern dem Mitarbeiter zu keiner Zeit eine Kapitalbeteiligung am Unternehmen.

Ist das Unternehmen börsennotiert, hängt die Höhe der Vergütung regelmäßig von der Kurswertsteigerung der Aktie ab. Anderenfalls richtet sich die zusätzliche Vergütung meist nach der Steigerung des Unternehmenswerts. Der wesentliche Unterschied zu echten Stock Options ist, dass durch SARs die gesellschaftlichen Beteiligungsverhältnisse unverändert bleiben. Regelmäßig sind derartige virtuelle Aktienoptionspläne (SARs) betriebswirtschaftlich vergleichbar ausgestaltet wie echte Aktienoptionspläne.

SAR eignen sich auch und gerade für Aktiengesellschaften mit einem Aktienoptionsplan negativ gegenüber stehenden Aktionärspublikum, da die Implementierung eines virtuellen Stock Option-Plans grundsätzlich und im Gegensatz zu „echten" Aktienoptionsprogrammen keinen Hauptversammlungsbeschluss erfordert.

Negativ zu berücksichtigen ist jedoch: Virtuelle Stock Options-Pläne führen bei der Gesellschaft immer zu Personalaufwand und damit zu einem Liquiditätsabfluss. Gerade die Liquiditätsbelastung spricht insbesondere bei jungen Unternehmen gegen die Einführung eines virtuellen Stock Options-Plans. Gesagtes gilt nur dann nicht, wenn der Mehrheitsgesellschafter und nicht die Gesellschaft die SARs begibt. Dann trifft diesen das Liquiditätsrisiko.

SARs bieten somit insbesondere aus Unternehmens- und Aktionärssicht zahlreiche Vorteile. Zunächst kann die Umsetzung eines solchen Modells ohne einen Beschluss der Hauptversammlung erfolgen. Des Weiteren ist handelsbilanziell eine Rückstellung zu bilden, die zu einem steuerlichen Betriebsausgabenabzug führt und in letzter Konsequenz einen Minimierung der Steuerlast bedeutet. Darüber hinaus ist die flexible Gestaltungsmöglichkeit eines SAR-Plans hervorzuheben. Einen weiteren Vorteil, den dieses Modell bietet, stellt die Beibehaltung der Aktionärsstruktur dar. Denn durch die Ausgabe von SARs verlieren die Altaktionäre bei deren Ausübung nicht einen Teil ihrer Mitgliedschaftsrechte.

Allerdings bringt ein klassisches SAR-Modell insbesondere für die Gesellschaft selbst einen erheblichen Nachteil mit sich. Zu Beginn des Plans ist der spätere Abfluss an Liquidität nur schwer bestimmbar und kann im Zeitablauf den erwarteten Wert bei Weitem übersteigen. Ferner besteht bei diesem Modell die Gefahr, dass die durch die Mitarbeiterbeteiligung verfolgten Ziele nicht erreicht werden, da sich die Tatsache, dass die Mitarbeiter weder Stimm- noch Dividendenbezugsrecht erhalten, negativ auf deren Motivation auswirken kann.

Auszug eines Formulierungsbeispiels eines virtuellen Aktionsplans zur Ausgabe von SARs

Der Vorstand der D-AG hat im Geschäftsjahr 2006, mit Zustimmung des Aufsichtsrats, die Einführung eines Stock Appreciation Right Plans (SAR-Programm) für ausgewählte Führungskräfte beschlossen. Nach einer Sperrfrist von vier Jahren können die Berechtigten am Kursanstieg der D-AG partizipieren. Eine Ausübung der SARs führt zu einer Barvergütung in Höhe der Differenz zwischen dem Aktienkurs am Tag der Ausübung und dem Basispreis. Der Basispreis ist der Aktienkurs am Tag der Gewährung der SARs. Voraussetzung einer Ausübung ist, dass der Basiskurs zum Ausübungstag um mindestens 25 % überschritten wurde. Die SARs können zudem nur innerhalb eines Zeitraums von vier Wochen ab Vorlage des Geschäfts- oder eines Zwischenberichtes ausgeübt werden. Die SARs sind nicht übertragbar. Für den Todesfall, Ruhestand, das einvernehmliche Ausscheiden bzw. für Härtefälle können Sonderreglungen vorgesehen werden (Öffnungsklausel).

3.   Belegschaftsaktien/Restricted Stocks

88   Belegschaftsaktienmodelle können in unterschiedlichen Formen ausgestaltet werden. Derzeit werden hauptsächlich zwei Modelle neben den üblichen Belegschaftsaktien für die gesamte Belegschaft mit Sperrfrist (meist wegen der Arbeitnehmersparzulage) diskutiert:

- Restricted Stocks
- Phantom Stocks

Im Rahmen eines **Restricted Stock-Plans** werden den Mitarbeitern sofort und regelmäßig unentgeltlich Aktien gewährt, verbunden mit Verkaufs-, Übertragungs- und Verpfändungsbeschränkungen und vor allem mit einer Rückübertragungspflicht, wenn der Mitarbeiter vorzeitig das Unternehmen verlässt.

89   Je nach Ausgestaltung des Beteiligungsmodells können die Rückübertragungspflichten einen Zeitraum von ein bis drei Jahren umfassen. Auch Sperrfristen bis zu sechs Jahre werden parallel hierzu oder anstelle dessen beobachtet. Nach Ablauf aller Verfügungsbeschränkung kann der Mitarbeiter vollumfänglich über die Aktien verfügen. Während dieses Zeitraums besitzt der Begünstigte wie jeder andere Aktionär ein Dividendenbezugsrecht und kann sein Stimmrecht ausüben.

Begeben kann die Restricted Stocks im Übrigen auch ein Mehrheitsgesellschafter, z.B. durch verbilligten Verkauf von Teilen seiner eigenen Aktienbestände an Führungskräfte dieses Unternehmens. Der so entstandene schuldrechtliche Vertrag bindet das Arbeitgeberunternehmen dann nicht, sondern belastet nur den Mehrheitsgesellschafter.

Demgegenüber sind **Phantom Stocks** virtuelle Aktien.

90   Die fiktiven Unternehmensanteile gewähren dem Begünstigen innerhalb eines festgelegten spätestens mit dem Eintritt ins Rentenalter endenden Zeitraums einen Anspruch auf Auszahlung virtueller laufender Vergütung, die der tatsächlich an echte Aktionäre ausgezahlten Dividende oftmals exakt entspricht. Darüber hinaus wird oftmals bei Laufzeitende die Differenz zwischen dem Wert des fiktiven Anteils im Ausgabezeitpunkt und dem im Auszahlungszeitpunkt ausgeglichen. Die fiktiven Aktien stellen Bucheinheiten dar, deren Entwicklung bei börsennotierten Unternehmen der Aktienperformance folgt. Die Auszahlung einer Wertsteigerung kann in bar oder in der Überlassung von Aktien erfolgen. Im letztgenannten Fall, gewährt durch virtuelle Anteilsoptionen und verbunden mit laufenden Vergütungselementen, wird dann auch oftmals von Restricted Stock Units gesprochen.

Für das Unternehmen bieten Phantom Stocks den Vorteil, dass Auszahlungen als Personalaufwand absetzbar sind und damit das Steuerergebnis mindern. Gleichzeitig führt die Zahlung jedoch zu einer handelsrechtlichen Gewinnbelastung und Liquiditätsabfluss.

Zur Abgrenzung sei rekapituliert: Bei SAR handelt es sich im Gegensatz zu Phantom Stocks um virtuelle Optionen, die nach Erreichen vom Unternehmen gesetzter Erfolgsziele in einen Geldbetrag umgewandelt werden. In monetärer Hinsicht unterscheiden sich SARs von Phantom Stocks regelmäßig nur insoweit, als sie nicht zusätzlich ein Dividendenbezugsrecht gewähren.

Aktienbeschaffung und Beschlussverfahren

91   Entscheidet sich das Unternehmen für die Implementierung eines „echten" Mitarbeiterbeteiligungsprogramms, müssen die Anteile zunächst einmal beschafft werden. Dies geschieht entweder

durch den Erwerb eigener Aktien oder durch die Bereitstellung infolge einer Kapitalerhöhung. Im Rahmen des Börsengangs besteht die Möglichkeit, mit der Emissionsbank die Reservierung eines Kontingents des Emissionsvolumens für die Mitarbeiter zu vereinbaren.

Der **Erwerb eigener Aktien** zur Ausgabe an eigene Arbeitnehmer oder diejenigen verbundener Unternehmen ist bis zur Höchstgrenze von 10 % des Grundkapitals gestattet.[34] Die Aktiengesellschaft muss hierfür eine Rücklage für eigene Anteile aus den freien Gewinnrücklagen bilden (§ 71 Abs. 2 S. 2 AktG i. V. m. § 272 Abs. 4 HGB).

Für die Weitergabe an die Mitarbeiter gilt eine Frist von einem Jahr nach Erwerb der Aktien. Bei   92 Aktienbeschaffung nach § 71 Abs. 1 Nr. 2 AktG ist für die Einführung eines Mitarbeiterbeteiligungsmodells kein Beschluss der Hauptversammlung erforderlich.[35] Sie ist damit flexibel und zügig umzusetzen.

Den Erwerb eigener Aktien zur Ausgabe auch an Organmitglieder ermöglicht § 71 Abs. 1 Nr. 8 AktG. Diese Bestimmung erfordert jedoch zusätzlich einen Ermächtigungsbeschluss einschließlich Festlegung der Erwerbsbedingungen durch die Hauptversammlung. Eine Mitarbeiterbeteiligung durch Erwerb und Ausgabe eigener Aktien führt nicht zur Verbesserung der Kapitalausstattung; oftmals verstellt die Eigenkapitalstruktur sogar diesen Weg wegen der Pflicht zur Rücklagenbildung. Der Erwerb eigener Aktien belastet bei größerem Volumen, hohem Kursniveau und der Gewährung von Firmenzuschüssen sowohl die Liquidität als auch die Ertragslage der Aktiengesellschaft.

Alternativ können Belegschaftsaktien über eine **ordentliche Kapitalerhöhung** – die üblicherwei-   93 se im Zuge eines Börsengangs ohnehin durchgeführt wird – beschafft werden. Hierbei sind vor allem die gesellschaftsrechtlichen Anforderungen an eine Kapitalerhöhung, als da sind die §§ 182 ff AktG, zu beachten.

Daneben besteht die Möglichkeit, die für die Bedienung eines Belegschaftsaktienmodells erforderlichen Aktien durch „ genehmigtes Kapital" zu beschaffen. Im Rahmen der **genehmigten Kapitalerhöhung** wird der Vorstand unter Ausschluss des Bezugsrechts der Aktionäre (§ 203 Abs. 2 i. V. m. § 202 Abs. 4 AktG) ermächtigt, innerhalb einer Frist von höchstens fünf Jahren das Grundkapital bis zum festgesetzten Betrag (maximal 50 % des Grundkapitals) durch Ausgabe neuer Aktien an die Arbeitnehmer der Aktiengesellschaft sowie verbundener Unternehmen zu erhöhen. Die Ermächtigung wird idealerweise in der Gründungssatzung verankert; anderenfalls oder nach Ablauf der Frist ist ein Beschluss der Hauptversammlung erforderlich (Satzungsänderung mit 75 % Kapitalmehrheit). Der Vorstand kann – nach Eintragung der Ermächtigung im Handelsregister – mit Zustimmung des Aufsichtsrates über Umfang und Zeitpunkt sowie die Bedingungen der Aktienausgabe, auch zu angemessenen Sonderkonditionen, entscheiden. Kapitalerhöhung und Beteiligung der Mitarbeiter werden erst mit Eintragung der Aktienausgabe im Handelsregister wirksam. Die Aktienbeschaffung aus genehmigtem Kapital ist relativ zeitaufwändig, formalistisch und vor allem nur zeitlich begrenzt nutzbar.

Für Aktienoptionspläne werden die erforderlichen Aktien daher regelmäßig geschaffen im Wege   94 einer bedingten Kapitalerhöhung nach § 192 Abs. 2 Nr. 3 AktG. Aufgrund dieser gesetzgeberischen Vorgaben ist diese Variante einer Ausgabe von Restricted Stocks praktisch ohne Relevanz.

---

34   § 71 Abs. 1 Nr. 2, Abs. 2 S. 1 AktG.
35   Kessler/Sauter, Stock Options 2003, S. 179.

VI.   Zusammenfassung

95 Mitarbeiterbeteiligungsprogramme stellen kein undifferenziert übertragbares Allheilmittel dar, um Interessenkonflikte zwischen Führungskräften, Mitarbeitern und Eigentümern zu lösen. Die Vergangenheit hat gezeigt, dass Aktionäre auch häufig nicht ausreichend über das Risiko und den Nutzen solcher Programme informiert wurden.

Fakt ist jedoch, dass Mitarbeiterbeteiligungsprogramme effiziente Motivations- und Anreizinstrumente im Rahmen eines auf Steigerung des Unternehmenswerts angelegten Führungskonzepts darstellen. Durch Koppelung der variablen Vergütung an den Aktienkurs wird ein eigentümerorientiertes Verhalten seitens der Begünstigten erreicht. Dies drückt sich insbesondere in einer stärkeren Identifizierung der begünstigten Führungskräfte und Mitarbeiter mit dem Unternehmen aus. Dadurch wird in letzter Konsequenz der Unternehmenswert gesteigert, was oftmals bereits im Vorfeld des Börsengangs durch die Anleger honoriert wird.

96 Ferner hat die Vergangenheit gezeigt, dass Aktienoptionsprogramme aber auch vom Markt und dabei insbesondere von den Investoren positiv bewertet werden und folglich zur Steigerung des Shareholder Value beitragen. Voraussetzung hierfür ist allerdings, dass das Mitarbeiterbeteiligungsprogramm sinnvoll ausgestaltet ist. Heutzutage bestehen erhebliche Qualitätsunterschiede zwischen den Programmen. Deshalb ist davon abzuraten, einfach ein bestehendes Modell auf die eigene Gesellschaft zu übertragen. Regelmäßig ist es aufgrund der bestehenden Unterschiede der Unternehmensstruktur und -kultur zwingend erforderlich, für jede Aktiengesellschaft ein an dem jeweils verfolgten Ziel ausgerichtetes Konzept zu erstellen. Erfahrungen aus früheren Programmen zeigen jedoch, dass nicht immer die erhofften Wirkungen eintreten. Um unter Beachtung der Kosten einen potenziellen Nutzengewinn abschätzen zu können, müssen auch und gerade die Anteilseigner bei Ankündigung eines Mitarbeiterbeteiligungsprogramms sorgfältig und differenziert über die entscheidenden Parameter des Konzepts in Kenntnis gesetzt werden.

Bei der Gestaltung eines aktienbasierten Vergütungssystems sind die jeweiligen unternehmensspezifischen Rahmenbedingungen zu beachten. Die Frage, welche Beteiligungsform im konkreten Einzelfall sinnvoll ist, kann nicht per se beantwortet werden, sondern ist abhängig von dem potenziellen Beteiligungsunternehmen unter Berücksichtigung der Zielvorstellungen. Des Weiteren kann nicht generell gesagt werden, ob ein reales oder virtuelles Programm vorteilhafter ist. Interessanterweise zeigte sich in Deutschland in den Jahren 2001 bis 2004 eine Abkehr von Stock Options hin zu virtuellen Vergütungsmodellen. Begründet wurde dies mit der zu dieser Zeit herrschenden Börsenbaisse, der Kritik der Aktionäre sowie der Verabschiedung des Deutschen Corporate Governance Kodex.

97 Die Wandlung ist ggf. aber auch den veränderten IFRS-Rechnungslegungsvorschriften zuzuschreiben, wonach Stock Options nunmehr aufwandswirksam zu verbuchen und dementsprechend unattraktiver für die Unternehmen sind. Als Alternativen zu den Stock Options haben sich in letzter Zeit vor allem Restricted Stocks, Phantom Stocks und SARs herausgebildet.

Große Unternehmen wie Microsoft und Allianz haben zusätzlich zu den Stock Options-Plänen Restricted Stocks an die Mitarbeiter ausgegeben. Restricted Stocks bieten im Gegensatz zu reinen Aktienoptionen aus Aktionärssicht den Vorteil, dass sie dauerhaft werthaltig sind. Während Stock Options bei sinkenden Aktienkursen üblicherweise nicht ausübbar sind, stellen Restricted Stocks auch bei fallenden Aktienkursen jedenfalls einen gewissen Vermögenswert dar.

98 Bei den Unternehmen die sich in den letzten Jahren zur Einführung eines Stock Options-Plans entschlossen haben, ist eine Tendenz zur Vereinheitlichung der Ausgestaltung festzustellen. Ziel solcher „Standard-Gestaltungen" ist es, Anfechtungsrisiken zu minimieren. Ferner ist in letzter Zeit ein Trend zu Stock Options-Plänen mit längeren Laufzeiten ersichtlich. Dadurch soll eine längerfristige und nachhaltige Wertsteigerung gesichert werden. Ein „Best Practise" Stock Option-Plan könnte folgende Merkmale aufweisen.[36]

Merkmal	Ausgestaltung
Finanzierungsart	Bedingte Kapitalerhöhung
Kreis der Bezugsberechtigten	Vorstände und andere Arbeitnehmer
Relative Beteiligung des Vorstands im Verhältnis zum Gesamtvolumen des SOP	40 %
Laufzeit	4-5 Jahre
Ermittlung Bezugspreis	Fix
Erfolgsziele	absolut
Wartezeit	2 Jahre
Ausübungsfenster	mehrere jährlich
Übertragbarkeit	lediglich vererblich

Abbildung 8:   Best Practice Stock Option-Plan

---

36 Vgl. hierzu Leuner / Lehmeier / Rattler: Entwicklung und Tendenzen bei Stock Option-Modellen – Eine verglei-chende Analyse von Stock Option-Programmen, in: Finanzbetrieb 4/2004, S. 1 ff. sowie Leuner / Rattler: Verlieren Aktienoptionen an Bedeutung?, in: StuB 2001, S. 228 ff. sowie Leuner / Lehmeier: Renaissance von Stock Option Programmen – Eine vergleichende Analyse der Ausgestaltung von neu aufgelegten Stock Option Programmen der Jahre 2004-2006, in: Finanzbetrieb 6/2007, S. 364-371.

B.   Modelle der materiellen Mitarbeiterbeteiligung bei der GmbH

I.   Einleitung

99   Das Thema „Mitarbeiterbeteiligung" wurde in der Vergangenheit meist sehr einseitig betrachtet – aus der Perspektive von AGs. Die Mitarbeiterbeteiligung bei AGs erlangte große praktische Bedeutung und rückte in den Mittelpunkt des Interesses der Fachliteratur und der Rechtsprechung. Statistisch gesehen firmiert aber nur ein sehr kleiner Teil (ca. 0,24 %) der Unternehmen in Deutschland als AG. Weit verbreiteter ist die GmbH (ca. 15 %).[37] Dennoch werden die Möglichkeiten der Mitarbeiterbeteiligung an einer GmbH kaum diskutiert. Dies ist ein großes Manko, da die für die AG diskutierten Beteiligungsformen bei der GmbH nicht analog angewendet werden können. Die GmbH-Geschäftsanteile sind nicht an der Börse handelbar. Zudem ist die Stellung des GmbH-Gesellschafters grundsätzlich nicht mit der eines Aktionärs vergleichbar. Aus diesen Gründen sind einige Beteiligungsformen, wie zum Beispiel die Mitarbeiteraktien, von vornherein ausgeschlossen und die Beteiligung am Eigenkapital gestaltet sich um einiges komplizierter. Rechtsformunabhängig anwendbare Gestaltungsformen, wie die stille Beteiligung, sind auf die Spezifika der GmbH zuzuschneiden.

Angesichts dieser Ausgangslage werden im Folgenden die in Betracht kommenden Gestaltungsformen einer Mitarbeiterbeteiligung bei der GmbH dargestellt und diskutiert.

II.   Systematisierung

100   Vor der Darstellung der Gestaltungsformen einer Mitarbeiterbeteiligung bei der GmbH werden die elementaren Begriffe für eine Unterteilung der materiellen Mitarbeiterbeteiligung erläutert. Im Anschluss daran wird die ihr zugrunde liegende Systematisierung entwickelt.

Die materielle Mitarbeiterbeteiligung lässt sich in die Erfolgs- und die Kapitalbeteiligung unterteilen. Unter „Erfolgsbeteiligung" werden alle Beteiligungsarten zusammengefasst, bei denen Mitarbeitern zusätzlich zur festen Vergütung eine erfolgsabhängige Vergütungskomponente gewährt wird. Sie ist somit ein Teil des Arbeitsentgelts. Die Erfolgsbeteiligung kann in Leistungs-, Ertrags- und Gewinnbeteiligung unterschieden werden. Leistung, Ertrag und Gewinn sind verschiedene Bestimmungsgrößen des Erfolges und stellen auf individuelle, gruppenbezogene oder unternehmensbezogene Ergebnisse ab. In der Praxis hat sich die Gewinnbeteiligung durchgesetzt, daher wird in der Literatur häufig von Gewinn- statt von Erfolgsbeteiligung gesprochen. Die Gewinnbeteiligung lässt den Mitarbeiter zu einem festgelegten Prozentsatz am erreichten Bilanzgewinn beziehungsweise Jahresüberschuss des Unternehmens teilhaben, wobei in der Regel ein Mindestgewinn Voraussetzung ist.[38]

101   Hält der Mitarbeiter dagegen Kapitalanteile am arbeitgebenden Unternehmen und erwachsen ihm daraus bestimmte Rechte und Pflichten als Kapitalgeber, handelt es sich um eine Kapitalbeteiligung. Diese kann erstens bezüglich einer Beteiligung am Eigen- oder Fremdkapital und zweitens nach direkter beziehungsweise indirekter Beteiligung am Unternehmen systematisiert werden.

---

37   Vgl. Statistisches Bundesamt: Umsatzsteuerstatistik 2006: Eckdaten – Zeitreihenergebnisse und Strukturdaten.
38   Vgl. Schneider (2000), Innovative Beteiligungsmodelle, Personal, S. 514.

Eine Eigenkapitalbeteiligung beinhaltet grundlegend die Beteiligung des Eigenkapitalgebers an Gewinn und Verlust des Unternehmens. Hingegen ist die Fremdkapitalbeteiligung durch eine Gläubiger-Schuldner-Beziehung gekennzeichnet. Beteiligungsinstrumente, die weder als reines Eigenkapital noch als reines Fremdkapital einzuordnen sind und je nach Ausgestaltung eher eigenkapital- oder fremdkapitaltypische Eigenschaften aufweisen, werden als „Mezzanine"-Kapitalbeteiligungen bezeichnet. Eine direkte Beteiligung liegt vor, wenn zwischen dem Mitarbeiter und dem arbeitgebenden Unternehmen unmittelbar ein Einzelvertrag zur Beteiligung geschlossen wird. Demgegenüber tritt bei einer indirekten Beteiligung eine Person oder Gesellschaft zwischen den Mitarbeiter und das Unternehmen. Neben dem Arbeitsverhältnis besteht für den Mitarbeiter somit ein direktes oder indirektes Beteiligungsverhältnis zum arbeitgebenden Unternehmen.

Die Gestaltungsformen werden anhand der Systematisierung in Gestaltungsformen mit Beteiligung am Stammkapital, Gestaltungsformen ohne Beteiligung am Stammkapital sowie Anwartschaftsrechte auf Stammkapital dargestellt.   102

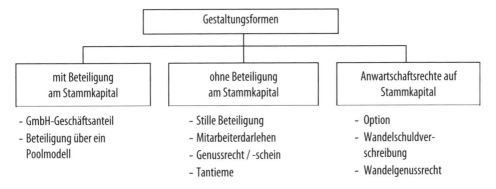

Abbildung 9:   Die Gestaltungsformen im Überblick

Unter Beteiligungen am Stammkapital werden alle Mitarbeiterbeteiligungsformen zusammengefasst, die eine direkte oder indirekte Beteiligung am Eigenkapital der GmbH, dem Stammkapital, darstellen. Hingegen beinhalten Gestaltungsformen ohne Beteiligung am Stammkapital verschiedene Alternativen zur Eigenkapitalbeteiligung. Als „Anwartschaftsrechte" auf Stammkapital werden alle Mitarbeiterbeteiligungsformen bezeichnet, die grundsätzlich keine Beteiligung am Stammkapital darstellen, aber das Recht auf oder die Möglichkeit der Wandlung in diese beinhalten.   103

Diese Systematisierung bietet den Vorteil, dass direkte und indirekte Beteiligungen mit den Formen der Eigen- und Fremdkapitalbeteiligung sowie des Mezzanine-Kapitals unter dem Fokus der Rechtsform GmbH sinnvoll miteinander verknüpft werden können.

III.   Gestaltungsformen mit Beteiligung am Stammkapital

Bei den Gestaltungsformen mit Beteiligung am Stammkapital sind zwei Gestaltungsvarianten zu unterscheiden. Im Folgenden werden zum einen die direkte Beteiligung des Mitarbeiters über die Gewährung von GmbH-Geschäftsanteilen und zum anderen die indirekte Beteiligung über ein Poolmodell beschrieben.   104

1.   GmbH-Geschäftsanteil

105   Die Beteiligung am Stammkapital, infolge derer Geschäftsanteile durch den zu beteiligenden Mitarbeiter erworben werden, ist die weitestgehende Form der Mitarbeiterbeteiligung. Dem Mitarbeiter-Gesellschafter werden bei der direkten Eigenkapitalbeteiligung unverzichtbare Gesellschafterrechte eingeräumt.

a)   Ausgestaltung des GmbH-Geschäftsanteils

106   Die gesellschaftsrechtliche Ausgestaltung der Mitarbeiterbeteiligung über GmbH-Geschäftsanteile beinhaltet die Möglichkeiten der Gewährung von Geschäftsanteilen an den Mitarbeiter, Regelungen zum Ausschluss des Mitarbeiters aus dem Gesellschafterkreis sowie Abfindungsregelungen für diesen Fall. Zudem ergeben sich Auswirkungen auf die arbeitsrechtliche Situation zwischen Unternehmen und Mitarbeiter.

Die Beteiligung des Mitarbeiters über GmbH-Geschäftsanteile wird, wenn die entsprechenden Voraussetzungen erfüllt sind, sowohl nach dem 5. VermBG als auch nach § 19a EStG staatlich gefördert. Vermögenswirksame Leistungen werden für den Erwerb von GmbH-Geschäftsanteilen gewährt, wenn die Gesellschaft das Unternehmen des Arbeitgebers ist (§ 2 Abs. 1 Nr. 1 Buchstabe h VermBG). Für die Übernahme des Geschäftsanteils durch den Mitarbeiter kommen der Beteiligungsvertrag gemäß § 6 VermBG und der Beteiligungs-Kaufvertrag gemäß § 7 VermBG in Betracht.

107   Die Gewährung der GmbH-Geschäftsanteile an den Mitarbeiter kann auf drei Wegen erfolgen. Erstens können bereits bestehende Anteile durch Altgesellschafter abgetreten werden. Zweitens ist die Schaffung neuer Anteile im Zuge einer Kapitalerhöhung möglich. Die Gesellschaft kann drittens zunächst eigene Anteile erwerben, um sie später an die betreffenden Mitarbeiter zu gewähren.[39]

Eine Abtretung der Anteile durch die Altgesellschafter ist gemäß § 15 Abs. 1 GmbHG frei möglich, unterliegt allerdings den Einschränkungen aus § 15 Abs. 3 und 4 GmbHG. Demnach ist die notarielle Form für die dingliche Abtretung der Geschäftsanteile durch die Altgesellschafter und das der Abtretung zugrundeliegende Verpflichtungsgeschäft erforderlich. Diese Formerfordernisse sollen den Handel mit GmbH-Geschäftsanteilen erschweren und dienen der Beweiserleichterung. Weitere Voraussetzungen können durch den Gesellschaftsvertrag bestimmt werden. Beispielsweise kann die Abtretung der Geschäftsanteile von der Genehmigung der Gesellschaft abhängig gemacht werden. Entsprechend § 46 Nr. 4 i.V.m. § 48 GmbHG ist eine Teilung der Geschäftsanteile durch die Gesellschafterversammlung möglich. Aufgrund dessen kann auch nur ein bestimmter Teil eines Geschäftsanteils übertragen werden.

108   Die zweite Möglichkeit stellt die Kapitalerhöhung dar. Diese setzt grundsätzlich einen Kapitalerhöhungsbeschluss im Rahmen einer Änderung des Gesellschaftervertrages gemäß den §§ 53 ff. GmbHG voraus. Hauptinhalt des Beschlusses ist die Feststellung, dass und in welcher Höhe das Stammkapital erhöht wird, welche Ziffer das Stammkapital nach der Erhöhung hat und dass ein Bezugsrechtsausschluss festgelegt wird. Der Bezugsrechtsausschluss ist erforderlich, um freie GmbH-Geschäftsanteile zu schaffen, indem nicht alle Gesellschafter quotal zur Teilnahme an

---

39   Vgl. Erttmann (2005), Die Beteiligung von Mitarbeitern am Stammkapital einer GmbH: Unter besonderer Betrachtung von Start-Up-Unternehmen der Technologiebranche, Nomos-Verlag, S. 73 und 97, sowie Weber / Lohr 2002: Mitarbeiterbeteiligung in der GmbH (Teil 2): Optionsverträge mit Führungskräften, GmbHStB, S. 361.

der Kapitalerhöhung zugelassen werden. Die Anteile der Altgesellschafter unterliegen somit einer gleichmäßigen Verwässerung. In einem weiteren Beschluss, dem Zulassungsbeschluss, ist anschließend festzuhalten, wer die auf den Erhöhungsbetrag entfallenden Geschäftsanteile übernehmen soll und mit welchen Personen die Übernahmeverträge für den Erhöhungsbetrag abgeschlossen werden können. Mit der Übernahme des erhöhten Kapitals durch den Mitarbeiter-Gesellschafter entsteht seine Einlagepflicht. Zudem ist gemäß § 55 Abs. 1 GmbHG eine notarielle Beglaubigung der Übernahmeerklärung des Mitarbeiter-Gesellschafters und gemäß § 54 Abs. 3 GmbHG eine Eintragung der Änderung des Gesellschaftervertrages ins Handelsregister für ihr Wirksamwerden erforderlich. Darüberhinaus sind die Erwerber gem. § 16 Abs. 1 GmbHG in der im Handelsregister aufgenommenen Gesellschafterliste einzutragen. Die immensen Formererfordernisse sind hier mit hohen Kosten verbunden. Auch das zum 01.11.2008 in Kraft getretene MoMiG sieht insoweit nur eine eingeschränkte Erleichterung vor. Entsprechend dem neu eingeführten § 55a GmbHG ist es jetzt möglich, bereits im Gesellschaftervertrag ein genehmigtes Kapital vorzusehen. Das heißt, dass die Geschäftsführer ermächtigt werden, das Stammkapital bis zu einem bestimmten Nennbetrag durch Ausgabe neuer Geschäftsanteile gegen Einlage zu erhöhen. Allerdings ist diese Möglichkeit auf höchstens fünf Jahre beschränkt (§ 55a Abs. und 2 GmbHG). Zudem bedarf es auch in diesem Fall einer Regelung zum Bezugsrechtsausschluss und zur Festlegung der Übernahmeberechtigten.

Die dritte Möglichkeit und Alternative zur Kapitalerhöhung oder Abtretung durch die Altgesellschafter stellt der Erwerb eigener Anteile durch die Gesellschaft dar, die sie später an die Mitarbeiter vergibt. Der Erwerb eigener Anteile ist der GmbH nur unter Einhaltung der strengen Voraussetzungen des § 33 Abs. 2 Satz 1 GmbHG möglich. Demnach darf die Gesellschaft nur eigene Geschäftsanteile erwerben, auf welche die Einlagen vollständig geleistet sind, sofern der Erwerb aus dem über den Betrag des Stammkapitals hinaus vorhandenen Vermögen, demzufolge aus offenen Rücklagen, erfolgen kann (§ 33 Abs. 2 Satz 1 GmbHG).

Die Voraussetzung für die Weiterveräußerung der somit durch die Gesellschaft erworbenen Anteile ist umstritten. Weitgehend anerkannt ist, dass die Veräußerung der eigenen Geschäftsanteile der GmbH nicht in die Vertretungskompetenz der Geschäftsführer fällt, da die Veräußerung der Geschäftsanteile das Verhältnis der Gesellschafter untereinander berührt. Der Geschäftsführer muss daher die Gesellschafterversammlung einbeziehen und ihre Ermächtigung einholen. Strittig ist bislang, ob für diese Entscheidung in der Gesellschafterversammlung bereits eine einfache Mehrheit ausreicht oder ob eine qualifizierte Mehrheit erforderlich ist.[40]

Ist durch die Anwendung einer dieser drei Möglichkeiten der Weg für eine Mitarbeiterkapitalbeteiligung frei, sind die Gestaltungsfreiräume, die der Gesetzgeber zugesteht, durch die Gesellschaft zu füllen. Die Gesellschafter haben einen Anspruch auf den Jahresüberschuss (Gewinn- und Verlustbeteiligung). Die Verteilung erfolgt dabei im Verhältnis der Geschäftsanteile oder nach einem Maßstab, welcher im Gesellschaftsvertrag festgelegt werden kann. Weiterhin ist eine Regelung für das Ausscheiden des Mitarbeiters zu treffen. Die Mitarbeiterbeteiligung ist an die Tätigkeit des Mitarbeiters im Unternehmen geknüpft, daher ist bei einem Ausscheiden desselben die Veranlassung gegeben, auch seine Beteiligung aufzukündigen. Anlässlich der Anteilsübertragung an den Mitarbeiter sollte die Beendigung der Mitarbeit als Ausschlussgrund in die Satzung aufgenommen werden.[41] Hat eine solche Regelung zur Folge, dass die Mehrheitsgesell-

109

110

---

40 Vgl. Hueck / Fastrich (2006): §§ 13-34 GmbHG, in: Baumbach/Hueck (Hrsg.): GmbH-Gesetz, Bechk'sche Kurzkommentare, Beck, S. 538. sowie Westermann (2006): § 33 GmbHG, in Scholz (Hrsg.): Kommentar zum GmbH-Gesetz, Verlag Dr. Otto Schmidt, S. 1779.
41 Vgl. Mohr (2005): Ausgestaltung von Mitarbeiterbeteiligungen bei GmbH unter Berücksichtigung gesellschafts- , arbeits- und steuerrechtlicher Aspekte, GmbH-StB, S. 306-307.

schafter jederzeit einem Gesellschafter ohne einen sachlichen Grund das Arbeitsverhältnis kündigen und ihm somit die Gesellschafterrechte nehmen können, verstößt die Vereinbarung nach ständiger Rechtsprechung gegen das Verbot der freien Hinauskündigung und ist nichtig. Jedoch kann nur ein Geschäftsführer ohne sachlichen Grund abberufen werden, denn für die ordentliche Kündigung eines Mitarbeiters ist ein sachlicher Grund erforderlich. Aus diesem Grund werden Rückübertragungsverpflichtungen aus Management-Beteiligungsprogrammen, nicht aber aus Mitarbeiterbeteiligungsprogrammen als freie Hinauskündigungsklauseln gewertet.[42] Im Falle der Rückübertragung seiner Anteile bekommt der betroffene Mitarbeiter eine Abfindung. Für den Mitarbeiter-Gesellschafter gelten bezüglich der Abfindung die allgemeinen Prinzipien zur Regelung derselben bei ausscheidenden GmbH-Gesellschaftern. Daher müssen geltende Grundsätze, wie beispielsweise der Anspruch auf vollwertige Abfindung zum Verkehrswert des Anteils, eingehalten werden. Der grundsätzliche Abfindungsanspruch in Höhe des Verkehrswertes kann und sollte im Rahmen der Satzungsautonomie begrenzt werden. Die Abfindungsklauseln können zum einen durch leicht handhabbare Bewertungsmaßstäbe eine Durchführung der konfliktträchtigen und kostenintensiven Bewertung des GmbH-Anteils entbehrlich machen. Zum anderen kann die Gefahr des erheblichen Kapitalabflusses im Falle einer Abfindung nach Verkehrswert gebannt werden. Dies ist unter dem Aspekt der Existenzsicherung der Gesellschaft durch eine vertragliche Beschränkung der Abfindungshöhe beziehungsweise durch eine zeitlich gestreckte Auszahlung der Abfindung erreichbar.[43] In der Praxis gibt es zudem verschiedene Möglichkeiten, die Abtretbarkeit von GmbH-Geschäftsanteilen für den Mitarbeiter zu erschweren, deren Darstellung für den gewählten Fokus unerheblich ist und daher ausgespart wird.[44]

111 In Bezug auf die arbeitsrechtliche Situation zwischen Unternehmen und Mitarbeiter muss zwischen den verschiedenen Rechtsbeziehungen unterschieden werden. Einerseits besteht der Arbeitsvertrag, auf dessen Grundlage der Mitarbeiter Arbeitnehmer des Unternehmens ist. Andererseits ist der Mitarbeiter aufgrund der Gesellschaftsbeteiligung Gesellschafter der GmbH, für den die Bestimmungen im Gesellschaftsvertrag und die gesellschaftsrechtlichen Bestimmungen bindend sind. Die arbeitsrechtliche Beziehung wirkt sich stark auf die gesellschaftsrechtliche Beziehung aus, wenn die Beteiligung auf der Geschäftsgrundlage des Arbeitsverhältnisses zugestanden wurde, das Bestehen des Arbeitsverhältnisses mit der Beteiligung verknüpft und die Beteiligung zu speziellen Konditionen an den Mitarbeiter ausgegeben wurde.

b)   Einflussmöglichkeit des Mitarbeiter-Gesellschafters

112 Dem Mitarbeiter-Gesellschafter stehen die gleichen Mitgliedschaftsrechte zu wie den anderen Gesellschaftern der GmbH. Der Begriff „Mitgliedschaft" ist der verdinglichte Inbegriff aller Rechte und Pflichten, die dem Gesellschafter aus dem Gesellschaftsverhältnis erwachsen. Sie sind mit dem Geschäftsanteil verbunden und wirken gegenüber allen künftigen Inhabern des Geschäftsanteils. Aus diesem Grund gehen sie bei der Übertragung des GmbH-Geschäftsanteils auf den Mitarbeiter über.

---

42 Vgl. Zimmermann, GmbHG 2006, S. 231.
43 Vgl. Erttmann (2005), S. 144-145.
44 Zur Erschwerung der Abtretbarkeit von GmbH-Geschäftsanteilen (Vinkulierung) sind weitergehende Hinweise bei Reichert / Weller (2006): Der GmbH-Geschäftsanteil: Übertragung und Vinkulierung, Beck, S. 156-185, und Birle (2007): Praxishandbuch der GmbH, Gesellschafts- und Steuerrecht, Verlag Neue Wirtschafts-Briefe, S. 261-270, zu finden.

Der Inhalt der einzelnen Mitgliedschaftsrechte und ihr Umfang können im Gesellschaftsvertrag aufgrund der Gestaltungsfreiheit, die § 45 GmbHG einräumt, bestimmt werden. Allerdings schließt dies einen unverzichtbaren Kernbereich einzelner Mitgliedschaftsrechte nicht mit ein. Man unterscheidet zwischen allgemeinen Mitgliedschaftsrechten, welche allen Gesellschaftern gleichmäßig zustehen, und Sonderrechten, die durch die Satzung einzelnen Gesellschaftern oder Gruppen von Gesellschaftern eingeräumt werden können. Sonderrechte gewähren unterschiedliche Befugnisse und Vorzüge, wie beispielsweise ein verstärktes Stimmrecht. Sie können mit Zustimmung des Gesellschafters wieder entzogen werden. Die allgemeinen Mitgliedschaftsrechte werden in Vermögens- und Verwaltungsrechte unterschieden. Die Vermögensrechte beinhalten vor allem den Gewinnanspruch nach § 29 GmbHG und das Bezugsrecht von Geschäftsanteilen bei einer Kapitalerhöhung. Weitere Vermögensrechte kann die Satzung vorsehen, zum Beispiel das Recht der Gesellschafter, Einrichtungen der GmbH zu nutzen. Die Verwaltungsrechte umfassen insbesondere das Teilnahmerecht an der Gesellschafterversammlung gemäß § 48 GmbHG und das Stimmrecht der Gesellschafter gemäß § 47 GmbHG. Zudem besteht ein besonderer Schutz von Minderheiten durch die §§ 50, 61, 66 GmbHG. Weitere Kontroll- und Schutzrechte wurden durch die Rechtsprechung entwickelt, beispielsweise die Anfechtungs- und Nichtigkeitsklage gegen fehlerhafte Beschlüsse.

Ein kleiner Teil der allgemeinen Mitgliedschaftsrechte, sogenannte „unentziehbare Mitgliedschaftsrechte", stehen dem Gesellschafter aufgrund zwingender Rechtsnormen zu und können weder ausgeschlossen noch eingeschränkt werden. Zu diesen gehören das Auskunfts- und Einsichtsrecht des Gesellschafters nach § 51a GmbHG und das Recht auf Teilnahme an der Gesellschafterversammlung. Von ihnen zu unterscheiden sind die relativ unentziehbaren Mitgliedschaftsrechte, welche nach Gesetz oder Gesellschaftsvertrag lediglich mit Zustimmung des Gesellschafters entzogen oder eingeschränkt werden können. Hier empfiehlt sich eine exakte Überprüfung für das konkrete Mitgliedschaftsrecht.[45]   **113**

c)   Steuerliche Aspekte

Auf der Ebene der Gesellschaft stellen die Ausschüttungen an die Gesellschafter Einkommensverwendungen dar, welche steuerlich nicht als Betriebsausgaben abzugsfähig sind.   **114**

Der Erwerb der Beteiligung beinhaltet für den Mitarbeiter grundsätzlich keine steuerlichen Konsequenzen. Diese ergeben sich erst durch Einnahmen aus der Beteiligung oder deren Veräußerung. Wird der Gesellschaftsanteil zu einem unter dem Verkehrswert liegenden Preis übertragen, muss die Differenz als geldwerter Vorteil und somit im Rahmen der Einkünfte aus nichtselbständiger Tätigkeit gemäß § 19 Abs. 1 Satz 1 Nr. 1 EStG versteuert werden. Hierbei ist zu beachten, dass im Zeitpunkt der Übertragung der Lohnzufluss stattfindet und die Steuerlast zu begleichen ist. Die vom Mitarbeiter-Gesellschafter bezogenen Gewinnanteile (Dividende) sind gemäß §§ 20 Abs. 1 Nr. 1, Abs. 2 Nr. 1 EStG zu den Einkünften aus Kapitalvermögen zu zählen und unterliegen, sofern die Anteile im Privatvermögen gehalten werden, seit 01.01.2009 der Abgeltungsteuer mit einem Steuersatz in Höhe von 25 Prozent. Diese wird von der Gesellschaft einbezahlt und abgeführt. Angefallene Werbungskosten sind insoweit nicht berücksichtigungsfähig.

---

45   Vgl. Winter / Seibt (2006): §§ 14-18 BGB, in: Scholz (Hrsg.): Kommentar zum GmbH-Gesetz, Verlag Dr. Otto Schmidt, S. 950-953.

d)   Einschätzung des GmbH-Geschäftsanteils

115   Die direkte Eigenkapitalbeteiligung bietet viele Vorteile. Sie ist eine effiziente Möglichkeit, exzellente Mitarbeiter an das Unternehmen zu binden und bei ihnen eine deutlich höhere Motivationswirkung zu erzielen als bei indirekten Eigenkapitalbeteiligungsformen. Zudem wird die Eigenkapitalquote und somit die Position im Kredit-Rating der Banken verbessert.[46]

Dennoch dürfen die Probleme der Beteiligung über GmbH-Geschäftsanteile nicht außer Acht gelassen werden. Die Aufnahme „fremder Gesellschafter" ist ein großer Schritt, auch wenn es sich um eigene Mitarbeiter handelt. Konflikte im Gesellschafterkreis können entstehen, wenn die oft unterschiedlichen Interessen der Mitarbeiter und des Arbeitgebers aufeinanderprallen. Die beteiligten Mitarbeiter bilden zudem keine in sich homogene Gruppe. Konflikte zwischen den Mitarbeitern können bei deren Aufnahme als Mitarbeiter-Gesellschafter in den Kreis der Gesellschafter hineingetragen werden, wodurch sich das Konfliktpotential zusätzlich erhöht. Weiterhin drohen (Anteils-) Zersplitterungen und andere Schwierigkeiten im Hinblick auf die Abstimmung im Rahmen der Gesellschafterversammlung. Dies wird durch den beträchtlichen direkten Einfluss der Gesellschafter auf die Leitung der GmbH verstärkt.

116   Als Modell für breite Mitarbeiterkreise ist die Übertragung von GmbH-Geschäftsanteilen schon daher ungeeignet, weil sie keine Wertpapiere sind und nur mit großem Aufwand übertragen werden können. Da es keinen organisierten Markt zum Handel von GmbH-Geschäftsanteilen gibt, sind die Mitarbeiter stark gebunden. Der beteiligte Mitarbeiter erhält aufgrund des unabdingbaren Informationsrechtes einen Einblick in alle geschäftlichen Angelegenheiten der Gesellschaft. Soll seitens der GmbH als Arbeitgeber dem Mitarbeiter kein Einblick in die Unternehmenssituation gestattet werden, ist eine Mitarbeiterbeteiligung über GmbH-Geschäftsanteile nicht realisierbar. Diese Beteiligungsform wird in der Praxis daher nur für einen kleineren Kreis von Führungskräften realisiert, die aufgrund ihrer Aufgaben ohnehin schon in den Entscheidungs- und Informationsprozess eingebunden sind.[47] Aufgrund der unverzichtbaren Gesellschafterrechte insgesamt ist diese Beteiligungsform auch nicht als Mittel der Finanzierung, sondern vielmehr der langfristigen Bindung einzelner Mitarbeiter, in der Regel Führungskräften und Leistungsträgern, an das Unternehmen zu sehen.[48] Ist die Beteiligung einer Vielzahl von Mitarbeitern am Stammkapital erwünscht, bietet sich die indirekte Beteiligung über die Zwischenschaltung von Poolmodellen an. Diese werden im nachfolgenden Kapitel betrachtet.

2.   Beteiligung über ein Poolmodell

117   Die indirekte Beteiligung der Mitarbeiter am Stammkapital der GmbH bietet eine Alternative zur direkten Eigenkapitalbeteiligung. Mit ihr können die Probleme, welche mit der direkten Beteiligung über GmbH-Geschäftsanteile einhergehen, weitestgehend gelöst werden. Die mittelbare Beteiligung kann in verschiedenen Formen ausgestaltet werden. Zum einen besteht die Möglichkeit einer Treuhandlösung, bei der die Altgesellschafter GmbH-Geschäftsanteile treuhänderisch

---

46   Vgl. Leuner / Dumser (2005): Mitarbeiter am Unternehmen beteiligen, Arbeit und Arbeitsrecht, S. 145, sowie Schanz (2000): Mitarbeiterbeteiligungsprogramme, NZA, S. 628.
47   Vgl. Mohr (2005), S. 306.
48   Vgl. Weber / Lohr (2002a): Mitarbeiterbeteiligung in der GmbH (Teil 1): Beteiligung von Führungskräften am Stammkapital, GmbH-StB, S. 330.

für die Mitarbeiter halten.[49] Zum anderen bietet die Poollösung eine Alternative, bei der eine Beteiligungsinstitution zwischengeschaltet wird. Da eine angemessene Behandlung beider Gestaltungsformen aufgrund des beschränkten Umfanges nicht möglich ist, wird im Folgenden die Poollösung dargestellt. Sie erfreut sich in der Praxis größerer Beliebtheit.

a)   Ausgestaltung des Poolmodells

Charakteristisch für die indirekte Beteiligung über Poolmodelle ist, dass der zu beteiligende Mitarbeiter selbst keine GmbH-Geschäftsanteile erwirbt, sondern eine Beteiligungsinstitution zwischen ihn und das Unternehmen geschaltet wird. Der Mitarbeiter wird an der Beteiligungsinstitution und diese wiederum am arbeitgebenden Unternehmen, der GmbH, beteiligt. Es entstehen somit zwei getrennte Beteiligungsverhältnisse.

118

Das Verhältnis zwischen dem Mitarbeiter und der Beteiligungsinstitution wird ebenso wie das Verhältnis zwischen der Beteiligungsinstitution und dem arbeitgebenden Unternehmen durch die Wahl der Beteiligungsform bestimmt. Während die Beteiligung des Mitarbeiters an der Beteiligungsinstitution nur gesellschaftsrechtlich erfolgt, bieten sich für die Beteiligung der Beteiligungsinstitution am arbeitgebenden Unternehmen alle Möglichkeiten von einer schuldrechtlichen bis hin zur vollen gesellschaftsrechtlichen Beteiligung. Ergänzend können die Gesellschafter und Geschäftsführer der GmbH ebenfalls Anteile an der Beteiligungsinstitution erwerben. Auf diese Weise erlangen sie einen Einblick in und einen gesellschaftlichen Einfluss auf die Verhältnisse der Beteiligungsinstitution.[50] Einschränkungen hinsichtlich der Beteiligungsform der Beteiligungsinstitution am arbeitgebenden Unternehmen ergeben sich im Rahmen der staatlichen Förderung nach dem 5. VermBG und § 19a EStG. Voraussetzung ist gemäß § 2 Abs. 1 Nr. 1 Buchstabe i VermBG eine gesellschaftsrechtliche Beteiligung.

Als Rechtsformen für die Beteiligungsinstitution werden in der Literatur die GbR, die GmbH und die Personenhandelsgesellschaften (OHG, KG) diskutiert. Darüberhinaus kann in diesem Zusammenhang jetzt auch an die neu eingeführte „Unternehmergesellschaft (haftungsbeschränkt)" gedacht werden. Exemplarisch wird an dieser Stelle die Ausgestaltung der Beteiligungsinstitution als GbR erläutert, welche in der Praxis häufig Verwendung findet.

119

Unter einer GbR wird „[…] ein vertraglicher Zusammenschluss zweier oder mehrerer Personen zur Erreichung eines gemeinschaftlichen Zwecks durch Übernahme schuldrechtlicher Pflichten"[51] verstanden. Die GbR kann, ohne Formvorschriften zu unterliegen, begründet und aufgelöst werden. Eine Eintragung ins Handelsregister ist nicht erforderlich. Zu einem großen Teil sind die Vorschriften für die GbR, §§ 705 ff. BGB, nur dispositiver Natur. Im Falle der GbR wird überwiegend die gesellschaftsrechtliche Beteiligung in Form von GmbH-Geschäftsanteilen gewählt. Die Bereitstellung der Anteile erfolgt durch eine von drei Möglichkeiten zur Schaffung von GmbH-Geschäftsanteilen analog zur Mitarbeiterbeteiligung über GmbH-Geschäftsanteile. Die geschaffenen Anteile werden zum Zweck der Beteiligung notariell auf die GbR übertragen. Anschließend werden die Aufnahme und das Ausscheiden eines Mitarbeiters als Gesellschafter der GbR nur durch die GbR geregelt und erfolgen formlos. So ist nicht bei jeder Veränderung des Gesellschafterkreises der GbR eine notarielle Beurkundung für die Anteilsübertragung erforderlich, wie dies bei der direkten Stammkapitalbeteiligung der Fall ist. Es ist jedoch gemäß § 40 GmbHG eine

49   Ausführlich zur Treuhandlösung bei der GmbH äußern sich Hohaus (2002): Die „Treuhandlösung" bei Mitarbeiterbeteiligungen – Steuerliche Grundsätze, DB, S. 1233-1238 und Reichert / Weller (2006), S. 107-121.
50   Vgl. Mohr (2005), S. 310.
51   Ditfurth (2006): §§ 705-758 BGB, in: Prütting/Wegen/Weinreich (Hrsg.): BGB-Kommentar, Luchterhand, S. 1261.

2

aktualisierte Gesellschafterliste zum Handelsregister einzureichen, da bei einer Beteiligung an einer GmbH über eine GbR die an der GbR beteiligten Personen angegeben werden müssen. Die Mitarbeiterbeteiligungs-GbR wird durch alle Gesellschafter vertreten, abweichende Regelungen sind auf vertraglicher Basis möglich.

120   Die Teilhabe an Gewinn und Verlust bestimmt sich, soweit der Gesellschaftsvertrag keine abweichende Regelung enthält, nach der Gewinnverteilungsregel des § 722 BGB. Demnach erhält jeder Gesellschafter, unabhängig von Art und Umfang seines Beitrages, den gleichen Anteil an Gewinn und Verlust. Der Auszahlungsanspruch im Gewinnfalle entsteht mit dem jährlichen Rechnungsabschluss.

Aufgrund der geringen gesetzlichen Regelungstiefe ist die GbR sehr gut für eine Mitarbeiterbeteiligung geeignet. Allerdings hat dies zur Folge, dass es konkreter gesellschaftsvertraglicher Vereinbarungen, beispielsweise für das Ausscheiden der Gesellschafter bei Kündigung des Arbeitsvertrages, bedarf, damit sie dieser Aufgabe auch vollständig genügen kann. Die Hauptaufgaben der GbR sind einerseits die Bündelung der beteiligten Mitarbeiter zu einem Beteiligungs-Pool und andererseits die geschlossene Weiterleitung der Gesellschaftseinlagen an das arbeitgebende Unternehmen.[52]

b)   Einflussmöglichkeit des Mitarbeiters

121   Durch seine Gesellschafterstellung erhält der beteiligte Mitarbeiter unmittelbaren Einfluss auf die Beteiligungsinstitution und gleichzeitig mittelbaren Einfluss auf das arbeitgebende Unternehmen. Grundlegend gilt, dass je geringer die Einflussrechte des Mitarbeiters auf die Beteiligungsinstitution und deren Einflussrechte auf das arbeitgebende Unternehmen sind, desto stärker werden die Einflussrechte des Mitarbeiters gegenüber dem arbeitgebenden Unternehmen abgeschwächt.[53]

Ist der Mitarbeiter Gesellschafter einer Beteiligungs-GbR, richten sich seine Einflussrechte in erster Linie nach dem Gesellschaftervertrag, ergänzend gelten die gesetzlichen Regelungen der §§ 705 ff. BGB. Den Gesellschaftern steht die Geschäftsführung gemäß § 709 Abs. 1 BGB gemeinschaftlich zu (Gesamtgeschäftsführung). Für jedes Geschäft ist, dem Grundsatz der Einstimmigkeit folgend, die Zustimmung aller Gesellschafter erforderlich. Es empfiehlt sich aufgrund der Schwerfälligkeit, Umständlichkeit und Blockademöglichkeit einzelner Gesellschafter eine abweichende Gestaltung im Gesellschaftervertrag vorzunehmen. Jedem Gesellschafter, der aufgrund einer entsprechenden Regelung im Gesellschaftsvertrag von der Geschäftsführung ausgeschlossen ist, steht dennoch ein Informations- und Kontrollrecht zu. Weiterhin hat der GbR-Gesellschafter ein Recht zur Teilnahme an der Gesellschafterversammlung und zur Nutzung seines Stimmrechts.[54]

c)   Steuerliche Aspekte

122   Die steuerliche Behandlung der Mitarbeiterbeteiligung bei Unternehmen und Mitarbeiter hängt von der gewählten Beteiligungsform der Beteiligungsinstitution ab und muss daher im Einzelfall betrachtet werden.

---

52   Vgl. Schneider et al. (2007): Erfolgs- und Kapitalbeteiligung der Mitarbeiter, Symposion, S. 189-190.
53   Vgl. Böker (2006): Grundlagen der Arbeitnehmerbeteiligung, Der andere Verlag, S. 227-228.
54   Vgl. Giefers (1993): Die Gesellschaft bürgerlichen Rechts als Unternehmensform, Rudolf Haufe Verlag, S. 114, 136, 147.

Die Mitarbeiter-Gesellschafter der GbR halten den GmbH-Geschäftsanteil gemäß § 718 Abs. 1 BGB zur gesamten Hand. Aus diesem Grund wird er den einzelnen Gesellschaftern der GbR anteilig angerechnet (§ 39 Abs. 2 Nr. 2 AO). Bei der steuerlichen Behandlung des Poolmodells in Form einer GbR kommt es darauf an, ob die Anteile im Betriebsvermögen der Personengesellschaft gehalten werden oder nicht.

Einkünfte aus Anteilen, die einem Betriebsvermögen zugeordnet werden, unterliegen seit dem 01.01.2009 dem sogenannten Teileinkünfteverfahren (§ 3 Nr. 40 EStG), wonach lediglich 40 Prozent des Gewinnanteils von der Besteuerung ausgenommen werden.   123

Werden die Anteile hingegen in keinem Betriebsvermögen gehalten, sondern dem Privatvermögen zugeordnet, so unterliegen etwaige Gewinne der Abgeltungsteuer mit einem Steuersatz in Höhe von 25 Prozent.

d)   Einschätzung des Poolmodells

Ein Vorteil der indirekten Beteiligung besteht in der Wahlmöglichkeit zwischen verschiedenen Rechtsformen für die Beteiligungsinstitution und verschiedenen Formen für deren Beteiligung am arbeitgebenden Unternehmen. Infolgedessen ist diese Beteiligungsform sehr flexibel und erlaubt eine weitgehende Anpassung an die Situation des arbeitgebenden Unternehmens. Das Unternehmen hat die Möglichkeit, die betreffenden Mitarbeiter an ihren Gewinnen teilhaben zu lassen, ohne die Position eines Gesellschafters und die damit verbundenen Einflussrechte einräumen zu müssen. Die Beteiligung über Poolmodelle ist interessant, wenn eine größere Anzahl von Mitarbeitern eine Beteiligung am Stammkapital der GmbH erhalten soll. Sie reduzieren die erforderlichen Kosten und den Verwaltungsaufwand. Speziell im Falle der GbR ist beispielsweise durch die Wahl eines Vertreters der GbR-Gesellschafter, welcher die Mitarbeitergesellschaft in der Gesellschafterversammlung vertritt, lediglich eine Person und nicht jeder Mitarbeiter-Gesellschafter einzeln Ansprechpartner der Altgesellschafter. Eine derartige Ausgestaltung verringert das Konfliktpotential, welches durch neue Gesellschafter in den Kreis der Gesellschafter hineingetragen wird.[55] Weitere Vorteile der indirekten Beteiligung ergeben sich bei der Beendigung von Arbeitsverhältnissen, da die Mitarbeiteranteile eine höhere Fungibilität besitzen. Dies ist bei der GmbH von Bedeutung, da die Übertragung von Geschäftsanteilen mit großem Aufwand und Kosten einhergeht. Gleichzeitig hat eine Veränderung des Kreises der beteiligten Mitarbeiter keine Auswirkungen auf den Gesellschafterkreis der GmbH. Aus motivationstheoretischer Sicht ist eine indirekte Mitarbeiterbeteiligung durch den fehlenden direkten Einfluss des Mitarbeiters auf sein arbeitgebendes Unternehmen als nachteilig anzusehen.[56]   124

IV.   Gestaltungsformen ohne Beteiligung am Stammkapital

Bei den Gestaltungsformen ohne Beteiligung am Stammkapital handelt es sich um Alternativen zu einer direkten oder indirekten Beteiligung am Stammkapital der GmbH. Zu ihnen zählen die stille Beteiligung, das Mitarbeiterdarlehen, das Genussrecht beziehungsweise der Genussschein und die Tantieme, welche nachfolgend beschrieben werden.   125

---

55 Vgl. Erttmann (2005), S. 71.
56 Vgl. Fakesch (1991): Führung durch Mitarbeiterbeteiligung – ein Konzept zur Steigerung der Mitarbeitermotivation, Verlag V. Florentz, S. 87 sowie Pakleppa (2002): Indirekte Beteiligung, in: Guski/Schneider (Hrsg.): MAB – Handbuch für die Praxis, Beitrag 6290, S. 4.

1. Stille Beteiligung

126 Die Beteiligung von Mitarbeitern als stille Gesellschafter zählt zu den Mezzanine-Kapital-Beteiligungen. Die stille Gesellschaft ist in den §§ 230 ff. HGB geregelt, ergänzend gelten die §§ 705 ff. BGB. Charakteristisch für diese Beteiligungsform ist, dass der stille Gesellschafter ("Stiller") nach außen nicht in Erscheinung tritt. Im Falle der stillen Beteiligung an der GmbH spricht man auch von der GmbH und Still.

a) Ausgestaltung der stillen Beteiligung

127 Die gesellschaftsrechtliche Stellung des stillen Gesellschafters kann in Abhängigkeit des Gesellschaftsvertrages und seiner tatsächlichen Umsetzung einerseits der Position eines Darlehensgebers (typisch stille Gesellschaft) oder andererseits der eines Gesellschafters (atypisch stille Gesellschaft) angenähert sein. Damit geht der Charakter der Beteiligung entweder mehr in Richtung Fremdkapital oder Eigenkapital.

Der Mitarbeiter leistet eine Vermögenseinlage gemäß § 230 HGB an die GmbH (Handelsherr). Hierfür kommen eine Geldeinlage, Gehaltsbestandteile oder auch eine Dienstleistung, für die ein Entgelt festgelegt wurde, beziehungsweise andere Beiträge im Sinne des § 705 BGB in Betracht. Voraussetzung ist, dass der Beitrag objektiv bewertbar und bestimmbar und im Gesellschaftsvertrag klar bezeichnet ist. Als Gegenleistung erhält der beteiligte Mitarbeiter eine Zinszahlung, die abhängig vom Erfolg des Unternehmens ist. Der stille Gesellschafter ist gemäß § 231 Abs. 2 HGB zwingend am Gewinn zu beteiligen, dennoch ist eine weitgehende Ausgestaltung auf Basis der Vertragsfreiheit möglich. Ein Mindestbetrag ist ebenso gestaltbar wie eine Begrenzung des Gewinnanteils. Fehlt die gewinnabhängige Komponente, erfolgt eine rechtliche Umqualifizierung zu einem schuldrechtlichen Austauschvertrag oder einer GbR, nicht jedoch zur Nichtigkeit.[57] Gemäß §§ 231 Abs. 2 HS. 1, 232 Abs. 2 Satz 1 HGB ist eine Verlustbeteiligung auf die eingezahlte oder rückständige Einlage beschränkt und kann optional im Gesellschaftsvertrag vereinbart oder ausgeschlossen werden. Im Gesellschaftsvertrag sollte eine ausdrückliche Vereinbarung zum Verlust getroffen werden, da bei einer ausschließlichen Beteiligung am Gewinn die Auslegungsregel des § 722 Abs. 2 BGB greift. Demnach würde im Zweifelsfall der gleiche Verteilungsschlüssel für den Verlust gelten, wie er vertraglich für den Gewinn vereinbart wurde.

128 Ihre Stellung als reine Innengesellschaft ermöglicht es der stillen Gesellschaft, den Grundsatz der Vertragsfreiheit besser nutzen zu können, als dies bei Handelsgesellschaften der Fall ist. So ist die Position des stillen Gesellschafters lediglich in ihren Grundzügen gesetzlich festgeschrieben und eine Zustimmung der Gesellschafterversammlung ist ebenso wenig notwendig wie die Eintragung der stillen Gesellschaft in das Handelsregister der GmbH.[58] Zudem gilt für den Gesellschaftsvertrag grundsätzlich die Formfreiheit, eine schriftliche Fixierung ist dennoch aus Gründen der Rechtssicherheit erstrebenswert.

Wird vertraglich keine bestimmte Dauer der stillen Beteiligung vereinbart, ist sie nach dem Leitbild auf unbestimmte Zeit geschlossen, kann aber gemäß § 234 HGB i.V.m. § 132 HGB zum Ende

---

57 Vgl. Hofert / Arends (2005): Mezzanine-Finanzierung der GmbH, GmbHR, S. 1385.
58 Vgl. Fox et al. (2000): Mitarbeiterbeteiligung an der GmbH, GmbHR, S. 525. Das Zustimmungserfordernis für die Rechtswirksamkeit des stillen Gesellschaftsvertrages ist nach Werner (2007): Mezzanine-Kapital, Bank-Verlag Medien, S. 96, und Häger / Elkemann-Reusch (2007): Mezzanine Finanzierungsinstrumente, Erich Schmidt Verlag, S. 86-91, in der juristischen Literatur bisher umstritten, höchstrichterlich bislang nicht entschieden und wird bei der atypisch stillen Gesellschaft eher als erforderlich angesehen.

jeden Geschäftsjahres mit einer sechsmonatigen Kündigungsfrist gekündigt werden. Hiervon abweichende Regelungen sind ebenso wie eine außerordentliche, fristlose Kündigung aus wichti-
gem Grund möglich. Von Bedeutung sind diese Aspekte, wenn die Beteiligung eines Mitarbeiters
als stiller Gesellschafter nach Beendigung des Arbeitsverhältnisses nicht mehr erwünscht ist. In
diesem Fall ist entscheidend, dass mit der Beendigung des Arbeitsverhältnisses auch das Gesellschaftsverhältnis beendet wird. Indem die zwei Verhältnisse miteinander verknüpft werden, zum
Beispiel durch die Vereinbarung der „Beendigung des Arbeitsverhältnisses" als Kündigungsgrund
für die stille Gesellschaft, wird der gewünschte Effekt erzielt.[59]

Wird die stille Gesellschaft vertraggemäß aufgelöst, kommt die Auseinandersetzung gemäß § 235   129
HGB zum Tragen. Der stille Gesellschafter kann demnach einen schuldrechtlichen Anspruch gegenüber dem Geschäftsinhaber der GmbH auf Auszahlung des Auseinandersetzungsguthabens,
welches sich durch eine Gesamtberechnung ergibt, geltend machen. Bei der Gesamtberechnung
werden die geleistete Einlage und gutgeschriebene Gewinne mit eventuellen Entnahmen und be-
lasteten Verlusten saldiert. Bei der atypisch stillen Gesellschaft muss zusätzlich eine Vermögens-
bilanz (Auseinandersetzungsbilanz) aufgestellt werden, welche den im Zeitraum der stillen Gesellschaft erwachsenen Wertzuwachs beinhaltet. Auf dieser Grundlage wird unter Berücksichtung
des vereinbarten Beteiligungsverhältnisses das Auseinandersetzungsguthaben berechnet.

b)   Einflussmöglichkeit des stillen Mitarbeiter-Gesellschafters

Aufgrund gesetzlicher Regelung werden dem (typisch) stillen Gesellschafter Informations- und   130
Kontrollrechte in der Form zuteil, dass er berechtigt ist, die schriftliche Mitteilung des Jahresabschlusses zu verlangen und dessen Richtigkeit unter Einsicht der Bücher und Papiere zu prüfen
(§ 233 Abs. 1 HGB). Die vorgegebene Rechtsposition kann und sollte auf vertraglicher Basis verstärkt werden. Werden dem stillen Gesellschafter neben umfangreichen Vermögensrechten auch
umfangreiche Informations- und Kontrollrechte eingeräumt, nähert sich seine Stellung der Position eines Gesellschafters an (atypisch stille Beteiligung). Gerade vor dem Hintergrund der Motivationswirkung dieses Beteiligungsinstruments würde das subjektive Empfinden des beteiligten
Mitarbeiters gestärkt, sich in einer Gesellschafterstellung statt lediglich in der eines Kapitalgebers
zu sehen. Dem stillen Mitarbeitergesellschafter können beispielsweise Informations- und Kontrollrechte nach § 716 BGB – welche gemäß § 233 Abs. 2 HGB dem Stillen nicht zustehen – oder
nach § 166 HGB gewährt werden.[60]

c)   Steuerliche Aspekte

Für die steuerliche Behandlung der GmbH und Still ist ausschlaggebend, ob eine typische oder   131
atypische stille Beteiligung vorliegt. Die Abgrenzung erfolgt abweichend zur gesellschaftsrechtlichen Differenzierung im Steuerrecht anhand des Kriteriums der Mitunternehmerschaft im Sinne
des § 15 Abs. 1 Nr. 2 EStG, welche bei einer atypisch stillen Gesellschaft gegeben ist. Das Vorliegen
einer Mitunternehmerschaft wird anhand der Betrachtung des Gesamtbildes der Beteiligung und
aus einer wirtschaftlichen Betrachtungsweise heraus ermittelt. Als ausschlaggebende Kriterien in
diesem Zusammenhang sind Mitunternehmerinitiative, Mitunternehmerrisiko und -chance sowie Gewinnerzielungsabsicht anzuführen. Das Kriterium der Mitunternehmerschaft ist auch im

---

59   Vgl. Erttmann (2005), S. 38 sowie Werner (2007), S. 101-102.
60   Vgl. Weigl (1999): Anwendungs- und Problemfelder der stillen Gesellschaft, DStR, S. 1571, sowie Rauch (2006): Stille
      Beteiligung, in: Bösl/Sommer (Hrsg.): Mezzanine Finanzierungen, Beck, S. 129.

Rahmen der staatlichen Förderung relevant. Gemäß § 2 Abs. 1 Nr. 1 Buchstabe i VermBG können vermögenswirksame Leistungen für eine Beteiligung am arbeitgebenden Unternehmen über die stille Gesellschaft nur in Anspruch genommen werden, wenn der Arbeitnehmer nicht Mitunternehmer im Sinne des § 15 Abs. 1 Nr. 2 EStG ist. Gefördert wird demnach durch das 5. VermBG und § 19a EStG ausschließlich die typische stille Beteiligung.

Die typische stille Gesellschaft ist stets Fremdkapital für die GmbH und wird steuerlich ähnlich einer Darlehensgewährung behandelt. Die GmbH kann die geleisteten gewinnabhängigen Zinsen als Betriebsausgaben von der Körperschaftsteuer abziehen. Die Gewinn- und Verlustanteile des Stillen sind auf die Bemessungsgrundlage der Gewerbesteuer der GmbH anzurechnen. Wird die stille Beteiligung dem Mitarbeiter unentgeltlich oder verbilligt zugestanden, so führt dies zu einem geldwerten Vorteil, für den das Unternehmen als Arbeitgeber Lohnsteuer und Sozialversicherungsbeiträge einzubehalten und abzuführen hat. Für den als stiller Gesellschafter beteiligten Mitarbeiter stellen die Gewinnanteile, ebenso wie die Auszahlung des Auseinandersetzungsguthabens, Einkünfte aus Kapitalvermögen gemäß § 2 Abs. 1 Satz 1 Nr. 5 EStG i.V.m. § 20 Abs. 1 Nr. 4 Satz 1 EStG dar. Sie unterliegen der Abgeltungsteuer, welche von der GmbH einbehalten wird. Der eventuell entstehende geldwerte Vorteil führt beim Mitarbeiter zu Einkünften aus nichtselbstständiger Tätigkeit gemäß § 2 Abs. 1 Satz 1 Nr. 4 EStG i.V.m. § 19 Abs. 1 Nr. 1 EStG, kann aber ab 2009 unter die staatliche Förderung gemäß § 3 Nr. 39 EStG fallen, wenn die entsprechenden Voraussetzungen erfüllt sind.

132   Der Gewinnanteil der atypisch stillen Beteiligung ist nicht bei der GmbH, sondern beim Mitarbeiter zu versteuern, da er der atypisch stillen Gesellschaft zugerechnet wird. Der Mitarbeiter erzielt nun Einkünfte aus Gewerbebetrieb gemäß § 15 Abs. 1 Satz 1 Nr. 2 EStG. Die atypische stille Gesellschaft ist selbst Objekt und der Stille Schuldner der Gewerbesteuer, welcher die Gewinn- und Verlustanteile unterliegen. Allerdings ist insoweit zu beachten, dass in bestimmten Fällen nach § 19 EStG in der bis zum 31.12.2008 geltenden Fassung Anwendung findet.

d)   Einschätzung der stillen Beteiligung

133   Die Einflussrechte, welche dem Mitarbeiter als stillem Gesellschafter grundsätzlich eingeräumt werden und die zusätzlich vertraglich gestaltbar sind, sprechen aus motivationstheoretischen Gesichtspunkten für den Einsatz der stillen Gesellschaft bei der Mitarbeiterbeteiligung. Zudem ist der große Gestaltungsspielraum für das Unternehmen von Vorteil. Die gesetzlichen Regelungen sind größtenteils Mindestvorschriften und einer vertraglichen Vereinbarung zwischen Mitarbeiter und Unternehmen liegen nur wenige feste Anforderungen zugrunde. Die stille Beteiligung kann dadurch gut an die spezifischen Bedürfnisse des Unternehmens angepasst werden.[61] Darüber hinaus ist die Einlage der Mitarbeiter bei entsprechender Ausgestaltung als steuerliches Fremdkapital und handelsrechtliches Eigenkapital zu qualifizieren. Demzufolge ist ein Betriebsausgabenabzug mit Vorteilen für die Eigenkapitalbasis des Unternehmens kombinierbar.

Die zwei Formen der stillen Gesellschaft sind in Abhängigkeit von der Unternehmensstruktur und den verfolgten Unternehmensmotiven unterschiedlich geeignet für eine Mitarbeiterbeteiligung. Eine typische stille Gesellschaft bietet sich für die Beteiligung aller Mitarbeiter an. Sollen hingegen besondere Mitarbeiter an eine spätere Gesellschafterstellung herangeführt werden, so eignet sich eher die atypische stille Gesellschaft. Diese könnte mit einem Wandlungsrecht in eine spätere GmbH-Beteiligung versehen werden. Bei einer Beteiligung von Führungskräften als aty-

---

61   Vgl. Schneider et al. (2007), S. 173, 176.

pisch stille Gesellschafter an verschiedenen Geschäftsbereichen sind Motivationswirkungen und eine erhöhte Ergebnisverantwortung erzielbar, ohne komplexe gesellschaftliche Umstrukturierungen vornehmen zu müssen.[62]

2. Mitarbeiterdarlehen

Zum Einstieg in die Mitarbeiterbeteiligung hat das Mitarbeiterdarlehen in der Praxis regen Anklang und eine weite Verbreitung erfahren. Der Mitarbeiter stellt der GmbH als arbeitgebendes Unternehmen ein Darlehen zur Verfügung und erhält im Gegenzug eine Verzinsung. Das Mitarbeiterdarlehen zählt zu den Beteiligungsformen mit Fremdkapitalcharakter. Synonym findet der Begriff „Arbeitnehmerdarlehen" Verwendung.

134

a) Ausgestaltung des Mitarbeiterdarlehens

Die Gewährung des Darlehens an das Unternehmen führt zur Begründung eines Schuldverhältnisses zwischen dem Mitarbeiter (Gläubiger) und der GmbH (Schuldner), welches nach den allgemeinen Vorschriften der §§ 607 ff. BGB gestaltet wird. Der Darlehensvertrag kann relativ unproblematisch gestaltet werden, da die ergänzend anzuwendenden §§ 488 ff. BGB einen weiten Regelungsspielraum lassen. Zudem sind nach allgemeinen Grundsätzen keine Formvorschriften zu beachten. Insbesondere das Schriftformerfordernis des § 492 BGB hat keine Geltung, da es in den Bereich der Verbraucherkreditverträge fällt. Die Zinskonditionen können eine feste oder erfolgsabhängige Verzinsung (partiarisches Darlehen) vorsehen. Neben der vertraglichen Freiheit bezüglich der Zinskonditionen besteht ein Freiraum für eine innerbetriebliche Ausgestaltung von Detailregelungen, zum Beispiel der Kündigungsbestimmungen und der Festlegungsdauer.[63]

135

Ein wichtiger Aspekt bei der Vertragsgestaltung des Mitarbeiterdarlehens ist seine Besicherung. Diese ist Voraussetzung für eine staatliche Förderung. Gemäß § 2 Abs. 1 Nr. 1 Buchstabe k VermBG können vermögenswirksame Leistungen und somit auch die Förderung nach § 19a EStG nur für eine Darlehensforderung gegen den Arbeitgeber in Anspruch genommen werden, wenn die Ansprüche des Arbeitnehmers aus dem Darlehensvertrag durch ein Kreditinstitut verbürgt oder durch ein Versicherungsunternehmen privatrechtlich gesichert sind. Die privatrechtliche Besicherung soll gewährleisten, dass für den Arbeitnehmer kein Insolvenzrisiko besteht. Bei einem abgesicherten Darlehen bilden die festgelegten Zinssätze und Rückzahlungsvereinbarungen jedoch nie ausreichend die wirtschaftliche Situation des Unternehmens ab. Das Unternehmen kann auf eine Besicherung und somit die staatliche Förderung verzichten. In diesem Fall sollte der Verzicht durch eine höhere Verzinsung oder Erfolgsbeteiligung (partiarisches Darlehen) kompensiert werden.[64]

Zudem kann auf die Besicherung nicht verzichtet werden, wenn die Voraussetzungen des § 3 Nr. 1 KWG vorliegen, denn ein besichertes Darlehen fällt nicht unter diese Regelung. Ziel des sogenannten „Werksparkassenverbotes" ist es, den Mitarbeiter im Falle der Insolvenz des arbeitgebenden Unternehmens zu schützen, damit er neben dem Arbeitsplatz nicht auch seine Ersparnisse einbüßt. Verboten ist das Betreiben eines Einlagengeschäftes, wenn der Kreis der Einleger überwiegend aus Betriebsangehörigen des Unternehmens besteht (Werksparkassen) und nicht sonstige Bankgeschäfte betrieben werden, die dieses Einlagengeschäft im Umfang übersteigen (§ 3 Nr. 1 KWG).

136

---

62 Vgl. Fox et al. (2000), S. 527.
63 Vgl. Blettner et al. (1995): Mitarbeiter-Kapitalbeteiligung in Klein- und MIttelbetrieben, Heizmann, S. 28.
64 Vgl. Erttmann (2005), S. 34-35.

Die mit einer Mitarbeiterbeteiligung verfolgte Motivationswirkung kann durch die Ausgestaltung des Darlehens als partiarisches Darlehen erreicht werden, welches sich durch eine erfolgsabhängig gestaltete Verzinsung auszeichnet. Es besteht auch die Möglichkeit, einen niedrigen festen Zins mit einem zusätzlichen Gewinnanteil zu kombinieren. Diese Variante bietet den Vorteil, dass der Mitarbeiter die niedrige Verzinsung auch erhält, wenn das Unternehmen Verluste macht. Dabei kann die Zinszahlung in einer wirtschaftlich schlechten Situation des Unternehmens zu einer weiteren Verschlechterung beitragen. Eine Beteiligung am Verlust ist dabei nicht gestaltbar, denn diese würde zur Annahme eines Gesellschafterverhältnisses führen.[65]

b)   Einflussmöglichkeit des Mitarbeiters

137   Durch das Mitarbeiterdarlehen erhält der Mitarbeiter die Stellung eines Gläubigers. Ihm stehen keine Informations-, Kontroll- und Mitwirkungsrechte zu. Hinsichtlich der Bemessungsgrundlage der Erfolgsbeteiligung des Mitarbeiters besteht beim partiarischen Darlehen ein Auskunftsanspruch. Auf freiwilliger Basis können Informationsrechte ergänzend vereinbart werden. Bei der Ausgestaltung als partiarisches Darlehen bietet es sich an, den Mitarbeiter über die Ertragslage des Unternehmens zu informieren.[66]

c)   Steuerliche Aspekte

138   Das Mitarbeiterdarlehen stellt für die GmbH steuerlich Fremdkapital dar. Daher sind die dafür aufzubringenden Zinsen grundsätzlich als Betriebsausgaben von der Körperschaftsteuer abziehbar. Gemäß § 8 Nr. 1 Buchstabe a GewStG sind Entgelte für Schulden bei der Berechnung der Gewerbesteuer zu einem Viertel wieder hinzuzurechnen, wenn sie bei der Ermittlung des Gewinns abgesetzt wurden. Der Mitarbeiter erzielt mit den Zinsen aus dem partiarischen Mitarbeiterdarlehen Einkünfte aus Kapitalvermögen gemäß § 2 Abs. 1 Satz 1 Nr. 5 EStG i.V.m. § 20 Abs. 1 Nr. 4 EStG, sofern der darlehensgebende Mitarbeiter nicht als Mitunternehmer aufzufassen ist.

d)   Einschätzung des Mitarbeiterdarlehens

139   Sowohl für das Unternehmen als auch den Mitarbeiter bietet das Mitarbeiterdarlehen die Vorteile der einfachen und flexiblen Handhabbarkeit und der Schonung der Liquidität. Langfristig vorteilhaft ist die Möglichkeit für Mitarbeiter, schon frühzeitig ein konkretes Interesse für die wirtschaftlichen Zusammenhänge im Unternehmen zu entwickeln. Auf diese Weise bietet das Mitarbeiterdarlehen eine gute Vorbereitung auf eine eventuelle spätere Kapitalbeteiligung. Der Mitarbeiter wird das Modell trotzdem als wenig attraktiv einstufen, da er die Kapitalmittel aus bereits versteuertem Einkommen entnimmt. Gerade junge Mitarbeiter können die hierfür nötigen Mittel eventuell nicht zur Verfügung stellen beziehungsweise auf die Gehaltsbestandteile nicht verzichten. Die fehlende Beteiligung des Mitarbeiters am Stammkapital nimmt ihm die Möglichkeit, an der Wertsteigerung der GmbH zu partizipieren, und begrenzt die Bindungswirkung auf den Mitarbeiter.[67]

---

65   Vgl. Jungen (2000): Mitarbeiterbeteiligung, Verlag V. Florentz, S. 9.
66   Vgl. Voß / Wilke (2003): Beteiligung in kleinen und mittleren Unternehmen, in: Voß/Wilke (Hrsg.): Mitarbeiterbeteiligung in deutschen Unternehmen, Deutscher Universitäts-Verlag, S. 79.
67   Vgl. Leuner (2003): Intelligente Mitarbeiterbeteiligung: Ein Instrument, zwei Wirkungen, in: Rödl & Partner (Hrsg.): Gegen.Steuern: Erfolg für den Mittelstand, Haufe Mediengruppe, S. 230 sowie Fox et al. (2000) S. 524.

Zudem ist die mit dieser Beteiligungsform erreichbare Motivationswirkung als begrenzt anzusehen, wenn keine erfolgsabhängige Komponente beim Zinssatz vereinbart wird. Ein Mitarbeiterdarlehen trägt allenfalls in beschränktem Maße zu einer Stärkung der Identifikation des Mitarbeiters mit dem Unternehmen bei, da dem Mitarbeiter keine Mitwirkungsrechte eingeräumt werden. Vorteilhaft für das Unternehmen ist, dass ein Betriebsausgabenabzug für die Zinsen und ein Mittelzufluss durch den Mitarbeiter ermöglicht werden. Der Finanzierungseffekt wird durch eine eventuelle Besicherung des Darlehens und die sich hieraus ergebenden Kosten geschmälert. Die Fremdkapitalbeteiligung führt letztendlich zu einer Verschlechterung der Kreditfähigkeit des Unternehmens.[68]

Aus der Gegenüberstellung der Vor- und Nachteile des Mitarbeiterdarlehens wird deutlich, dass   140
es geeignet ist, um erste Erfahrungen mit einer Mitarbeiterbeteiligung zu erzielen. Die Effekte des Fremdkapitals auf die Bilanz sollten mittelfristig zu einer Umwandlung in eine Eigenkapitalbeteiligung führen.[69]

3.   Genussrecht/ -schein

Das Genussrecht oder – in verbriefter Form – der Genussschein zählt zu den Mezzanine-Kapital-   141
beteiligungen. Der Begriff des Genussrechts wird in verschiedenen gesetzlichen Regelungen erwähnt, es findet sich darin jedoch keine Definition. Dies ist damit zu begründen, dass der Gesetzgeber bewusst auf eine inhaltliche Festlegung des Begriffs verzichtet hat, um auf die vielfältigen Erscheinungsformen in der Praxis nicht hemmend zu wirken. In der Literatur wird der Begriff „Genussrecht" als Vertrag definiert, mit dem schuldrechtliche Ansprüche gegen das Unternehmen begründet werden. Die Ansprüche können den Vermögensrechten der Gesellschafter angenähert oder gleichgestellt sein.[70]

a)   Ausgestaltung des Genussrechts

Infolge der fehlenden gesetzlichen Regelung ist die Ausgestaltung des Genussrechts sehr variabel   142
möglich. Eine Beteiligung des Mitarbeiters an Gewinn, Verlust und Liquidationserlös ist ebenso möglich wie eine reine Gewinnbeteiligung, eine feste Verzinsung oder auch eine Gewinnbeteiligung kombiniert mit einer Mindestverzinsung. Das Recht auf Gewinnbeteiligung kann am ganzen Betrieb, an Teilbetrieben und an verschiedenen Ergebnisgrößen ausgerichtet sein oder den Mitarbeiter zum Bezug von Lieferungen und Leistungen berechtigen. Ergänzend können eine Verlustbeteiligung und eine Nachzahlungspflicht vereinbart werden. Die fehlenden gesetzlichen Vorgaben haben zur Folge, dass andere Modalitäten, wie beispielsweise die Laufzeit, Kündigung und Rückzahlung des Kapitals, in den Genussrechtsbedingungen explizit zu vereinbaren sind.[71] Die staatliche Förderung nach dem 5. VermBG und § 19a EStG wird unter der Voraussetzung gewährt, dass die Genussscheine vom Arbeitgeber ausgegeben werden und der Arbeitnehmer am Gewinn des Unternehmens beteiligt wird (§ 2 Abs. 1 Nr. 1 Buchstabe f VermBG). Zudem darf der Arbeitnehmer nicht als Mitunternehmer im Sinne des § 15 Abs. 1 Nr. 2 des EStG anzusehen sein. Die Zusage eines gewinnunabhängigen Mindest- oder Festzinses ist dennoch möglich, wenn eine

---

68 Vgl. Schanz (2000), S.627 sowie Bontrup / Springob (2002): Gewinn- und Kapitalbeteiligung: Eine mikro- und makroökonomische Analyse, Gabler, S. 199-200.
69 Vgl. Schneider et al. (2007), S. 161-163.
70 Vgl. Häger / Elkemann-Reusch (2007), S. 212.
71 Vgl. Werner (2007), S. 80-81.

der Voraussetzungen des § 2 Abs. 4 i.V.m. Abs. 3 VermBG erfüllt wird. Weiterhin geht eine Zusage der Rückzahlung zum Nennwert nicht konform mit diesen Voraussetzungen. Durch eine Verlustbeteiligung oder einen Rückzahlungsanspruch je nach Wertentwicklung des Unternehmens kann die Bedingung erfüllt werden.

Die Frage, ob die Geschäftsführung eine Ermächtigung im Gesellschaftsvertrag benötigt, um Genussrechte mit Mitarbeitern zu vereinbaren, ist abhängig vom materiellen Inhalt des Genussrechts. Nicht erforderlich ist die Satzungsgrundlage nach herrschender Meinung, wenn dem Genussberechtigten im Rahmen des laufenden Geschäftsverkehrs einfache Genussrechte in einem Mitarbeiterbeteiligungsprogramm angeboten werden. Es empfiehlt sich, eine Vereinbarung über Genussrechte für ein Mitarbeiterprogramm in den Gesellschaftsvertrag aufzunehmen. Später eventuell auftretende Probleme durch Meinungsverschiedenheiten zwischen den Gesellschaftern können so von vornherein umgangen werden.[72]

143   Aufgrund der gewinnabhängigen beziehungsweise gewinnorientierten Ausgestaltung des Genussrechts, welche eine Beeinträchtigung des Gewinns der GmbH darstellt, könnte die Zustimmung der Gesellschafterversammlung für die Emission der Genussrechte benötigt werden. Die Notwendigkeit der Zustimmung muss in Abhängigkeit der Bedeutung der Maßnahme entschieden werden. Eine Zustimmung ist zum Beispiel bei einer Emission einer Vielzahl von Genussrechten für die Mitarbeiterbeteiligung erforderlich. Die Verschiedenartigkeit der Genussrechtsverträge macht eine allgemeine Klärung unmöglich, eine Abwägung im konkreten Einzelfall ist somit unerlässlich.[73]

Ein Bezugsrecht der Gesellschafter der GmbH auf die Genussrechte analog zu § 221 Abs. 4 AktG ist abzulehnen. Die Satzung kann das Bezugsrecht jedoch einräumen. Zudem ist die Änderung des Genussrechts nach Maßgabe des allgemeinen Vertragsrechts, eine Aufhebung jedoch grundsätzlich nur durch eine Vereinbarung mit dem betreffenden Mitarbeiter als Berechtigten möglich.

b)   Einflussmöglichkeit des Mitarbeiters

144   Genussrechte räumen dem Mitarbeiter als Berechtigten die typische Vermögensposition eines Gesellschafters ein, allerdings auf schuldrechtlicher Basis in Form von Gläubigerrechten. Die gesellschaftertypischen Mitwirkungs- und Kontrollrechte stehen dem Genussberechtigten weder kraft Gesetz zu, noch wird es als zulässig angesehen, diese Rechte auf vertraglicher Basis zu gewähren. Grundsätzlich steht dem Mitarbeiter hinsichtlich der Bemessungsgrundlage der erfolgsabhängigen Komponente ein Auskunftsanspruch zu. Dem über Genussrechte beteiligten Mitarbeiter können zudem mitgliedschaftsähnliche oder mitgliedschaftsgleiche Rechte per Vereinbarung im Genussrechtsvertrag zuerkannt werden. So sind beispielsweise das Recht auf Teilnahme an der Gesellschafterversammlung in beratender Funktion und damit einhergehend das Recht auf Unterrichtung über die Einberufung der Gesellschafterversammlung sowie die schriftliche Bekanntgabe der Gesellschafterbeschlüsse vertraglich gestaltbar.[74]

---

72   Vgl. Erttmann (2005), S. 42.
73   Vgl. Häger / Elkemann-Reusch (2007), S. 229-230.
74   Vgl. Häger / Elkemann-Reusch (2007), S. 215-216, 260 sowie Winter / Seibt (2006), S. 980.

c) Steuerliche Aspekte

Ausgangspunkt der steuerlichen Behandlung der Genussrechte ist die Unterscheidung in eine 145
Beteiligung an Gewinn und Liquidationserlös einerseits und eine Beteiligung an lediglich einem
von beiden andererseits. Dem liegt die Regelung des § 8 Abs. 3 Satz 2 KStG zugrunde, wonach
Ausschüttungen jeder Art auf Genussrechte, mit denen das Recht auf Beteiligung an Gewinn
und Liquidationserlös der Kapitalgesellschaft verbunden ist, das Einkommen nicht mindern.
Eine Gewinnbeteiligung liegt vor, wenn der handelsrechtlich vereinbarte Gewinn zwischen den
GmbH-Gesellschaftern und den Genussrechtsinhabern aufgeteilt wird. Eine Beteiligung am Li-
quidationserlös ist gegeben, wenn vor der Liquidation des Unternehmens die Rückzahlung des
Genussrechtskapitals nicht gefordert werden kann.

Daraus ergibt sich folgende Differenzierung. Wird eine Beteiligung kumulativ an Gewinn und
Liquidationserlös gewährt, stellen die Genussrechte steuerliches Eigenkapital dar. Für die GmbH
sind die Ausschüttungen, welche somit Einkommensverwendungen darstellen, weder im Rahmen der Körperschaftsteuer noch im Rahmen der Gewerbesteuer abzugsfähig. Der Mitarbeiter
als Genussrechtsinhaber erzielt gemäß § 2 Abs. 1 Satz 1 Nr. 5 EStG i.V.m. § 20 Abs. 1 Nr. 1 EStG
Einkünfte aus Kapitalvermögen in Form von Dividenden. Fehlt die Beteiligung an einem von beiden, werden die Genussrechte steuerlich als Fremdkapital gesehen. Die Ausschüttungen sind in
diesem Fall bei der GmbH als Betriebsausgaben von der Körperschaftsteuer abziehbar. Gemäß § 8
Nr. 1 Buchstabe a GewStG sind Zinsen bei der Berechnung der Gewerbesteuer zu einem Viertel
hinzuzurechnen, wenn sie bei der Ermittlung des Gewinns abgesetzt wurden. Für den Mitarbeiter
stellen die Zuwendungen nun Einkünfte aus Kapitalvermögen gemäß § 2 Abs. 1 Satz 1 Nr. 5 EStG
i.V.m. § 20 Abs. 1 Nr. 7 EStG dar.

d) Einschätzung des Genussrechts

Die Ausgestaltung der Genussrechte ist weitgehend frei möglich. Dies trägt sehr zu ihrer Attrakti- 146
vität bei und ist ein zentraler Vorteil dieser Form von Mitarbeiterbeteiligungen. Ein großes Manko
ist dagegen der Ausschluss jedweder Mitgliedschaftsrechte. Die Informations-, Kontroll- und Mitwirkungsrechte stehen nicht immer im Vordergrund der Mitarbeiterbeteiligung. Dennoch wird
dieser Aspekt in der Literatur besonders kritisch bewertet, da auf diese Weise eine Beteiligung
minderen Wertes angeboten würde. Die erhoffte Motivationswirkung kann bei den beteiligten
Mitarbeitern ausbleiben.[75]

Für das Unternehmen ist eine Genussrechtsbeteiligung von Vorteil, da die Einflussrechte stark
eingeschränkt sind und die Teilhabe am Erfolg weitgehend an die individuelle Situation des Unternehmens angepasst werden kann. Weiterhin ist bei einer entsprechenden Ausgestaltung die
Abzugsfähigkeit der Ausschüttungen als Betriebsausgaben sowie eine Qualifizierung des Genussrechtskapitals als handelsrechtliches Eigenkapital möglich. Besonderes Augenmerk muss auf die
exakte vertragliche Ausgestaltung des Genussrechts gerichtet werden, da im Zweifels- oder auch
Streitfall kein Rückgriff auf gesetzliche Normen erfolgen kann.[76] Aufgrund ihrer Flexibilität und
Fungibilität sind die Genussrechte für eine breite Streuung im Rahmen der Mitarbeiterbeteiligung
geeignet.

---

75 Vgl. Schneider et al. (2007), S. 183-184.
76 Vgl. Leuner (2003), S. 232 sowie Sureth / Halberstadt (2006): Mitarbeiterbeteiligung durch Genussrechte und stille
    Beteiligungen – steuerliche und finanzwirtschaftliche Aspekte; FB, S. 678.

4.   Tantieme

147   Die Tantieme ist eine Möglichkeit, Mitarbeiter am Gewinn des Unternehmens zu beteiligen, und zählt somit zu den Erfolgsbeteiligungen.

a)   Ausgestaltung der Tantieme

148   Die Tantieme wird ergänzend zum Festgehalt des Mitarbeiters im Arbeitsvertrag vereinbart und ist als variabler Gehaltsbestandteil eine Beteiligung auf arbeitsrechtlicher Ebene. Ihre Höhe, Berechnung und Dauer richten sich nach den Vereinbarungen zwischen Mitarbeiter und Unternehmen, soweit nicht das Gesetz oder der Gesellschaftsvertrag dem entgegenstehen.

Als Bemessungsgrundlage kommt entweder das Ergebnis eines Jahres oder der Umsatz in Frage. Dementsprechend wird zwischen Gewinn- und Umsatztantieme unterschieden. Die Bezugsgröße der Gewinntantieme kann einerseits der handelsrechtliche Jahresüberschuss und andererseits der steuerliche Gewinn darstellen. Der steuerliche Gewinn ist vorzuziehen, da strengere Anforderungen an die Steuerbilanz gestellt werden. Auf diese Weise können eventuelle spätere Auseinandersetzungen über die zutreffende Gewinnermittlung vermieden werden. Das Unternehmen kann grundsätzlich die Bezugsgröße der Tantieme frei wählen, dennoch findet in der Praxis überwiegend die Gewinntantieme Verwendung, da die Umsatztantieme nicht frei von Gefahren ist. Diese liegen darin begründet, dass für einen möglichst hohen Umsatz Geschäfte abgeschlossen werden können, welche die daraus resultierenden Ergebnisse nicht berücksichtigen. Der Umsatz allein, ohne positive oder sogar mit negativer Ergebniswirkung, ist nicht erstrebenswert und sollte nicht honoriert werden. Bei der Ausgestaltung dieser Variante ist darauf zu achten, dass die hierfür herangezogenen Geschäfte im Arbeitsvertrag klar definiert und feste oder gestaffelte Preise dafür bestimmt werden. Die vertragliche Eingrenzung gibt der Umsatztantieme jedoch weitgehend den Charakter einer Umsatzprovision.[77]

b)   Einflussmöglichkeit des Mitarbeiters

149   Die bloße Erfolgsbeteiligung macht den Mitarbeiter nicht zum Mitgesellschafter. Dennoch steht ihm nach herrschender Meinung ein Anspruch auf Auskunft und Rechenschaft bezüglich der Zusammensetzung der Bemessungsgrundlage seines Gehaltes zu. Der Umfang des Auskunftsanspruches ergibt sich entweder aus der Tantiemenvereinbarung oder aufgrund vertraglicher Nebenpflichten. Eine vertragliche Nebenpflicht ergibt sich aus den §§ 157, 242 BGB, wonach dem anspruchsberechtigten Mitarbeiter nach Treu und Glauben und unter Beachtung der Verkehrssitte die erforderliche Auskunft über das Bestehen und den Umfang seines Rechts erteilt werden muss. Eine Vereinbarung der Rechenschaftspflicht in der Tantiemenabsprache ist zu empfehlen, um eventuellen späteren Konflikten im Vorhinein zu begegnen.[78]

---

77   Vgl. Jaeger (1994): Vertragsformen und rechtliche Grenzen der Vergütungsregelung, in: Dahlems (Hrsg.): Handbuch der Führungskräfte-Managements, Beck, S. 353.
78   Vgl. Deich (2005): Tantiemen, in: Preis(Hrsg.): Innovative Arbeitsformen, Verlag Dr. Otto Schmidt, S. 576 sowie Erttmann (2005), S. 32-33.

c) Steuerliche Aspekte

Die Tantieme als zusätzlicher Entgeltbestandteil unterliegt beim Mitarbeiter im Zeitpunkt der 150 Auszahlung dem Abzug der Lohnsteuer und der Sozialversicherungsbeiträge. Für die GmbH stellt sie grundsätzlich einen abzugsfähigen Personalaufwand dar und mindert somit ihr zur Körperschaft- und Gewerbesteuer herangezogenes Einkommen.

Aus steuerrechtlicher Sicht kann es zu Problemen kommen, wenn eine Kapitalbeteiligung verbunden mit einer Tantieme gewährt wird. In diesem Fall kann die Auszahlung der Tantieme eine verdeckte Gewinnausschüttung sein. Gemäß § 8 Abs. 3 Satz 2 KStG mindern verdeckte Gewinnausschüttungen das Einkommen der Gesellschaft nicht. Zudem zählen sie beim Mitarbeiter einkommensteuerrechtlich zu den sonstigen Bezügen gemäß § 20 Abs. 1 Nr. 1 Satz 2 EStG. Die steuerliche Anerkennung der Gewinntantieme setzt daher voraus, dass durch sie nicht der überwiegende Teil des Gewinns der GmbH abgeschöpft wird. Bei einer Aufteilung der Jahresgesamtbezüge sollte der Tantiemenanteil daher maximal ein Viertel ausmachen. Die Umsatztantieme wird steuerlich nur anerkannt, wenn ein besonderer Grund vorliegt. Dieser wird als gegeben angenommen, wenn entweder die mit dieser Ergebnisbeteiligung verfolgten Ziele auf anderem Wege nicht erreichbar wären oder aus betriebswirtschaftlichen Erwägungen heraus die Umsatz- gegenüber der Gewinnbeteiligung vorzuziehen ist.

d) Einschätzung der Tantieme

Von Vorteil für das Unternehmen und den über Tantiemen beteiligten Mitarbeiter ist, dass 151 ihre Vereinbarung sich an individuellen Erfolgskriterien orientiert und für eine Tantiemenvereinbarung nur geringer rechtlicher Aufwand erforderlich ist. Zudem sprechen aus Unternehmenssicht die Abzugsfähigkeit als Personalaufwand und die Beteiligung des Mitarbeiters ohne Begründung einer gesellschaftsrechtlichen Beziehung für eine Tantieme. Die gewinnbezogene Erfolgsbeteiligung bietet den Vorteil, dass nur eine Zahlungsverpflichtung besteht, wenn das Unternehmen tatsächlich einen Gewinn erwirtschaftet hat. Dadurch wird eine teilweise Anpassung der Vergütung an die Ertragslage des Unternehmens ermöglicht. Jedoch besteht unter Umständen das nicht unerhebliche Risiko verdeckter Gewinnausschüttungen.

Umgekehrt bedeutet die lediglich auf arbeitsrechtlicher Ebene angesiedelte Beteiligung des Mitarbeiters, dass sich keine darüber hinausgehende Bindungswirkung entfalten kann. Die Umsatztantieme birgt zudem eigene Gefahren in sich. Weitere negative Aspekte sind die Belastung der Liquidität der GmbH, welche sich aufgrund der Tantiemenzahlung ergeben, sowie die lediglich kurzfristige Motivationswirkung von einem Jahr zum anderen, die sich nicht mit einem langfristigen unternehmerischen Denken decken muss.[79]

V. Anwartschaftsrechte auf Stammkapital

Anwartschaftsrechte auf Stammkapital sind alle Formen der Mitarbeiterbeteiligung, die grund- 152 sätzlich keine Beteiligung am Stammkapital darstellen, aber nach Eintreten weiterer Umstände dem Mitarbeiter eine Beteiligung am Stammkapital der Gesellschaft ermöglichen.

---

79 Vgl. Leuner (2003), S. 227-228.

1.   Option

2

153   Optionen sind Bezugsrechte auf GmbH-Geschäftsanteile, die den Mitarbeitern gewährt werden. Aufgrund der gesetzlichen Erleichterungen zur Ausgabe von (naked) Aktienoptionen werden diese vorrangig für die AG diskutiert. Da sie sich starker Beliebtheit erfreuen, liegt es nahe, sie auch in der GmbH einzusetzen. Optionsprogramme bei der GmbH sind nicht ebenso unproblematisch verwendbar wie bei der AG, da einige zusätzliche Hürden zu überwinden sind. Nachfolgend wird dargestellt, unter welchen Bedingungen Optionen bei der GmbH verwendet werden können.

a)   Ausgestaltung der Option

154   Die Mitarbeiteroption kommt durch einen Optionsvertrag zwischen der GmbH und dem berechtigten Mitarbeiter zustande. Ihre Einräumung bedarf nach § 15 Abs. 4 Satz 1 GmbHG der notariellen Beurkundung.

Analog zur Gewährung von GmbH-Geschäftsanteilen kommen drei Wege für die Ausübung der Option auf GmbH-Geschäftsanteile in Betracht: erstens eine (Teil-) Abtretung bereits bestehender Anteile durch Altgesellschafter, zweitens die Schaffung neuer Anteile im Zuge einer Kapitalerhöhung oder als dritte Möglichkeit der Erwerb eigener Anteile durch die Gesellschaft.

155   Das Bezugsrecht auf GmbH-Geschäftsanteile wird an Voraussetzungen geknüpft, welche für den Einzelfall in den Optionsbedingungen näher zu definieren sind. So sollte eine bestimmte Wartezeit (Sperrfrist) vorgesehen werden, nach deren Ablauf die Option ausgeübt werden kann. Dadurch sollen Manipulationen vermieden und ein Eigeninteresse des Optionsberechtigten begründet werden, den Unternehmenswert langfristig zu steigern. Weiterhin sollte ein zeitliches Fenster für die Ausübung der Option (Ausübungsfrist) zu einem festgelegten Preis vorgesehen werden. Ferner kann die Option an ein Erfolgsziel gekoppelt werden. Ohne diese Beschränkungen besteht die Gefahr, dass die Mitarbeiteroption zu einem reinen Spekulationsmittel wird, durch die die Zielsetzung des Unternehmens der Mitarbeitermotivation beeinträchtigt würde.[80] Der Ausübungspreis (Basispreis) muss erst dann vom Mitarbeiter entrichtet werden, wenn die Option ausgeübt wird und somit die Beteiligung an der GmbH erworben werden soll. Dieser wird bereits bei der Gewährung der Option festgelegt. Der Mitarbeiter kann die Beteiligung zum Ausübungszeitpunkt zu günstigen Konditionen erwerben. Vom Ausübungspreis zu unterscheiden ist das Optionsentgelt, welches für die Einräumung der Option zu zahlen ist. Anstelle einer kostenlosen Überlassung der Option an die Mitarbeiter kann auch ein Optionsentgelt (Optionsprämie) in bestimmter Höhe festgelegt werden. Nach Ausübung der Option besteht eine Beteiligung des Mitarbeiters in Form von GmbH-Geschäftsanteilen.

156   Die Option als Instrument der Mitarbeiterbeteiligung ist an das Bestehen eines Arbeitsverhältnisses gebunden. Mit einer sogenannten Verfallklausel kann die Beendigung des Arbeitsverhältnisses als auflösende Bedingung im Optionsvertrag festgehalten werden. Der Mitarbeiter verliert in diesem Fall lediglich zukünftige Vorteile, wenn die Option wie es in der Regel der Fall ist, nicht für bereits geleistete Dienste des Mitarbeiters gewährt wird. Ist die Option allerdings fester Vergütungsbestandteil geworden, kann sie, wenn sie dem Mitarbeiter zusteht, nicht durch eine Verfallklausel entzogen werden. Der ersatzlose Verfall ist nur im Falle einer Sondervergütung zulässig und stellt mithin keine sittenwidrige oder treuwidrige Benachteiligung des Arbeitnehmers dar.

---

80   Vgl. Erttmann (2005), S. 48 sowie Schanz (2000), S. 630.

b)   Einflussmöglichkeit des Mitarbeiters

Optionen gewähren dem Mitarbeiter ein Bezugsrecht auf GmbH-Geschäftsanteile, jedoch kei-   157
nerlei Einflussrechte. Erst nach Ausübung der Option erhält der Mitarbeiter-Gesellschafter die
entsprechenden Mitgliedschaftsrechte, da diese bei der Übertragung des GmbH-Geschäftsanteils
auf den Mitarbeiter übergehen.

c)   Steuerliche Aspekte

Für die steuerliche Behandlung der Option beim Unternehmen ist ausschlaggebend, dass durch   158
sie keinerlei Leistungen an den Mitarbeiter gezahlt werden, welche Gegenstand vom Betriebsausgabenabzug werden könnten. Die unentgeltliche oder verbilligte Überlassung der Option an den
Mitarbeiter ist von ihm als geldwerter Vorteil im Rahmen der Einkünfte aus nichtselbständiger
Tätigkeit gemäß § 19 Abs. 1 Satz 1 Nr. 1 EStG zu versteuern. Der Zeitpunkt der Besteuerung war
lange Gegenstand einer Diskussion in Theorie und Praxis. Heute wird die steuerliche Behandlung
von Optionen übereinstimmend von der „Handelbarkeit" an einer Wertpapierbörse abhängig
gemacht. Handelbare (Aktien-) Optionen unterliegen demnach der Anfangsbesteuerung, nicht
handelbare Optionen dagegen der Endbesteuerung. Optionen der GmbH sind nicht an Börsen
handelbar. Märkte für GmbH-Geschäftsanteile oder Optionen auf diese können sich maximal innerhalb von Unternehmen entwickeln. Ein solcher Markt ist keinesfalls mit einer Wertpapierbörse vergleichbar. Das Hauptargument für eine Anfangsbesteuerung, die Handelbarkeit über eine
Wertpapierbörse, kann in diesem Fall nicht greifen. Der steuerliche Zufluss erfolgt daher erst bei
Optionsausübung. Nach der Ausübung der Option ist der Mitarbeiter Gesellschafter der GmbH
und die Mitarbeiterbeteiligung ist in steuerlicher Hinsicht analog zum GmbH-Geschäftsanteil zu
behandeln.

d)   Einschätzung der Option

Die Mitarbeiterbeteiligung in Form der Option ist aus Sicht des Unternehmens vorteilhaft, da   159
der Mitarbeiter bis zur Ausübung der Option keinerlei Einflussrechte auf das Unternehmen hat.
Die Option ermöglicht zudem, die Beteiligung des Mitarbeiters als Gesellschafter zeitlich zu ver-
schieben. Aufgrund des in der Regel nicht beziehungsweise nur in geringer Höhe erforderlichen
Kapitaleinsatzes seitens des Mitarbeiters und seiner hohen Gewinnchance kann er von einer großen Hebelwirkung bezüglich der Unternehmenswertsteigerung profitieren. Das Risiko des Mitarbeiters ist auf den Verlust des eventuell erforderlichen Optionsentgelts beschränkt.[81] Als problematisch sind die steuerliche Behandlung der Optionspläne und die erforderliche Bewertung des
Unternehmens zu sehen. Die Endbesteuerung hat zur Folge, dass Lohnsteuern abzuführen sind,
obwohl dem Mitarbeiter bei Optionsausübung keinerlei Liquidität zufließt.

2.   Wandelschuldverschreibung und Wandelgenussrecht

Mit der Wandelschuldverschreibung und dem Wandelgenussrecht, welche bis zur Wandlung den   160
Mezzanine-Kapitalbeteiligungen zuzuordnen sind, gewährt der Mitarbeiter dem Unternehmen
anfangs ein Darlehen beziehungsweise Genussrechtskapital. Gleichzeitig erhält er das Recht, das

---

81   Vgl. Leuner (2003), S. 234, sowie Fox et al. (2000), S. 533.

investierte Kapital unter bestimmten Voraussetzungen in Stammkapital der GmbH zu wandeln. Es handelt sich grundlegend um Formen der Fremdkapitalbeteiligung, welche zu Eigenkapitalbeteiligungen werden können.

a)   Ausgestaltung von Wandelschuldverschreibung und -genussrecht

161   Beide Mitarbeiterbeteiligungsformen sind Kombinationen aus Schuldverschreibung beziehungsweise Genussrecht und einem Wandlungsrecht. Während das Genussrecht bereits ausführlich dargestellt wurde, soll an dieser Stelle einleitend ein Überblick über die Schuldverschreibung gegeben werden. Anschließend wird die Konstruktion der Wandlung erläutert und auf die Wandelschuldverschreibung sowie das Wandelgenussrecht als Ganzes eingegangen.

Eine Schuldverschreibung im Sinne der §§ 793 ff. BGB ist ein verbriefter Anspruch, der das Versprechen einer Leistung im Sinne des § 241 BGB sein kann, wobei nur Zahlungsversprechen eine praktische Bedeutung erlangt haben.[82] Im Bereich der Mitarbeiterbeteiligung sind Schuldverschreibungen als Gewinn-, Namens- und Wandelschuldverschreibung vorzufinden, sofern das arbeitgebende Unternehmen Emittent derselben ist. Der Schuldverschreibung liegt ein festverzinsliches oder zinsvariables Wertpapier zugrunde. Das Unternehmen als Emittent verpflichtet sich in dieser Urkunde, für das vom Mitarbeiter zur Verfügung gestellte Kapital einen Zins als Gegenleistung zu zahlen. In der Regel werden Schuldverschreibungen für eine feststehende Laufzeit vergeben.

162   Die rechtliche Konstruktion der Wandlung sowohl bei der Wandelschuldverschreibung als auch dem Wandelgenussrecht besteht darin, dass der schuldrechtliche Zahlungsanspruch des Mitarbeiters als Sacheinlage in die Gesellschaft eingebracht wird und er im Gegenzug GmbH-Geschäftsanteile erhält. Die GmbH-Geschäftsanteile werden regelmäßig durch eine Kapitalerhöhung geschaffen. Der Bezug des GmbH-Geschäftsanteils erfolgt im Austausch gegen die Schuldverschreibung oder das Genussrecht sowie unter Aufgabe der in ihnen verbrieften Rechte. Hinsichtlich der Frage, welche Voraussetzungen an die Ausgabe der Instrumente geknüpft werden sollten, kann auf die Ausführungen zur Option und die im Optionsvertrag zu konkretisierenden Voraussetzungen verwiesen werden. So sollte eine Sperrfrist und ein zeitliches Fenster für die Ausübung des Wandlungsrechts vorgesehen oder alternativ dazu die Wandlung an ein Erfolgsziel gekoppelt werden. Weiterhin sind Verzinsung, Laufzeit und Rückzahlung zu vereinbaren. Ein Wandlungsverhältnis, den Anteil am Stammkapital, den der Mitarbeiter für die Schuldverschreibung oder das Genussrechtskapital erhält, ist ebenfalls festzulegen. Im Unterschied zur Mitarbeiterbeteiligung über eine Option muss der gesamte oder ein Teil des Preises für den Erwerb des GmbH-Geschäftsanteils bereits bei Erwerb des Wandlungsrechts entrichtet werden. Eine Zuzahlung (Prämie) kann ergänzend vereinbart werden. Nach Ausübung des Wandlungsrechts besteht eine Beteiligung des Mitarbeiters in Form von GmbH-Geschäftsanteilen.

163   Die staatliche Förderung durch das 5. VermBG und § 19a EStG wird nur für die Wandelschuldverschreibung gewährt, da das Wandelgenussrecht nicht in der abschließenden Aufzählung des § 2 Abs. 1 Nr. 1 VermBG enthalten ist. Wandelschuldverschreibungen, die das arbeitgebende Unternehmen ausgibt, werden gemäß § 2 Abs. 1 Nr. 1 Buchstabe b VermBG staatlich gefördert. Handelt es sich dabei um Namensschuldverschreibungen des Arbeitgebers, sind die Ansprüche des Arbeitnehmers aus der Schuldverschreibung durch ein Kreditinstitut zu verbürgen oder durch ein Versicherungsunternehmen privatrechtlich zu sichern.

---

82   Vgl. Böker (2006), S. 208.

b)   Einflussmöglichkeit des Mitarbeiters

Wie das Genussrecht gewährt die Schuldverschreibung dem beteiligten Mitarbeiter ein Gläubi-   164
gerrecht. Dem über Genussrechte beteiligten Mitarbeiter können im Genussrechtsvertrag mitgliedschaftsähnliche oder mitgliedschaftsgleiche Rechte zuerkannt werden.[83] Nach Ausübung des
Wandlungsrechts, welches an die Schuldverschreibung oder das Genussrecht gekoppelt ist, stehen
dem Mitarbeiter-Gesellschafter die entsprechenden Mitgliedschaftsrechte zu.

c)   Steuerliche Aspekte

Da die Wandelschuldverschreibung grundsätzlich und das Wandelgenussrecht unter bestimmten   165
Voraussetzungen als Fremdkapital einzustufen sind, können die Zahlungen des Unternehmens
an den Mitarbeiter bis zum Wandlungszeitpunkt als Betriebsausgaben abgezogen werden. Zinsen
müssen bei der Berechnung der Gewerbesteuer gemäß § 8 Nr. 1 Buchstabe a GewStG zu einem
Viertel hinzugerechnet werden, wenn sie bei der Ermittlung des Gewinns abgesetzt wurden.

Die steuerliche Behandlung von Wandelschuldverschreibungen und -genussrechten beim Mitarbeiter orientiert sich, dem Standpunkt der Finanzverwaltung folgend, an der Endbesteuerung.
Der erzielte geldwerte Vorteil des Mitarbeiters unterliegt nach Ausübung des Wandlungsrechts
dem Lohnsteuerabzug. Die Finanzverwaltung sieht in der Ausübung des Wandlungsrechts selbst
keinen gewinnrealisierenden Vorgang, da der Inhaber des Wandlungsrechts die Übertragung der
GmbH-Geschäftsanteile verlangt und nicht sein Wandlungsrecht dagegen tauscht. Die laufenden
Zinszahlungen im Fall der Wandelschuldverschreibung respektive Dividenden im Fall des Wan-
delgenussrechts zählen gemäß § 2 Abs. 1 Satz 1 Nr. 5 EStG i.V.m. § 20 Abs. 1 Nr. 4 EStG beziehungsweise § 20 Abs. 1 Nr. 1 EStG zu den Einkünften aus Kapitalvermögen.

d)   Einschätzung von Wandelschuldverschreibung und -genussrecht

Ein großer Vorteil der beiden Beteiligungsformen ist, dass bereits vor der Wandlung Zinsen re-   166
spektive Gewinne an die Mitarbeiter gezahlt werden. Im Falle der Wandelschuldverschreibung
sind diese bereits zu diesem Zeitpunkt am Unternehmenserfolg beteiligt. Die Motivationswirkung
beim Mitarbeiter wird somit von Anfang an positiv beeinflusst. Wenn der Mitarbeiter das Wandlungsrecht später nicht wahrnehmen sollte, bleibt er zunächst am Unternehmen beteiligt. Im Gegensatz dazu geht der gesamte Vorteil bei einer Mitarbeiterbeteiligung über Optionen verloren,
wenn sie nicht ausgeübt wird. Bis zur Wandlung stehen den Mitarbeitern keinerlei Einflussrechte
zu, was wiederum für das Unternehmen vorteilhaft ist. Die Unternehmensbindung und Motivation des Mitarbeiters wird durch das Einbringen von Kapital seitens des Mitarbeiters besonders gefördert.[84] Als Mezzanine-Kapitalbeteiligungen bieten die Wandelschuldverschreibung und
das Wandelgenussrecht den Vorteil, die Vorzüge von steuerlichem Fremdkapital und handels-
rechtlichem Eigenkapital zu kombinieren.

---

83   Vgl. Schneider et al. (2007), S. 166.
84   Vgl. Maletzky (2003): Verfallsklauseln bei Aktienoptionen für Mitarbeiter, NZG, S. 715 sowie Fox et al. (2000), S. 534.

VI.   Fazit

167   Eine Beteiligung der Mitarbeiter an Unternehmen in der Rechtsform der GmbH kann mittels einer großen Vielfalt von Gestaltungsformen umgesetzt werden. Aufgrund der aufgeführten Chancen für Unternehmen stellt sich nicht die Frage, ob eine Mitarbeiterbeteiligung eingeführt werden sollte. Vielmehr ist der Fokus auf die Ausgestaltung zu legen, um die Mitarbeiterbeteiligung für die individuellen Bedürfnisse der Unternehmen zu optimieren.

Die Wahl der geeigneten Beteiligungsform für die individuelle Unternehmenssituation ist in der Praxis ein kritischer Entscheidungsprozess. Jedes Unternehmen muss ein auf seine Situation maßgeschneidertes Modell konzipieren, welches seiner Individualität – Größe, Branche, Mitarbeiterstruktur und -zahl, Organisationsstruktur, Unternehmensphilosophie und Unternehmensgeschichte – gerecht wird.

Alle dargestellten Formen und ihre Kombinationsmöglichkeiten weisen interessante Perspektiven auf – für Unternehmen und Beteiligte sowie beteiligungswillige Mitarbeiter. Gelingt es, die richtige Kombination von Unternehmenssituation und Beteiligungsmodell zu implementieren, können alle Beteiligten profitieren (Positivsummenspiel).

C.   Mitarbeiterbeteiligung bei gewerblichen Unternehmen anderer Rechtsform als GmbH oder börsennotierter AG

I.   Andere Kapitalgesellschaften und Genossenschaften

Die Kapitalgesellschaften sind im zweiten Abschnitt des Handelsgesetzbuches (HGB) vor § 264 HGB enumerativ aufgezählt. Es sind die Aktiengesellschaft, die GmbH und die Kommanditgesellschaft auf Aktien. Nachdem die GmbH bereits in einem speziellen Teil abgehandelt wurde, wird diese hier nicht weiter erläutert. Auch die haftungsbeschränkte Unternehmergesellschaft, die durch das MoMiG[85] eingeführt wurde, bei der faktisch kein Stammkapital mehr notwendig ist, wird hier nicht weiter vertieft. Schließlich ist die Unternehmergesellschaft keine eigenständige Rechtsform, sondern nur eine Variante der klassischen GmbH. Für sie gelten daher alle, die GmbH betreffenden Vorschriften, insbesondere des Steuerrechts, mit Ausnahme einiger ausdrücklicher Sonderregelungen, die im § 5 a GmbHG zusammengefasst sind.

168

Auch die börsennotierte Aktiengesellschaft wird in einem eigenen Kapitel behandelt und die Unternehmen, die Aktiengesellschaft sind und dem Börsengang (Initial Public Offering – im Folgenden kurz: IPO) zustreben. Aus diesem Grund wird ebenso auf die Vorbeiträge verwiesen. Abzuhandeln bleibt an dieser Stelle daher die Kapitalgesellschaft, die nicht GmbH und nicht börsennotierte AG ist.

Wie im ersten Paragrafen bereits dargestellt, ist grundsätzlich die wichtigste Weichenstellung, ob die Gesellschaft in absehbarer Zeit an die Börse geht oder im Wege eines Trade Sales[86] verkauft wird oder eben nicht. Ist erstgenannte Erwartungshaltung reell, dann sollten Beteiligungsmodelle prinzipiell auf die Wertsteigerungspartizipation ausgerichtet werden. Es werden dann vor allem Modelle verwendet, die diese Wertsteigerung bestmöglichst für die Mitarbeiter abbilden können. Das sind beispielsweise Aktienoptionen, Wandelschuldverschreibungen, Wandelgenussrechte, Genussrechtsoptionen, aber auch gegebenenfalls direkte Anteile für vereinzelte Personen. Diese Modelle selbst sind in den vorherigen Beiträgen bereits ausführlich charakterisiert worden. Auf diese wird daher verwiesen. Zur Ergänzung seien sie nachfolgend nochmals im Bild zusammengefasst:

169

---

85   Gesetz zur Modernisierung des GmbH-Rechts und zur Bekämpfung von Missbräuchen BGBl. Teil I 2008, Seiten 2026 – 2043.
86   Unter Trade Sale wird hier der Verkauf aller Anteile oder wenigsten einer Mehrheit der Anteile an einen (meist strategischen) Investor außerhalb eines geregelten Marktes verstanden.

Lösungsansätze bei IPO – und Trade – Sale- Kandidaten

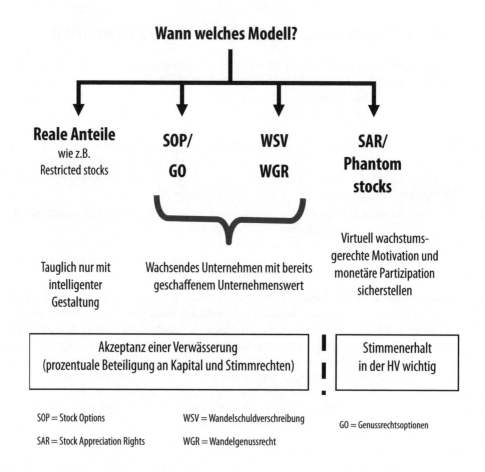

Abbildung 10: MAB IPO – Kandidaten

1.   Nicht börsennotierte AG und KGaA als Familiengesellschaften

170   Abzuhandeln bleibt daher hier an dieser Stelle, wie eine Beteiligung für Familiengesellschaften in der Rechtsform der Kapitalgesellschaft ausgestaltet werden sollte. Prinzipiell bieten sich für diese Beteiligungstypen, bei denen im Wesentlichen die laufende Gewinnpartizipation im Vordergrund steht, wie bereits im ersten Paragrafen dargestellt, die Eigenkapitalbeteiligung über direkte Anteile, die Fremdkapitalbeteiligung beispielsweise über Mitarbeiterdarlehen und Mitarbeiterguthaben oder die Beteiligung über hybride Instrumente, wie stille Beteiligung, Genussrechte, etc. Daneben bleibt selbstredend auch die virtuelle Variante immer eine Option, da diese im Regelfall sehr ein-

fach zu generieren ist. Schwierigkeit dieser virtuellen Modelle ist natürlich noch stärker als bei den hybriden oder Fremdkapitalmodellen die Tatsache, dass der Mitarbeiter nicht wirklich sich als Mitunternehmer fühlt, sondern lediglich eine Langzeittantieme erhält, bei der die Bindung nur unter Hinzunahme weiterer Partizipationselemente, wie Information, Teilhabe an Entscheidungen etc. gestärkt werden kann. Zur Vermeidung von Wiederholungen wird an dieser Stelle wiederum auf die Ausführungen im ersten Paragrafen verwiesen. Das Hauptaugenmerk soll daher an dieser Stelle darauf gerichtet sein, ob es Spezifika gibt, die bei anderen Kapitalgesellschaften auf die Mitarbeiterbeteiligung durchschlagen können. Dies ist – um es vorwegzunehmen – bei einer Aktiengesellschaft deutschen Rechts nicht gegeben. Sie ist an sich der Prototyp für eine geeignete Mitarbeiterbeteiligungsgesellschaft. Die Beteiligung durch Aktienerwerb bedarf nicht zwingend der notariellen Beurkundung. Die Mitarbeiter nehmen lediglich einmal im Jahr an der Hauptversammlung teil und können dort ihre Einsichtsrechte wahrnehmen. Eine Haftung für das Agieren der Unternehmensleitung ist für die Mitarbeiter bis auf die Zahlung des Betrags zum wie auch immer gearteten Erwerb der Aktie ausgeschlossen. Insofern ist bei der Aktiengesellschaft selbst keine Limitation für Formen der Mitarbeiterbeteiligung festzustellen und es kann auf alle Beteiligungsformen verwiesen werden, die im ersten Paragrafen und in den Beiträgen zur börsennotierten AG bzw. zur GmbH-Beteiligung dargestellt wurden.

Eine weitere Rechtsform bei Kapitalgesellschaften ist die Kommanditgesellschaft auf Aktien. Hier   171
ist prinzipiell zu differenzieren zwischen einer Beteiligung als Kommanditaktionär oder als Komplementär. Da Mitarbeiter aber erfahrungsgemäß sich nicht haftungsrechtlich engagieren wollen und nicht mit ihrem Privatvermögen haften wollen, scheidet eine Mitarbeiterbeteiligung als Komplementär der KGaA faktisch aus. Hinzuzufügen ist, dass im Regelfall auch die Mehrheitsgesellschafter dies nicht dulden würden. Beteiligen sich die Mitarbeiter hingegen als Kommanditaktionäre, ist ihre Stellung faktisch die eines normalen Aktionärs und auch hier ergibt sich somit keine Besonderheit im Hinblick auf die denkbaren Modelle von Mitarbeiterbeteiligungen. Dies gilt umso mehr, wenn es sich um schuldrechtliche Beteiligungen, wie Genussrechte, stille Beteiligungen, Mitarbeiterdarlehen, Mitarbeiterguthaben oder gar virtuelle Modelle handelt. Aus diesem Grund kann wiederum auf die vorherigen Beiträge verwiesen werden.

2. Möglichkeiten der Mitarbeiterbeteiligung bei Genossenschaften

a) Irrelevanz von IPO und Trade – Sale

Bei Genossenschaften stehen nicht Renditeaspekte im Vordergrund. Genossenschaften sind nach   172
dem Gesetz (§ 1 Abs. 1 GenG) Gesellschaften, deren Zweck darauf gerichtet ist, den Erwerb oder die Wirtschaft ihrer Mitglieder oder deren soziale oder kulturelle Belange durch gemeinschaftlichen Geschäftsbetrieb zu fördern. Jede Genossenschaft hat eine eigene Gründungsgeschichte. Es gibt Genossenschaften, deren Mitglieder Geschäftspartner der Genossenschaft sind und einen Teil der unternehmerischen Funktionen über die Genossenschaft wahrnehmen (Einkaufsgenossenschaft, Absatzgenossenschaft, Kreditgenossenschaft). Seltener sind Produktivgenossenschaften, bei denen die Mitglieder gleichzeitig Arbeitnehmer der Genossenschaft sind. Von den zahlreichen Produktivgenossenschaften des Handwerks (PGH), die es bis Anfang der 90er Jahre in Ostdeutschland gab, haben einige unter den neuen Bedingungen überlebt.

Genossenschaften sind dadurch gekennzeichnet, dass die Genossen im Normalfall nicht an der Wertsteigerung der Genossenschaft partizipieren, da sie beim Ausscheiden keinen Anspruch auf einen Anteil an den Rücklagen haben. Die Genossenschaft ist somit – anders als zum Beispiel GmbH oder AG – keine „kapitalistische" Rechtsform.

173   Sind Mitarbeiter auch Mitglieder der Genossenschaft, so stellt das die direkteste Form der Mitarbeiterbeteiligung dar – allerdings mit den Restriktionen, die sich aus dem Genossenschaftsrecht ergeben. Erfolgreiche Genossenschaften verstehen es, die durch die Mitgliedschaft an der Genossenschaft höhere Identifikation für eine höhere Produktivität zu nutzen. Es wird oftmals als Ehre empfunden, wenn einem Mitarbeiter die Mitgliedschaft angetragen wird. In schlecht geführten Genossenschaften erinnern die Mitglieder an ihr „Mitunternehmertum" meist nur die Rückvergütungen. Fielen diese dann auch noch bescheiden aus, so gab es in praxi durchaus Fälle, bei denen der Vorstand ausgewechselt wurde.

Anders als bei der Kapitalgesellschaft ist für eine eingetragene Genossenschaft ein Börsengang oder ein Trade-Sale nicht realistisch. Eine Genossenschaft wird gerade zu dem Zweck gegründet, idealerweise auf Dauer ohne Börsengang lebensfähig zu sein. Die Überlegung, eine Mitarbeiterbeteiligung nach der Frage zu differenzieren, ob ein Börsengang auf absehbare Zeit geplant ist oder nicht, macht daher bei dieser Rechtsform keinen Sinn. Damit verbieten sich auch sämtliche Mitarbeiterbeteiligungsformen, die eine Wertsteigerung entgelten wollen. D.h. Aktienoptionen, Wandelschuldverschreibungen, Wandelgenussrechte, Genussrechtsoptionen, Stock-Appreciation-Rights sind deswegen nicht wirklich relevant.

b)   Faktisch begrenzter Kreis der Genossen

174   Allein deswegen wäre zwar eine direkte Mitarbeiterbeteiligung an einer Genossenschaft durch Genossenschaftsanteile noch nicht generell abzulehnen, jedoch ist festzuhalten, dass Genossenschaften typischerweise in ihrer Satzung die persönlichen Voraussetzungen bzw. die Eigenschaften, die Personen zur Mitgliedschaft berechtigen, genau festgehalten haben. Oftmals deckt sich die Ausbildung, der berufliche Werdegang etc. des Mitarbeiters nicht mit den so definierten zulässigen Mitgliedern. Steht beispielsweise eine große Genossenschaft nur Steuerberatern, Wirtschaftsprüfern oder Rechtsanwälten offen, so wäre ein Mitarbeiter, der nicht Berufsträger in diesem Sinne ist, als Mitglied der Genossenschaft gar nicht zugelassen. Insofern würde es sich verbieten, einen solchen Mitarbeiter als Genossenschaftsmitglied zu beteiligen. Bei Produktivgenossenschaften[87] sind die Hürden dagegen geringer.

Des Weiteren ist festzuhalten, dass die sogenannten Rückvergütungsbeträge, die Genossenschaften an ihre Mitglieder auskehren, nicht zwingend eine Relation von Anteilshöhe zum Vergütungsbetrag bilden. Vielmehr kommen Zusatzkriterien zum Ansatz, die die Rückvergütung z.B. dadurch verändern, dass der Genosse Dienstleistungen der Genossenschaft in Anspruch nimmt oder andere Nutzer der Genossenschaft als Kunde zuführt. Auch dies sind beispielsweise Kriterien, die ein Mitarbeiter nicht beeinflussen kann. Dementsprechend macht eine solche Rückvergütungsdefinition einer Mitarbeiterbeteiligung eines Mitarbeiters als Genosse wertlos bzw. mindert sie erheblich im Wert. In Produktivgenossenschaften können hingegen die sozialversicherungsfreien Rückvergütungen in der Praxis durchaus zum Instrument der Lohnpolitik (statt Erfolgsbeteiligung oder Weihnachtsgeld) geraten.

---

87   Die **Produktivgenossenschaft** ist eine Genossenschaft, die Gegenstände und Dienstleistungen auf gemeinschaftliche Rechnung herstellt und vertreibt. Bei der **Produktivgenossenschaft** sind Mitglieder und Arbeitnehmer identisch. Die Genossenschaft dient den Mitgliedern als Erwerbsquelle. Im Gegensatz zur Förderungsgenossenschaft hat die **Produktivgenossenschaft in praxi jedoch** kaum Bedeutung erlangt.

Überdies ist der Abfindungsbetrag beim Ausscheiden eines Genossen gesetzlich limitiert. Faktisch erhält der Genosse nur sein Geschäftsguthaben zurück, welches er einst leistete. Stille Reserven bleiben ihm hingegeben verwehrt. Sogar eine Nachschusspflicht ist gem. § 73 GenG denkbar. [88] Insofern ist eine Mitarbeiterbeteiligung via Genossenschaftsanteil für Mitarbeiter regelmäßig in keinster Weise attraktiv.

175

c)   Zulässigkeit schuldrechtlicher Beteiligung und gewinnunabhängiger Vergütung

Folgerichtig ist eine Mitarbeiterbeteiligung an einer eingetragenen Genossenschaft im Regelfall keine direkte Beteiligung, sondern spiegelt sich als schuldrechtliche Beteiligung – sprich als stille Beteiligung, als Genussrecht oder als Mitarbeiterdarlehen oder Mitarbeiterguthaben – wider.

176

Dass eine stille Beteiligung auch bei einer Genossenschaft zulässig ist, ist unstreitig. Die Genossenschaft gilt gemäß § 17 Abs. 2 GenG kraft gesetzlicher Fiktion als Kaufmann. Dementsprechend ist eine stille Beteiligung gem. §§ 230 ff HGB jedenfalls deswegen nicht ausgeschlossen. Auch Genussrechte und Mitarbeiterdarlehen und Mitarbeiterguthaben sind selbstredend als Mitarbeiterbeteiligungsinstrumente bei eingetragenen Genossenschaften denkbar, zulässig und durchaus sinnstiftend.

Einer besonderen Aufmerksamkeit bedarf jedoch die Thematik was an die Mitarbeiter der Genossenschaft ausgekehrt wird. Gemäß § 19 Abs. 1 S. 1 GenG ist der Gewinn oder Verlust des Geschäftsjahres an die Mitglieder zu verteilen. Das heißt, die Tatsache, ob Mitarbeiter über eine Mitarbeiterbeteiligung am Gewinn oder Verlust der Genossenschaft beteiligt sein dürfen, ist in der Tat eine diskussionswürdige Thematik. Vorsichtige Gestalter einer Mitarbeiterbeteiligung werden daher keine Gewinn- oder Verlustbeteiligung wählen, sondern eine Beteiligung in dem Sinne, dass ein Zinssatz definiert wird. Dieser Zinssatz muss und sollte auch kein fester Zinssatz sein. Er kann beispielsweise in Abhängigkeit vom Unternehmenserfolg schwanken. Damit wäre neben der gewünschten Motivationssteigerung für die beteiligten Mitarbeiter jedenfalls sichergestellt, dass eine Beteiligung am Gewinn oder Verlust der Genossenschaft nicht gegeben ist, sondern sich lediglich der Zins variabel verändert, Jahr für Jahr nach einem festen Schlüssel, der im Vorhinein festgelegt wurde.

177

Des Weiteren wäre zu prüfen, ob ein Verstoß gegen den genossenschaftsrechtlichen Gleichbehandlungsgrundsatz durch eine Mitarbeiterbeteiligung denkbar wäre. Festzuhalten ist aber, dass dieser Grundsatz nur zwischen den Mitgliedern der Genossenschaft gilt. Das heißt, er gilt gerade nicht zwischen externen Dritten, also schuldrechtlich beteiligten Personen wie z.B. stillen Beteiligten, Genussrechtsinhabern etc. Auch dies spricht dementsprechend nicht gegen eine schuldrechtliche Beteiligung.

Last but not least ist die Frage, ob eine Mitarbeiterbeteiligung schuldrechtlicher Natur gegen den Grundgedanken des § 73 Abs. 2 GenG verstoßen kann. Danach sind Liquiditätsabflüsse, die nicht dem gemeinschaftlichen Geschäftsbetrieb dienen, zu vermeiden. Zunächst wäre zu fragen, ob eine Mitarbeiterbeteiligung, die bei gleichen Kosten größere Leistung oder eine Flexibilisierung der Kosten erbringt, die dem gemeinschaftlichen Geschäftsbetrieb der Genossenschaft dadurch dient, dass die Genossenschaft auch in schwierigen Zeiten kostenmäßig stabiler ist, nicht sehr wohl dem gemeinschaftlichen Geschäftsbetrieb dient.

178

---

88   Vgl. BGH AZ II ZR 227/07.

Auch gilt dieser Grundgedanke nach seinem Wortlaut nur intern, das heißt im Verhältnis von eingetragener Genossenschaft zu ihren Mitgliedern. Das wäre bei Mitarbeitern, die nicht Mitglieder sind (annahmegemäß handelt es sich um eine schuldrechtliche Mitarbeiterbeteiligung), nicht der Fall. Ganz ausgeschlossen werden kann, jedoch eine Analogie im Hinblick auf die Mitarbeiterbeteiligung nicht, jedenfalls dann nicht, wenn Liquiditätsabflüsse aufgrund der Mitarbeiterbeteiligung überproportionale Ausmaße erreichen. Im üblichen Rahmen sollten jedoch schuldrechtliche Mitarbeiterbeteiligungsmodelle dennoch möglich und dienlich sein.

179   Kurz gesagt sind also bei Genossenschaften, die ohnehin den Börsengang nicht anstreben, aufgrund ihres genossenschaftlichen Fördergedankens (von den Produktivgenossenschaften als Ausnahmefall abgesehen) schuldrechtliche Beteiligungsmodelle zu bevorzugen. Der Mitarbeiter vergibt sich hier auch nichts, da eine Wertsteigerungsperspektive nicht wirklich gegeben ist. In diesen Fällen sollte die Mitarbeiterbeteiligung besser durch entsprechende Informationsrechte aufgewertet werden, wie z.B. Mitwirkungsrechte oder Anhörungsrechte durch die Geschäftsführung. Auch ein Partnerschaftsausschuss wäre sicherlich ein denkbares Gremium, welches lediglich beratend tätig ist, jedoch den Mitarbeitern die Möglichkeit vermittelt, ihre Gedanken und ihre Vorschläge zur Verbesserung des genossenschaftlichen Wirkens vorzutragen. Festzuhalten ist ferner, dass, wenn Genussrechte gewählt werden, hier eine große Gestaltungsfreiheit vorliegt mangels gesetzlicher Regelungen. Besonderes Augenmerk ist dabei aber, wie oben dargelegt, auf die Konzeption der Partizipation am Erfolg und auf die Mitwirkungsrechte zu legen.

180   Festzuhalten ist, dass bei diesen Modellen selbstredend auch die Möglichkeit besteht, handelsrechtliches Eigenkapital und steuerrechtlichen Betriebsausgabenabzug parallel zueinander zu realisieren. Auf die Ausführungen im ersten Paragrafen wird verwiesen und zur Ergänzung die Thematik im Bild in Erinnerung gerufen:

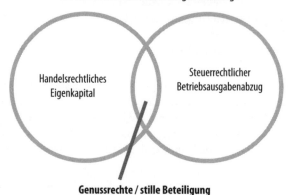

Kreditwürdigkeit des Unternehmens erhöhen bei Erhalt
des steuerlichen Betriebsausgabenabzugs

Handelsrechtliches Eigenkapital

Steuerrechtlicher Betriebsausgabenabzug

Genussrechte / stille Beteiligung

- Langfristig
- Nachrangig
- Verlustbeteiligung

Keine Beteiligung an
- Geschäftswert
- Liquidationserlös
- stillen Reserven
- Rechte < Kommanditist

Abbildung 11: Wege und Kombinationen von handels- und steuerrechtlichem Eigenkapital in der MAB

Auch gibt es verschiedene Möglichkeiten, die Ausgabe der Genussrechte für Mitarbeiter attraktiver zu machen, beispielsweise durch Genussrechtsausgabe als Sachlohn mit monatlicher Begebung oder beispielsweise durch eine pauschalierte Besteuerung der Genussrechtsausgabe. Da dies jedoch kein Spezialfall der Mitarbeiterbeteiligung bei Genossenschaften ist, sondern allgemein angewendet werden kann, wird an dieser Stelle auf die übrigen Beiträge dieses Buches verwiesen.

II. Mitarbeiterbeteiligung bei gewerblichen Unternehmen in der Rechtsform der Personengesellschaft oder des eingetragenen Kaufmanns

1. Haftungsaversion der Mitarbeiter als Begrenzung denkbarer Beteiligungsformen

Viele Unternehmen Deutschlands firmieren als Personenhandelsgesellschaft, als kleine Gewerbebetriebe in der Rechtsform der GbR oder als eingetragene Kaufleute. Ganz generell ist festzuhalten, dass theoretisch selbstredend Mitarbeiter sich als Vollhafter betätigen können und dementsprechend beispielsweise durch ihren Einstieg in ein eingetragenes Einzelunternehmen eine OHG generieren könnten oder beispielsweise durch Beitritt in eine Kommanditgesellschaft einen weiteren Komplementär stellen könnten. Wie oben bereits bei der Kommanditgesellschaft auf Aktien und dem dortigen Komplementär dargestellt ist jedoch auch hier festzuhalten, dass Mitarbeiter erfahrungsgemäß nicht für alle Verbindlichkeiten der Personengesellschaft mit ihrem Privatvermögen in die Vollhaftung gehen wollen. Dies verträgt sich schon mit der Stellung des Arbeitnehmers nicht. Insofern bedarf eine Beleuchtung des Mitarbeiters als Komplementär oder Vollhafter nicht der weiteren Ausführung.

181

2. Steuerlicher Gewerbebetrieb und sozialversicherungsrechtliche Restrisiken als Hemmnis für den Mitarbeiterkommanditisten

Für den Laien möglicherweise überraschend finden sich Mitarbeiter auch höchst selten als Kommanditisten in Personenhandelsgesellschaften wieder. Dies liegt weniger daran, dass eine höhere Haftungsgefahr bei Personenhandelsgesellschaften im Vergleich zu beispielsweise Kapitalgesellschaften besteht. Hat der Kommanditist seine Einlage erbracht und erhält er diese nicht zurückgewährt, muss er nicht befürchten, mit weiteren Beträgen seines Privatvermögens in Anspruch genommen zu werden.

182

Die Begründung für die seltene Mitarbeiterbeteiligung als Kommanditist ist vielmehr und insbesondere im Steuerrecht und gegebenenfalls auch im Sozialversicherungsrecht zu suchen. Ein Mitarbeiter, der Kommanditist wird, wird einkommensteuerlich aus dem Arbeitnehmerverhältnis ausgesondert und erzielt sodann Einkünfte aus Gewerbebetrieb als steuerlich Gewerbetreibender. Dies liegt daran, dass das Steuerrecht die Kommanditistenstellung als steuerliche Mitunterneh-

2

merstellung ansieht, weil der Kommanditist beteiligt am Gewinn, am Verlust, an den stillen Reserven, am Geschäftswert und am Liquidationserlös sogenanntes Mitunternehmerrisiko besitzt und aufgrund seiner gesetzlichen Widerspruchsrechte auch Mitunternehmerinitiative entfalten kann. Wird dem Mitarbeiter diese Spezialität der Personenhandelsgesellschaft dargestellt, erübrigt sich im Regelfall eine weitere Diskussion über die Beteiligung des Mitarbeiters als Kommanditist.

183 Darüberhinaus ist festzuhalten, dass der Mitarbeiterkommanditist auch sozialversicherungsrechtlich zum versicherungsfreien Mitunternehmer werden kann. Grundsätzlich ist der Kommanditist zwar Arbeitnehmer, jedoch gibt es einige Ausnahmefälle, die vor allem bei Schlüsselmitarbeitern zu Restrisiken führen können. Versicherungsfreiheit ist nicht nur dann gegeben, wenn Kommanditisten beispielsweise unmittelbar und ausschließlich aufgrund des Gesellschaftvertrags zur Mitarbeit dort verpflichtet sind und kein dem Umfang ihrer Dienstleistung adäquates Arbeitsentgelt erhalten, sondern sich ihre Vergütung als vorweggenommene Gewinnbeteiligung darstellt. Mitarbeiterkommanditisten sind auch dann sozialversicherungsfrei, wenn sie mit Zustimmung der Gesellschafterversammlung die Geschäfte führen ohne dabei vom Komplementär oder von Gesellschafterbeschlüssen abhängig zu sein. Manch einen Mitarbeiter schreckte schon allein die Möglichkeit der Versicherungsfreiheit ab, der ganz bewusst in der gesetzlichen Krankenversicherung, Rentenversicherung und Arbeitslosenversicherung bleiben wollte. Auch kann diese Spezialität aus Arbeitgebersicht der Mitarbeiterbeteiligung entgegenstehen, wegen des gesonderten Prüfungsbedarfs und der gesetzlich vorgesehenen Beitragsabführungspflicht des Arbeitgebers für den Arbeitnehmer samt Arbeitgeberhaftung dafür.

In aller Regel werden daher bei Kommanditgesellschaften wiederum virtuelle Modelle, Fremdkapitalmodelle oder hybride Beteiligungen vorherrschen.

Ganz generell ist auch bei Kommanditgesellschaften, Personenhandelsgesellschaften jeder Art, aber auch eingetragenen Kaufleuten danach zu differenzieren, ob eine Trade-Sale- oder eine Börsengangsvision realistisch ist. Sollte diese realistisch sein, so sind wiederum Modelle zu wählen, die Wertsteigerung und die Beteiligung an der Wertsteigerung des Unternehmens vergüten. Firmiert die Unternehmung als Personenhandelsgesellschaft oder eingetragener Kaufmann, bleibt letztendlich nur ein virtuelles Modell oder eine Genussrechtsoption, wie sie bereits im ersten Paragrafen dargestellt ist. Das heißt, der Mitarbeiter erhält durch eine schuldrechtliche Vereinbarung jedenfalls das prinzipielle Recht, später einmal echte Anteile am Unternehmen zu erwerben, um so an der Wertsteigerung partizipieren zu können. Im Gegensatz zum rein virtuellen Modell erhält der Mitarbeiter die Chance, sich über die Börse deinvestieren zu können. Der Arbeitgeber hat bei Genussrechtsoptionen anders als bei den virtuellen Langzeittantiemmodellen die Chance, die Finanzierung der Mitarbeiterbeteiligung auf künftige Aktionäre verlagern zu können. Ein Vorteil für beide Seiten also.

184 Ist hingegen eine Börsenvision nicht gegeben und auch ein Trade-Sale unwahrscheinlich, sind die laufenden Partizipationsmodelle am Unternehmenserfolg die wesentlichen und wirksamsten. In diesen Fällen kommen dann stille Beteiligungen, Genussrechte, aber auch Mitarbeiterguthabenmodelle zum Tragen. Denkbar sind selbstverständlich auch sogenannte Phantom-Stocks, d.h. virtuelle Unternehmensanteile, die virtuelle Dividenden nachbilden, jedoch keine Berechtigung gewähren, in der Gesellschafterversammlung mitzustimmen. Zur Vermeidung von Wiederholungen wird an dieser Stelle wiederum auf die vorherigen Beiträge verwiesen.

Festzuhalten ist hier jedoch, dass eine Personenhandelsgesellschaft Kaufmann ist, und dementsprechend eine stille Beteiligung an dieser jederzeit möglich ist. Auch eine Beteiligung am Gewinn und am Verlust ist, anders als beispielsweise an Genossenschaften oder gar gemeinnützigen Unternehmen, unproblematisch möglich. Insofern sind diese Modelle gängig und üblich und treten facettenreich in der Praxis auf. Da sie jedoch keine Besonderheiten der Rechtsform beinhalten, wird an dieser Stelle auf die generellen Ausführungen verwiesen. Festzuhalten ist damit, dass auch eine Mitarbeiterbeteiligung an anderen gewerblichen Unternehmen als GmbH oder börsenorientierter AG stets möglich und oftmals sehr sinnstiftend ist. Auch hier ist wiederum die Ausarbeitung im Detail die wichtigste Frage, da eine unternehmensentwicklungsgerechte Beteiligung und deren Ausgestaltung das Erfolgselement für die Mitarbeitermotivation, Mitarbeiterbindung und Mitarbeitergewinnung darstellt.

D.   Mitarbeiterbeteiligung bei gemeinnützigen Einrichtungen[89]

I.   Auflösung eines scheinbaren Widerspruchs

Bereits die kurze Beschreibung der beiden zentralen Begriffe Arbeitnehmerbeteiligung und Gemeinnützigkeit verdeutlichen einen scheinbar unüberbrückbaren Widerspruch[90].   185

Durch Mitarbeiterbeteiligungen (MAB) sollen die Mitarbeiter zu Mitunternehmern werden, die gemeinsam mit ihrem Arbeitgeber einen für alle Beteiligten möglichst maximalen Profit erwirtschaften, allerdings sind gemeinnützig tätige Organisationen gerade nicht auf Gewinnmaximierung ausgelegt. Ursprünglich zielten sie auf unmittelbare Hilfeleistung, auf Grundlage christlicher, humanistischer oder politischer Überzeugungen ab[91]. Auch heute sind gemeinnützige Organisationen in Deutschland noch hauptsächlich im sozialen Sektor tätig. Dort leisten sie u.a. im Bereich der Krankenhäuser oder der Jugend-, Alten-, und Behindertenhilfe unverzichtbare Dienste[92]. Im Vordergrund steht bei allen diesen Tätigkeiten die Erfüllung eines i.d.R. sozialen Zwecks, und gerade kein unternehmerisches Gewinnstreben. Aus diesem Grund bilden gemeinnützige Organisationen auch den klassischen Non-Profit-Bereich.

Demnach stellt sich die Frage, welchen Zweck die MAB in einem Non-Profit-Unternehmen haben kann. Zur Klärung kann zunächst grundsätzlich auf die oben gemachten Ausführungen zum Nutzen von MAB generell, sowohl für den Arbeitnehmer, als auch für den Arbeitgeber, verwiesen werden.   186

Als Vorteile für den beteiligten Arbeitnehmer sind hier insbesondere die Möglichkeit zur Vermögensbildung oder die einer zusätzlichen Altersversorgung zu nennen. Deutlich vielschichtiger ist demgegenüber der Nutzen für den Arbeitgeber, der seine Mitarbeiter am eigenen Unternehmen

---

89   Die Autoren danken herzlich Fr. Dipl-Kfm. StB. Britta Dierichs, die uns mit profunden Kenntnissen im Gemeinnützigkeitsrecht eine große Stütze war und uns wertvolle Anregungen gab.

90   Nach Lezius, Michael, in: ZMV, Sonderheft „Die Mitarbeitervertretung", 2000, S. 10, handelt es sich sogar um zwei kontroverse Unternehmenskulturen.

91   Koch, Christian, Verein oder GmbH? Zur Ansiedlung wirtschaftlicher Aktivitäten bei Verbänden, http:\\www.social-net.de/materialien/0306kochvonholt_vereingmbh.html.

92   Ottnad, Adrian/Wahl, Stefanie/Miegel, Meinhard, Zwischen Markt und Mildtätigkeit, Ein Studie des IWG Bonn, S. 25, http://www.iwg-bonn.de//uploads/tx_smartextendedcontent/
Markt_und_Mildts_E4tigkeit_2_Auf.pdf (Stand: 14.06.2006)

beteiligt. Durch die MAB erschließt er nicht nur neue Finanzquellen[93]. Mit ihr einher geht auch eine intensivere Bindung des Mitarbeiters an das Unternehmen seines Arbeitgebers. Eine solche starke Bindung beugt nicht nur einer hohen Mitarbeiterfluktuation vor; die Stellung des Mitarbeiters als „Mitunternehmer" bringt auch ein stärkeres Engagement des Arbeitnehmers in „seinem" Unternehmen mit sich. Gerade diese Motivationswirkung für die Mitarbeiter stellt den wohl bedeutsamsten Vorteil einer MAB dar[94].

187   Diese Faktoren der MAB haben aber nicht nur positive Effekte auf die Abläufe in klassischen Wirtschaftsunternehmen. Sie können auch auf den Bereich der gemeinnützigen Körperschaften übertragen werden. Bis vor wenigen Jahren konnten sich gemeinnützig tätige Organisationen noch ausreichend durch Zahlungen aus öffentlichen Haushalten finanzieren. Diese Quelle droht jedoch aufgrund der Überlastung der öffentlichen Kassen künftig mehr und mehr zu versiegen. Zugleich steigt schon jetzt aufgrund demografischer Entwicklungen die Zahl der zu erbringenden Dienstleistungen, gerade im sozialen Sektor, an. An dieser Stelle zeigt sich das Dilemma der gemeinnützigen Organisationen: bei konstanter oder gar rückläufiger Mittelausstattung muss ein steigender Out-put erzielt werden, damit die an gemeinnützige Körperschaften gestellten Anforderungen auch in Zukunft bewältigt werden können. Neben der Erschließung neuer Finanzquellen von außen – was in wirtschaftlich schwierigen Zeiten grundsätzlich schwer zu realisieren ist – kann die Lösung dieser Problematik auch innerhalb der betroffenen Organisationen gefunden werden. Die Erfüllung steigender Anforderungen durch eine konstante Zahl an Mitarbeitern kann letztlich nur durch die Steigerung der Produktivität erlangt werden. Ein entscheidender Faktor für die Arbeitsleistung eines Mitarbeiters ist dessen Motivation. Hier bildet die MAB nur eine Möglichkeit zur Steigerung der Leistungsbereitschaft der Arbeitnehmer[95]. Dass MAB zu einer Produktivitätssteigerung von bis zu 60 % führt, wurde mittlerweile aber durch empirische Studien verifiziert.[96] Darüber hinaus ist sie sicher die einzige der motivationssteigernden Maßnahmen, die obendrein zu einer Verbesserung der Finanzierungssituation des Arbeitgebers führt.[97] Gerade dieser doppelte Nutzen macht die Attraktivität der MAB aus.

II.   Arten und Ausgestaltung der MAB im Rahmen der Grenze von §§ 51 ff. AO

188   Nachdem unter Punkt 1. dargestellt wurde, dass eine MAB nicht nur mit dem Bereich der gemeinnützig tätigen Organisationen vereinbar ist, sondern sogar eine fruchtbare Lösung künftig anstehender Probleme gemeinnütziger Einrichtungen sein kann, soll im Folgenden ausgeführt werden, wie eine MAB bei einer gemeinnützigen Organisation ausgestaltet werden kann.

---

93 Es ist zu erwarten, dass dieser Punkt künftig im Hinblick auf ein vor einer Kreditvergabe durch die Banken durchzuführendes Rating („Basel II") immer größeres Gewicht erhält. Durch eine Mitarbeiterbeteiligung kann nämlich nicht nur die, im Rahmen des Ratings relevante Eigenkapitalquote der Unternehmung verbessert werden; durch die Erschließung neuer Finanzressourcen kann ferner die Inanspruchnahme eines Fremdkredites entfallen.

94 Zu alledem vgl. Leuner, R., Intelligente MAB: Ein Instrument, zwei Wirkungen, in: Rödl & Partner (Hrsg.), *Gegen*. Steuern – Erfolg für den Mittelstand, München, 2003, S. 218-238.

95 Weitere Möglichkeiten, die Motivation der Mitarbeiter zu steigern, wären beispielsweise die Ausschreibung von Prämien etc.

96 vgl. Iris Möller; Produktivitätswirkung der Mitarbeiterbeteiligung in: Mitteilung aus der Arbeitsmarkt- und Berufsforschung, Institut für Arbeitsmarkt- und Berufsforschung, 2000;

97 vgl. Leuner, R., Intelligente MAB: Ein Instrument, zwei Wirkungen, in: Rödl & Partner (Hrsg.), *Gegen*.Steuern – Erfolg für den Mittelstand, München, 2003, S. 218-238.

Bezüglich der Art und Ausgestaltung der MAB besteht auch bei gemeinnützigen Unternehmen   189
ein weitreichender Gestaltungsspielraum, so dass es grundsätzlich möglich ist, für jeden Arbeitgeber „sein", auf ihn zugeschnittenes, MAB-Programm zu entwickeln. Allerdings müssen im Bereich der gemeinnützig tätigen Körperschaften[98] die die Gemeinnützigkeit regelnden Vorschriften besonders beachtet werden. Schließlich sollte der Vorteil der Beteiligung der Mitarbeiter an
ihrem Arbeitgeber nicht gleichzeitig den Nachteil des Verlusts der steuerlichen Gemeinnützigkeit
mit sich bringen. Die Vorschriften zu Gemeinnützigkeit in der Abgabenordnung (§§ 51 ff AO)
beschränken demnach den grundsätzlich großen Gestaltungsfreiraum einer MAB.

Aufgrund der einengenden Wirkung der Vorgaben der Abgabenordnung soll zunächst kurz darauf eingegangen werden, an welche Voraussetzungen das Vorliegen einer gemeinnützig tätigen
Körperschaft geknüpft ist.

Einschränkung durch die §§ 51 ff. Abgabenordnung

Körperschaften, die gemeinnützige, mildtätige oder kirchliche Zwecke verfolgen, können nach   190
§ 51 AO Steuervergünstigungen erhalten[99]. Um diese Vergünstigungen zu erhalten, ist es zum einen erforderlich, dass die begünstigte Tätigkeit statuarischer Zweck der Körperschaft ist. Zum anderen wird vorausgesetzt, dass sich die Geschäftsführung der Körperschaft tatsächlich ausschließlich an diesem Zweck orientiert, wobei jede Tätigkeit unmittelbar dem begünstigten Zweck zu
dienen hat. Ziel einer steuerbegünstigten gemeinnützigen Körperschaft muss zudem entweder die
selbstlose Förderung der Allgemeinheit sein (§ 52 Absatz 1 AO) oder die Hilfe für aus bestimmten
gesetzlich anerkannten Gründen hilfsbedürftiger Personen sein (§ 53 AO). Infolgedessen wird
einer steuerrechtlich gemeinnützigen Körperschaft die eigenwirtschaftliche Betätigung zum Wohl
ihrer Mitglieder grundsätzlich untersagt; m.a.W. die Körperschaft darf – vom wirtschaftlichen
Geschäftsbetrieb einmal abgesehen – nicht vorrangig ein Unternehmen zum Zweck der Gewinnmaximierung ihrer eigenen Mitglieder und ihrer selbst betreiben. Würde sie es dennoch tun, würden ihr die Gemeinnützigkeit, und damit alle steuerlichen Vergünstigungen, wieder aberkannt
werden.[100] Die Konsequenz daraus ist aber nicht, dass eine solche Körperschaft nicht auch selbst
aktiv am Wirtschaftsleben teilnehmen und in Wettbewerb zu nicht steuerbegünstigten Unternehmen treten könnte. Um dies zu tun besteht die Möglichkeit, einen so genannten wirtschaftlichen
Geschäftsbetrieb einzurichten, der dann allerdings – wie seine Wettbewerber auch – nicht steu-
erbegünstigt ist. Diese wirtschaftlichen Geschäftsbetriebe unterscheiden sich demnach nicht von
normalen Wirtschaftsunternehmen.

Eigenwirtschaftliche Tätigkeiten sind jedoch entsprechend dem Wortlaut von § 55 Absatz 1 AO
zulässig, solange und soweit die Körperschaft nicht in erster Linie eigenwirtschaftlich tätig wird.
Eine gemeinnützige Körperschaft darf folglich auch gewisse Gewinne erwirtschaften, die jedenfalls langfristig der Allgemeinheit zugutekommen müssen. Maßgeblich für die Einordnung ist
eine Abwägung zwischen der selbstlosen Betätigung der Körperschaft und ihrer eigenwirtschaft-
lichen Betätigung. Es wird demnach ausschließlich auf die Betätigung der Körperschaft abgestellt.

---

98   Hier sind v.a. die Rechtsformen des e.V. und der gGmbH anzutreffen, vgl. Koch, Christian, Verein oder GmbH? Zur
     Ansiedlung wirtschaftlicher Aktivitäten bei Verbänden, http:\\www.socialnet.de/materialien/0306kochvonholt_ver-
     eingmbh.html.
99   Die gewährten Steuervorteile beziehen sich v.a. auf die Körperschafts- und Gewerbesteuer, die Umsatz- Grund- und
     Erbschaftssteuer und auf den Empfang steuerlich begünstigter Spenden, vgl. hierzu Gersch in: Klein, AO, Vor § 51,
     Rn. 2
100 Zu beachten ist, dass das Vorliegen der Voraussetzungen der Gemeinnützigkeit grundsätzlich für jede Steuerart und
     jeden Veranlagungszeitraum bzw. Stichtag erneut geprüft wird, vgl. Gersch in: Klein, AO, § 51, Rn. 3. Eine steuerbe-
     günstigte Körperschaft kann sich folglich niemals darauf verlassen, dass sie auch künftig als begünstigt qualifiziert
     wird; sie muss vielmehr stets ihre Aktivitäten an den Voraussetzungen der §§ 51 ff. AO ausrichten.

2

191   Diese wird jedoch durch die Einführung einer MAB nicht beeinflusst, so dass die MAB die Art der Betätigung der gemeinnützigen Körperschaft nicht ändert. Die MAB hat lediglich Auswirkungen auf die Verwendung der durch die Körperschaft erwirtschafteten Mittel.

191   Eine MAB darf demnach grundsätzlich nicht mit den Vorschriften betreffend die Gemeinnützigkeit in Konflikt geraten. Die Besonderheiten, die sich aus der Gemeinnützigkeit ergeben, sind demnach bei der konkreten Ausgestaltung besonders zu berücksichtigen.

Solche Besonderheiten des Gemeinnützigkeitsrechts kommen bei der Ausgestaltung eines Mitarbeiterbeteiligungsmodells insbesondere bei der Wahl der Erfolgsziele und der Definition der Erfolgszielerreichung zum Tragen. Gerade bei gemeinnützigen Organisationen darf / wird das Erfolgsziel keinesfalls die isolierte Gewinnmaximierung als Selbstzweck sein.

Besser vorstellbar ist vielmehr die qualitative Steigerung der Dienstleistungen, die die Mitarbeiter erbringen sollen bei gleichbleibendem Kostenbudget. D.h. es werden hier viel mehr qualitative Ziele in den Vordergrund rücken als bei der gewerblichen Mitarbeiterbeteiligung und Themen wie das Auskommen mit einem vorgegebenen Budget idealerweise durch oder gepaart mit Produktivitätssteigerungen.

Nur risikobereitere gemeinnützige Unternehmen werden gegebenenfalls als Erfolgsziel auch einen Plangewinn als Mittel zur Selbstfinanzierung von gemeinnützigen unternehmensnotwendigen Investitionsbudgets definieren. Diese Plangewinne wären jedoch weitsichtigerweise zu deckeln und vorab mit der Finanzverwaltung, z.B. im Rahmen verbindlicher Auskünfte, abzustimmen.

III.   Umsetzbare Formen der MAB

1.   Mitarbeiterguthaben/Mitarbeiterdarlehen

Mitarbeiterguthaben

192   Bei dieser Form der MAB belässt der Mitarbeiter einen Teil seines Lohns im Unternehmen seines Arbeitgebers. Folglich wird für den nicht an den Mitarbeiter ausgezahlten Lohnteil zunächst auch keine Lohnsteuer fällig.[101] Diese ist erst im Zeitpunkt des Zuflusses an den Mitarbeiter zu entrichten. Gerade in Zeiten sinkender Steuersätze kann eine solche zeitliche Verschiebung des Zahlungszeitpunktes nach hinten ein enormer Vorteil sein. Darüber hinaus ist es dem Arbeitnehmer infolge der Brutto für Nettolohnumwandlung möglich, mehr Kapital zum Aufbau seines Vermögens ins Unternehmen zu investieren.

Mitarbeiterdarlehen

193   Unter Mitarbeiterdarlehen werden demgegenüber bereits versteuerte Gelder des Arbeitnehmers verstanden, die dieser als Darlehen wiederum seinem Arbeitgeber zur Verfügung stellt. Diese Möglichkeit wird wegen seiner aufwendigen Gestaltung in den letzten Jahren nur selten realisiert. Zur Absicherung dieser Darlehen setzt nämlich – zumindest wenn eine staatliche Förderung der

---

101 Im Gegensatz zum das Steuerrecht prägenden Zuflussprinzip folgt das Sozialversicherungsrecht grundsätzlich dem Entstehungsprinzip. Folge dessen ist, dass die sozialversicherungsrechtliche Beitragspflicht unabhängig vom Auszahlungszeitpunkt bereits bei Entstehung des Anspruches auf Arbeitsentgelt eintritt. Von Entgeltbestandteilen, die einem Mitarbeiterguthaben zugeführt werden, sind folglich die Sozialversicherungsbeiträge abzuführen.

MAB durch Arbeitnehmersparzulage beabsichtigt ist – das 5. Vermögensbildungsgesetz das Vorliegen einer Bürgschaft eines Kreditinstitutes oder die privatrechtliche Sicherung durch ein Versicherungsunternehmen voraus. Zudem kann der Arbeitnehmer aufgrund der vorherigen Versteuerung deutlich geringere Beträge (maximal den Nettolohn) dem Unternehmen wieder zuführen.

a) Rechtliche Ausgestaltung

Beide Formen der MAB können durch einfachen schuldrechtlichen Vertrag vereinbart werden. Denkbar ist in beiden Fällen auch eine Vereinbarung als Ergänzung zum Arbeitsvertrag. Zu einer direkten Beteiligung am Kapital der arbeitgebenden Körperschaft kommt es in beiden dargestellten Fällen nicht. 194

b) Ausgestaltung im Hinblick auf die steuerliche Gemeinnützigkeit

Gemeinnützigkeit setzt gem. § 52 Absatz 1 Satz 1 AO eine selbstlose Tätigkeit voraus, die nur dann gegeben ist, wenn die gemeinnützige Körperschaft niemanden durch Ausgaben, die ihrem Zweck fremd sind, oder durch unverhältnismäßige Vergütungen begünstigt (§ 52 Absatz 1 Nr. 3 AO). Folglich ist zur Beurteilung, ob jemand unverhältnismäßige Vergütungen erhält, allein auf die jeweiligen Auszahlungen aus der Körperschaft abzustellen. 195

aa) Mitarbeiterguthaben

Bei Mitarbeiterguthaben sind demnach die monatliche Lohnzahlung und die spätere Auszahlung des Guthabens jeweils für sich zu betrachten. Jede dieser Auszahlungen darf für sich gesehen keine unverhältnismäßig hohe Vergütung darstellen. 196

Als verhältnismäßig ist in diesem Zusammenhang ein Entgelt anzusehen, welches für eine vergleichbare Tätigkeit marktgerecht, also auch von nicht steuerbegünstigten, nicht gemeinnützigen, Arbeitgebern gezahlt wird.

Als tauglicher Vergleichsmaßstab für Arbeitsentgelte werden beispielsweise Tarifverträge angesehen. Der beteiligte Arbeitnehmer darf folglich nicht mehr Arbeitsentgelt erhalten als ein vergleichbarer Arbeitnehmer in einem „normalen" Wirtschaftsunternehmen.

Im Bereich der Vergütung des Mitarbeiterguthabens im Wege der Verzinsung kann als Vergleichsmaßstab beispielsweise ein durchschnittlicher, auf dem Kapitalmarkt zu erlangender Zinssatz, herangezogen werden. Dieser kann von der Finanzverwaltung zumindest dann nur schwerlich beanstandet werden, wenn er sich zugleich im Rahmen dessen hält, was der BFH hinsichtlich Mitarbeiterguthaben als angemessene Verzinsung akzeptiert hat.[102] 197

Für den Bereich Mitarbeiterguthaben kann demnach Folgendes festgehalten werden: Die Selbstlosigkeit der arbeitgebenden Körperschaft ist solange nicht in Frage gestellt, wie sich die Höhe der dem Mitarbeiter gewährten Vergütung in einem durch Tarifverträge etc. abgesteckten Rahmen hält. Eine daneben gewährte angemessene Verzinsung des als Mitarbeiterguthaben der arbeitgebenden Körperschaft belassenen Lohnes kann an diesem Ergebnis nichts ändern.

bb) Mitarbeiterdarlehen

Die Frage, ob die Entgegennahme von Mitarbeiterdarlehen die steuerrechtliche Gemeinnützigkeit der arbeitgebenden Körperschaft beeinträchtigen kann, kann auf ähnliche Art und Weise wie beim 198

---

102 BFH-Urteil vom 14.05.1982, Az.: VI-R-124/77, darin wurde eine Verzinsung von 2 Prozentpunkten über dem Zinssatz nach dem Vermögensbildungsgesetz als angemessen erachtet.

Mitarbeiterguthaben beantwortet werden. Hier tritt die Trennung von Vergütung für Arbeitsleitung und Vergütung für die Überlassung von Geldmitteln noch deutlicher zu Tage. Schließlich verlässt beim Mitarbeiterdarlehen der Zahlungsstrom erst die arbeitgebende Körperschaft, bevor er ihr (teilweise) wieder zufließt.

Zur Erhaltung der Anerkennung der Körperschaft als gemeinnützig ist zunächst darauf zu achten, dass der Lohn des beteiligten Arbeitnehmers nicht unverhältnismäßig hoch ist, sich also in einem üblichen Rahmen hält.

199   In einem zweiten Schritt ist zu bedenken, dass die Rechtsprechung gemeinnützigen Körperschaften zwar die Möglichkeit zugebilligt hat, sich (zumindest teilweise) auch durch Fremdkapital zu finanzieren. Allerdings besteht diese Möglichkeit nicht schrankenlos. Die Rechtsprechung[103] hat dazu bereits ausgeführt, dass Mitarbeiterdarlehen die Gemeinnützigkeit der sie entgegennehmenden Körperschaft gefährden können, insbesondere dann, wenn die Körperschaft Fremdkapital aufnimmt, das sie für ihre Finanzausstattung nicht benötigt. Es besteht, wenn kein erkennbarer wirtschaftlicher Grund für die Aufnahme eines Mitarbeiterdarlehens ins Feld geführt werden kann, die Gefahr, dass Zinszahlungen auf solche Darlehen als Gewinnausschüttungen der gemeinnützigen Körperschaft an die Darlehensgeber angesehen werden. In diesem Fall wäre Selbstlosigkeit der Körperschaft zweifelsohne gefährdet. Wird durch ein Mitarbeiterdarlehen demgegenüber eine andere bereits genutzte Art der Fremdfinanzierung, z.B. eine Kreditfinanzierung, ersetzt, so wird die Selbstlosigkeit der gemeinnützigen Körperschaft durch die „Umstellung" auf eine Finanzierung durch Mitarbeiterdarlehen wohl kaum gefährdet.

Soweit demnach eine Fremdfinanzierung möglich ist, ist dabei selbstverständlich wiederum zu beachten, dass die Verzinsung des Darlehens nicht zu unverhältnismäßigen Auszahlungen aus dem Vermögen der gemeinnützigen Körperschaft kommt. Dieses Risiko sollte jedoch beherrschbar sein, wenn sich die gewährte Verzinsung der Mitarbeiterdarlehen wiederum an einem am Kapitalmarkt üblichen Zinssatz orientiert.

200   Wird durch das Mitarbeiterdarlehen lediglich auch benötigtes Fremdkapital aufgenommen und ist die Verzinsung nicht unangemessen hoch, wird die steuerliche Anerkennung der Gemeinnützigkeit der Körperschaft nicht gefährdet sein.

2.   Genussrechte

201   Eine andere Möglichkeit, die Mitarbeiter einer gemeinnützig tätigen Körperschaft am Erfolg des Unternehmens ihres Arbeitgebers zu beteiligen, stellt die Ausgabe von Genussrechten dar.

a)   Rechtliche Ausgestaltung

202   Genussrechte werden mit den Genussrechtsinhabern durch einen einfachen schuldrechtlichen Vertrag vereinbart. Sie vermitteln ihren Inhabern keine Beteiligung am gezeichneten Kapital der Gesellschaft und folglich auch keine Gesellschafterstellung, sie gewähren aber den Genussrechtsinhabern in der Regel eine (erfolgsabhängige) Verzinsung des Genussrechtskapitals.[104] Durch die Möglichkeit der freien vertraglichen Vereinbarung gibt es große Unterschiede in der Ausgestaltung dieser Rechte. Um den Rahmen dieses Buches nicht zu sprengen, wird im Folgenden lediglich auf Genussrechte eingegangen, die zu den Einkünften aus Kapitalvermögen zählen.

---

103 FG München, 30.3.2004 – 6 K 1426/02.
104 Vgl. Winner, in: Münchener Kommentar zum Aktiengesetz, § 221, Rn. 390.

b)   Ausgestaltung in Hinblick auf die steuerliche Gemeinnützigkeit

Der sehr weite Rahmen zur Ausgestaltung von Genussrechten wird im Bereich gemeinnütziger Körperschaften – wie im Bereich der Mitarbeiterguthaben/Mitarbeiterdarlehen – durch die Vorschriften zur steuerlichen Gemeinnützigkeit eingeengt. Um die steuerrechtliche Gemeinnützigkeit der arbeitgebenden Körperschaft nicht in Frage zu stellen, müssen bei einer MAB über Genussrechte also erneut die Regelungen der §§ 51 ff. AO zur Gemeinnützigkeit beachtet werden.   203

Durch die Ausgabe von Genussrechten zur MAB darf der beteiligte Mitarbeiter von seiner arbeitgebenden Körperschaft keine unverhältnismäßige Vergütung für seine Arbeitsleistung erhalten (§ 55 I Nr. 3 AO).

Werden Genussrechte durch den Arbeitnehmer aus Mitteln seines Privatvermögens erworben, und sind Leistung und Gegenleistung ausgewogen, dann ist v.a. darauf zu achten, dass die Quantität der Genussrechtsfinanzierung an sich nicht den üblichen Rahmen sprengt.[105]   204

Davon zu unterscheiden sind allerdings Gestaltungen, in denen die Genussrechte den Arbeitnehmern verbilligt oder gar unentgeltlich überlassen werden. In diesem Fall liegt in Höhe der Differenz zwischen einem normalen Ausgabepreis oder dem Nennwert des Genussrechts, und dem Betrag, den der Arbeitnehmer für den Erwerb desselben aufzuwenden hat, ebenfalls ein Vermögenszufluss beim Arbeitnehmer vor. Da dieser letztlich auch durch das Arbeitsverhältnis veranlasst ist, ist er als zusätzlicher Arbeitslohn zu erfassen. Insbesondere auch durch diesen zusätzlichen Lohnposten darf die arbeitgebende Körperschaft nicht ihre Gemeinnützigkeit verlieren. Es muss folglich darauf geachtet werden, dass durch die verbilligte Überlassung von Genussrechten zusätzlich zur „normalen" Lohnzahlung dem Arbeitnehmer insgesamt nicht mehr Lohn zufließt als anderen vergleichbaren Arbeitnehmern in anderen Unternehmen.

Aber auch die Vergütung des Genussrechts selbst darf nicht unverhältnismäßig hoch sein, um die Qualifikation der arbeitgebenden Körperschaft als gemeinnützig nicht zu gefährden. Zur Frage, bis zu welcher Höhe die Vergütung eines Genussrechts noch verhältnismäßig ist, kann auf die vorherigen Ausführungen zum Mitarbeiterguthaben und zum Mitarbeiterdarlehen verwiesen werden.   205

Bei der Ausgabe von Genussrechten werden die Genussrechtsinhaber gerade nicht zu Gesellschaftern oder Mitgliedern ihres gemeinnützigen Arbeitgebers, sodass die Vergütung der Genussrechte bereits tatbestandlich nicht mit § 55 Absatz 1 Nr. 2 AO kollidiert, wonach Mitglieder/Gesellschafter einer gemeinnützigen Körperschaft von dieser aufgrund ihrer Mitgliedschaft keine Gewinnanteile oder sonstige Zuwendungen erhalten dürfen.

Werden die dargestellten Voraussetzungen eingehalten, wird die steuerrechtliche Anerkennung einer Körperschaft als gemeinnützig durch eine MAB über Genussrechte nicht gefährdet   206

3.   Stille Gesellschaft

Ferner können die Mitarbeiter einer gemeinnützigen Körperschaft unter bestimmten Voraussetzungen auch durch eine stille Gesellschaft am Vermögen ihres Arbeitgebers beteiligt werden.[106]   207

---

105 Wann dies der Fall sein könnte wurde bereits oben für den Bereich Mitarbeiterguthaben/Mitarbeiterdarlehen ausführlich dargestellt.

106 Unter stillen Beteiligungen sollen im Folgenden nur stille Beteiligungen im engsten Sinne i.S.d. §§ 230 ff. HGB verstanden werden. Um den Umfang der Abhandlung nicht zu sprengen, soll zudem nicht auf etwaige Besonderheiten einer atypisch stillen Beteiligung eingegangen werden, die eine Form der steuerlichen Mitunternehmerschaft darstellen, d.h. gewerbliche Einkünfte steuerlich auslösen.

a)   Handelsrechtliche Zulässigkeit

208   Eine stille Gesellschaft kann nach § 230 Absatz 1 HGB an einem Handelsgewerbe einer anderen Person eingegangen werden. Folglich setzt die stille Beteiligung von Mitarbeitern an einer gemeinnützigen Körperschaft voraus, dass diese ein Handelsgewerbe betreibt. Ein solches Handelsgewerbe betreibt zum einen ein Kaufmann, zum anderem Handelsgesellschaften, wie GmbH oder AG, die dem Kaufmann aufgrund gesetzlicher Anordnung gleichgestellt sind. Damit betreiben auch gemeinnützig tätige GmbHs und AGs kraft gesetzlicher Anordnung ein Handelsgewerbe. Wird die arbeitgebende Körperschaft in einer dieser beiden Rechtsformen betrieben, ist eine stille (Mitarbeiter-)Beteiligung an ihnen gemäß § 230 Absatz 1 HGB möglich.

Eingetragener Verein

209   Anders stellt sich die Situation dar, wenn die arbeitgebende Körperschaft in der Rechtsform eines e.V. betrieben wird, da nicht auf das Vorliegen eines Handelsgeschäftes verzichtet werden kann. Demnach müsste der arbeitgebende e.V. entweder Kaufmann oder eine Handelsgesellschaft sein. In diesem Zusammenhang ist klarzustellen, dass ein e.V. – anders als eine GmbH oder eine AG – kein Kaufmann aufgrund gesetzlicher Vorgaben ist und somit nicht per se als Kaufmann i.S.d. Handelsrechts behandelt werden kann.

Es bleibt demnach nur die Möglichkeit die Vorgaben zu erfüllen, die das HGB in § 1 Absatz 1 HGB an das Vorliegen der Kaufmannseigenschaft knüpft.

210   Ein Kaufmann kann nach dem Handelsrecht u.a. nur derjenige sein, der bei seiner Tätigkeit versucht, Gewinne zu erzielen. Beim e.V. müsste folglich eine Gewinnerzielungsabsicht bestehen. Insoweit darf jedoch nicht aus den Augen gelassen werden, dass der arbeitgebende Verein denknotwendig mit der steuerrechtlich gemeinnützigen Körperschaft identisch ist. Die Gemeinnützigkeit setzt aber gerade die Selbstlosigkeit des Handelns des Vereins voraus. Dem Verein ist daher gerade die Gewinnerzielung untersagt, möchte er nicht riskieren, sein Qualifikation als gemeinnützig nach § 52 AO zu verlieren. Eine Tätigkeit, die nach steuerlichen Grundsätzen nicht der Gewinnerzielung dient, bei der aber gleichwohl handelsrechtlich die Absicht Gewinne zu erzielen besteht, erscheint jedenfalls in der Praxis kaum realisierbar.

211   Als Konsequenz daraus ergibt sich, dass ein gemeinnütziger e.V. kein Handelsgewerbe betreiben kann. Damit ist er aber auch kein Kaufmann i.S.d. Handelsrechts. Dies hat nun aber zur Folge, dass die Eingehung einer stillen Gesellschaft mit dem Betrieb des e.V. nicht möglich ist. Insoweit ist also eine MAB mittels einer stillen Gesellschaft gesellschaftsrechtlich bei diesem nicht zulässig.

b)   Gesellschaftsrechtliche Gestaltungsmöglichkeiten

212   Vor dem Hintergrund des Zivil- bzw. des Gesellschaftsrechts bereitet die Begründung einer stillen Gesellschaft zwischen der arbeitgebenden gemeinnützigen GmbH oder AG (kurz auch gGmbH oder gAG) und ihrem Mitarbeiter keine großen Schwierigkeiten.[107] Als reine Innengesellschaft wird sie durch einen grundsätzlich formfreien Gesellschaftsvertrag gemäß den §§ 705 ff. BGB be-

---

107 Denkbar wären auch mehrstufige Gestaltungen. Beispielsweise könnte sich eine „Mitarbeiter-GbR" still am Vermögen des Unternehmens des Arbeitgebers beteiligen. An dieser „Mitarbeiter-GbR" wären dann die zu beteiligenden Mitarbeiter selbst beteiligt. Durch die Zwischenschaltung einer solchen GbR würde die Ausgabe einer großen Zahl summenmäßig geringer stiller Beteiligungen zugunsten einer „großen" stillen Beteiligung erfolgen. Dadurch kann das Kontrollrecht jedes einzelnen „Stillen" nach § 233 HGB begrenzt und u.U. der Verwaltungsaufwand verringert werden.

gründet. Der „Stille" wird durch diesen Vertrag aber nur am Handelsgeschäft seines Arbeitgebers und nicht etwa an der arbeitgebenden Körperschaft selbst beteiligt.

Der Gesellschaftsvertrag unterliegt einer sehr weitgehenden Gestaltungsfreiheit. Allerdings können einzelne Rechte des stillen Gesellschafters, wie sein Recht auf Beteiligung am Gewinn des Handelsgewerbes oder das Informations- und Kontrollrecht nicht völlig abbedungen werden. Demgegenüber ist der Ausschluss der Verlustteilnahme vollumfänglich zulässig (§231 Abs. 2, 1. Halbsatz HGB).

c) Ausgestaltung im Hinblick auf die steuerliche Gemeinnützigkeit

Der Abschluss einer stillen Beteiligung darf jedoch in keinem Fall dazu führen, dass die jeweilige gemeinnützige Körperschaft, die MAB praktiziert, deswegen ihren steuerrechtlichen Status als gemeinnützig verliert.   213

§ 55 Absatz 1 Nr. 1 Satz 2 AO sieht einen Verlust der Selbstlosigkeit, welche Voraussetzung für die Gemeinnützigkeit ist, für den Fall vor, dass die gemeinnützige Körperschaft ihren Gesellschaftern oder Mitgliedern Gewinnanteile oder sonstige Zuwendungen aufgrund der Mitgliedschaft zuwendet. Zu bedenken ist insoweit allerdings, dass die beteiligten Mitarbeiter durch die stille Beteiligung am Handelsgeschäft der Gesellschaft beteiligt werden. Dieses ist nicht identisch mit der Gesellschaft und kann auch nicht mit der das Handelsgeschäft betreibenden Körperschaft gleichgestellt werden.[108] Folglich werden die Inhaber der stillen Beteiligungen nicht zu Gesellschaftern ihrer arbeitgebenden Körperschaft. Das bedeutet aber auch, dass eine Gewinnausschüttung aufgrund der stillen Beteiligung nicht von § 55 Absatz 1 Nr. 1 Satz 2 AO erfasst ist. Eine solche Gewinnausschüttung stellt folglich keinen Grund dar, der zum Verlust der Selbstlosigkeit der arbeitgebenden Körperschaft, und damit zum Verlust ihrer Gemeinnützigkeit, führen kann.

Zudem ist die Angemessenheit der Gewinnausschüttung zu prüfen, da das Vermögen der arbeitgebenden Körperschaft durch § 55 Absatz 1 Nr. 3 AO vor unverhältnismäßigen Auszahlungen geschützt wird. Dies hat zur Folge, dass der Gewinnanteil, der dem beteiligten Mitarbeiter durch die stille Gesellschaft vermittelt wird, keine unverhältnismäßig hohe Vergütung für die Überlassung seines Vermögens darstellen darf, sonst droht ebenfalls der Verlust der Gemeinnützigkeit. Hinsichtlich der Kriterien, anhand derer beurteilt wird, bis zu welchem Punkt die Gewinnanteile aus der stillen Beteiligung noch verhältnismäßig sind, sei auf die obigen Ausführungen verwiesen; Gleiches gilt auch für die Begründung, warum zwischen dem Entgelt für Arbeitsleistung und dem „Entgelt" aus der stillen Gesellschaft zu differenzieren ist.[109] In jedem Fall wird man sich auch in diesem Bereich hinsichtlich der Höhe einer verhältnismäßigen Vergütung zumindest an einem üblichen Kapitalmarktzinssatz orientieren können.   214

Abschließend ist festzuhalten, dass auch eine stille Beteiligung, jedenfalls bei gemeinnützigen GmbHs und AGs prinzipiell möglich ist.

4. Gesellschaftsrechtliche Kapitalbeteiligung

Bei einer Kapitalbeteiligung wird der Mitarbeiter direkt am Haftkapital des Unternehmens seines Arbeitgebers beteiligt. Er wird also selbst – auch gesellschaftsrechtlich – zum Teilhaber seiner arbeitgebenden Körperschaft.   215

---

108 Vgl. Blaurock, Uwe in: BB 1992, S. 1969.
109 Zur Vermeidung von Wiederholungen wird auf oben Dargestelltes verwiesen.

a)   Rechtliche Ausgestaltung

216   Zivilrechtlich bzw. gesellschaftsrechtlich betrachtet ist die Beteiligung von Mitarbeitern an einer gGmbH, gAG bzw. e.V. unproblematisch Ein Arbeitnehmer kann an allen diesen Körperschaften beteiligt werden.[110] Durch einen Beitrittsvertrag kann der Mitarbeiter die Mitgliedschaft an seinem Arbeitgeber erlangen.

In all diesen Fällen wird die Innenrechtsbeziehung zwischen den Gesellschaftern bzw. Mitgliedern und der jeweiligen Körperschaft neben den zwingenden gesetzlichen Normen der einzelnen Rechtsformen v.a. durch die Satzung der Körperschaft bestimmt. Etwaige Gewinnbezugsrechte des Gesellschafters bzw. Mitglieds können explizit in der Satzung geregelt werden oder der Beschlussfassung des Gesellschafter- bzw. Mitgliedergremium überlassen werden.

b)   Ausgestaltung im Hinblick auf die steuerliche Gemeinnützigkeit

217   Der steuerrechtliche Status der Gemeinnützigkeit setzt eine selbstlose Betätigung der Gesellschaft voraus. Diesen würde jedoch ein Gewinnbezugsrecht der Gesellschafter bzw. Mitglieder der arbeitgebenden Körperschaft vernichten, da eine selbstlose Betätigung nur gegeben ist, wenn die arbeitgebende Körperschaft ihren Mitgliedern bzw. Gesellschaftern gerade keine Gewinnanteile oder sonstige Zuwendungen angedeihen lässt. Damit kann, um die steuerrechtliche Gemeinnützigkeit der arbeitgebenden Körperschaft nicht zu gefährden, weder ein Gewinnbezugsrecht der Gesellschafter statuarisch normiert noch durch Beschluss der Mitglieder- bzw. Gesellschafterversammlung begründet werden.

Dem an der arbeitgebenden Körperschaft beteiligten Arbeitnehmer bleibt auch die mittelbare Teilnahme am Erfolg der Körperschaft über Wertsteigerungen seiner Anteile verwehrt. Diese Teilnahme an den Steigerungen des Substanzwertes der Körperschaft ist aber nicht nur von zahlreichen Faktoren – und eben nicht v.a. von der Arbeitsleistung des Mitarbeiters – abhängig und daher als ungewiss zu bezeichnen. Zudem stellt sich – von Vereinsmitgliedschaften ganz zu schweigen – schon bei gGmbHs und gAGs die Frage, ob überhaupt ein Markt für den Handel von Beteiligungen dieser Art besteht. Folglich kann auch der Möglichkeit zur mittelbaren Partizipation an der Steigerung des Substanzwertes der arbeitgebenden Körperschaft keine tragende Anreizfunktion zugeschrieben werden.

218   Schließlich darf ein beteiligter Mitarbeiter auch bei der Auflösung seiner arbeitgebenden Körperschaft nicht mehr erhalten, als er der Körperschaft bei seinem Beitritt gewährt hat.[111] Damit kann er auch bei seinem Ausscheiden aus der arbeitgebenden Körperschaft nicht an einer etwaigen Substanzwertsteigerung der Anteile während seiner Mitgliedschaft partizipieren.

Daraus folgt, dass der Mitarbeiter einer gemeinnützigen Körperschaft zwar direkt am Haftkapital dieser juristischen Person beteiligt werden kann. Er kann jedoch danach, in seiner Stellung als Mitglied oder Gesellschafter, nicht an den von der Körperschaft erwirtschafteten Gewinnen auf direktem Wege partizipieren. Andernfalls droht der arbeitgebenden Körperschaft, ihre Qualifikation als „gemeinnützig" zu verlieren. Zudem stößt eine mittelbare Teilnahme des Arbeitnehmers am Erfolg der Gesellschaft über Substanzwertsteigerungen sowohl auf praktische als auch auf gesetzliche Widerstände.

---

110 Gerade bei der Beteiligung an einer gGmbH müsste der Beteiligungsvertrag jedoch § 15 Abs. 3 GmbHG beachtet werden; der Vertrag müsste also in notarieller Form geschlossen werden.
111 Dies ergibt sich aus § 55 Abs. 1 Nr. 2 und 4 AO – andernfalls droht die Körperschaft wiederum, ihre steuerrechtliche Anerkennung als gemeinnützig einzubüßen.

Der Vollständigkeit halber sei erwähnt, dass es der arbeitgebenden Körperschaft jedoch nicht   219
verwehrt ist, einem Mitglied bzw. Gesellschafter, der in einem Arbeitsverhältnis zu ihr steht, eine
verhältnismäßige Vergütung zu zahlen. Allerdings drohen Zahlungen an Mitglieder /Gesellschaf-
ter einer gemeinnützigen Körperschaft von den Finanzbehörden strenger „unter die Lupe genommen" zu werden.

Nach dem Vorstehenden bringt die Kapitalbeteiligung eines Mitarbeiters diesem keine weiteren
Vorteile gegenüber einer rein schuldrechtlichen Beteiligung am Unternehmen seines Arbeitgebers. Die am Unternehmen der arbeitgebenden Körperschaft bisher schon beteiligten Anteilseigner verlieren durch eine Kapitalbeteiligung von Mitarbeitern hingegen einen Teil des Kapitals
der Körperschaft; sie büßen dadurch die alleinige Kontrolle ein. Diesem Manko steht jedoch kein
ersichtlicher zusätzlicher Motivationsschub auf Seiten des Mitarbeiters, also kein weiterer Nutzen für die Körperschaft, gegenüber. Gerade die Motivation der Mitarbeiter ist jedoch einer der
wichtigsten Gründe für die Einführung einer MAB. Folglich muss eine gesellschaftsrechtliche
Mitarbeiterkapitalbeteiligung als ineffizient bezeichnet werden.

Einer gemeinnützigen Körperschaft, die ein MAB plant, kann aus diesem Grund nicht zu einer   220
gesellschaftsrechtlichen Mitarbeiter-Kapitalbeteiligung geraten werden.

5.   Stock Options / SARs

Zwar ist die MAB in Form von „Stock Options" v.a. auf Unternehmen in der Rechtsform der AG   221
zugeschnitten, wobei dies aber nicht zwingend der Fall sein muss. Optionen auf Erwerb eines
Kapitalanteils können von Arbeitgebern jeglicher Rechtsform angeboten werden.[112]

Einschränkend ist bei Arbeitgebern im gemeinnützigen Bereich jedoch anzuführen, dass dem
Mitarbeiter im Rahmen dieser Optionsprogramme Rechte auf den Erwerb einer Mitgliedschaft
am Unternehmen eingeräumt werden. Dies würde demnach dazu führen, dass der Mitarbeiter
Mitgesellschafter oder Mitglied wird. Er soll auf diese Weise mittelbar an der künftigen Substanzwertsteigerung der arbeitgebenden Körperschaft teilnehmen und/oder es wird ihm aus der
Differenz zwischen Ausübungspreis und Verkaufserlös bei Verkauf der durch Optionsausübung
erlangten Aktien bzw. Anteile resultierende geldwerte Vorteil zugewandt.

Diese beiden Formen der Erfolgspartizipation sind aber bei gesellschaftsrechtlichen Anteilen an   222
gemeinnützigen Betrieben, wie oben bereits ausgeführt, faktisch nicht realisierbar, sodass auch
die Option auf diese Anteile unattraktiv ist.

Demnach stellen auch Stock Options kein geeignetes Instrument zur Mitarbeiterbeteiligung in
gemeinnützigen Körperschaften dar.[113]

Es besteht daneben natürlich auch im Bereich der Gemeinnützigkeit die Möglichkeit, Optionen
auf den Erwerb virtueller Beteiligungen (SAR) einzuräumen. Vom Grundgedanken her können
diese mit den Stock Options verglichen werden. Im Unterschied dazu münden sie allerdings nicht

---

112 Die Gewährung von Aktienoptionen ist deutlich leichter umzusetzen, als beispielsweise die Einräumung von Optionen auf den Erwerb eines GmbH-Geschäftsanteils. In diesem Zusammenhang sei nur die Ausübung der Optionen
erwähnt. Während der Optionsberechtigte bei Aktienoptionen privatschriftliche unter Beachtung der §§ 192 ff. AktG
ausübt, muss für den Erwerb eines Geschäftsanteiles durch Optionsausübung nach § 15 Abs. 3 GmbHG die notarielle
Form gewahrt werden. Zudem stehen einem Aktionär schon per Gesetz deutlich weniger Kontrollrechte als beispielsweise dem Gesellschafter einer GmbH oder dem Mitglied eines Vereins zu, sodass der Arbeitgeber im Rahmen eines
Aktienoptionsprogramms deutlich weniger Hoheitsbefugnisse an „seinem" Unternehmen aus der Hand gibt.
113 Gleiches gilt natürlich auch für alle anderen Beteiligungsmodelle, die dem Mitarbeiter Optionen auf reale Beteiligungen einräumen.

in eine (reale) Gesellschafter- bzw. Mitgliederstellung des Arbeitnehmers, sondern begründen lediglich eine schuldrechtliche Beziehung zu seiner arbeitgebenden Körperschaft. Insoweit sind SARs mit unternehmenswertabhängigen Langzeitantiemen für Mitarbeiter vergleichbar. Hinsichtlich der Ausgestaltung, insbesondere der Verhältnismäßigkeit der Vergütung im Sinne des § 55 Absatz 1 Nr. 3 AO kann daher auf das oben bereits Ausgeführte zur Vergütungsverhältnismäßigkeit verwiesen werden.

IV. Fazit

223 Mitarbeiterbeteiligung ist ein Instrument, das sowohl auf Arbeitgeber- als auf Arbeitnehmerseite zahlreiche Vorteile bringt. Trotz des scheinbaren begrifflichen Gegensatzes ist dieses Instrument auch für Non-Profit-Organisationen nutzbar. Bei diesen wird der grundsätzlich weite Gestaltungsspielraum für Mitarbeiterbeteiligungsprogramme zwar durch die steuerlichen Vorschriften zur Gemeinnützigkeit (§§ 51 ff. AO) eingeengt. Es verbleiben jedoch zahlreiche Ansatzpunkte, um eine Mitarbeiterbeteiligung derart auszugestalten, dass sie sowohl für die arbeitgebende gemeinnützige Körperschafta, als auch für den bei ihr beschäftigten Arbeitnehmer interessant ist. Im Rahmen dieser Möglichkeiten ist jedoch von einer gesellschaftsrechtlichen Beteiligung direkt am Kapital der gemeinnützigen Körperschaft abzuraten. Demgegenüber kann eine Mitarbeiterbeteiligung an einer gemeinnützigen Körperschaft auf schuldrechtlicher Basis, insbesondere über Genussrechte, überzeugen. Sie bietet bei relativ weitem Gestaltungsspielraum für den Arbeitgeber die gleichen Anreizwirkungen, wie sie heute schon zahlreich von privatwirtschaftlichen Unternehmen genutzt werden.

E. Mitarbeiterbeteiligung bei Freiberuflern

I. Grundlegung und Problemdarstellung

1. Definition Freiberufler

224 Als Freiberufler werden in erster Linie selbständige, d.h. nicht angestellte Personen bezeichnet, die keine Gewerbetreibenden (vgl. § 1 Abs. 1 Satz 2 PartGG) und keine Land- und Forstwirte sind. Charakteristisch für sie ist insbesondere: Sie drücken der von ihnen erbrachten Dienstleistung / Problemlösung den Stempel ihrer eigenverantwortlichen, persönlichen und unabhängigen Tätigkeit auf. Das PartGG sieht die Grundlage hierfür gem. § 1 Abs. 2 Satz 1 in der besonderen beruflichen Qualifikation bzw. der schöpferischen Begabung.

Gekennzeichnet ist die freiberufliche Tätigkeit auch und insbesondere durch den im Verhältnis geringen Einsatz von Kapital und die hohen Personalkosten im Umkehrschluss. Der maßgebliche Erfolgstreiber ist daher auch die Relation Personalkosten zu Umsatz. Dieser Deckungsbeitrag bestimmt in überragender Weise den wirtschaftlichen Erfolg eines Freiberufler-Unternehmens.

Einen guten Überblick über die fraglichen Berufe verschafft die aus betriebswirtschaftlicher Sicht nicht abschließende Aufzählung der Katalogberufe des § 18 EStG und § 1 Abs. 2 Satz 2 PartGG.

Zu den Freiberuflern zählt dieser Beitrag auch die Notare und Apotheker. Zwar wurden diese   225
durch die Gesetzesbegründung zum PartGG bewusst ausgeklammert, dort jedoch gleichzeitig auf
ihre grundsätzliche Freiberuflerzugehörigkeit verwiesen.[114]

Freiberufler waren ursprünglich und sind es zum Teil noch heute als alleinige Berufsträger in ihrer
Praxis / Kanzlei tätig oder schlossen sich, wiederum selbständig tätig, zu Sozietäten zusammen.
Erst später wurden durch die verschiedenen Berufsordnungen dann neben den nicht angestellten
auch die angestellten Freiberufler zugelassen (vgl. nur für viele § 18 Berufsordnung für Bayerische Zahnärzte, § 58 Steuerberatungsgesetz). Erst diese Öffnung der Berufsordnungen führte und
führt dazu, dass MAB auch bei Freiberuflern zum Thema wurde. Schließlich besteht für Allein-
inhaber und Sozien kein Anlass, eine Mitarbeiterbeteiligung einzuführen, da dort bereits die maximal mögliche Mitarbeiterbeteiligung durch die gesellschaftsrechtliche Stellung gegeben ist. Erst
als etliche Berufsträger „nur" angestellt tätig wurden und diese motiviert und zu selbständigem
Unternehmerdenken angeregt werden sollten, entstand Bedarf für Mitarbeiterbeteiligung. Als
Beispiel mögen die großen Rechtsanwaltsgesellschaften und Wirtschaftsprüfungsgesellschaften
dienen, bei denen Mitarbeiterbeteiligungen, dort „Partnerstatus" genannt, gang und gäbe sind
und erst ermöglichten solch große Einheiten von Freiberuflern dauerhaft zusammen zu halten.

Abrundend werden nachfolgend die im Rahmen der o.g. Definition deutlich gewordenen Spezi-   226
fika des Freiberuflers, die typischen Merkmale eines angestellten wie selbständigen Freiberuflers
nochmals zusammengestellt:

- ein hohes Ausbildungsniveau, meist Hochschulstudium

- relativ lange Ausbildungszeiten (Studium, „Berufslehrjahre", Abschlussprüfung)

- erhebliche Zugangsschranken, oftmals gesetzlich kodifiziert und definiert

- relativ hohe Durchschnittsgehälter

- eine hohe Individualität und Erziehung zur Eigenverantwortlichkeit, Selbstständigkeit, Unabhängigkeit und eine kritische Grundeinstellung

- eine bedeutende Rolle des Berufsrechts

- eine hohe Homogenität der Belegschaft in Freiberuflerpraxen.

2.   Abgrenzung des Begriffs „Mitarbeiterbeteiligung"

Im Folgenden wird unter Mitarbeiterbeteiligung jede Beteiligung des Mitarbeiters an ideellen   227
und/oder materiellen Rechten und Funktionen im arbeitgebenden Unternehmen, die über die
regelmäßig in Arbeitsverträgen festgelegten Rechte und Pflichten hinausgeht, verstanden.[115]

Durch die Beteiligung von Mitarbeitern am Unternehmen treten diese, im weitesten Fall, in eine
Gesellschafterstellung ein. Die Gesellschafterstellung ist jedoch nicht zwingend, da auch stille Beteiligungen oder Genussrechte gewährt werden können. Mit diesen ist dann keine Gesellschafterstellung verbunden. Bei Kapitalgesellschaften heißt Mitarbeiterbeteiligung in Form von echten
Anteilen auch nicht, dass der Mitarbeiter seinen Angestelltenstatus verliert. Gleiches gilt regelmäßig bei Genussrechtsbeteiligungen bzw. stillen Beteiligungen. Nur bei Personengesellschaften
wird der zum Gesellschafter gewordene Mitarbeiter steuerlich vom Lohnempfänger zum Mitunternehmer. Das Sozialversicherungsrecht folgt dem nicht zwingend. Hier gibt es andere Kriterien,
die eine Prüfung von Einzelfall zu Einzelfall notwendig machen.

---

114 Vgl. Knoll/Schüppen DStR 1995, S. 608 (610) m.w.N.
115 Vgl. Knoll/Schüppen DStR 1995, S. 608 (610) m.w.N.

228   Abzugrenzen von der zugegebenermaßen sehr vielfältigen MAB sind andere Partizipationsformen, die sich auch als „Mitarbeiterbeteiligung" bezeichnen: So verstehen beispielsweise Krankenhausärzte, unter Mitarbeiterbeteiligung etwas gänzlich anderes als oben beschrieben. Mitarbeiterbeteiligung im Ärztebereich leitet sich ursprünglich aus den Krankenhausgesetzen der Länder (LKHG) ab. Mitarbeiterbeteiligung („Pool") im Krankenhaus ist dabei die Beteiligung der nachgeordneten Ärzte am Liquidationserlös der leitenden Ärzte, den diese bei z.B. wahlärztlichen Leistungen oder ambulanten Selbstzahlern selbst liquidieren. Dies war in den Krankenhausgesetzen der Länder unterschiedlich geregelt. Sinn und Zweck war, die nachgeordneten ärztlichen Mitarbeiter im Krankenhaus (z.B. Oberärzte, nachgeordnete Fachärzte und Assistenzärzte) an den Leistungen der Chefärzte, bei denen die ärztlichen Mitarbeiter mitgewirkt haben, die sie aber nicht selbst liquidieren können, partizipieren zu lassen.

Aber nicht nur in einigen LKHG, wie z.B. in § 15 LKHG Hessen oder §§ 27 ff. LKHG Rheinland-Pfalz, sondern auch in den einzelnen Berufsordnungen (BO) der Landesärztekammern ist eine solche Mitarbeiterbeteiligung als Berufspflicht des Chefarztes angelegt (z. B. § 29 Abs. 3 BO für Ärzte Nordrhein, § 29 Abs. 3 BO für Ärzte Bayern). Das Berufsrecht bindet den liquidationsberechtigten Arzt aber nur gegenüber der zuständigen Ärztekammer; dem nachgeordneten ärztlichen Mitarbeiter verleiht es keine zivilrechtlichen Ansprüche gegen den liquidierenden Arzt.[116]

229   Die klassische Mitarbeiterbeteiligung / Erlösbeteiligung im Krankenhausbereich besteht demnach bei den nachgeordneten Ärzten in einem anteiligen Liquidationserlös. Es handelt sich um rein schuldrechtliche Erlösklauseln in Anstellungsverträgen und ist daher keine Mitarbeiterbeteiligung im hier gedachten Sinne.

3.   Rolle und Bedeutung der Zulässigkeit der Anstellung von Freiberuflern

230   Für Gewerbetreibende ist die Existenz und Zulässigkeit angestellter Mitarbeiter eine Selbstverständlichkeit. Für die Freiberuflerpraxis ist bzw. war es das mitnichten. Das zeigt sich schon in diversen Berufsordnungen, die explizit vorschreiben, unter welchen Bedingungen Berufsträger überhaupt angestellt sein dürfen (z.B.: § 19 Abs. 2 BO für Ärzte Saarland, § 18 Abs. 2 BO für Zahnärzte Baden-Württemberg). Rechtsanwälte dürfen beispielsweise entsprechend § 26 Abs. 1 Satz 1 der Berufsordnung für Rechtsanwälte (BORA) nur zu angemessenen Bedingungen beschäftigt werden, worunter insbesondere eine angemessene Vergütung und die Einräumung von ausreichend Zeit für die Fortbildung verstanden werden (§ 26 Abs. 1 Satz 2 BORA). Eine ausdrückliche Regelung der in Betracht kommenden Tätigkeitsfelder von angestellten Steuerberatern enthält beispielsweise das Steuerberatungsgesetz (StBerG) in § 58, so dass diese nicht in beliebigen Bereichen und von beliebigen Arbeitgebern beschäftigt werden können, sondern nur wenn die vorgegebenen Rahmenbedingungen erfüllt sind. Die Patentanwaltsordnung (PatAnwO) sieht sogar vor, dass ein Patentanwalt für einen Auftraggeber, dem er auf Grund eines ständigen Dienst- oder ähnlichen Beschäftigungsverhältnisses seine Arbeitszeit oder -kraft zur Verfügung stellen muss, vor Gerichten, Schiedsgerichten oder Behörden nicht in seiner Eigenschaft als Patentanwalt tätig werden darf (§ 41a Abs. 1 PatAnwO). Noch plastischer wird es allerdings im Standesrecht der Heilberufe, da für niedergelassene Ärzte die Anstellung erst unlängst zulässig wurde (§ 95 Abs. 9 Satz 1 SGB V und beispielsweise § 19 BO für Ärzte Thüringen).

---

116 Schlecht in: Mitarbeiter am Kapital beteiligen – Einführung in: Bertelsmann Stiftung: Mitarbeiter am Kapital beteiligen – Leitfaden für die Praxis, Gütersloh, 1997, S. 11.

Entgegen den bisherigen Bestimmungen können nunmehr auch in einer Einzel- oder Gemeinschaftspraxis ärztliche Mitarbeiter ohne die bisherigen Beschränkungen hinsichtlich der personellen Anzahl und der Leistungsmenge eingestellt werden (§ 32b Ärzte-Zulassungsverordnung). Jedoch sind nur die nicht gesperrten Planungsbereiche (§§ 95 Abs. 9 und 9a, 101, 103 SGB V) von dieser Freigabe betroffen.

Es ist also erst seit Kurzem möglich, dass Vertragsärzte auf ihre Zulassung verzichten und sich von anderen Vertragsärzten einer Einzel- oder Gemeinschaftspraxis anstellen lassen. Dadurch wird dem Wunsch vieler, vor allem älterer, Praxisinhaber Rechnung getragen, sich des unternehmerischen Risikos zu entledigen und trotzdem noch beruflich tätig zu sein. Für die aufnehmenden Praxen bietet sich hierdurch der Vorteil einer Expansionsmöglichkeit durch eine Konzentration von Vertragsarztsitzen innerhalb einer Praxis. Nach dem Ausscheiden der älteren angestellten Ärzte, welche den Sitz eingebracht haben, können die Vertragsarztsitze mit jüngeren Kollegen „nachbesetzt" werden. Auf diese Weise können ähnliche Strukturen geschaffen werden, wie bei den bereits seit längerem zulässigen Medizinischen Versorgungszentren mit unternehmerischer Prägung oder wie sie prinzipiell Rechtsanwälte, Wirtschaftsprüfer und Steuerberater schon seit langem kennen und praktizieren. [231]

Festzuhalten ist damit: Mittlerweile sind bei nahezu allen Freiberufler-Typen angestellte Berufsträger zulässig und möglich. Insofern ergibt sich daraus erst der Sinn des Gewährens von Mitarbeiterbeteiligungen, um unternehmerisches Denken auch bei diesen angestellten Berufsträgern zu implementieren, diese zu motivieren und an das Freiberuflerunternehmen zu binden.

II. Folgerungen für die Mitarbeiterbeteiligung an Freiberuflerpraxen – Abgrenzung zur „normalen" MAB

1. Einengung der Formen der Beteiligung und des Beteiligtenkreises durch das Standesrecht

Im Folgenden sollen lediglich die Unterschiede der Freiberufler MAB zur gewerblichen Unternehmens-MAB herausgearbeitet und festgehalten werden. Hinsichtlich der Gemeinsamkeiten sei zur Vermeidung von Wiederholungen insbesondere auf die Kapitel § 1 und § 2 im Übrigen verwiesen. [232]

a) Einengung der zulässigen Rechtsformen durch das Standesrecht

Die einzelnen Berufsordnungen regeln meist rigide und explizit die für Freiberufler zulässigen Rechtsformen und Beteiligungsarten (vgl. § 8 Gesetz über das Apothekenwesen -ApoG-, § 49 Abs. 1 und 2 StBerG, § 27 Wirtschaftsprüferordnung -WPO-). Berufsausübungsregelungen finden sich auch in den einzelnen Berufsordnungen der Landesärzteschaften und den entsprechenden Heilberufsgesetzen[117]. [233]

---

117 Quaas/Zuck, Medizinrecht, 2. Auflage, § 15 Rn. 22.

So ist zum Beispiel die berufliche Zusammenarbeit von Rechtsanwälten als eine bedeutsame Beteiligungsart erst seit Kurzem in der Form der Sternsozietät zulässig. Eine Sternsozietät liegt vor, wenn die Sozien neben einer Sozietät einer weiteren Sozietät oder Bürogemeinschaft von Rechtsanwälten, Wirtschaftsprüfern oder Steuerberatern angehören. Dies wurde bislang von § 31 a.F. der Berufsordnung für Rechtsanwälte (BORA) nicht zugelassen. Danach durfte sich ein Rechtsanwalt nur dann mit anderen Rechtsanwälten zu einer Sozietät oder in sonstiger Weise zur Berufsausübung verbinden, wenn diese nicht bereits einer weiteren Sozietät oder sonstigen Verbindung zur gemeinsamen Berufsausübung angehörten. Mit Schreiben vom 29.02.2008 hat die Bundesministerin der Justiz den Beschluss der Satzungsversammlung vom 18.01.2008, das Verbot der Sternsozietät aufzuheben, genehmigt. § 31 a.F. BORA wurde gestrichen. Diese Vorschrift wurde obsolet nachdem durch Art. 4 Nr. 3 des Gesetzes zur Neuregelung des Rechtsberatungsgesetzes das sich bisher aus § 59a Abs. 1 Satz 1. BRAO a.F. ergebende Verbot der Sternsozietät weggefallen ist.[118]

234   Bezüglich der Rechtsform gibt es faktisch nur einen begrenzten „Katalog" der möglichen und zulässigen Rechtsgebilde.

Bei Personengesellschaften, wie der Gesellschaft bürgerlichen Rechts, der Partnerschaftsgesellschaft oder der Personenhandelsgesellschaft, ist eine MAB nur möglich, wenn die Mitarbeiter Gesellschafter werden und damit jedenfalls steuerlich und oftmals auch sozialversicherungsrechtlich (jedoch nicht zwingend) aus dem Arbeitnehmerstatus herausfallen (§ 15 EStG).

aa)   Hinweis zur Abgrenzung:

Schließt eine Steuerberatungs-GmbH mit einem Niederlassungsleiter einen Anstellungsvertrag und außerdem einen Gesellschaftsvertrag über den Betrieb einer Steuerberatungspraxis in Form einer **atypisch stillen Gesellschaft**, liegt nach dem Urteil des Bundessozialgerichts vom 24.01.2007[119] eine abhängige Beschäftigung vor, wenn die dafür erforderlichen Merkmale (u.a. Eingliederung in den Betrieb, umfassendes Weisungsrecht des Arbeitgebers) gegenüber denjenigen einer selbständigen Tätigkeit (eigenes Unternehmensrisiko, freie Gestaltung, etc.) überwiegen. Bei dieser Beurteilung ist stets das Gesamtbild der Arbeitsleistung maßgebend, wobei sich das Gesamtbild nach den tatsächlichen Verhältnissen bestimmt. Soll eine Versicherungspflicht der Bezüge vermieden werden, ist daher dringend darauf zu achten, dass die tatsächlichen Verhältnisse dem Gesamtbild einer selbständigen Tätigkeit entsprechen.

bb)   Gesellschaft bürgerlichen Rechts

235   Als Gesellschaft bürgerlichen Rechts (GbR) bezeichnet man den vertraglichen Zusammenschluss mindestens zweier Personen zur Erreichung eines gemeinsamen Zwecks (§§ 705 ff. BGB)[120]. Sie ist der Grundtypus der Personengesellschaft und wird als Rechtsform insbesondere von Sozietäten gewählt. Aber auch bei der Bürogemeinschaft handelt es sich um eine GbR. Auch das Medizinische Versorgungszentrum in der Rechtsform der GbR zu betreiben ist unproblematisch zulässig.

Dadurch, dass die gesetzlichen Regelungen der §§ 705 ff. BGB für Gelegenheitsgesellschaften, Grundstücksgesellschaften und freiberufliche Sozietäten gleichermaßen gelten, bieten sie kein speziell auf die besonderen Bedürfnisse der Freiberufler zugeschnittenes Regelwerk. Daher kommt man in der Regel um eine Ergänzung oder Abwandlung dieser Vorgaben nicht umhin. Zu berücksichtigen ist bei dieser Gesellschaftsform insbesondere, dass für wirksam im Geschäftsverkehr begründete Verbindlichkeiten nicht nur die Gesellschaft ihren Gläubigern gegenüber mit

---

118 Zu den Einzelheiten der rechtlichen Rahmenbedingungen für ärztliche Kooperationen siehe Haack in: NWB Nr. 4 vom 31.01.2006 – 263 – Fach 18, Seite 4293.
119 BGBl. 2007, Teil 1, S. 2840.
120 BSG, Urteil vom 24.02.2007, Az.: B 12 KR 31/06 R, NZS 2007, S. 832 ff.

dem gesamten Gesellschaftsvermögen haftet, sondern darüber hinaus alle Gesellschafter als Gesamtschuldner unmittelbar und grundsätzlich unbeschränkt auch mit ihrem privaten Vermögen. Ein Haftungsausschluss der Gesellschafter kann wirksam nur individualvertraglich mit dem jeweiligen Geschäftspartner vereinbart werden.

In diesem Zusammenhang sei auch auf die „**Mitarbeiter-Sozietät**" hingewiesen. Der Hinweis   236
gilt für die GbR wie für die untenstehende Partnerschaftsgesellschaft. Die Aufnahme eines in der Kanzlei langjährig angestellten Freiberuflers geschieht beispielsweise häufig, denn wo die Chance der Partnerschaft nicht eingeräumt wird, kommt es zumeist nicht zu einer langfristigen Zusammenarbeit mit qualifizierten Kräften. Zuweilen wird der Aufbau geeigneter Jungpartner über ein vorgeschaltetes Anstellungsverhältnis als wesentlicher Teil der Kanzleistrategie betrachtet. Gerade in diesem Bereich findet sich die Variante der Assoziierung in der Gestalt der sog. „Ringe-Sozietät", d.h. die Partner achten durch eine vorausschauende Planung darauf, dass in Intervallen von etwa 2 bis 8 Jahren (abhängig von der Sozietätsgröße) der Ausbau und die Verjüngung der Sozietät sichergestellt wird[121]. Zu berücksichtigen ist, dass diese Sozietätsform, obwohl durch das vorangegangene Anstellungsverhältnis die persönliche Zusammenarbeit erprobt ist, gerade bei kleineren Sozietäten vielschichtige Probleme bietet. Bei allen Überlegungen der Vertragsgestaltung soll daher der Aspekt im Vordergrund stehen, dass Sozietätsprobleme vor allem dort entstehen, wo sich eine Diskrepanz zwischen dem Arbeitseinsatz bzw. dem Anteil am Sozietätserfolg einerseits und den Entscheidungskompetenzen und der Gewinnverteilung andererseits ergibt. Folgende Gestaltungsparameter wirken dabei streitvermeidend:

- ▪ mandantenorientierte Sozietätsstruktur mit klarer Mandantenzuordnung;
- ▪ keine ausschließliche Ergebnisverteilung nach Quoten, sondern Ergänzung um erfolgsabhängige Gewinnanteile;
- ▪ Einstieg des Juniors nicht ausschließlich über eine Sofortzahlung, sondern Kombination mit einer Gewinnstaffelung, die dem zunehmenden Anteil am Sozietätserfolg Rechnung trägt;
- ▪ Verzicht auf weitreichende Altersversorgungszusagen zugunsten der Senioren und sonstige weitreichende Gründerprivilegien.

cc)   Partnerschaftsgesellschaft

Die Partnerschaftsgesellschaft ist eine speziell für den Zusammenschluss von Angehörigen frei-   237
er Berufe geschaffene Form der Personengesellschaft, die in ihrer rechtlichen Ausgestaltung der OHG angenähert ist. Bei der Wahl der Partnerschaftsgesellschaft ist zu beachten, dass diese ausschließlich den Angehörigen freier Berufe vorbehalten ist, welche natürliche Personen sind (§ 1 Abs. 1 Satz 1, 3 PartGG). Die Beteiligung juristischer Personen ist ebenso ausgeschlossen wie etwa die Beteiligung eines Krankenpflegers[122].

Das Partnerschaftsgesellschaftsgesetz setzt nicht voraus, dass die Gesellschafter denselben freien Beruf ausüben, so dass danach, sofern nicht standesrechtliche Vorschriften dagegen sprechen, auch Freiberufler, die verschiedenen Berufen angehören, eine Partnerschaftsgesellschaft gründen können (sog. interprofessionelle Partnerschaften). Das Gesetz enthält in § 1 Abs. 3 PartGG einen Berufsrechtsvorbehalt, wonach standesrechtliche Abweichungen und Konkretisierungen zur Partnerschaftsgesellschaft zu berücksichtigen sind. Einschränkungen bzw. weitere Voraussetzungen enthält beispielsweise das Berufsrecht der Rechtsanwälte und Steuerberater, insbesondere zum Recht der Errichtung weiterer Niederlassungen (etwa § 59a Abs. 2 BRAO, § 56 Abs. 1 Satz 4

---

121 Grundlegend zur GbR: Klose, NWB Nr. 45 vom 04.11.2002 – 3779 – Fach 18 Seite 3889 ff.
122 Hammerstein/Busse, DStR 1995, S. 985 ff.

StBerG). Während die Zulassung der Partnerschaftsgesellschaft für die Zusammenarbeit von Nur-Notaren, welche zur hauptberuflichen Berufsausübung bestellt wurden, derzeit umstritten ist, ist die Partnerschaftsgesellschaft für Apotheken gänzlich ausgeschlossen (§ 8 ApoG).

Eine Besonderheit der Partnerschaftsgesellschaft besteht im Gegensatz zur GbR darin, dass für Schäden aufgrund fehlerhafter Berufsausübung – neben der Partnerschaft – nur die einzelnen Partner, die mit der Bearbeitung eines Auftrags befasst waren, persönlich haften (§ 8 Abs. 2 PartGG). Ein Vorteil im Verhältnis zur Freiberufler-GmbH ist, dass die Partnerschaftsgesellschaft, wie auch die GbR, nicht zwingend eine Bilanz zu erstellen hat und keiner gesetzlichen Prüfungs- und Offenlegungspflicht unterliegt.

dd)   Personenhandelsgesellschaft

238   In der Vergangenheit wurde davon ausgegangen, dass freie Berufe nicht in den Rechtsformen OHG, KG oder GmbH & Co. KG ausgeübt werden können. Dass dies nicht mehr der derzeit geltende Stand ist, lässt sich bereits diversen standesrechtlichen Regelungen entnehmen, welche bestimmte Personenhandelsgesellschaften bei Freiberuflern, die treuhänderisch tätig werden, ausdrücklich zulassen (vgl. § 49 Abs. 1 und 2 StBerG, § 27 Abs. 1 und 2 WPO).

Eine Apotheke beispielsweise kann von mehreren Apothekern nach dem eindeutigen Wortlaut des Gesetzes neben der Rechtsform der GbR nur noch in Form der OHG geführt werden (§ 8 Satz 1 ApoG).[123]

239   Nach der Handelsrechtsreform wird nun teilweise in der Literatur vertreten, dass auch für das Medizinische Versorgungszentrum die Rechtsform der Handelsgesellschaft möglich sei. Derzeit dürfte aber der praktische Versuch, ein Medizinisches Versorgungszentrum in dieser Rechtsform zu gründen, noch auf viele Hürden bei den Zulassungsausschüssen treffen.

Ein größerer Gestaltungsspielraum besteht hingegen bei Wirtschaftsprüfungs- und Steuerberatungsgesellschaften (vgl. §§ 27, 28 WPO, §§ 49, 50 StBerG). Mit dem Berufsaufsichtsreformgesetz -BARefG- (vom 06.09.2007) wurde zum einen § 28 WPO geändert, so dass nunmehr für Wirtschaftsprüfungsgesellschaften, neben der KG und OHG auch die Rechtsform der GmbH & Co. KG zulässig ist.[124] § 28 Abs. 1 WPO n.F. gestattet es Wirtschaftsprüfungsgesellschaften, die Funktion eines persönlich haftenden Gesellschafters zu übernehmen. Voraussetzung für die Anerkennung einer GmbH & Co. KG als Wirtschaftsprüfungsgesellschaft ist aber, dass die vollhaftende GmbH als Wirtschaftsprüfungsgesellschaft anerkannt ist. Zum anderen wurde mit Art. 1 Nr. 30 des Achten Gesetzes zur Änderung des Steuerberatungsgesetzes vom 08.04.2008 dem § 50 Abs. 1 StBerG ein weiterer Satz hinzugefügt, der auch die Steuerberatungsgesellschaft in Form der GmbH & Co. KG zulässt.[125] In diesem Zusammenhang ist zu erwähnen, dass die Bundessteuerberaterkammer und die Wirtschaftsprüferkammer gegenüber dem Bundesministerium der Finanzen (BMF) in einer gemeinsamen Stellungnahme die Auffassung vertreten haben, dass Berufsgesellschaften in Form der GmbH & Co. KG grundsätzlich Einkünfte aus selbständiger Arbeit i.S.v. § 18 EStG erzielen.[126] Dem ist das BMF in seinem Antwortschreiben vom 16.11.2007 (n.v.) jedoch nicht gefolgt, sondern es qualifiziert die Einkünfte vielmehr als solche aus Gewerbebetrieb, so dass zumindest derzeit keine Rechtssicherheit hinsichtlich der Gewerbesteuerfreiheit dieser Gesellschaften besteht. Ob sich diese Ansicht bei Personenhandelsgesellschaften halten lässt, die § 15 Abs. 3 EStG nicht erfüllen, bleibt abzuwarten.

---

123 Welper in: NWB Nr. 36 vom 04.09.2006 – 3007 – Fach 2 Seite 9041 ff.
124 Zur Unmöglichkeit der Partnerschaftsgesellschaft für Apotheker vgl. Knoll/Schüppen DStR 1995,608 (609 und 610)
125 Vgl. Art. 1 Nr. 14 BARefG; BGBl 2007, Teil 1, S. 2178 ff.
126 Vgl. BGBl 2008, Teil 1, S. 666 ff.

ee)   Kapitalgesellschaften

Kapitalgesellschaften werden immer mehr als Form der beruflichen Zusammenarbeit auch bei   240
Freiberuflern genutzt, wobei hierbei sowohl die Gesellschaft mit beschränkter Haftung als auch
die Aktiengesellschaft in Betracht kommen kann (vgl. § 49 Abs. 1 StBerG, § 27 Abs. 1 WPO). Werden angestellten Freiberuflern Aktien oder GmbH-Anteile angeboten ist dies eine der stärksten
Formen der MAB. Dies ist jedoch nicht für jede Freiberuflergruppe möglich. Dadurch, dass sie
zum Beispiel in § 8 ApoG nicht ausdrücklich als zulässige Rechtsform vorgesehen sind, scheiden
sie für Apotheker in jedem Falle aus.

Die Frage, ob die ärztliche Tätigkeit in der Rechtsform der Kapitalgesellschaft erbracht werden
kann, wird von den einzelnen Berufsordnungen der Länder derzeit noch unterschiedlich beantwortet. Zum Teil wird daher in der Literatur vertreten, das SGB V gehe als Bundesrecht den landesrechtlichen Berufsausübungsregelungen vor (Art. 31 GG), so dass sich die Zulässigkeit der
juristischen Person als Organisationsform bereits aus dem SGB V ergebe und entgegenstehende
landesrechtliche Vorschriften unbeachtlich seien.[127] Aufgrund der unterschiedlichen Regelungsmaterie und der ausschließlichen Kompetenz der Länder in Fragen der freiberuflichen Berufsausübung erscheint dies aber zweifelhaft.[128] Nach dem Wortlaut des § 95 Abs. 1 Satz 5 SGB V sind
daher berufsrechtlich unzulässige Rechtsformen keine „zulässigen Organisationsformen", so dass
die landesrechtlichen Vorgaben der Berufsausübung zu beachten sind. Es ist aber zu erwarten,
dass die insoweit teilweise noch bestehenden Hemmnisse in der nächsten Zeit aufgehoben werden.

Eine ausdrückliche Erlaubnis der juristischen Person des Privatrechts für **Ärztegesellschaften**   241
besteht z.B. bereits in Baden-Württemberg, Hamburg, Sachsen-Anhalt und im Saarland (§ 23 a
der im jeweiligen Bundesland geltenden BO für Ärzte). Während in den meisten Bundesländern
auch der gesellschaftsrechtliche Zusammenschluss zwischen Ärzten und Angehörigen anderer,
nicht ärztlicher Heilberufe im Rahmen einer juristischen Person des Privatrechts möglich ist,
sieht § 23a der Berufsordnung für die Ärzte Bayern i.d.F. vom 06.08.2007 gerade diese Kooperationsform nicht vor.

Die Frage, ob ein **Medizinisches Versorgungszentrum** in der Rechtsform der Kapitalgesellschaft
auch mit Vertragsärzten betrieben werden kann, ist – soweit ersichtlich – noch nicht abschließend geklärt und wird kontrovers diskutiert.[129] Nach Ansicht der Kassenärztlichen Vereinigung
Bayerns ist die Rechtsform der Kapitalgesellschaft in Bayern nur für Medizinische Versorgungszentren mit angestellten Ärzten möglich; nicht hingegen, wenn auch Vertragsärzte als Freiberufler
tätig sein sollen.

Bei **Architekten** besteht grundsätzlich die Möglichkeit eine Gesellschaft zu gründen und so Mit-   242
arbeiter zu beteiligen, doch bestehen auch für Architekturgesellschaften bestimmte standesrechtliche Vorgaben. Danach setzt beispielsweise das Gesetz über die Bayerische Architektenkammer
und die Bayerische Ingenieurkammer-Bau (Baukammergesetz – BayBauKaKG) unter anderem
voraus, dass Mitglieder der Architektenkammer die Mehrheit des Kapitals und der Stimmenanteile innehaben, Kapitalanteile nicht für Rechnung Dritter gehalten werden und Stimmrechte nur
persönlich ausgeübt werden dürfen (Art. 8 Abs. 3 Nr. 3 Buchstabe b, d BayBauKG). Hinzu kommt,
dass die Übertragung von Gesellschafts- und Kapitalanteilen an die Zustimmung der Gesellschafter gebunden ist und bei einer Aktiengesellschaft oder einer Kommanditgesellschaft auf Aktien
die Aktien auf den Namen lauten müssen (Art. 8 Abs. 3 Nr. 3 Buchstabe e, f BayBauKG). Ausnah-

---

127 Vgl. gemeinsame Stellungnahme der BStBerK und der WPK vom 26.06.2007.
128 Vgl. Klose, BB 2003, S. 2702 ff.
129 Vgl. Rau, DStR 2004 S. 640 ff.

men hiervon sind lediglich bei Partnerschaftsgesellschaften zulässig, wobei dann aber die Vorgaben zur Partnerschaftsgesellschaft allgemein zu berücksichtigen sind (§ 10 Abs. 1 BayBauKG). Eben diese Einschränkungen sieht nicht nur das Bayerische Landesrecht vor, sondern auch andere Landesgesetze beinhalten vergleichbare Regelungen (z.B.: §§ 8, 9 Brandenburgisches Architektengesetzes; §§ 8, 10 Baukammergesetz Nordrhein-Westfalen).

243   Auch bei **Rechtsanwälten** ist die Form und die Ausgestaltung der zulässigen Rechtsform durch standesrechtliche Vorgaben eingeschränkt. § 59c der Bundesrechtsanwaltsordnung (BRAO) beinhaltet lediglich die Zulässigkeit von Rechtsanwaltskanzleien, die in Form einer GmbH geführt werden. Gesellschafter können dabei nur in der Rechtsanwaltsgesellschaft tätige Rechtsanwälte und Angehörige von Berufgruppen sein, mit denen aus standesrechtlicher Sicht eine Zusammenarbeit zulässig ist (§§ 59e Abs. 1, 59a Abs. 1 und 3 BRAO). Die Mehrheit der Geschäftsanteile und der Stimmrechte muss Rechtsanwälten zustehen, Anteile dürfen nicht für Rechnung Dritter gehalten werden und Dritte dürfen nicht am Gewinn der Gesellschaft beteiligt werden (§ 59e Abs. 3 und 4 BRAO). Damit scheidet die MAB von Nichtberufsträgern via GmbH-Anteile aus.

Darüberhinaus müssen die Geschäftsführer mehrheitlich Rechtsanwälte sein (§ 59f BRAO). Mit Beschluss vom 10.01.2005 hat der BGH auch die Rechtsanwalts AG für zulässig erklärt, dabei aber konkrete Anforderungen an deren Satzung aufgestellt.[130] Danach ist sowohl der Aktionärskreis als auch der Aufsichtsrat auf in der Gesellschaft tätige Rechtsanwälte und sonstige Inhaber eines sozietätsfähigen Berufs beschränkt, was implizit damit den Börsengang von Rechtsanwalts-AGs verbietet und somit auch alle Mitarbeiterbeteiligungsformen, die rein auf solchen Wertsteigerungserlösen basieren. Dies gilt ebenso für die Mitglieder des Vorstands. Auf Grund einer noch fehlenden gesetzlichen Regelung haben sich die Anforderungen an die Rechtsanwalts AG an den von der Rechtsprechung aufgestellten Vorgaben und den für die Rechtsanwaltsgesellschaft in Form der GmbH bestehenden gesetzlichen Regelungen zu orientieren. Bei der Abwägung zwischen dem Aktienrecht und dem Standesrecht können Urteile Hilfestellung bieten, die Konflikte des Standesrechts mit dem GmbH-Recht bei Rechtsanwalts-GmbHs lösen.

244   Nicht unerwähnt bleiben sollte die seit 01.11.2008 geltende Änderung des GmbH-Gesetzes und ihre Folgen für Freiberuflerzusammenschlüsse. Durch das Gesetz zur Modernisierung des GmbH-Rechts und zur Bekämpfung von Missbräuchen (MoMiG) wurde im Rahmen dieser Gesetzesreform der Gesellschaftsform der „normalen" GmbH die „Unternehmergesellschaft (haftungsbeschränkt)" hinzugefügt[131]. Diese stellt jedoch keine eigene Rechtsform dar, sondern ist lediglich eine Unterform der GmbH. Im Unterschied zur GmbH genügt bei der Unternehmergesellschaft (haftungsbeschränkt) der Betrag von 1 Euro als Stammkapital. Sie kommt daher immer in Betracht, wenn eine Gesellschaft gegründet wird, deren Stammkapital unter dem Mindeststammkapital der GmbH (25.000 Euro) liegt. Es ist zwar noch nicht geklärt, ob sich Freiberufler dieser Gesellschaftsform bedienen können. Da es sich jedoch lediglich um eine Unterform der GmbH handelt, die grundsätzlich denselben Bestimmungen wie die GmbH selbst unterliegt, sind die jeweiligen berufsrechtlichen Vorschriften, nach welchen die GmbH für zulässig erklärt wird (z.B.: § 49 StBerG, § 59e BRAO), auch dann erfüllt, wenn es sich um eine Unternehmergesellschaft handelt. Dem steht in der Regel auch kein berufsrechtlich vorgegebenes Mindeststammkapital entgegen. Für eine Wirtschaftsprüfungsgesellschaft hingegen scheidet die Form der Unternehmergesellschaft allerdings aus, da der Gesetzgeber in diesem Fall vorgesehen hat, dass sie ein Mindeststammkapital i.H.v. 25.000 Euro ausweisen müssen (§ 28 Abs. 6 WPO).

---

130 Vgl. Welper in: NWB Nr. 36 vom 04.09.2006 – 3007 – Fach 2 Seite 9041 ff.; Behnsen, das Krankenhaus 2004, S. 698 ff.

131 BGH Beschluss vom 10.01.2005, Az.: AnwZ (B) 29/03, AnwZ (B) 28/03), BGHZ 161, 376 ff.

ff)   Schlussfazit

Insbesondere bei MAB in Form der Eigenkapitalbeteiligung, wie zum Beispiel über GmbH-Anteile oder Aktien, kann demnach keine generelle Aussage zur Zulässigkeit und Umsetzungsmöglichkeit getroffen werden. Vielmehr ist eine direkte Eigenkapitalmitarbeiterbeteiligung einzelfallspezifisch für jede Berufsgruppe gesondert zu bewerten.   245

b)   Einengung des zulässigen Beteiligtenkreises durch Standesrecht und Steuerrecht

Die verschiedenen Berufsordnungen kodifizieren neben den möglichen Rechtsformen auch explizit, mit welchen Berufgruppen und unter welchen Bedingungen eine Zusammenarbeit und damit auch eine MAB zulässig ist (§ 59a Abs. 1 BRAO, § 30 BORA, § 56 Abs. 1 StBerG, § 52a PatAnwO). Die Wirtschaftsprüferordnung lässt beispielsweise eine Zusammenarbeit nur zu, wenn die andere Person der Berufsaufsicht einer Berufskammer eines freien Berufes im Geltungsbereich der WPO unterliegt und ein Zeugnisverweigerungsrecht nach § 53 Abs. 1 Satz 1 Nr. 3 der Strafprozessordnung hat (§ 44b Abs. 1 Satz 1 WPO). Zahnärzte in Baden Württemberg und Bayern zum Beispiel können sich nur mit berechtigten Angehörigen anderer Heilberufe oder staatlicher Ausbildungsberufe im Gesundheitswesen zusammenschließen (§ 17 Abs. 1 BO Zahnärzte Baden Württemberg).   246

Entscheidend ist deshalb, ob Berufsangehörige oder Berufsfremde beteiligt werden sollen. Während gegen die stille Beteiligung von Berufsangehörigen und damit auch gegen die MAB dieser nichts einzuwenden ist, eröffnet der Kanzleiinhaber durch die Beteiligung von Berufsfremden einem Nichtberufsangehörigen die Möglichkeit der Einflussnahme. Ob die Gewinnbeteiligung des Berufsfremden unangemessen ist bzw. eine persönlich oder wirtschaftliche Abhängigkeit entsteht, ist nicht mehr zu prüfen. Bei der Beteiligung von Berufsfremden liegt bereits ein Verstoß gegen die Kapitalbindungsvorschriften des § 50a StBerG vor, wonach Anteile nur von bestimmten Berufsgruppen gehalten werden dürfen. Die stille Beteiligung von Nichtberufsangehörigen wäre aber auch im Hinblick auf § 2 Abs. 2 bzw. Abs. 4 Satz 1 BOStB (Unabhängigkeit) für diese Berufsgruppe nicht zulässig.

Besondere Regelungen gelten für die Zusammenarbeit mit **Notaren**. Insoweit wird danach differenziert, ob es sich um zur hauptberuflichen Amtsausübung bestellte Notare handelt oder um Anwaltsnotare. Während hauptberufliche Notare sich zur Berufsausübung nur mit weiteren Notaren zusammen schließen können (§ 9 Abs. 1 der Bundesnotarordnung -BNotO-), können Anwaltsnotare mit genau festgelegten, anderen Berufsgruppen zusammenarbeiten (§ 9 Abs. 2 BNotO). Eine Sozietät von Steuerberatern und Rechtsanwälten, die zugleich Notar sind, darf nur bezogen auf die anwaltliche Berufsausübung eingegangen werden (§ 56 Abs. 1 Satz 2 StBerG, § 51 Abs. 1 Satz 2 Berufsordnung der Steuerberater und Steuerbevollmächtigten -BOStB-). Dies gilt ebenso für den Zusammenschluss in Form der Partnerschaftsgesellschaft (§ 56 Abs. 2 Satz 2 StBerG) oder Bürogemeinschaft (§ 56 Abs. 3 Satz 2 StBerG). Auch Rechtsanwälte und Wirtschaftsprüfer dürfen mit Rechtsanwälten, die zugleich Notare sind, eine Sozietät, nur bezogen auf die anwaltliche Tätigkeit, eingehen (§ 59a Abs. 1 Satz 3 BRAO, § 44b Abs. 1 Satz 2 WPO).   247

Auch das **Medizinische Versorgungszentrum** kann nur durch Personen gegründet werden, die Leistungserbringer in der gesetzlichen Krankenversicherung sind. Leistungserbringer können sowohl natürliche als auch juristische Personen sein. Zur Gruppe der Leistungserbringer und damit potentiell zur Gruppe der mitarbeiterbeteiligungsfähigen Personen zählen z.B. Vertragsärzte, Vertragszahnärzte, ermächtigte Krankenhausärzte, Heil- und Hilfsmittelerbringer (z.B. Hebammen, Physiotherapeuten, Logopäden, Optiker), Träger zugelassener Krankenhäuser und Apotheken. Keine Leistungserbringer sind z.B. Ärzte ohne Vertragsarztzulassung (Privatärzte), Pharmaunternehmen und Managementgesellschaften, die lediglich Leistungen der gesetzlichen Krankenversicherung mit Hilfe dienstvertraglich verpflichteter Leistungserbringer anbieten. Durch diese Beschränkung soll die Einflussnahme krankenversicherungsrechtsfremder Kapitalinteressen ausgeschlossen werden.[132]

248   Solche Einengungen des Beteiligtenkreises geraten jedoch durch den Einfluss des Rechts der Europäischen Union zunehmend unter Druck, wie eindrucksvoll das Modell der traditionellen **Einzelapotheke** zeigt. Nachdem in den vergangenen Jahren durch die Vorgabe des Europäischen Gerichtshofs[133] das Verbot von Versandapotheken liberalisiert wurde und diese in Deutschland unter bestimmten Voraussetzungen zugelassen wurden (§ 43 Abs. 1 Satz 1 Arzneimittelgesetz, § 11 a ApoG), wird derzeit von der EU-Kommission überprüft, ob die Regelung, welche vorsieht, dass Apotheken nur von approbierten Apothekern geführt werden dürfen (vgl. §§ 1, 2 ApoG), mit dem Recht der Europäischen Union vereinbar ist. Nach derzeitigem Recht bedarf derjenige, der eine Apotheke betreiben möchte, eine staatliche Erlaubnis, die nur natürlichen Personen erteilt werden darf (vgl. § 2 ApoG, Bundesapothekerordnung). Soll die Apotheke von mehreren geführt werden, wird vorausgesetzt, dass jeder Gesellschafter die erforderliche standesrechtliche Erlaubnis zum Führen einer Apotheke hat (§ 8 Satz 1 3. HS ApoG). Dieses Fremdbesitzverbot verbietet den Betrieb von Apotheken zum Beispiel durch Aktiengesellschaften und auch die Beteiligung nicht approbierter Mitarbeiter. Zudem wird von europäischer Seite die Vereinbarkeit des deutschen Mehrbesitzverbotes mit EU-Recht überprüft. Danach darf nach momentanem Gesetzesstand derjenige, der eine Apotheke betreibt, bei Erfüllung der maßgeblichen gesetzlichen Vorgaben, nur bis zu drei Filialapotheken betreiben, die zudem in enger räumlicher Nähe zur Hauptapotheke liegen müssen (§§ 1 Abs. 2, 2 Abs. 4, 5 ApoG). Sollten das Fremd- und Mehrbesitzverbot, welche in ähnlicher Form auch in anderen Mitgliedstaaten der Europäischen Union wie beispielsweise in Italien oder Österreich bestehen, fallen, steht dem Apothekenwesen in diesen Staaten der wohl bislang größte Umbruch seiner Geschichte bevor. Insofern ist auch die Rechtsprechung des EuGH für MAB von Freiberuflern nicht ohne Bedeutung.

Im Übrigen ergibt sich ein großes zusätzliches faktisches Hindernis für die Beteiligung Berufsfremder aus dem Steuerrecht: Erst unlängst bestätigte das Bundesverfassungsgericht durch Urteil, dass die Beteiligung Berufsfremder zur gewerblichen „Infektion" der Freiberuflerpraxis führt. [134]Dies führt dann insbesondere zur Gewerbesteuerpflicht des sonst nicht gewerbesteuerpflichtigen Freiberuflers. Daraus resultieren dann u.U. erhebliche Zusatzkosten. So lässt sich auch erklären, dass zum Beispiel das prinzipiell zulässige MVZ, bestehend aus Arzt und Apotheker, als Leistungserbringer in der Praxis nicht existiert.

---

132 BGBl. I 2008, 2026 ff.
133 Behnsen, das Krankenhaus 2004, S. 602 ff.
134 EuGH Urteil vom 11.12.2003, Az.: C-322/01.

c)   Folgerungen aus beschränktem Beteiligungskreis, und eingeschränkter Rechtsformwahl

Als eine der einsichtigsten Schlussfolgerungen aus Vorgesagtem resultiert, dass die **börsennotierte AG** als Rechtsform der freiberuflichen Berufsentfaltung nicht zulässig ist, da jeweils nur ein eingeschränkter Aktionärskreis in Betracht kommt und damit eine freie Handelbarkeit der Wertpapiere, wie es § 5 Abs. 1 der Börsenzulassungs-Verordnung voraussetzt, nicht gegeben ist (vgl. §§ 59e Abs. BRAO, § 50a Abs. 1 Nr. 1 StBerG, § 28 Abs. 4 Nr. 1, 1a WPO). Damit scheidet der Börsengang als Exitszenario für Freiberufler-MABs aus und mit ihm auch Aktienoptionen, Wandelschuldverschreibungen und Wandelgenussrechte, die ihren Effekt im Wesentlichen aus dem Wertsteigerungserlös beim Börsengang als Mitarbeiterbeteiligungsform haben. Daher sind diese Mitarbeiterbeteiligungsformen bei den freiberuflichen Berufsgruppen faktisch nicht zu finden.

Das gilt auch deswegen, weil ein **Trade Sale**, also der Verkauf an einen strategischen Investor, tendenziell nur bei Beendigung der berufsrechtlichen Tätigkeit des Freiberuflers realistisch ist, und es so einer MAB, die durch Wertsteigerung des Anteils motivieren und binden will, jedenfalls kurz- und mittelfristig nicht gelingt, attraktiv für die zu beteiligenden Freiberufler zu sein. Allenfalls virtuelle Aktienoptionen oder ertragswertabhängige Langzeitantiemen finden sich daher als Zusatzmotivationsinstrument neben der laufenden Erfolgsbeteiligung.

Auch ist die stille Beteiligung, vielleicht auf den ersten Blick überraschend, nicht weit verbreitet. Zwar lassen sich denklogisch grundsätzlich alle freiberuflichen Angestellten mit einer **typisch stillen Beteiligung** beteiligen und so deren Motivation und Eigenverantwortung steigern und ggf. Sozialversicherungsbeiträge sparen. Dies gilt ausnahmsweise nur nicht bei Apothekern, hier ist eine stille Beteiligung durch das Gesetz explizit ausgeschlossen worden (§ 8 Satz 2 ApoG).

Die Tatsache, dass stille Beteiligungen, zum Beispiel an einer Steuerberatungsgesellschaft, nicht zu den zulässigen Rechtsformen des § 49 Abs. 1 StBerG gehören, ist nicht das Ausscheidungskriterium. Schließlich ändert sich die Rechtsform der Steuerberatungsgesellschaft an sich nach außen nicht. Und insoweit kommt daher auch kein Verstoß in Betracht, vorausgesetzt allerdings, die eigenverantwortliche und unabhängige Berufsausübung (§ 57 Abs. 1 StBerG) wird nicht beeinträchtigt.

Das tatsächliche Ausscheidenskriterium ist in den meisten Fällen hingegen Folgendes: Jede stille Beteiligung setzt per se die Beteiligung an einem Handelsgewerbe voraus. Da Freiberufler oftmals wegen standesrechtlicher Vorgaben nicht in KGs und OHGs und auch seltener in Kapitalgesellschaften (insbesondere Ärzte) organisiert sind, stellen stille Beteiligungen auch nicht die dominierende Beteiligungsform dar.

In der Konsequenz dürften daher, neben partiarischen Darlehen, insbesondere **Genussrechte**, die dominierende Mitarbeiterkapitalbeteiligungsform der Freiberuflerpraxis sein. Schließlich ermöglichen diese die Ausgabe von MABen gegen Entgelt an die Mitarbeiter. Auch sie können den stillen Beteiligungen sehr ähnlich ausgestaltet werden und gewähren den Mitarbeitern meist nur einen Anspruch auf eine bestimmte Ergebnisbeteiligung ohne gesetzlich kodifizierte Informations- oder sogar Einsichtsrechte. Zudem lassen sich Genussrechte, wie oben bereits erwähnt, rein schuldrechtlich vereinbaren und unterfallen allein § 311 BGB mit den darauf basierenden großen Gestaltungsspielräumen.

252 Genau diese Gestaltungsspielräume sind es aber auch, die immer wieder zu Kollisionen zwischen Mitarbeitern und Unternehmen (z.B. im Arbeitsrecht), aber eben vor allem auch mit Behörden und Sozialversicherungsträgern führen.

Deswegen sei folgender Praktikerhinweis für lohnsteuerfreie und sozialversicherungsfreie Gewährung einer MAB in Form des Genussrechts oder der stillen Beteiligung gestattet, d.h. bei der Vertragsgestaltung sollten folgende Mindestaspekte auf jeden Fall beachtet werden:

■ Die Einlage muss eingezahlt und verbucht werden. Bei Beendigung der Beteiligung wird sie zurückbezahlt. (Abgrenzung zu rein virtuellen lohn- und sozialversicherungspflichtigen Varianten der MAB)

■ Je mehr die gesetzlich eingeräumten Rechte des stillen Gesellschafters wesentlich beschränkt werden, desto mehr empfiehlt sich die Einholung einer Lohnsteueranrufungsauskunft und Sozialversicherungsauskunft.

■ Grundsätzlich sollte die Laufzeit des Genussrechts bzw. der stillen Beteiligung nicht unmittelbar an das Beschäftigungsverhältnis geknüpft werden. (D.h. keine automatische Beendigung der MAB mit Arbeitsende)

■ Der Anteil des beteiligten Mitarbeiters am jährlichen Ergebnis ist anhand der Beteiligungsquote und der festgelegten Bemessungsgrundlage genau zu ermitteln.

■ Der still beteiligte Mitarbeiter kann auch an Verlusten des Arbeitgebers beteiligt werden. Dies stellt ein starkes Indiz für ein Genussrecht bzw. eine stille Gesellschaft und gegen ein partiarisches Darlehen dar. Sofern nicht ausdrücklich etwas anderes vereinbart ist, begründet eine Verlustbeteiligung keine Nachschusspflicht des Genussrechtsinhabers / des stillen Gesellschafters.

253 Ist den beteiligungswilligen Unternehmen diese Regelbeobachtung zu mühselig, oder sollen mit berufsfremden Mitarbeitern MAB´en vereinbart werden, sollten anstatt einer stillen Beteiligung rein virtuelle oder schuldrechtlich vereinbarte **erfolgsabhängige Gehaltsbestandteile** vereinbart werden. Sie sind berufsrechtlich nicht zu beanstanden (vgl. z.B. § 2 Abs. 4 Satz 2 BOStB).

Dazu rechnen auch die so genannten **Mitarbeiterguthaben**, bei denen der Mitarbeiter – selbstredend gegen Vergütung – vereinbart, zukünftige Gehaltsbestandteile im Unternehmen steuerneutral stehen zu lassen.

254 Auch rein fixverzinsliche Darlehen sind neben Genussrechten selbstverständlich möglich, jedoch eher unbedeutend, weil hier die Motivationswirkung gänzlich fehlt.

Selbstredend sind rein virtuelle Modelle im Bereich der Freiberufler generell möglich wie auch zulässig. Sie sind insbesondere dann gängig, wenn eine Einlagenfinanzierung nicht gewollt ist. Die gesellschaftlichen Beteiligungsverhältnisse werden dadurch gerade nicht verändert und beeinflusst. Weiterhin werden sie in erster Linie auch dann anzuraten sein, wenn die bereits beteiligten Gesellschafter einen Einfluss in der Gesellschafterversammlung ausschließen möchten und ein Entscheiderecht der neu zu beteiligenden Mitarbeiter ablehnen.

2.   Anders geartete Gewichtung der MAB-Bestandteile bei Freiberuflern

a)   Untergeordnete Bedeutung der Substanzbeteiligung

Im Rahmen der Mitarbeiterbeteiligung bei Freiberuflern kommt der Substanzbeteiligung eine   255
eher untergeordnete Bedeutung zu. Ein Grund dafür stellt die relativ schwierige Verkäuflichkeit
der Freiberuflerpraxen dar. Dies ist zum einen bedingt durch den standesrechtlich eingeengten
Erwerberkreis und zum anderen dadurch, dass den Freiberuflergesellschaften, wie bereits dargestellt, der Zugang zur Börse versagt ist. Darüber hinaus werden Freiberuflerpraxen tendenziell
maximal am beruflichen Ende einer Freiberuflerkarriere verkauft, so dass substanzbeteiligende
MAB lediglich für eine sehr langfristige Gestaltung in Betracht kommen könnte, eine mittel-
oder kurzfristige Orientierung aber ganz ausscheidet. Durch die hohe Dichte der Weitergabe der
Freiberuflerpraxen innerhalb der Familie, sofern ein Nachfolger vorhanden ist, der die standesrechtlichen Erfordernisse erfüllt, wird eine Veräußerung noch unwahrscheinlicher. Damit sind
der Wertsteigerungsphantasie der MAB in Form einer Substanzbeteiligung deutliche Grenzen
gesetzt, so dass sie ein weniger attraktives Beteiligungsmodell darstellt.

b)   Hoher Bedeutungsgehalt der laufenden Ertragspartizipation

Die logische Konsequenz der gerade dargestellten geringeren Bedeutung der Substanzbeteiligung   256
und damit nicht weiter erläuterungsbedürftig ist der hohe Bedeutungsgehalt der laufenden Er-
tragspartizipation, der dann die nicht gegebene Wertsteigerungsphantasie der MAB überkompensieren muss. Wie diese gelingen kann zeigt § 2 D. IV.

c)   Hoher Bedeutungsgehalt der immateriellen MAB bei Freiberuflern

Das bei Freiberuflern typisch sehr hohe Bildungsniveau führt bei den Mitarbeitern zu größe-   257
rem Interesse an der Partizipation am Informations- und Entscheidungsprozess, als es in anderen
Konstellationen der Fall wäre. Demnach hat gerade für Freiberufler die immaterielle Form der
Beteiligung eine vergleichsweise große Bedeutung. Die immaterielle Beteiligung umfasst dabei
im weitesten Sinne Mitspracherechte der Mitarbeiter an den sie betreffenden Entscheidungen. Die
wichtigsten Komponenten der immateriellen Mitarbeiterbeteiligung sind Information, Kommunikation und die Beteiligung an Entscheidungen, z.B. über Stimmrechte oder Ausschüsse etc. Diese Bereiche können nicht immer genau voneinander abgegrenzt werden, sondern gehen vielmehr
ineinander über. Insbesondere der Übergang von Information zu Kommunikation ist fließend
– wo kommuniziert wird, wird auch informiert und vice versa.

Über die gesetzliche Bestimmung hinaus können zwischen Arbeitgeber und Arbeitnehmer frei-   258
willige Mitwirkungsmöglichkeiten vereinbart werden, die auf eine partnerschaftlichen Zusammenarbeit im Unternehmen abzielen. Es kann gesagt werden, dass bei der immateriellen Mitarbeiterbeteiligung (gesetzlich und freiwillig) innerhalb eines klar definierten Rahmens, die
MitarbeiterInnen vermehrt in den betrieblichen Willensbildungs- und Entscheidungsprozess

mit eingebunden werden. Dies schafft für viele MitarbeiterInnen Freiräume und günstige Voraussetzungen zur Verwirklichung eigener Ideen. Gleichzeitig bedeuten zusätzliche Frei- und Gestaltungsmöglichkeiten jedoch immer auch zusätzliche Verantwortung, welche in der Regel gerne übernommen wird. Standesrechtlich vorgegebenes Streben nach berufsrechtlichem Zulassungstitel und der dem vorausgegangene Erwerb akademischer Grade scheint das Interesse noch zu beflügeln auch in der Unternehmenshierarchie Titel zu erlangen wie Teamleiter, Associate Partner, Partner, Equity Partner, bzw. Associate Manager, Senior Manager, Prokurist, Geschäftsführer, bzw. Vorstand.

3. Rolle der steuerlichen Förderung

259 Angesichts der relativ hohen Durchschnittgehälter der Freiberufler auch im Anstellungsverhältnis spielt die aktuelle Förderung der MAB mit einem nicht an Einkommensgrenzen gebundenen jährlichen Steuerfreibetrag in Höhe von 360 Euro (§ 3 Nr. 39 EStG) keine wirklich entscheidende Rolle.

Ebenso sind aufgrund dessen vermögenswirksame Leistungen für angestellte Freiberufler faktisch nicht interessant. Ein Anspruch auf Arbeitnehmersparzulage dürfte aufgrund der relativ niedrig angesetzten Einkommensgrenze (20.000 Euro und 40.000 Euro bei Zusammenveranlagung, § 13 Abs. 1 des Fünften Vermögensbildungsgesetzes – 5. VermBG –) ohnehin nur in extrem gelagerten Ausnahmefällen bestehen. Darüberhinaus wäre die Arbeitnehmersparzulage auf jährlich 80 Euro Maximalförderung bei 400 Euro maximal förderfähigem Höchstbetrag (20 % 400 € = 80 €) beschränkt (vgl. § 13 Abs. 2 des 5. VermBG).

260 Weitaus viel versprechender wären natürlich Modelle der Brutto-für-Netto-Gehaltsumwandlung von Gehaltsbestandteilen in Mitarbeiterkapitalbeteiligungen. Dadurch wird die Möglichkeit eröffnet neben Gehalt, welches der Lohnsteuer und der Sozialversicherung unterworfen ist, Einkünfte aus Kapitalvermögen zu generieren, die idealer Weise dem Halbeinkünfteverfahren und seit 2009 dem Teileinkünfteverfahren unterliegen. Prinzipiell gibt es hier Ansatz- und Gestaltungspunkte, diese basieren jedoch auf Auslegung insbesondere des § 11 EStG (Zuflussprinzip) bzw. auf Bewertungsregeln wie § 3 Nr. 39 EStG (Stichwort „gemeiner Wert") mit Verweis auf § 11 Abs. BewG (Kapitalgesellschaften) i. V. m. §§ 97-109 des Bewertungsgesetzes (Personengesellschaften) und § 8 Abs. 2 S. 9 EStG. Eine gesetzliche Kodifizierung der Gehaltsumwandlung an sich besteht für die MAB nicht.

Dies führt nahezu zwangsläufig zur Einschaltung versierter Berater und Einholung von Lohnsteueranrufungsauskünften zur Absicherung derartig zulässiger steueroptimierter MAB´en.

4.   Die freiberuflergerechte Ausgestaltung der laufenden Erfolgs- und der immateriellen MAB

a)   Mitarbeitertreue belohnende Systeme (Lockstep-Systeme)

Etliche Beteiligungsmodelle im Freiberuflerbereich zielen darauf ab, die langjährige Treue als Mitarbeiter ein und des selben Unternehmens zu belohnen. Hierzu zählt beispielsweise das Lockstep-System. Dieses System, welches in englischen und amerikanischen Kanzleien üblich ist, verbreitet sich auch hierzulande zunehmend. Die führenden deutschen Wirtschaftskanzleien sind mit diesem klassischen Vergütungssystem groß geworden.[135]   261

Bei einer dem Sozietätsvertrag zugrunde liegenden Gewinnbeteiligung nach dem Lockstep-System richtet sich die Gewinnbeteiligung der Partner nach definierten Quoten, die sich aus einem flexiblen Punktesystem ergeben. Jedem Partner wird bei seinem Eintritt eine Punktzahl zugewiesen, die sich in regelmäßigen Abständen bis zu einer festgelegten Höchstpunktzahl, die nicht mehr überschritten werden kann, erhöht. Jeder Angehörige eines Jahrgangs bekommt dieselbe Anzahl an Punkten.

Aus dem Verhältnis der jeweiligen Punktzahl der Partner zum Jahresende ergibt sich dann die Quote der Gewinnbeteiligung. In dieser Reinform des Lockstep-Systems beruht die Steigerung der anteiligen Gewinnbeteiligung ausschließlich auf der Dauer der Sozietätszugehörigkeit und richtet sich nicht nach den Anteilen am Gesamtumsatz oder -ertrag der Sozietät, die sich aus den Mandaten der einzelnen Partner ergeben. Das reine Lockstep-System lebt von der absoluten Gleichheit aller Partner. Folglich kann auch ein Partner keine Erhöhung seines Gewinnanteils nach den Grundsätzen über die Änderung der Geschäftsgrundlage oder die gesellschaftsrechtliche Treuepflicht mit der Begründung verlangen, er erwirtschafte mit den von ihm bearbeiteten Mandaten eine im Vergleich zu seiner Gewinnquote erheblich überproportionalen Anteil am Gewinn und Umsatz der Sozietät.[136]   262

Die Vor- und Nachteile dieses Vergütungssystems liegen damit fast auf der Hand. Der große Nachteil ist, dass leistungsstarke Partner genauso viel oder wenig verdienen wie ihr Kollege, der ein ausgeprägtes Freizeitbewusstsein hat. Umgekehrt kann durch dieses System jedoch verhindert werden, dass ein sozietätsinterner Wettkampf um die interessantesten und lukrativsten Mandate entsteht. Die Mandate sollen gerade nicht von demjenigen bearbeitet werden, der sie akquiriert hat, sondern vom jeweils Kompetentesten. Dieses System fördert ein hohes wissenschaftliches Niveau, sowie die Solidarität innerhalb der Partnerschaft. Eine Kooperation und gegenseitige Unterstützung durch Kollegen wird durch dieses System gefördert.

b)   Mitarbeitererfolg belohnende Systeme (Merit-Based Systeme)

Derartige Modelle belohnen in Reinform lediglich die erfolgreichen Mitarbeiter (oftmals gemessen an den Anteilen am Gesamtumsatz oder -ertrag der Sozietät, die sich aus den Mandaten der einzelnen Partner ergeben), nicht jedoch die dienstältesten und treuen Mitarbeiter.   263

---

135 Vgl. Eller: http://www.jumag.de/ju3423.htm.
136 OLG Stuttgart, Urteil vom 16.05.2007 – 14 U 9/06, NZ 2007 S. 745.

Bei einer dem Sozietätsvertrag zugrunde liegenden Gewinnbeteiligung nach dem reinen Mitarbeitererfolgs-System richtet sich die Gewinnbeteiligung der Partner zwar auch nach definierten Quoten, die sich wiederum aus einem flexiblen Punktesystem ergeben; jedoch wird hier einem Partner bei seinem Eintritt keine Punktzahl zugewiesen. Es gibt auch keine sich in regelmäßigen Abständen bis zu einer festgelegten Höchstpunktzahl steigernde Punktezahl, schon gar keine, die nicht mehr überschritten werden kann.

264   Vielmehr ergibt sich die flexible Punktzahl Jahr für Jahr neu, allein aus der Relation des individuellen Erfolgs des Mitarbeiters im Vergleich zu seiner Soll-Vorgabe, beispielsweise aus einer Zielvereinbarung oder eben absolut oder relativ gesehen aus seiner Rangstelle in der Tabelle aller Mitarbeiterbereiche geordnet nach dem Erfolg, die je nach Position mehr oder weniger hoch bepunktet wird (wie z.B. 12 Punkte für den Sieger, 10 Punkte für den Zweiten, 8 für den Dritten etc.).

Auch hier resultiert dann aus dem Verhältnis der jeweiligen Punktzahl der Partner zum Jahresende die Quote der Gewinnbeteiligung. In dieser Reinform des Mitarbeitererfolgs-Systems beruht die Steigerung der anteiligen Gewinnbeteiligung damit ausschließlich auf dem Erfolg eines Jahres und richtet sich nicht nach der Dauer der Sozietätszugehörigkeit. Folglich kann ein Partner eine Erhöhung seines Gewinnanteils nach den Grundsätzen über die Änderung der Geschäftsgrundlage oder die gesellschaftsrechtliche Treuepflicht nur mit der Begründung verlangen, er erwirtschaftete mit den von ihm bearbeiteten Mandaten einen im Vergleich zu seiner Gewinnquote erheblich überproportionalen Anteil am Gewinn bzw. Umsatz der Sozietät.

265   Solche leistungsbezogenen Modelle eignen sich gut als Wachstumsmodell. Sie sind insbesondere für leistungsstarke Mitarbeiter, die dadurch wesentlich höhere Einkünfte erzielen als bei reinen Lockstep-Systemen, attraktiv. Das Problem ist jedoch hierbei die gerechte Bewertung der Leistung. Zwar bietet der Umsatz einen relativ guten Anhaltspunkt, doch stellen manche Bereiche, obwohl nicht so umsatzstark für das Unternehmen, eine Kernkompetenz dar, auf welche weder verzichtet werden will noch verzichtet werden kann. Außerdem gilt: Unternehmenszugehörigkeit und Treue zum Arbeitgeber sind hier irrelevant, was auch der Schwachpunkt derartiger Modelle ist, weil er das „Söldnertum" innerhalb der Beraterschaft fördert, sprich zum regelmäßigen Wechsel zum bestbezahlendsten Arbeitgeber geradezu herausfordert.

c)   Mischmodelle

266   Selbstredend lassen sich Mitarbeitertreue- und Mitarbeitererfolgsorientierte Modelle auch kombinieren. Hieraus können sich je nach Einzelfall sehr sinnstiftende Modelle ergeben. Auf diese Weise kann beiden Zielsetzungen, welche jedenfalls aus langfristiger Sicht stets vom Arbeitgeber in Kombination gewünscht werden, Rechnung getragen werden. Treue und erfolgreiche Mitarbeiter sind aus Unternehmenssicht die begehrenswertesten.

5.   Die freiberuflergerechte Ausgestaltung der immateriellen Beteiligung

267   Bei der immateriellen Mitarbeiterbeteiligung teilen sich die Mitarbeiter gewisse „Rechte" mit den Anteilseignern und werden gezielt an Entscheidungen beteiligt. Sie ist also eine partnerschaftliche Kooperation zwischen den Beteiligten, die insbesondere bei Freiberuflern aufgrund ihres Ausbil-

dungsniveaus und dem damit sehr häufig verbundenen Wunsch selbst Verantwortung zu übernehmen, besondere Bedeutung hat. Bei Freiberuflern ist demnach besonderes Augenmerk auf die Etablierung einer weit gefächerten immateriellen Beteiligung zu legen. Die Grundlage können dabei die gesetzlichen Vorgaben darstellen, welche entsprechend zu erweitern sind.

Eine Reduzierung auf die gesetzlichen Informations- und Mitbestimmungsrechte, die sich gegebenenfalls aus dem Betriebsverfassungsgesetz ergeben (§§ 74 ff. BetrVG), wäre zu kurz gegriffen, da insoweit eine partnerschaftliche Zusammenarbeit nicht möglich ist.

Weiterhin bestehen, je nach Rechtsform der Freiberuflerpraxis, verschiedene gesellschaftsrechtlich vorgegebene Gremien, wie die Gesellschafterversammlung (§§ 48 f. GmbHG), die Hauptversammlung (§§ 118 ff. AktG), der Aufsichtsrat (§§ 95 ff. AktG, § 52 GmbHG) oder der Vorstand (§§ 76 ff. AktG) welche die Basis für den Informationsaustausch, die Kommunikation und die Entscheidungsbeteiligung darstellen können. Bei Einberufung dieser Gesellschaftsorgane können sowohl die Kommunikation und der Informationsaustausch gefördert, als auch gemeinsame Entscheidungen getroffen werden. Diese Möglichkeiten haben dabei eine umso größere Wirkung, je mehr Mitarbeiter in dieses System eingebunden sind. Folglich liegt es auch an der jeweiligen Umsetzung der gesetzlichen Vorgaben, in wieweit das Ziel der immateriellen Mitarbeiterbeteiligung erreicht wird.

268

Neben diesen gesetzlich vorgegebenen Strukturen besteht eine Vielzahl von gesetzlich nicht kodifizierten Formen der Informationserlangung, -weitergabe und Entscheidungsfindung. Auch an dieser Stelle sollten einige Möglichkeiten lediglich beispielhaft aufgeführt werden, um zu verdeutlichen wodurch die immaterielle Mitarbeiterbeteiligung umgesetzt werden kann. Eine abschließende Aufzählung ist aufgrund der zahlreichen Varianten weder möglich noch sinnvoll, da es vor allem auf die jeweilige Freiberuflerpraxis und die konkreten Vorgaben des betreffenden Freiberuflers ankommt. Eine allgemeingültige Lösung kann insbesondere in diesem Bereich nicht gegeben werden.

In Betracht kommt zum Beispiel die Einrichtung von Lenkungskreisen, von Fachzirkel und Fachausschüssen um die Mitarbeiter zu informieren und sie in den innerbetrieblichen Entscheidungsprozess zu integrieren. Insbesondere in Arbeitskreisen können Mitarbeiter an Entscheidungen in ihrem Arbeitsbereich beteiligt werden. Darüberhinaus sind Partnerversammlungen und Strategiesitzungen ebenso denkbar wie ein Teilnahmerecht der Beteiligungsvertreter oder deren Anhörung in der Sitzung der Geschäftsleitung.

269

Weitere Mittel und Wege mit denen die Mitarbeiter mit geringem Aufwand informiert werden können, stellen Email oder Mitarbeiterzeitung dar. Nicht vergessen werden sollte dabei aber, auch im Hinblick auf die Kommunikation, das älteste und nach wie vor effizienteste System der Mitarbeiterinformation: nämlich das persönliche Gespräch zwischen den Freiberuflern und deren Mitarbeiter.

§ 3 Mitarbeiterbeteiligung – bilanzielle und steuerliche Würdigung

A. Bilanzrechtliche Würdigung

I. Bilanzierung nach HGB

1. Anteile an Kapitalgesellschaften

1 Für die Entlohnung von Mitarbeitern im Wege einer direkten Mitarbeiterbeteiligung stehen der Kapitalgesellschaft grundsätzlich folgende Alternativen zur Verfügung:

Zum einen können die Altgesellschafter Teile ihrer Geschäftsanteile zugunsten der zu entlohnenden Mitarbeiter abtreten. Diese Variante ist handelsrechtlich unbeachtlich, da sich keine bilanziellen Änderungen durch die Abtretung der Anteile ergeben.

> **Beispiel:**

An einer Kapitalgesellschaft mit einem Eigenkapital von 10.000 € sind Gesellschafter A und B mit jeweils 5.000 € beteiligt. Um einen wichtigen Mitarbeiter C langfristig an das Unternehmen zu binden, entschließen sie sich, ihn am Gesellschaftskapital zu beteiligen. Hierzu treten die Altgesellschafter A und B jeweils Geschäftsanteile i. H. v. 500 € an C ab. Bilanziell ergeben sich durch den Vorgang keine Änderungen, da das Eigenkapital unverändert i. H. v. 10.000 € fortbesteht.

2 Weiterhin können die als Beteiligung gewährten Gesellschaftsanteile durch eine Kapitalerhöhung generiert werden. Dabei müssen die Altgesellschafter auf das ihnen gesellschaftsrechtlich zustehenden Bezugsrecht verzichten, um hierdurch die Aufnahme des Mitarbeiters bzw. der Mitarbeiter in den Gesellschafterkreis zu ermöglichen. Dies führt zu einer Erhöhung des Grund-/Stammkapitals sowie ggf. der Rücklagen in Höhe des vom Mitarbeiter gezahlten Kaufpreises.

> **Beispiel:**

Gesellschafter A und B sind jeweils zur Hälfte an einer Kapitalgesellschaft mit 10.000 € Grundkapital beteiligt. Im Rahmen eines Mitarbeiterbeteiligungsprogramms gewähren sie Mitarbeiter C durch eine Kapitalerhöhung zusätzliche Gesellschaftsanteile zum Nennwert von 1.000 €, für die er 2.500 € bezahlen muss. In der Bilanz wird der Vorfall dadurch abgebildet, dass das Grundkapital um 1.000 € zunimmt, während die Kapitalrücklagen um 1.500 € steigen.

Ist die entlohnende Gesellschaft eine Kapitalgesellschaft, steht ihr auch die Möglichkeit offen, eigene Anteile von Dritten zu erwerben, um diese anschließend an die Mitarbeiter zu übertragen. Handelsrechtlich ist der Erwerb eigener Anteile wie folgt darzustellen:

3 Auf der Aktivseite der Bilanz sind die eigenen Anteile in Höhe des Kaufpreises zu aktivieren, gleichzeitig wird eine Rücklage für eigene Anteile auf der Passivseite in gleicher Höhe gebildet. Werden die Anteile später übertragen, sind sie aus dem Umlaufvermögen wieder auszubuchen. Entsprechend muss die Rücklage aufgelöst werden. Diese Vorgehensweise beim Erwerb eigener

Anteile soll durch das BilMoG grundlegend geändert werden. Nach dem Regierungsentwurf des BilMoG sind demzufolge zurückgekaufte eigene Anteile in Höhe des Nennbetrag auf der Passivseite offen vom gezeichneten Kapital abzuziehen. Der Unterschiedsbetrag zwischen Anschaffungskosten und Nennbetrag der Anteile muss mit den frei verfügbaren Rücklagen verrechnet werden und Anschaffungsnebenkosten sind sofort aufwandswirksam zu erfassen.[1]

> Beispiel:

Eine Kapitalgesellschaft mit einem Grundkapital i. H. v. 100.000 € und Rücklagen i. H. v. 900.000 € erwirbt für Zwecke der Mitarbeiterbeteiligung eigene Anteile mit einem Nennbetrag i. H. v. 5.000 €. Der Kaufpreis hierfür beträgt 50.000 €, weiterhin fallen 500 € Nebenkosten an. Berücksichtigt man die durch das BilMoG geplanten Änderungen, ergibt sich folgendes Bild: Das Grundkapital findet mit 95.000 € Eingang in die Bilanz, wobei die 5.000 € offen in der Bilanz abgezogen werden. Die Rücklagen betragen 855.000 €. Die Nebenkosten stellen sofortigen Aufwand dar.

2. Aktienoptionsprogramme

Eine weitere Möglichkeit, seine Mitarbeiter durch eine direkte Unternehmensbeteiligung bei einer Aktiengesellschaft zu vergüten, stellen sog. Aktienoptionsprogramme dar. Dabei werden dem Mitarbeiter Aktienoptionen gewährt, die ihn berechtigen, innerhalb einer bestimmten Laufzeit oder zu einem bestimmten Zeitpunkt Aktien des Unternehmens zu einem im voraus festgelegten Bezugspreis zu erwerben. Die hierfür benötigten Aktien kann die AG entweder durch eine bedingte Kapitalerhöhung oder durch den Ankauf von eigenen Aktien beschaffen. 4

Die bilanzielle Abbildung von Aktienoptionsprogrammen zur Mitarbeitervergütung im Rahmen einer Kapitalerhöhung ist für den handelsrechtlichen Einzelabschluss nicht einheitlich geregelt. In der Literatur werden unterschiedliche Meinungen vertreten:[2] 5

1. Abgesehen von den Verwaltungskosten haben Aktienoptionsprogramme bis zum Ausübungszeitpunkt keine Auswirkungen auf die Bilanz. Werden die Bezugsrechte ausgeübt, entsteht dem Unternehmen ein Zufluss an Liquidität, welcher auf das gezeichnete Kapital und die Kapitalrücklagen aufzuteilen ist.

2. Durch den Verzicht auf ihr Bezugsrecht leisten die Altaktionäre eine Kapitaleinlage, die dazu verwendet wird, Mitarbeiter zu vergüten. Folge dieser Sichtweise ist, dass in Höhe des Marktwerts der Optionen (Innerer Wert und Zeitwert) Personalaufwand entsteht, der über den Leistungszeitraum zu verteilen ist. Gegenkonten sind dabei das gezeichnete Kapital und die Kapitalrücklage. Bezieht sich die Optionsgewährung auf bereits erbrachte Arbeitsleistung, ist der gesamte Personalaufwand im Zeitpunkt der Gewährung erfolgsmindernd zu erfassen.[3]

Erfolgt die Ausgabe der Aktienoptionen durch den Erwerb eigener Aktien, werden diese Aktien als Wertpapiere des Umlaufvermögens aktiviert. Korrespondierend zum Aktienwert wird auf der Passivseite der Bilanz eine betragsgleiche Rücklage für eigene Aktien gebildet. Diese Rücklage ist im Fall der Veräußerung der Aktien aufzulösen. Die Bewertung der eigenen Aktien erfolgt mit ihren Anschaffungskosten. Wertminderungen sind durch Abschreibungen auf den Buchwert zu erfassen, was auch auf den Wertansatz der gebildeten Rücklage durchschlägt. 6

1 Für einen detaillierten Überblick zur Bilanzierung eigener Anteile nach dem BilMoG-RegE vgl. Küting/Reuther, StuB 2008, S. 495.
2 Vgl. IDW (Hrsg), WP Handbuch, Band II, 13. Ausgabe 2006, T2 S. 45
3 Diese Auffassung wurde vom DRS in einem Entwurf für einen Standard vertreten (E-DRS 11), vgl. www.standardsetter.de/drsc/docs/drafts/11.pdf

Für den bilanziellen Ausweis des Erwerbs eigener Aktien sind im Zuge des BilMoG wie oben bereits dargesttellt grundlegende Änderungen vorgesehen.

7   Im Regelfall erfolgt die Ausgabe der Aktien bei Ausübung der Aktienoptionen zu einem Wert, der unter dem angesetzten Bilanzwert der eigenen Aktien liegt. Dieser Preisnachlass dient im Regelfall der Vergütung von Arbeitsleistungen nach dem Gewährungszeitpunkt. Der Erfüllungsrückstand ist bilanziell durch die Bildung einer Rückstellung zulasten des Personalaufwands abzubilden. Zu bewerten ist die Rückstellung i. H. der Differenz zwischen dem Buchwert der eigenen Anteile und dem Bezugskurs.[4]

Im Anhang sind Angaben über die Tatsache des Erwerbs der eigenen Aktien, den Bestand der eigenen Aktien und über den Grund für den Erwerb erforderlich. Die aktienkursbezogenen Vergütungen von Mitgliedern der Gesellschaftsorgane sind im Rahmen ihrer Gesamtbezüge getrennt nach Personengruppen im Anhang anzugeben. Sinnvoll ist hierbei die Angabe der im laufenden Geschäftsjahr verbuchten Personalaufwendungen.[5] Umgekehrt ist ein sich im Ausübungszeitpunkt ergebender Gewinn nicht angabepflichtig.

8   Auch eine Ausgabe von Optionen auf GmbH-Anteile ist möglich. Diese berechtigen den Inhaber der Option, während einer bestimmten Laufzeit oder zu einem bestimmten Zeitpunkt GmbH-Anteile zu einem vorher festgelegten Preis zu erwerben. Die bilanzielle Darstellung erfolgt analog zu den Aktienoptionen.

3.   Genussrechte

9   Eine weitere Möglichkeit, Mitarbeiter direkt am Erfolg des Unternehmens zu beteiligen, stellen Genussrechte dar. Sie beruhen auf einem schuldrechtlichen Vertrag sui generis und können in Abhängigkeit vom Inhalt dieses Vertrags so gestaltet werden, dass sie nach HGB entweder als Eigenkapital oder als Fremdkapital auszuweisen sind. Da hierzu keine gesetzlichen Regelungen bestehen, hat das Institut der Wirtschaftsprüfer (IdW) zu diesem Thema eine Stellungnahme des Hauptfachausschusses (HFA)[6] abgegeben. Demnach gelten Genussrechte als Eigenkapital, wenn folgende vier Voraussetzungen kumulativ vorliegen:

Zum einen muss im Fall einer Insolvenz oder Liquidation das überlassene Kapital nachrangig sein, d. h. erst nach Befriedigung aller anderer Gläubiger bedient werden. Weiterhin muss die Vergütung erfolgsabhängig sein. Hiermit ist gemeint, dass keine Auszahlungen an die Inhaber der Genussrechte geleistet werden, die im Rahmen der Kapitalerhaltungsregeln nicht an Gesellschafter hätten geleistet werden dürfen. Auch müssen die Genussrechte bis zur vollen Höhe am Verlust partizipieren. Somit darf eine Verrechnung von besonders geschützten Eigenkapitalanteilen mit aufgelaufenen Verlusten erst dann erfolgen, wenn das Genussrechtskapital vollständig aufgezehrt ist. Zuletzt sollte die Kapitalüberlassung langfristiger Natur sein, wobei in der Stellungnahme keine zeitliche Mindestgrenze gesetzt wurde. Hierbei ist in der Praxis wohl von einem Zeitraum von 5 Jahren auszugehen.

10   Werden nun im Rahmen von Mitarbeiterbeteiligungsmodellen Genussrechte an Mitarbeiter ausgegeben, erhöht sich je nach Ausgestaltung der Verträge entweder das Eigen- oder das Fremdkapital. Erfolgt die Gewährung der Genussrechte für sonstige Gegenleistungen (z. B. Arbeitsleistung des Arbeitnehmers), werden sie mangels gegenwärtiger Verbindlichkeit nicht aktiviert.

---

4   Diese Auffassung wurde vom DRS in einem Entwurf für einen Standard vertreten (E-DRS 11), vgl. www.standardsetter.de/drsc/docs/drafts/11.pdf

5   Vgl. Leuner/Dumser/Hierl/Lehmeier, Mitarbeiterbeteiligung im Rahmen der Neuemission und Stock Options, 2006, S. 57.

6   Vgl. IDW-Stellungnahme vom 01.07.1994, HFA-1/94, Wpg 1994, S. 419.

Bei einer Ausgabe der Genussrechte über oder unter Nominalwert (Agio/Disagio) müssen bilanzielle Anpassungen vorgenommen werden. Ist das Genussrecht als Fremdkapital einzustufen, dann ist in Höhe des Agios/Disagios ein Rechnungsabgrenzungsposten zu passivieren/aktivieren. Dieser Rechnungsabgrenzungsposten ist dann über die Mindestlaufzeit der Genussrechte erfolgswirksam aufzulösen.

Handelt es sich bei den Genussrechten um Eigenkapital, dann ist ein bei der Ausgabe entstandenes Agio entweder in der Kapitalrücklage oder im Genussrechtskapital, jeweils mit einem Davon-Vermerk kenntlich gemacht, auszuweisen. Werden die Genussrechte unter Kurs ausgegeben, werden sie zum niedrigeren Kurs in der Bilanz angegeben. Über die Laufzeit hinweg wird dann der Eigenkapitalposten jährlich aufgestockt. **11**

Werden die Mitarbeiter mit Wandel- oder Optionsgenussscheinen vergütet, dann ist der hierdurch vereinnahmte Betrag in den Ausgabebetrag für die reinen Genussrechte und den Ausgabebetrag für die Options-/Wandlungsrechte aufzuteilen. Entspricht der Nominalbetrag des Genussrechts nicht dem darauf entfallenden Betrag, dann liegt ein Agio/Disagio vor, das wie bereits oben erwähnt behandelt wird.[7] Zur Bilanzierung der damit in Zusammenhang stehenden Optionen siehe ebenfalls oben.

Werden Zahlungen an Genussrechtsinhaber geleistet, dann sind diese in der Gewinn- und Verlustrechnung unter dem Posten „Zinsen und andere Aufwendungen" zu erfassen, sofern es sich um Genussrechte ohne Eigenkapitalcharakter handelt. Im Anhang ist die Höhe der Vergütung mit einem Davon-Vermerk kenntlich zu machen. Liegen Vergütungen für Genussrechte mit Eigenkapitalcharakter vor, mindern diese entgegen ihrer Einstufung als Eigenkapital dennoch den Gewinn und gelten somit als Aufwand und nicht als Teil der Gewinnverwendung. Verluste, die auf Genussrechte ohne Eigenkapitalcharakter entfallen, führen zu einer Minderung der Rückzahlungsverpflichtung des emittierenden Unternehmens und sind als „Erträge aus Verlustübernahme" zu vereinnahmen. Werden in den Folgejahren Gewinne dazu verwendet, den Genussrechtsgrundbetrag wieder aufzufüllen, ist dies in einem Aufwandsposten auszuweisen. Verluste, die auf Genussrechte mit Eigenkapitalcharakter entfallen, sind wie Rücklagenzuführungen nach dem Jahresüberschuss auszuweisen. Eine spätere Wiederauffüllung ist dementsprechend wie eine Rücklagenentnahme zu behandeln. **12**

4. Stille Beteiligung

Ein sehr häufig anzutreffendes Mitarbeiterbeteiligungsmodell bedient sich der stillen Beteiligung.[8] Vergleichbar den Genussrechten kann auch die stille Beteiligung so ausgestaltet werden, dass ein Ausweis als Fremdkapital oder als Eigenkapital möglich ist. Im Gegensatz zu Genussrechten, die lediglich eine schuldrechtliche Vereinbarung darstellen, begründen stille Beteiligungen jedoch ein Gesellschaftsverhältnis. Ein Ausweis im Eigenkapital ist dann möglich, wenn folgende Kriterien kumulativ erfüllt sind: **13**

Nachrangigkeit, Teilnahme am Verlust in voller Höhe, erfolgsabhängige Vergütung, Langfristigkeit der Gewährung (wie auch bei den Genussrechten). Liegt eine der Voraussetzungen nicht vor, ist die stille Beteiligung mit dem Rückzahlungsbetrag als sonstige Verbindlichkeit oder als Einzelposten innerhalb der Verbindlichkeiten in die Bilanz einzustellen. Vergütungen, die auf den still

---

7 Zur bilanziellen Behandlung von Wandel- und Optionsgenussscheinen vgl. IDW-Stellungnahme vom 01.07.1994, HFA-1/94, Wpg 1994, S. 419.
8 Vgl. Memento, Bilanzrecht für die Praxis 2005/2006, Rz. 24.240.

Beteiligten entfallen, erhöhen nicht die stille Einlage, sondern sind entweder auszuzahlen oder einem gesonderten Konto gutzuschreiben. Verluste aus einer stillen Beteiligung mindern hingegen die stille Einlage, die durch spätere Gewinne wieder aufzustocken ist. In der Gewinn- und Verlustrechnung führen die auf die stille Beteiligung mit Fremdkapitalcharakter entfallenden Gewinnanteile zu Aufwand, Verlustanteile dagegen zu Erträgen. Hat die stille Beteiligung Eigenkapitalcharakter, stellen die entsprechenden Gewinne oder Verluste eine Gewinnverwendung dar.

5.   Hybride Formen der Mitarbeiterbeteiligung

14   Zu den hybriden Formen der Mitarbeiterbeteiligung zählen vor allem Wandelschuldverschreibungen sowie Wandelgenussrechte. Der Inhaber von Wandelschuldverschreibungen erhält das Recht, anstelle der Rückzahlung des Anleihebetrags die Ausgabe einer im voraus bestimmten Anzahl von Aktien zu verlangen. Dieses Wandlungsrecht kann an das Erreichen bestimmter Erfolgsziele geknüpft werden. Durch die Ausgabe von Wandelschuldverschreibungen entsteht dem Unternehmen eine Verbindlichkeit, die unter dem Bilanzgliederungspunkt Anleihen mit einem Davon-Vermerk ausgewiesen wird. Die Bewertung erfolgt gem. § 253 Abs. 1 S. 2 HGB zum Rückzahlungsbetrag. Entscheidet sich der Schuldverschreibungsinhaber am Ende der Laufzeit für die Wandlung in Aktien, wird aus Sicht des Unternehmens aus der Verbindlichkeit nun Eigenkapital. Demzufolge wird in der Bilanz die Verbindlichkeit aufgelöst und entsprechend dem Verhältnis von Nennbetrag der Aktie und vereinbartem Aktienkurs den Eigenkapitalpositionen „gezeichnetes Kapital" und „Kapitalrücklage" zugeschrieben.

Wird bei der Ausgabe von Wandelschuldverschreibungen ein Agio verlangt, ist dies nach § 272 Abs. 2 Nr. 2 HGB zwingend in der Kapitalrücklage auszuweisen. Ob das Wandlungsrecht ausgeübt wird oder nicht, ist für die Bilanzierung des Agios nicht entscheidend. Häufig wird das Agio nicht offen ausgewiesen, sondern verdeckt in Form einer unter dem Marktzinssatz liegenden Verzinsung erhoben. Der Verzicht auf den marktüblichen Zinssatz bildet hierbei das Agio. Sofern in den Anleihebedingungen keine konkreten Angaben gemacht worden sind, ist die Bestimmung der Höhe des Agios problematisch und muss im Wege der Schätzung erfolgen. Aufgrund von fehlenden gesetzlichen Regelungen können hier unterschiedliche Bewertungsansätze zur Anwendung kommen, die dem Emittenten bilanzpolitische Spielräume eröffnen. Ein verdecktes Agio bringt außerdem das Problem mit sich, dass es zu einer doppelten Erfassung kommt. Einerseits ist die Wandelschuldverschreibung zum Rückzahlungsbetrag zu passivieren (einschließlich Agio), andererseits ist das Agio separat in der Kapitalrücklage auszuweisen. Gelöst wird diese Problem entweder durch die Aktivierung eines betragsgleichen Disagios, das über die Laufzeit der Wandelschuldverschreibung abgeschrieben wird oder die sofortige aufwandswirksame Verrechnung.

II.   Internationale Rechnungslegung

15   Nachfolgend wird explizit auf die Regelungen nach IFRS zu Mitarbeiterbeteiligungen eingegangen. Die entsprechenden Regelungen nach den US-GAAP unterscheiden sich hiervon grundsätzlich nur in Details.

Die bilanzielle Behandlung von Aktienoptionsprogrammen zur Mitarbeitervergütung ist explizit in IFRS 2 „Share-based Payment" geregelt. Abhängig von der jeweiligen Form des Vergütungsmodells ergeben sich unterschiedliche Auswirkungen auf die Bilanz. Grundsätzlich führt die Entlohnung auf Basis von echten Optionen (eigenkapitalorientierte aktienbasierte Vergütung) zu einer

Eigenkapitalmehrung, die mit einem Aufwand einher geht, da die dafür erhaltene Arbeitsleistung nicht als Vermögenswert angesetzt werden kann. Sind die Optionen sofort ausübbar, werden sie in der Regel als Vergütung für bereits erbrachte Leistungen qualifiziert und sind somit komplett als Aufwand zu erfassen. Ist die Ausübung der Optionen an bestimmte Bedingungen geknüpft, dann ist der Aufwand auf den voraussichtlichen Leistungszeitraum zu verteilen. Handelt es sich dabei um marktbezogene Bedingungen wie beispielsweise das Erreichen bestimmter Kursziele, darf der einmal verbuchte Aufwand nachträglich nicht mehr korrigiert werden. Sind die Ausübungsbedingungen nicht marktbezogen, kommt es im Zeitablauf zu einer Anpassung der Aufwandsbuchung.

Die Höhe des Aufwands bestimmt sich nach dem am Tag der Gewährung der Optionen ermittelten Zeitwert („fair value") der hingegebenen Optionen, weil grundsätzlich davon ausgegangen wird, dass sich der Wert der Arbeitsleistung nicht zuverlässig bestimmen lässt. Da Optionen im Rahmen von Mitarbeiterbeteiligungen häufig zu anderen Bedingungen und Konditionen vergeben werden als marktgehandelte Optionen, muss ihr Zeitwert durch Optionspreismodelle geschätzt werden. Zum Einsatz kommen dabei hauptsächlich das Binomialmodell sowie das Modell von Black/Scholes, wobei das Binomialmodell teilweise bevorzugt wird. Nur in Ausnahmefällen, in denen der Wert der Optionen nicht zuverlässig geschätzt werden kann, kommt ein Ansatz zum inneren Wert in Betracht.

Nach IFRS 2 sind umfangreiche Mindestangaben im Anhang erforderlich. Hierzu zählen alle wesentlichen Merkmale der Aktienoptionsprogramme wie z. B. Bezugskurs, Erfolgsziele, Laufzeit, Sperrfrist und Durchführungsform. Auch sollte aus dem Anhang ersichtlich werden, wie hoch der Gesamtwert der Aktienoptionsprogramme ist und welche Auswirkungen dadurch auf die Ertrags- und Vermögenslage des Unternehmens zu erwarten sind.

Für alle anderen Instrumente, die im Rahmen von Mitarbeiterbeteiligungsprogrammen eingesetzt werden, ist IAS 32 einschlägig. In diesem Standard ist geregelt, in welchen Fällen ein Finanzinstrument dem Eigen- oder dem Fremdkapital zuzurechnen ist.

Handelsrechtlich können Genussrechte als Eigenkapital ausgewiesen werden, wenn ihnen eine temporäre Haftungsfunktion zukommt. Diese temporäre Haftungsfunktion ist nach IFRS nicht ausschlaggebend. Vielmehr stellen die IFRS auf die Rückforderungsmöglichkeit des Kapitalgebers als entscheidendes Kriterium ab. Besteht eine Verpflichtung des Unternehmens, dem Genussrechtsinhaber flüssige Mittel oder andere finanzielle Vermögenswerte auszuhändigen, scheidet eine Einordnung als Eigenkapital aus. Auch ein Kündigungsrecht seitens des Kapitalgebers verhindert einen Ausweis des Genussrechts im Eigenkapital. Nur wenn das Genussrecht eine unendliche Laufzeit hat und keine Rückzahlungsverpflichtung für das ausgebende Unternehmen vorliegt, kann ein Ausweis im Eigenkapital in Betracht kommen. Da Genussrechte im Rahmen von Mitarbeiterbeteiligungsprogrammen regelmäßig diese Kriterien nicht erfüllen, sind sie nach IFRS stets dem Fremdkapital zuzuordnen. Der Ausweis dieser finanziellen Schuld erfolgt in einer Position bzw. einem Unterposten „Nachrangkapital". Der Ansatz erfolgt zu Anschaffungskosten, die dem beizulegenden Zeitwert (fair value) der hingegebenen Gegenleistung entsprechen. Auszahlungen an den Genussrechtsinhaber sind in der Gewinn- und Verlustrechnung als Aufwand zu erfassen. Informationen zu den Bilanzierungs- und Bewertungsmethoden sind nach IAS 32 im Anhang anzugeben. Weiterhin sind Angaben zu Art und Umfang der Genussrechte sowie wesentliche Vertragsbestandteile, die die Höhe, den Zeitpunkt und die Wahrscheinlichkeit künftiger Auszahlungen beeinflussen, im Anhang zu veröffentlichen.

3

18   Die Behandlung von stillen Beteiligungen nach IFRS richtet sich nach den selben Kriterien wie bei den Genussrechten. Da bei einer stillen Beteiligung das Kündigungsrecht des stillen Gesellschafters nicht ausgeschlossen werden soll, besteht für das ausgebende Unternehmen stets eine Rückzahlungsverpflichtung. Aus diesem Grund stellt die stille Beteiligung immer Fremdkapital dar, deren Ausweis und Bewertung entsprechend den Genussrechten erfolgt.

Eine Wandelschuldverschreibung (auch: Wandelanleihe) ist nach IAS 32 ein sog. zusammengesetztes Finanzinstrument (compound financial instrument), das sowohl Fremd- als auch Eigenkapitalanteile enthält. Der Inhaber der Schuldverschreibung hat das Recht auf Tilgung der Anleihe am Ende der Laufzeit. Alternativ hierzu hat er zusätzlich noch die Möglichkeit, sich die Schuldverschreibung bei Ablauf der Laufzeit zu einem vorher festgelegten Verhältnis (Wandlungsverhältnis) in Aktien umzuwandeln zu lassen. Die Bilanzierung dieses Finanzinstruments erfolgt nach dem Konzept des split accounting, wonach die Fremd- und Eigenkapitalanteile getrennt bewertet und ausgewiesen werden. Wird die marktüblich verzinste Wandelschuldverschreibung mit einem Agio ausgegeben, dann stellt dieses Agio den Wert der Eigenkapitalkomponente dar und ist in die Kapitalrücklage einzustellen. Der Rest des Emissionserlöses entspricht der Fremdkapitalkomponente und ist in den Verbindlichkeiten auszuweisen.

19   Ist das Agio nicht offen ausgewiesen, sondern im nicht marktüblichen Zinssatz versteckt, ist der Wert der Eigenkapitalkomponente zwingend durch die Residualmethode zu bestimmen. Nach dieser Methode werden zunächst alle vertraglichen Zins- und Tilgungszahlungen, die mit der Schuldverschreibung verbunden sind, mit einem Marktzinssatz diskontiert, der bei Finanzinstrumenten mit vergleichbarer Bonität und Laufzeit sowie ähnlicher Zahlungsstruktur allerdings ohne Wandlungsrecht vorzufinden ist. Hieraus erhält man den Wert der Fremdkapitalkomponente, die als Verbindlichkeit auszuweisen ist. Zieht man vom Emissionserlös den Wert der Fremdkapitalkomponente ab, ergibt sich der Wert der Eigenkapitalkomponente, der als Kapitalrücklage zu passivieren ist.

Wird am Ende der Laufzeit vom Wandlungsrecht Gebrauch gemacht, ist die für die Wandelschuldverschreibung gebildete Verbindlichkeit im passenden Verhältnis in das Grundkapital und die Kapitalrücklage umzubuchen. Wird die Anleihe ausgezahlt, ist die Verbindlichkeit aufzulösen.

B.   Steuerliche Würdigung

I.   Arbeitnehmer

1.   Direkte Beteiligung

a)   Anteile an Kapitalgesellschaften

aa)   Besteuerung im Zuflusszeitpunkt

20   Die Gewährung einer Mitarbeiterbeteiligung in Form von GmbH-Anteilen führt dem Grunde nach zu Arbeitslohn im Rahmen der Einkünfte aus nicht selbstständiger Tätigkeit (§ 19 EStG), wenn hierin ein geldwerter Vorteil liegt und dieser von einem Arbeitgeber an einen Arbeitnehmer gewährt wird.

Die Qualifikation als Arbeitslohn hängt damit im Wesentlichen von einer Arbeitgeber-/Arbeitnehmerbeziehung zwischen der gewährenden Gesellschaft und dem Empfangenen ab. Der Arbeitnehmerbegriff im Lohnsteuerrecht ist hierbei unabhängig von anderen Rechtsgebieten definiert. Arbeitnehmer ist generell derjenige, der eine Leistung erbringt und hierfür Entgelt bezieht (§ 1 Abs. 1 S. 1 LStDV). Auf ein arbeitsvertragliches Dienstverhältnis kommt es hierbei nicht an. Im Ergebnis kann damit auch Arbeitslohn vorliegen, wenn von einer Konzerngesellschaft, die auch im Ausland ansässig sein kann, eine Mitarbeiterbeteiligung an Arbeitnehmer einer Tochtergesellschaft gewährt wird. Dies ist in der Praxis ein häufig anzutreffender Fall, da in der Regel nur die Konzernobergesellschaft börsennotiert ist und direkte Anteile ausgibt. [9]

Steht dem Grunde nach fest, dass eine Beteiligung des Arbeitnehmers zu lohnsteuerpflichtigen Einkünften führt, stellt sich die Frage, in welchem Zeitpunkt eine Besteuerung vorzunehmen ist. Bei den Einkünften aus nicht selbstständiger Tätigkeit im Sinn des § 19 EStG handelt es sich um sogenannte Überschusseinkünfte. Maßgeblicher Besteuerungszeitpunkt ist hierbei der Zeitpunkt des Zuflusses eines geldwerten Vorteils bei dem begünstigten Arbeitnehmer: **21**

Zufluss ist gleich zu setzen mit dem Übergang der wirtschaftlichen Verfügungsmacht über die erhaltene Beteiligung vom Arbeitgeber zum Arbeitnehmer. Die Kriterien für den Übergang des wirtschaftlichen Eigentums sind im Einzelnen noch nicht klar definiert. Die umfangreiche, kasuistisch geprägte Rechtsprechung zu dieser Thematik lässt sich jedoch wie folgt zusammenfassen:

Zufluss bzw. Übergang der wirtschaftlichen Verfügungsmacht an den Arbeitnehmer ist stets dann gegeben, wenn dieser den Nutzen aus der Beteiligung zieht. Verfügungsbeschränkungen, wie ein schuldrechtlicher Ausschluss der Weiterveräußerung innerhalb einer bestimmten Frist, stehen nach der Rechtsprechung einem lohnsteuerlichen Zufluss nicht entgegen[10]. Diese Rechtsprechung argumentiert im Wesentlichen mit den Vorschriften des Bewertungsgesetzes. Demnach stehen persönliche Verfügungsbeschränkungen dem Ansatz zum gemeinen Wert nicht entgegen. **22**

Die Nichtberücksichtigung von Verfügungsbeschränkungen bei der Frage des Zuflusszeitpunkts ist im Hinblick auf das auch im Lohnsteuerrecht geltende Prinzip der Besteuerung nach der wirtschaftlichen Leistungsfähigkeit durchaus problematisch. Kommt es zu einem lohnsteuerlichen Zufluss, obwohl keine Veräußerungsmöglichkeit des Arbeitnehmers besteht, wird im Endeffekt eine Besteuerung auf noch nicht realisierte Vermögenszuwächse angeordnet. Konkret muss der Arbeitnehmer bzw. der zur Lohnsteuerabführung verpflichtete Arbeitgeber Lohnsteuer an das Finanzamt abführen, obwohl keine Möglichkeit besteht, die Beteiligung zu veräußern und hieraus die zur Bezahlung der Steuern notwendige Liquidität zu gewinnen.

bb)   Bewertung des geldwerten Vorteils im Zuflusszeitpunkt

(1)   Grundsatz: Ableitung des gemeinen Werts aus vergangenen Anteilsverkäufen

In einem nächsten Schritt stellt sich die Frage, wie der durch die Mitarbeiterbeteiligung gewährte geldwerte Vorteil zu bewerten ist. Im Fall einer Beteiligung in Form von GmbH-Anteilen bzw. nicht börsennotierten Anteilen an einer Aktiengesellschaft kann auf Marktwerte im Sinne eines Börsenkurses nicht zurückgegriffen werden. Grundsätzlich ist auch für die lohnsteuerliche Wertermittlung primär auf zeitnahe Veräußerungsvorgänge an Dritte zurückzugreifen (§ 11 Abs. 2 S. 2 BewG). Maßgeblich ist hierbei ein Zeitraum von einem Jahr vor dem Bewertungsstichtag, wel- **23**

---

9   Die Rechtsprechung hat es abgelehnt, in einem solchen Fall, die sog. „Trinkgeldregelung" des § 3 Nr. 51 EStG anzuwenden, nach der sog. Trinkgelder nicht der Besteuerung unterliegen (FG Hamburg, Urteil vom 27.04.2005, II-374/03, EFG 2005, S. 1411 (Revision als unbegründet zurückgewiesen durch BFH, Urteil vom 03.0.2007, VI R 43/05, nicht veröffentlicht).

10   BFH, Urteil vom 16.11.1984, VI R 39/80, BStBl. II 1985, S. 136

cher dem Zuflußzeitpunkt gleichzusetzen ist. D. h. wenn innerhalb dieses Zeitraums vor Gewährung der Mitarbeiterbeteiligung Anteile an dem gewährenden Unternehmen veräußert wurden, sind die dabei realisierten Kaufpreise auch zur Ermittlung des geldwerten Vorteils heranzuziehen. Ab dem 1.1.2009 gilt die Regelung des § 11 Abs. 2 S. 2 BewG im Gegensatz zur vorherigen Rechtslage auch für ertragsteuerliche Zwecke. Auch nach der geänderten Rechtslage stellt sich die Frage, ob die von der Rechtsprechung bisher aufgestellten Grundsätze zur Maßgeblichkeit vergangener Verkäufe für die Wertkonkretisierung des gemeinen Werts weiter gelten. Vergangene Anteilskäufe sollten demnach u.a. dann keine Wertkonkretisierung darstellen, wenn nur sehr geringe Anteilsquoten übertragen wurden. Hierbei soll es sich um nicht vergleichbare Veräußerungsvorgänge handeln. Gleiches soll auch dann gelten, wenn die Veräußerungsvorgänge nicht im regulären wirtschaftlichen Geschäftsverkehr zustande gekommen sind.

❗ Praxishinweis:

Ist die Implementierung einer Mitarbeiterbeteiligung in Form einer direkten Beteiligung an einer GmbH bzw. nicht börsennotierten Aktiengesellschaft vorgesehen, sollte auf einen zeitlichen Abstand zu vergangenen Anteilsverkäufen geachtet werden, falls diese Verkäufe zu einem relativ hohen Wert erfolgt sind.

24   Erfolgten innerhalb eines Jahres vor dem Bewertungsstichtag keine Anteilsveräußerungen, ist der Wert der erhaltenen Anteile im Wege der Schätzung zu ermitteln. Eine gängige Methode zur Ermittlung des Werts von nicht börsennotierten Kapitalgesellschaftsanteilen war in der Vergangenheit das sog. Stuttgarter Verfahren. Dieses Verfahren war in den Erbschaftsteuerrichtlinien niedergelegt und vereinfacht ausgedrückt eine Kombination aus Ertragswert- und Substanzwertverfahren. Nach der nunmehr geltenden Rechtslage ist dieses Verfahren nicht mehr anwendbar. Einschlägig hierbei ist der im Rahmen der Erbschafts- und Schenkungssteuerreform ab 01.01.2009 neu gefasste § 11 Abs. 2 BewG. Anteile an nicht-börsennotierten Kapitalgesellschaften werden demnach unter Berücksichtigung der Ertragsaussichten der Gesellschaft geschätzt (§ 11 Abs. 2 BewG). Dies erfolgt in der Regel durch ein sog. „vereinfachtes Ertragswertverfahren", wenn dies nicht zu offensichtlich unzutreffenden Ergebnissen führt.

(2)   Grundzüge des vereinfachten Ertragswertverfahrens

25   Im Folgenden sollen die Grundzüge dieses vereinfachten Ertragswertverfahrens dargestellt werden. Der Ertragswert ist nach den § 199 ff. BewG anhand des zukünftig nachhaltig zu erzielenden Jahresertrags des Unternehmens, dessen Anteile bewertet werden, multipliziert mit einem Kapitalisierungsfaktor zu ermitteln.[11]

Ausgangspunkt für die Bewertung bildet demnach der zukünftig nachhaltig erzielbare Jahresertrag, § 201 Abs. 1 BewG.[12] Dieser Ertrag muss geschätzt werden. Eine Beurteilungsgrundlage im Rahmen dieser Schätzung bildet jedoch der in der Vergangenheit erzielte Durchschnittsertrag der Gesellschaft.[13] Abzustellen ist hierbei regelmäßig auf die Betriebsergebnisse der letzten 3 vor dem Bewertungsstichtag abgelaufenen Wirtschaftsjahre, deren Summe durch 3 zu dividieren ist, um den durchschnittlichen Jahresertrag des Unternehmens zu erhalten, § 201 Abs. 2 BewG.[14]

---

11   Vgl. § 200 Abs. 1 BewG.
12   Der zukünftig nachhaltig erzielbare Jahresertrag bildete bereits im Rahmen des Ertragswertverfahrens nach der Verfügung der OFD Rheinland vom 15.11.2007 S-2244-1008-St. den Ausgangspunkt für die Unternehmensbewertung nach dem Ertragswertverfahren.
13   Vgl. § 201 Abs. 1 Satz 2 BewG. Damit werden keine konkreten Prognoserechnungen als Grundlage der Unternehmensbewertung gefordert.
14   Der Beurteilungszeitraum kann ggf. verkürzt werden, wenn sich das Gesamtbild der Verhältnisse nachhaltig verändert o.ä., § 201 Abs. 3 BewG.

Grundlage für die Ermittlung des Betriebsergebnisses ist der jeweilige Gewinn nach § 4 Abs. 1 Satz 1 EStG bzw. der Überschuss der Betriebseinnahmen über die Betriebsausgaben, § 202 Abs. 1 und 2 BewG. Durch Hinzu- und Abrechnungen soll das Betriebsergebnis von außergewöhnlichen Einflüssen bereinigt werden, d. h. normalisiert werden und kann dadurch als Grundlage für eine Unternehmensbewertung dienen.[15] Zur Abgeltung des Ertragssteueraufwands ist ein positives Betriebsergebnis pauschal um 30 Prozent zu vermindern, § 202 Abs. 3 BewG.

26

Der Kapitalisierungsfaktor ist der Kehrwert des Kapitalisierungszinssatzes, § 203 Abs. 3 BewG.

Der im Rahmen des vereinfachten Ertragswertverfahrens nach § 199 ff. BewG anzuwendende Kapitalisierungszinssatz ergibt sich aus einem um 4,5 Prozentpunkte erhöhten Basiszinssatz, § 203 Abs. 1 BewG.

27

Der Basiszinssatz selbst ist aus der langfristig erzielbaren Rendite öffentlicher Anleihen abzuleiten. Der Zinssatz wird zur Vereinfachung vom BMF im Bundessteuerblatt veröffentlicht, § 203 Abs. 2 BewG.

(3)   Untergrenze Substanzwert

Der so ermittelte Ertragswert ist sodann mit dem Substanzwert des Unternehmens zu verproben. Dieser bildet die Untergrenze des Unternehmenswertes, § 11 Abs. 2 Satz 3 BewG.

28

Der Substanzwert wird grds. berechnet, indem von der Summe der gemeinen Werte der zum Betriebsvermögen gehörenden Wirtschaftsgüter und sonstigen Aktiva die zum Betriebsvermögen gehörenden Schulden und sonstigen Passiva subtrahiert werden. Hierbei sind die §§ 99 und 103 BewG anzuwenden, § 11 Abs. 2 Satz 3 BewG. Der Unternehmenswert auf Basis des Substanzwertes entspricht also der Summe der gemeinen Werte der zum Betriebsvermögen gehörenden Wirtschaftsgüter und Schulden des zu bewertenden Unternehmens.[16]

(4)   (Nicht-)Berücksichtigung von Verfügungsbeschränkungen

Regelmäßig sehen Anteile an Kapitalgesellschaften, die im Rahmen einer Mitarbeiterbeteiligung ausgegeben werden, Verfügungsbeschränkungen vor. D.h. eine Veräußerung ist innerhalb einer bestimmten Frist grundsätzlich ausgeschlossen. Die Rechtsprechung hat die Berücksichtigung dieser Verfügungsbeschränkungen bei der Bewertung der Kapitalgesellschaftsanteile abgelehnt[17]. Dagegen hat das FG Köln im Beschluss vom 17.01.2007[18] Zweifel an dieser Rechtsauffassung erkennen lassen, und zumindest eine anteilige Wertminderung aufgrund von Verfügungsbeschränkungen als denkbar erachtet. Nachdem das Beschwerdeverfahren durch Erledigung der Hauptsache abgeschlossen wurde, steht eine höchstrichterliche Klärung dieser Frage noch aus. Auch der BFH hat sich jüngst in einem Urteil dahingehend geäußert, dass Verfügungsbeschränkungen bei der Ermittlung des gemeinen Werts zu berücksichtigen sind, wenn diese für alle Verfügungsberechtigten (d.h. Anteilseigner) gelten[19].

29

---

15   Vgl. § 202 Abs. 1 Satz 2 BewG; Zum Gewinn sind erhöhte Absetzungen oder Sonderabschreibungen, AfaA, Teilwertabschreibungen, Zuführungen zu steuerfreien Rücklagen, einmalige Veräußerungsverluste sowie außerordentliche Aufwendungen, Ertragsteueraufwand etc. hinzuzurechnen. Auf der anderen Seite wird der Gewinn als Ausgangswert vermindert um gewinnerhöhende Auflösungsbeträge steuerfreier Rücklagen, einmalige Veräußerungsgewinne sowie außerordentliche Erträge, einen angemessenen, zuvor nicht berücksichtigten Unternehmerlohn, Erträge aus der Erstattung von Ertragsteuern etc.

16   So schon die Verfügung der OFD Rheinland vom 15.11.2007.

17   BFH, Urteil vom 07.04.1989, VI- R-47/88, BStBl. II 1989, S. 608

18   10-V-4341/06, EFG 2007, S. 1072

19   Urteil vom 28.10.2008, IX-R_96/07, DStR 2008, S. 2413

🛈 Praxishinweis:

Die Frage der Bewertung eines geldwerten Vorteils im Rahmen der Gewährung einer Mitarbeiterbeteiligung sollte in jedem Fall vorab durch eine Lohnsteueranrufungsauskunft bei dem zuständigen Betriebsstättenfinanzamt abgesichert werden. Ansonsten besteht die Gefahr, dass dem Arbeitgeberunternehmen erhebliche Lohnsteuernachzahlungen drohen. Eine solche Lohnsteueranrufungsauskunft ist grundsätzlich nur für das Betriebsstättenfinanzamt im Rahmen des Lohnsteuerabzugverfahrens bindend. Dennoch besteht hier für die Wohnsitzfinanzämter der begünstigten Arbeitnehmer eine gewisse Signalwirkung. Um für den Arbeitnehmer Rechtssicherheit zu erhalten, kann parallel eine verbindliche Auskunft beim Wohnsitzfinanzamt beantragt werden. Die Lohnsteueranrufungsauskunft ist hierbei im Gegensatz zur verbindlichen Auskunft nicht gebührenpflichtig.

30   Steigen die Aktien nach dem Zuflusszeitpunkt, ist dies der steuerlichen Privatsphäre zuzuordnen. D.h. diese Wertsteigerungen unterliegen grundsätzlich der ab 1.1.2009 geltenden Abgeltungsteuer i.H.v. 25 % zzgl. SolZ und ggf. KiSt. Auch Dividenden, die an den Mitarbeiter fließen, fallen grundsätzlich unter die Abgeltungsteuer.

b)   Kommanditanteile

31   Die Gewährung von Kommanditanteilen kann gleichfalls zu lohnsteuerpflichtigen Einkünften führen, wenn der Wert der erhaltenen Anteile zu einem Preis erfolgt, der unterhalb des steuerlich maßgeblichen gemeinen Wertes liegt. Hinsichtlich Zuflusszeitpunkt kann auf die vorangegangenen Ausführungen verwiesen werden.

Grundsätzlich gelten auch für die Ermittlung der Bemessungsgrundlage die gleichen Regelungen wie bei der GmbH. Insoweit kann diesbezüglich auf die vorangegangenen Ausführungen verwiesen werden.

32   Werden einem Arbeitnehmer Kommanditanteile gewährt, wird dieser im Regelfall Mitunternehmer der Personengesellschaft. Mitunternehmerstellung setzt die Übernahme von Mitunternehmerrisiko (insbesondere in Form einer Teilhabe an den stillen Reserven einschließlich eines Geschäfts- und Firmenwerts sowie an Verlusten und Gewinnen) und Mitunternehmerinitiative (zumindest in Form von Mitspracherechten, die denen eines Kommanditisten entsprechen) voraus. Nach der Gewährung der Kommanditanteile erzielt der Arbeitnehmer Einkünfte aus Gewerbebetrieb, soweit die Kommanditgesellschaft gewerblich tätig oder zumindest gewerblich geprägt ist. Verluste sind grundsätzlich mit anderen Einkünften verrechenbar. Allerdings ist die Verlustverrechnung der Höhe nach auf die Einlage beschränkt (§ 15a EStG).

2.   Optionen

a)   Nichthandelbare Optionen

33   Einkünfte, die der Arbeitnehmer im Rahmen von Aktienoptionsprogrammen vereinnahmt, gehören nach § 19 EStG zu den Einkünften aus nicht selbständiger Arbeit. Da zwischen der Einräumung der Option und dem tatsächlichen Erwerb der Aktien meist mehrere Jahre vergehen, hat die Frage, wann dem Arbeitnehmer der Arbeitslohn zufließt und somit die Besteuerung stattfindet, zentrale Bedeutung für die steuerliche Beurteilung von Aktienoptionsprogrammen. In Betracht kommt der Tag der Gewährung der Optionen (Anfangsbesteuerung) oder der Zeitpunkt,

an dem der Arbeitnehmer die Optionen ausübt (Endversteuerung). Auch wäre eine Besteuerung mit Beginn der Unverfallbarkeit der Optionen denkbar.

Nach der Rechtssprechung des BFH[20] ist der Zeitpunkt des Zuflusses zumindest bei nicht handelbaren Optionen regelmäßig mit Ausübung der Option gegeben, da zum Zeitpunkt der Optionseinräumung noch völlig offen sei, ob der optionsberechtigte Arbeitnehmer die Option später tatsächlich ausüben werde und den Vorteil durch den preisgünstigen Erwerb der Aktien realisieren kann. Der zu bewertende geldwerte Vorteil liegt nicht in der Gewährung von nicht handelbaren Aktienoptionen, sondern in der verbilligten Übertragung der Aktien selbst. Bei Einräumung der Option besteht schließlich lediglich die Chance auf einen preisgünstigen Vermögenserwerb. Auch die Finanzverwaltung schloss sich mittlerweile der Auffassung des BFH an.[21]

Nach Ausübung der Optionen und der damit ausgelösten Besteuerung vollziehen sich alle Wertsteigerung der Aktien im steuerlichen Privatvermögen des Mitarbeiters, sofern die Anteile nicht im Betriebsvermögen gehalten werden. Folglich kommt (ab 1.1.2009) grundsätzlich die sog. Abgeltungssteuer zur Anwendung. Gleiches gilt hinsichtlich etwaiger Ausschüttungen auf diese Aktien.   34

Auch Optionen auf GmbH-Anteile im Rahmen von Mitarbeiterbeteiligungsmodellen stellen nach § 19 EStG Einkünfte aus nicht selbständiger Arbeit dar. Wie bereits bei den Aktienoptionen stellt sich auch hier die Frage nach dem Zufluss des Arbeitslohns in Form des Erwerbs vergünstigter Anteile. Da es keinen aktiven Markt für GmbH-Anteile gibt, ist auch bei Optionen auf GmbH-Anteile davon auszugehen, dass diese nicht handelbar sind. Folglich findet beim Arbeitnehmer eine Endbesteuerung zum Ausübungstermin der Optionen statt.

Die Differenz zwischen dem steuerlichen Wert der GmbH-Anteile und dem Ausübungspreis bildet den geldwerten Vorteil, der dem Arbeitnehmer zufließt. Problematisch ist an dieser Stelle, wie der Wert der Anteile zu ermitteln ist. Da GmbH-Anteile nicht an einem Markt gehandelt werden, lässt sich ihr Wert nur näherungsweise im Wege einer Schätzung bestimmen. Diesbezüglich kann auf die Ausführungen zu Aktienoptionen verwiesen werden.   35

b)   Handelbare Optionen

Andere Rechtsfolgen können sich bei Ausgabe von handelbaren Optionen ergeben. D.h. diese Optionen können im Gegensatz zu den oben behandelten nichthandelbaren Optionen grundsätzlich übertragen werden. Nach Auffassung der Finanzverwaltung, gilt dies nur dann, wenn die Optionen an einer Wertpapierbörse gehandelt werden.[22] Somit sind sämtliche Optionen als handelbar einzustufen, die uneingeschränkt an einer Börse veräußerbar sind. Zeitliche und sachliche Verfügungsbeschränkungen können folglich schädlich sein. Gleiches gilt, falls kein aktiver Markt für die Optionen nachgewiesen werden kann. Allein ein „unternehmensinterner" Markt reicht hierbei als Nachweis eines aktiven Marktes nicht aus. Die Finanzverwaltung nimmt bei handelbaren Optionen eine Anfangsbesteuerung an[23]. Auch die Rechtsprechung hat sich in jüngster Zeit bei Gewährung von frei verfügbaren und handelbaren Optionsscheinen für eine Anfangsbesteuerung ausgesprochen[24]. Allerdings hat sich das FG Münster selber im rechtskräftigen Urteil vom   36

---

20 Urteil vom 20.06.2001, VI 155/99, BStBl. II 2001, S. 689, 24.01.2001, I R 100/98, BStBl. II 2001, S. 509 und 24.01.2001, I R 110/98, BStBl. II 2001, S. 512
21 Vgl. Erlass des Finanzministeriums Nordrhein-Westfalen vom 27.03.2003, DB 2003, S. 747.
22 Vgl. BMF-Schreiben vom 14.09.2006, BStBl. I, S. 532.
23 Finanzministerium NRW (koordinierter) Erlass vom 27.03.2003, DStR 2003, S. 689
24 FG Münster, Urteil vom 15.07.2008, 1-K-4029/06-E

09.05.2003, 11-K-6754/01 bei der Gewährung von handelbaren Optionsrechten für eine Besteuerung im Zeitpunkt der Ausübung ausgesprochen. Der BFH hat diese Rechtsauffasung bestätigt.[25]

37   Eine Besteuerung im Zeitpunkt der Gewährung (Anfangsbesteuerung) hätte für den Steuerpflichtigen den Vorteil, dass die Kursgewinne aus den durch die Optionen erworbenen Aktien oder die Gewinne aus der Veräußerung der Optionen, die nach Optionseinräumung vereinnahmt würden, dem Privatvermögen des Begünstigten zuzurechnen wären. Folge davon wäre, dass diese Wertsteigerungen grundsätzlich der Abgeltungsteuer in Höhe von 25 % (zzgl. SolZ und ggf. KiSt) unterliegen. Allerdings könnte eine Anfangsversteuerung im Fall von sinkenden Kursen auch dazu führen, dass der Arbeitnehmer Steuern auf einen Arbeitslohn entrichtet, der ihm unter Umständen niemals zufließt.

3.   Stille Beteiligung

38   Auch die Gewährung einer stillen Beteiligung kann zum Zufluss eines geldwerten Vorteils führen, falls deren steuerlicher Wert die tatsächliche Einlage des Mitarbeiters übersteigt. Der steuerliche Wert wird hierbei grundsätzlich dem Nominalwert gleichgesetzt. Ein Zufluss erfolgt im Zeitpunkt der Übertragung der Beteiligung an den Arbeitnehmer.

Entscheidend für die Qualifikation der Einkünfte aus einer stillen Beteiligung beim Arbeitnehmer ist deren Ausgestaltung. Partizipiert der Beteiligte nur am laufenden Erfolg der Gesellschaft, liegt eine typisch stille Beteiligung vor. Die Einkünfte aus einer typisch stillen Beteiligung zählen dann nach § 20 Abs. 1 Nr. 4 EStG zu den Einkünften aus Kapitalvermögen. Ab 2009 gilt für solche Einkünfte grundsätzlich ein verminderter Steuersatz in Höhe von 25 % (zzgl. SolZ und ggf. KiSt) (Abgeltungsteuer). Bei Verlusten, die durch eine stille Beteiligung entstehen, ist zu beachten, dass diese nicht uneingeschränkt verrechnet werden dürfen.

39   Wird der Mitarbeiter nicht nur am Gewinn und Verlust der Gesellschaft beteiligt, sondern trägt er auch Mitunternehmerrisiko und kann Mitunternehmerinitiative entfalten, liegt eine atypisch stille Beteiligung vor. Dies ist regelmäßig dann der Fall, wenn der Beschäftigte zusätzlich zur Gewinnbeteiligung auch an der Wertentwicklung der stillen Reserven und dem Goodwill des Unternehmens teilnimmt sowie Gewinnmitspracherecht hat. Er ist dann steuerlich als Mitunternehmer anzusehen und erzielt nach § 15 Abs. 1 S. 1 Nr. 2 EStG gewerbliche Einkünfte.[26] Diese werden mit dem individuellen Einkommensteuersatz des Mitarbeiters von derzeit max. 45 % besteuert (zzgl. SolZ und ggf. KiSt). Verluste, die auf die atypisch stille Beteiligung entfallen, dürfen nur bis zur Höhe der Einlage mit anderen Einkünften verrechnet werden. Eine weitergehende steuerliche Berücksichtigung von Verlusten ist nur über eine Verrechnung mit Gewinnen aus der gleichen Gesellschaft mittels Verlustrücktrag oder Verlustvortrag möglich. Weiterhin unterliegen die Einkünfte aus einer atypisch stillen Beteiligung der Gewerbesteuer. Diese lässt sich jedoch durch ein pauschaliertes Verfahren, welches in § 35 EStG geregelt ist, auf die Einkommensteuer anrechnen.

4.   Genussrechte

40   Werden Genussrechte an Arbeitnehmer ausgegeben, kann ein lohnsteuerpflichtiger geldwerter Vorteil vorliegen, wenn die Ausgabe zu nicht marktüblichen Konditionen erfolgt. Dies ist insbesondere dann der Fall, wenn die Genussrechte unentgeltlich ausgegeben werden. Die Genussrechte sind hierbei im Regelfall mit dem Nennwert anzusetzen.

---

25   BFH Urteil vom 20.11.2008, Az: VI-R-25/05.
26   Vgl. Wacker, in: Schmidt, EStG 2008, § 15 Rz. 343.

Die steuerliche Qualifikation der Zinsen ist bisher noch nicht abschließend geklärt. In Frage kommen hier Kapitaleinkünfte oder ebenfalls Einkünfte aus Arbeitslohn. Nach Auffassung der Rechtsprechung (BFH, Beschluss vom 28.06.2007, VI-B-23/07 BFH/NV 2007, S. 1870; Urteil vom 31.10.1989, VIII-R-210/83, BStBl. II 1990, S. 532) ist hierfür auf den Einzelfall abzustellen. Steht der Entlohnungscharakter im Vordergrund, wird eine Zuordnung der Zinsen zu den Arbeitseinkünften erfolgen. Die Finanzverwaltung erkennt nur unter bestimmten Voraussetzungen die Qualifikation der Zinsen als Kapitaleinkünfte an. So soll keine unüblich hohe erfolgsabhängige Verzinsung gewährt werden. Werden die Zinsen als Kapitaleinkünfte qualifiziert gilt Folgendes: Die Zinsen werden grundsätzlich nach den Regeln der Abgeltungsteuer mit einem Steuersatz i.H.v. 25 % (zzgl. SolZ und ggf. KiSt) besteuert. Die Abgeltungsteuer wird mittels Kapitalertragsteuerabzug auf Ebene des Arbeitgeberunternehmens erhoben.

5.   Hybride Formen der Mitarbeiterbeteiligung

(Wandel-)Schuldverschreibungen und (Wandel-)Genussrechte führen grundsätzlich erst im Zeitpunkt der Wandelung in eine direkte Beteiligung zu einem lohnsteuerlichen Zufluss[27]. Insoweit gelten dieselben Rechtsfolgen wie bei der Gewährung von Optionsrechten auf den Erwerb von Anteilen.   41

Hinsichtlich des steuerlichen Werts der erhaltenen Anteile kann auf die vorangegangenen Ausführungen verwiesen werden.

II.   Arbeitgeber

1.   Ertragsteuerrecht

a)   Anteile an Kapitalgesellschaften

Eine direkte Mitarbeiterbeteiligung in Form von Aktien bzw. GmbH-Anteilen wird steuer- und handelsrechtlich als Eigenkapital qualifiziert. Steuerrechtlich wird aufgrund des sog. Maßgeblichkeitsgrundsatzes die handelsbilanzielle Behandlung der direkten Mitarbeiterbeteiligung grundsätzlich übernommen. Auskehrungen an die Mitarbeiter stellen Gewinnausschüttungen dar und sind damit Teil der Gewinnverwendung. Diese Zahlungen sind nicht als Betriebsausgaben abziehbar.   42

b)   Genussrechte

Genussrechte können so ausgestaltet werden, dass sie aus steuerlicher Sicht entweder dem Eigenkapital oder dem Fremdkapital zugerechnet werden. Entscheidend für die Einordnung ist, ob der Genussrechtsinhaber sowohl am Gewinn als auch am Liquidationserlös der Gesellschaft beteiligt ist. Sind beide Voraussetzungen kumulativ gegeben, liegt aus steuerlicher Sicht Eigenkapital vor, so dass die darauf entfallende Vergütung den Gewinn der Gesellschaft nicht mindern darf. Die   43

---

27   BFH, Beschluss vom 15.03.2006 VI R 41/04 unveröffentlicht

Vergütung stellt dann Gewinnverwendung dar. Liegt eine der oben genannten Voraussetzungen nicht vor, handelt es sich steuerlich um Fremdkapital. Dies hat zur Folge, dass Vergütungen, die auf die Genussrechte entrichtet werden, als Betriebsausgabe steuerlich geltend gemacht werden können.

c) Stille Beteiligung

44   Die typisch stille Beteiligung stellt steuerlich Fremdkapital dar. Vergütungen, die dem still Beteiligten zustehen, mindern auf Ebene des Arbeitgebers den Gewinn und sind somit steuerlich abzugsfähig. Liegt dagegen eine atypisch stille Beteiligung vor, ist diese steuerlich als Mitunternehmerschaft anzusehen. Dies hat zur Folge, dass Gewinnanteile der atypisch stillen Beteiligung nicht auf Ebene der Gesellschaft besteuert werden, sondern grundsätzlich direkt dem Mitarbeiter als Einkünfte aus Gewerbebetrieb zugerechnet werden.

> 🛈 Praxishinweis:
>
> *Zur steuerlichen Absicherung einer Mitarbeiterbeteiligung aus Arbeitgebersicht ist die Beantragung einer verbindlichen Auskunft im Regelfall anzuraten. Hierdurch wird das Finanzamt grundsätzlich an die einmal vertretene Rechtsauffassung gebunden. Diese löst aber eine Gebührenpflicht aus, deren Höhe sich an der potentiellen Steuerbelastung bemisst.*

2. Lohnsteuereinbehaltungspflicht des Arbeitgebers

45   Zu beachten ist im Übrigen auch, dass Einkünfte aus nicht selbstständiger Arbeit im Wege des Lohnsteuerabzugverfahrens erhoben werden. Das Arbeitgeberunternehmen hat für den Arbeitnehmer im Zuflusszeitpunkt in Höhe des Steuersatzes multipliziert mit dem geldwerten Vorteil Lohnsteuer abzuführen. Teilweise werden Mitarbeiterbeteiligungen nicht direkt vom Arbeitgeberunternehmen gewährt, sondern von dem Gesellschafter bzw. einem anderen Konzernunternehmen. In diesem Fall stellt sich die Frage, wie das Arbeitgeberunternehmen hiervon Kenntnis erlangt, um den Lohnsteuerabzug korrekt durchführen zu können. Der Gesetzgeber hat in § 38 EStG eine Regelung eingefügt, nach der der Arbeitnehmer die Verpflichtung hat, den Bezug von lohnsteuerpflichtigen Einkünften durch Außenstehende dem Arbeitgeberunternehmen anzuzeigen. Erfolgt eine solche Anzeige, ist das Arbeitgeberunternehmen verpflichtet, von dem Arbeitnehmer den Fehlbetrag zu verlangen. Wird der Fehlbetrag vom Arbeitnehmer nicht dem Arbeitgeberunternehmen zur Verfügung gestellt, ist der Arbeitgeber verpflichtet, dies dem Betriebstätten-Finanzamt anzuzeigen. Das Betriebstätten-Finanzamt wird von dem Arbeitnehmer die Begleichung der verbleibenden Differenz zwischen der auf das lohnsteuerpflichtige Einkommen entfallenden Steuer und der vom Arbeitgeber bereits einbehaltenen Lohnsteuer fordern.

§ 4 Mitarbeiterbeteiligung und betriebliche Altersversorgung

A. Mitarbeiterbeteiligungsmodelle und betriebliche Altersversorgung

I. Zielsetzung einer Mitarbeiterbeteiligung

Anders als die betriebliche Altersversorgung dient eine Mitarbeiterbeteiligung einem verstärkten 1
Leistungsanreiz der Arbeitnehmer durch die Teilhabe an dem noch zu erwirtschaftenden künftigen Erfolg eines Unternehmens. Ist folglich das Unternehmen erfolglos, so entfällt eine Vergütung aus der Mitarbeiterbeteiligung (MAB) im Gegensatz zur regelmäßig leistungsunabhängigen betrieblichen Altersversorgung. Wie sich aus der nachfolgenden Abbildung entnehmen lässt, werden mit einem Mitarbeiterbeteiligungsmodell jedoch noch andere Zielsetzungen verfolgt, die sich in Haupt- und Nebenziele untergliedern lassen.

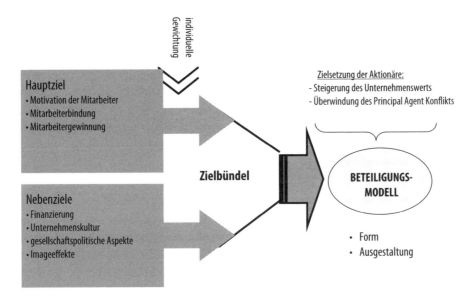

Abbildung 1: Ziele einer MAB

Neben der oben bereits erwähnten Leistungsmotivation ist als weitere Hauptzielsetzung die ver- 2
stärkte Bindung an das Unternehmen zu nennen. Eine Bindung der Mitarbeiter wird bei der Mitarbeiterbeteiligung regelmäßig durch Festlegung einer Anspruchserdienungsfrist (Vesting genannt) erzielt. Demnach entsteht für einen Arbeitnehmer ein Anspruch aus einem Mitarbeiterbeteiligungsmodell erst nach einer bestimmten Verweildauer im Unternehmen. Insbesondere durch

eine Mitarbeiterkapitalbeteiligung wird der Anreiz zu einem Verbleib im Unternehmen verstärkt, da der Mitarbeiter im Fall einer vorzeitigen Beendigung des Arbeitsverhältnisses regelmäßig nicht an der Wertsteigerung seines Arbeitgebers partizipieren darf, sondern lediglich seinen Kapitaleinsatz zurückerhält.[1]

Eine Mitarbeiterbeteiligung kann ferner auch ein wirksames Instrument zur <u>Mitarbeitergewinnung</u> sein, d. h. ein Unternehmen wird als potentieller Arbeitgeber durch sie attraktiver. Ein Mitarbeiterbeteiligungsmodell steigert außerdem das <u>Image</u> eines Unternehmens in der Öffentlichkeit, weil im Erfolgsfalle nicht nur die Eigner, sondern auch die Belegschaft am Unternehmenswertzuwachs beziehungsweise Ergebniszuwachs partizipiert. Als weitere Zielsetzung ist insbesondere im Hinblick auf die gegenwärtig geführte Ratingthematik im Zusammenhang mit Basel II die Erschließung neuer Unternehmensfinanzierungsquellen zu nennen. Durch eine Kapitalbeteiligung der Mitarbeiter erfolgt ein Liquiditätszufluss an das Unternehmen, soweit die Beteiligung nicht unentgeltlich eingeräumt wird. Letzteres kann auch durch eine Umwandlung von Vergütungsbestandteilen der Arbeitnehmer in langfristig gebundenes Kapital erreicht werden, wodurch zwar kein Liquiditätszufluss erreicht, jedoch ein Liquiditätsabfluss vermieden wird.

3   Systematisch betrachtet ist eine Mitarbeiterbeteiligung den <u>variablen Vergütungsinstrumenten</u> zuzuordnen, wie die nachfolgende Abbildung illustriert.

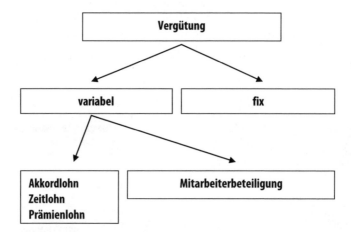

Abbildung 2:   Vergütungsbestandteile und deren Einordnung

Die Beteiligung kann sich dabei auf verschiedene Bezugsgrößen beziehen. Wie aus der nachfolgenden Abbildung hervorgeht, kann sich eine Beteiligung der Mitarbeiter alternativ, aber auch kumulativ auf den Erfolg, auf das Kapital sowie eine immaterielle Beteiligung beziehen. Eine Beteiligung am wirtschaftlichen Ertrag kann sich ihrerseits wiederum auf verschiedene Ertragsgrößen beziehen.

---

1   Vgl. BGH-Urteil vom 19.09.2005 II ZR 173/04 sowie Urteil vom 19.09.2005 II ZR 342/03

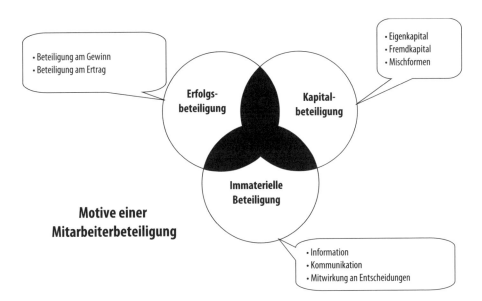

Abbildung 3:   Formen der Mitarbeiterbeteiligung

Als bekannteste Form einer einlagefreien Mitarbeitererfolgsbeteiligung ist eine <u>gewinnabhängige</u>   4
<u>Tantieme</u> zu nennen.

Eine Kapitalbeteiligung kann sich sowohl als Eigenkapital- wie auch als Fremdkapitalbeteiligungen darstellen. Auch Mischformen – wie stille Beteiligungen oder Genussrechte – sind denkbar. Im erstgenannten Fall (<u>der Eigenkapitalbeteiligung</u>) werden die Mitarbeiter grundsätzlich zu gleichberechtigten Gesellschaftern gemacht. Sie erhalten entsprechende Stimm- und Kontrollrechte und haben sowohl Wertsteigerungschancen als auch Wertverlustrisiken im Hinblick auf ihre Einlage. Im <u>Fremdkapitalbeteiligungsfall</u> erwirbt der Mitarbeiter dagegen keine Gesellschafterrechte, sondern nur Gläubigerrechte. <u>Mischformen</u> verbinden insbesondere Vermögens- und Informationsrechte mit Gläubigerrechten und ermöglichen handelsrechtlich unter Einhaltung bestimmter Bedingungen sogar den Eigenkapitalausweis. Selbstredend ist eine Mitarbeiterbeteiligung sowohl an Kapitalgesellschaften als auch an Personengesellschaften grundsätzlich denkbar, jedoch variieren in Abhängigkeit von der Rechtsform regelmäßig die Beteiligungsformen in ihrer spezifischen Ausgestaltung.

Aus steuerlicher Sicht wird idealerweise eine Mitarbeiterbeteiligung angestrebt, die für den Arbeitgeber sofort betriebsausgabenwirksam wird; bei den Mitarbeitern aber erst zu einem Zufluss bei Auszahlung führt. Dies zu realisieren ist zwar nicht immer leicht, jedoch je nach Konzeption der Mitarbeiterbeteiligung durchaus erreichbar (vgl. zum Beispiel das sogenannte Mitarbeiterguthaben gemäß BFH-Urteil vom 14.05.1982, BStBl. II 1982, S. 469).

II.   Zielsetzung einer betrieblichen Altersversorgung

Deutlich fokussierter als die Mitarbeiterbeteiligung ist die betriebliche Altersversorgung ausschließlich darauf ausgerichtet, einen Beitrag zur Sicherung des Lebensstandards eines Arbeitnehmers nach Beendigung der aktiven Erwerbstätigkeit zu leisten. Damit bildet die betriebliche Altersversorgung neben der gesetzlichen Rente und der privaten Vorsorge eine dritte Säule im   5

System der Altersvorsorge. Die Beträge des Arbeitgebers zu einer betrieblichen Altersversorgung für den Arbeitnehmer sind dabei regelmäßig als Bestandteil der Vergütung des Arbeitnehmers anzusehen, da hierdurch Ansprüche gegenüber dem Arbeitgeber oder einer dritten Versorgungseinrichtung entstehen. Als weitere Nebenzielsetzung der betrieblichen Altersversorgung ist die Mitarbeiterbindung zu nennen. Durch ein System der betrieblichen Altersversorgung kann die Attraktivität als Arbeitgeber für qualifizierte Mitarbeiter durchaus gesteigert werden.

6   Ferner ist als weitere Nebenzielsetzung der betrieblichen Altersversorgung oftmals der Wunsch nach einer Steuerstundung zu nennen, die dann eintritt, wenn Beiträge zum Aufbau einer betrieblichen Altersversorgung im Erdienungszeitraum beim Arbeitgeber steuerlich abziehbar sind, beim Arbeitnehmer aber erst in der Leistungsphase eine Besteuerung erfolgt.

Konzeptionelle Unterschiede zwischen einer Mitarbeiterbeteiligung und einer betrieblichen Altersversorgung bestehen folglich insbesondere darin, dass letztere den Mitarbeitern

a) meist erfolgsunabhängig und

b) erst nach Beendigung der aktiven Erwerbstätigkeit

Leistungen gewährt, während die Mitarbeiterbeteiligung erfolgsabhängige Leistungen regelmäßig während der aktiven Erwerbstätigkeit bietet.

III.   Möglichkeit eines Konkurrenzverhältnisses zwischen Mitarbeiterbeteiligung und betrieblicher Altersversorgung

7   Rein konzeptionell können Mitarbeiterbeteiligung und betriebliche Altersversorgung nicht zueinander in Konkurrenz treten. Zu unterschiedlich sind die damit verbundenen Zielsetzungen und die Zeitpunkte der Wirkung beider Modelle. Allein aus der Überlegung heraus, dass

1. beide zur selben Zeit angespart werden könnten in Verbindung mit der

2. Annahme, dass der Finanzier derselbe und

3. Geld ein knappes Gut ist, welches nicht unbegrenzt zur Verfügung steht, um beide Formen, Mitarbeiterbeteiligung und betriebliche Altersversorgung, zeitgleich zu finanzieren,

ist somit ein Konkurrenzverhältnis denkbar.

8   All diese Annahmen müssen zudem kumulativ erfüllt sein, um ein Konkurrenzverhältnis konstruieren zu können. Es reicht im Umkehrschluss folglich nicht aus, ein solches Konkurrenzverhältnis als immer gegeben zu unterstellen, wie es Autoren tun allein mit dem Verweis auf die Knappheit des Geldes, welches nur zur Finanzierung eines Weges vorläge.[2]

Diese Meinung hat auch die Bundesregierung in der Begründung zum Mitarbeiterkapitalbeteiligungsgesetz in 2008 abgelehnt. Sie schrieb sinngemäß: Der Arbeitgeber der heutigen Zeit ist zwar bereit, Mitarbeiterbeteiligungen „on Top" zu finanzieren für seine Mitarbeiter, weil er die Liquidität und Finanzierungssicherheit der für die Mitarbeiter angelegten Mittel trotz der Anlage in die Mitarbeiterbeteiligung behält und Mitarbeiter zudem bindet und motiviert.[3] Regelmäßig ist er jedoch nicht bereit, dem Arbeitnehmer noch eine Altersversorgung gratis und zusätzlich für

---

2   Vgl. Stellungnahme der großen acht Verbände vom 29.10.2008 zu dem Gesetzentwurf der Bundesregierung für ein Gesetz zur steuerlichen Förderung der Mitarbeiterkapitalbeteiligung (Mitarbeiterkapitalbeteiligungsgesetz) von DIHK BDI ZDH BDA BdB GDV HDE BGA sowie Hessling Michael, Betriebliche Altersversorgung, Heft 4/2008, S. 338 ff., insbesondere S. 339.

3   Vgl. Begründung des Regierungsentwurfs Gesetz zur steuerlichen Förderung der Mitarbeiterkapitalbeteiligung, S. 11 und 12 oben

diesen aufzubauen. Die Tendenz der Praxis zeigt hier eindeutig, dass Finanzier der betrieblichen Altersversorgung regelmäßig der Arbeitnehmer selbst durch Entgeltumwandlung ist. Geschieht dies jedoch, so sind Finanzier beider Wege unterschiedliche Personen, die jede ihre eigenen Finanzmittel investieren, sodass selbst bei Knappheit des Gutes Geld nicht von einem Konkurrenzverhältnis zwischen Mitarbeiterbeteiligung und betrieblicher Altersversorgung mehr ausgegangen werden kann.

Abgesehen davon ist festzuhalten, dass ein rationaler Investor regelmäßig nicht alle seine Finanzmittel in eine einzige Anlageform investiert, weil er weiß dass nur Diversifikation oder Hedging Anlageverlustrisiken ausschalten kann (auf die Portfoliotheorie von Marcowicz wird verwiesen).   9

Doch selbst wenn dem so wäre, dass Mitarbeiterbeteiligung nach neuer Rechtslage die betriebliche Altersversorgung verdrängte, weil sie jedenfalls in Höhe von 360,00 Euro per anno und Person niemals steuer- und sozialversicherungspflichtig wäre, [4] so wird von den Personen, die ein Konkurrenzverhältnis annehmen, nicht beachtet, dass Mitarbeiterbeteiligung bekanntlich der betrieblichen Altersversorgung zeitlich vorgelagert ist und von Einzahlung wie Wirkung her, und dementsprechend jedenfalls konzeptionell, problemlos bei Eintritt in das Rentenalter in eine Altersversorgung oder noch davor in eine betriebliche Altersversorgung umfinanziert werden könnte. Spätestens hier ließe sich für die Anleger jedenfalls das Konkurrenzverhältnis auflösen, wie nachfolgende Ausführungen zeigen.

Für die Versicherungswirtschaft mag dies durchaus anders sein. Ihr ginge zumindest temporär ein Anlagebetrag verloren, wenn er denn zuerst in Mitarbeiterbeteiligung investiert würde, weil er im Unternehmen verbleibt. Dies ist aus Sicht des Anlegers, sprich des Mitarbeiters, und des Arbeitgebers, sprich des mitarbeiterbeteiligenden Unternehmens, jedoch bewusst gewollt. Ob dies marktwirtschaftlich und wettbewerbsmäßig tatsächlich ein Problem darstellen könnte, darf zumindest hinterfragt werden; zumal die Attraktivität des jeweiligen Weges Mitarbeiterbeteiligung versus (betriebliche) Altersversorgung sich Tag für Tag neu entscheidet angesichts der Attraktivität der Modelle und der Lebensphase, in der sich der Mitarbeiter befindet. Dies voraus geschickt wird nun im Folgenden dargestellt, welche Ansätze zur Verknüpfung einer betrieblichen Altersversorgung mit Mitarbeiterbeteiligung denkbar sind.   10

IV.   Ansätze zur Verknüpfung einer betrieblichen Altersversorgung mit Mitarbeiterbeteiligung

Die oben genannten Zielsetzungen einer betrieblichen Altersversorgung und einer Mitarbeiterbeteiligung lassen sich durch verschiedene Modelle auch miteinander verknüpfen. Durch die zunehmende Bedeutung der Mitarbeiterbeteiligung als Instrument zur Gewinnung und Bindung von Mitarbeitern sowie der Diskussion um die Altersversorgung gewinnt diese Thematik deutlich an Aktualität.   11

Sinn dieser Kombination von betrieblicher Altersversorgung und Mitarbeiterbeteiligung ist meist, dass die vorgenannten typischen Zielsetzungen beider Modelle entweder parallel oder sequentiell erfüllt werden, unter Umständen auch mit unterschiedlicher Gewichtung der Ziele.

Die Umsetzung kann hierbei auf verschiedene Weise erfolgen: So wäre zum Beispiel an den Aufbau einer erfolgsabhängigen betrieblichen Altersversorgung zu denken. Hierbei wird die Höhe der Ansprüche eines Arbeitnehmers auf spätere Versorgungsleistungen in Abhängigkeit von der

---

4   Vgl. Hessling Michael, Betriebliche Altersversorgung, Heft 4/2008, S. 338 bis 341

Ertragsentwicklung des Unternehmens ab Zusage der betrieblichen Altersversorgung bemessen.

12 Ein anderer Ansatz bestünde in der Umwandlung einer bereits erdienten, aber noch nicht fälligen Mitarbeiterbeteiligung – z.B. aus Mitarbeiterguthaben oder aus virtueller Aktienoption, Phantom Stock etc. – in eine betriebliche Altersversorgung. Dieses Modell ist dann attraktiv, wenn eine Vergütung aus einer Mitarbeiterbeteiligung nicht benötigt wird, aber an dem Aufbau einer betrieblichen Altersversorgung Interesse besteht oder hierdurch eine Steuerstundung angestrebt wird durch Brutto- für Nettoumwandlung gegebenenfalls noch nicht versteuerter Arbeitslohnbestandteile wie bei virtueller Mitarbeiterbeteiligung oder Mitarbeiterguthaben denkbar. Bei Mitarbeiterkapitalbeteiligung kann dieser Effekt prinzipiell dagegen aufgrund der aktuellen Rechtsprechungslage nicht eintreten. Eine Umwandlung steht demnach dem Arbeitnehmer frei, jedoch kann er hierdurch keine staatliche Förderung generieren.

Theoretisch als dritter Ansatz ist auch der umgekehrte Weg der Umwandlung einer betrieblichen Altersversorgung in eine Mitarbeiterbeteiligung denkbar. Dieser Ansatz widerspricht jedoch dem Lebenszyklus eines Mitarbeiters und kommt daher auch in der Praxis nicht vor. Aus diesem Grund wird diese Variante nachfolgend nicht weiterverfolgt.

1. Ergebnisabhängige Zuführungen zu einer betrieblichen Altersversorgung

13 Grundidee dieses Modells ist der Aufbau einer betrieblichen Altersversorgung für den Mitarbeiter, jedoch unter der Voraussetzung, dass diese Zusage durch den Erfolgszuwachs im Unternehmen auch finanziert werden kann. Das heißt, der Mitarbeiter maximiert seine Versorgung im Alter dadurch, dass er zum Erfolg seines Arbeitgebers durch seine eigene Arbeitsleistung so gut wie er kann beiträgt und diesen dadurch steigert.

Aus betriebswirtschaftlicher Sicht wird damit für die Mitarbeiter ein Anreiz zu einem erhöhten Engagement geschaffen, da sich das Ergebnis auf die Höhe der zukünftigen Bezüge aus der betrieblichen Altersversorgung auswirkt. Die Höhe einer späteren Altersversorgung variiert dabei entsprechend der wirtschaftlichen Entwicklung des Unternehmens. Diese Überlegungen lassen sich – wie nachfolgend gezeigt wird – nur bei bestimmten Modellen der betrieblichen Altersversorgung umsetzen.

14 Zwar kann die Zuführung zu einer Pensionszusage betriebswirtschaftlich nach der Entwicklung einer Ergebniskennzahl bemessen werden. Steuerrechtlich ist jedoch § 6a Abs. 1 Nr. 2 EStG zu beachten. Demnach darf eine Pensionszusage nur dann erfolgen, wenn und soweit diese Pensionsleistungen vorsieht, die nicht von zukünftigen Gewinnen abhängen. Folglich wird eine wie oben geplante Gestaltung durch die steuerlichen Vorschriften torpediert. Eine Pensionszusage, in der die späteren Auszahlungen von zukünftigen Ergebnissen abhängig sind, wird daher in praxi regelmäßig nicht erteilt.

Die Direktversicherung kann dagegen auch steuerrechtlich anerkannt erfolgsabhängig abgeschlossen werden, indem die Beitragshöhe in Abhängigkeit von der Ertragssituation der Gesellschaft festgelegt wird. Die Richtlinien stehen diesem Schluss auch nicht entgegen. Konsequenz hieraus ist, dass die Leistungsansprüche gegenüber der Direktversicherung jährlich neu festgelegt werden. Aus Sicht des Arbeitgebers ist der Vorteil dieser Gestaltung darin zu sehen, dass in Verlustphasen eine Liquiditätsbelastung durch Beitragszahlungen verhindert wird. Eine derartige Gestaltung wird bereits von verschiedenen Versicherungsunternehmen angeboten, denen auch die Administration einer betrieblichen Altersversorgung übertragen werden kann. Die Besteuerung erfolgt wie bei einer Direktversicherung ohne ergebnisabhängige Beiträge, d.h. eine nachgelagerte Besteuerung lässt sich in den Grenzen von 4 % der Beitragsbemessungsgrundlage erreichen.

Die Überlegungen zur Ausgestaltung einer erfolgsorientierten betrieblichen Altersversorgung auf Basis einer Direktversicherung lassen sich prinzipiell auch auf einen Pensionsfonds oder eine Pensionskasse übertragen. Voraussetzung hierfür ist, dass eine Pensionskasse bzw. ein Pensionsfonds besteht, der erfolgsabhängige Prämien zulässt.   **15**

Bei einer Unterstützungskasse sind im Gegensatz zu einem Pensionsfonds sowie einer Pensionskasse erfolgsabhängige Prämien steuerlich gemäß R 4d Abs. 9 S. 1 EStR nicht begünstigt. Deshalb werden sich in der Praxis kaum erfolgsabhängig dotierte Unterstützungskassen finden.

2.   Umwandlung einer Mitarbeiterbeteiligung

Der Reiz einer sequentiellen Verknüpfung von Mitarbeiterbeteiligung und betrieblicher Altersversorgung liegt insbesondere darin, dass bei bestimmten Mitarbeiterbeteiligungsformen eine steuerneutrale Lohnumwandlung erfolgen kann, und damit der Arbeitnehmer die Vergütung aus der Mitarbeiterbeteiligung, die sonst gem. § 19 EStG zuflösse, erst steuerlich nachgelagert, idealerweise erst im Zeitpunkt des Versorgungsfalls, aus der betrieblichen Altersversorgung versteuert. Dazu muss jedoch der Arbeitnehmer auf die Auszahlung von ergebnisabhängigen einmaligen Gehaltsbestandteilen wie beispielsweise Tantiemen, Stock Options, Stock Appreciation Rights vor Fälligkeit zugunsten einer betrieblichen Altersversorgung verzichten.[5] Durch dieses Kombinationsmodell wird einerseits die Zielsetzung einer Mitarbeiterbeteiligung erfüllt. Andererseits bewirkt die Umwandlung der erdienten Vergütung aus der Mitarbeiterbeteiligung die Finanzierung der betrieblichen Altersversorgung für den Arbeitnehmer. Ferner steht dem Unternehmen das Kapital aus der erdienten Mitarbeiterbeteiligung im Idealfall bis zur Auszahlung im Versorgungsfall als Liquidität unvermindert zur Verfügung.   **16**

Bei einer derartigen Gestaltung ist insbesondere die steuerliche Behandlung zu beachten. Hierbei ist sowohl die Gehaltsumwandlung als auch die Anlageform der betrieblichen Altersversorgung genauestens zu analysieren, da hierfür gesonderte steuerliche Regelungen bestehen.

Ein steuerlicher Zufluss erfolgt nach ständiger BFH-Rechtsprechung grundsätzlich mit Übergang der wirtschaftlichen Verfügungsmacht von Geld- oder Sachleistungen auf einen Arbeitnehmer (vgl. BFH-Urteil vom 24.03.1993, Az.: X R 55/91, BStBl. II 1993 S. 499). Auch wenn – wie bei einer Umwandlung in eine betriebliche Altersversorgung – keine Auszahlung an den Arbeitnehmer vorliegt, kann ein Zufluss angenommen werden, sofern die Auszahlung jederzeit seitens des Arbeitnehmers verlangt und seitens des Arbeitgebers auch erfüllt werden kann.[6]   **17**

Weiterhin wird ein Zufluss angenommen, wenn ein Gehaltsverzicht im Interesse des Mitarbeiters liegt.[7] Ein Zufluss ist bei einem Verzicht auf Teile eines Gehalts nicht anzunehmen, sofern seitens des Arbeitnehmers keine Bedingungen hinsichtlich der Verwendung an das Unternehmen gestellt werden.[8]

Neben diesen allgemeinen Zuflussgrundsätzen hat das BMF zur Thematik der Umwandlung von Gehaltsbestandteilen in betriebliche Altersversorgung im Schreiben vom 05.02.2008[9] Stellung ge-   **18**

---

5   BMF-Schreiben vom 05.02.2008, BStBl. 2008 I S. 420, Tz. 192

6   vgl. BFH, Urteil vom 14.02.1984, Az.: VIII R 221/80, BStBl. II 1984 S. 480

7   Vgl. BFH, Urteil vom 14.02.1984, Az.: VIII R 221/80, BStBl II 1984, S. 480

8   Vgl. BFH, Urteil vom. 30.07.1993, Az.: VI R 87/97, BStBl II 1993, S. 884; Urteil vom 02.09.1994, Az.: VI R 35/94, BFH/NV 1995, S. 208

9   Vgl. BMF-Schreiben vom 05.02.2008, BStBl. 2008 I, 420

nommen. „Der Zeitpunkt des Zuflusses von Arbeitslohn richtet sich bei einer arbeitgeberfinanzierten und einer steuerlich anzuerkennenden, durch Entgeltumwandlung finanzierten betrieblichen Altersversorgung nach dem Durchführungsweg der betrieblichen Altersversorgung."

Nach diesem BMF-Schreiben können sowohl laufende Arbeitslöhne als auch Einmal- und Sonderzahlungen umgewandelt werden. Die Entgeltumwandlung wird steuerlich auch dann anerkannt, „wenn die Gehaltsänderungsvereinbarung bereits erdiente, aber noch nicht fällig gewordene Anteile umfasst. Dies gilt auch dann, wenn eine Einmal- oder Sonderzahlung einen Zeitraum von mehr als einem Jahr betrifft."

19   Wird beispielsweise eine virtuelle Aktienoption (Stock Appreciation Right = SAR) als einmalig gewährte Vergütung für zurückliegende Geschäftsjahre vereinbarungsgemäß erst nach Feststellung des Jahresabschlusses am 01.07.01 fällig, kann demnach eine Gehaltsumwandlung lohnsteuerlich bis zu diesem Zeitpunkt vereinbart werden. Eine Gehaltsumwandlung nach Fälligkeit führt in diesem Fall dagegen zwingend zu einem lohnsteuerlichen Zufluss.

Aus diesen Grundsätzen lassen sich verschiedene Anforderungen an die Ausgestaltung einer lohnsteuerfreien Umwandlung der Mitarbeiterbeteiligung in eine betriebliche Altersversorgung formulieren: Zunächst muss die Gehaltsumwandlung im eigenbetrieblichen Interesse des Arbeitgebers erfolgen, das heißt, ein faktischer Zwang zur Umwandlung bestehen. Der faktische Zwang kann darin gesehen werden, dass eine Teilhabe an einer betrieblichen Altersversorgung nur bei Umwandlung von nicht ausbezahlten Gehaltsbestandteilen möglich ist. Außerdem darf die Umwandlung an keine Bedingungen hinsichtlich der Verwendung der Mittel durch das Unternehmen geknüpft sein. Dies gilt jedenfalls dann, wenn die umzuwandelnden Mitarbeiterbeteiligungs-Vergütungen für eine betriebliche Altersversorgung im Arbeitgeber-Unternehmen verwandt werden. Ganz generell stehen als Anlageformen einer betrieblichen Altersversorgung wiederum die vorgestellten Modelle Direktversicherung, Direktzusage, Pensionsfonds, Pensionskasse und Unterstützungskasse zur Verfügung.

20   Jedoch muss eine optimale steuerliche Umwandlung der Mitarbeiterbeteiligung in diese betrieblichen Altersvorsorge-Typen gewährleisten, dass die Zuführungen zur betrieblichen Altersversorgung lohnsteuerfrei bleiben, weil nur dann die bei der Umwandlung einer Mitarbeiterbeteiligung in die betriebliche Altersvorsorge gewünschte Steuerstundung erzielt werden kann und diese als Finanzierungsquelle zur Verfügung steht. Eine Besteuerung erfolgt jedoch zwingend spätestens nach Eintritt des Versorgungsfalls. Nachfolgend ist die Tauglichkeit der einzelnen Modelle der betrieblichen Altersversorgung in diesem Kontext zu hinterfragen.

Im Rahmen einer betrieblichen Altersversorgung über eine Direktversicherung zahlt der Arbeitgeber Beiträge zugunsten des Arbeitnehmers an einen Dritten. Dadurch erhält der Arbeitnehmer einen direkten Rechtsanspruch gegenüber diesem Dritten. Das führt aus steuerlicher Sicht zum Zufluss von Sachlohn und dieser ist damit grundsätzlich lohnsteuerpflichtig,[10] sofern der Gesetzgeber nicht eine bewusste Steuerbefreiung in begrenzter Höhe, z.B. gemäß § 3 Nr. 63 EStG, vorsieht. Prinzipiell kann daher ein lohnsteuerlicher Zufluss im Zeitpunkt – jedenfalls ab einer Umwandlungshöhe jenseits der 4 % Beitragsbemessungsgrenze – der Umwandlung der Mitarbeiterbeteiligung in eine Direktversicherung nicht verhindert werden.

21   Durch eine Modifikation wie folgt kann jedoch die sofortige Besteuerung einer Lebensversicherung vermieden werden: Ein Arbeitgeber schließt eine Direktversicherung ab, bei der dem versicherten Arbeitnehmer zwar Leistungen zustehen, eine Ausübung dieser Rechte gegenüber der Versicherung aber nur durch den Arbeitgeber möglich ist. Hier ist dann eine steuerfreie Lohn-

---

10   Vgl. BFH-Urteil vom 27.05.1993, BStBl. II 1994, S. 246

umwandlung möglich, weil der Arbeitnehmer bei dieser Konstruktion keine Möglichkeit hat, die Rechte gegenüber der Versicherung von sich aus geltend zu machen.[11]

Wandelt also ein Mitarbeiter seinen Anspruch aus Stock Options / Stock Appreciation Rights in eine Direktversicherung mit gewinnabhängigen Beitrag um, so geht dies grundsätzlich lohnsteuerfrei, wenn das oben gesagte beachtet wird und weder eine Überversorgung vorliegt noch die Altersgrenzen der Lohnsteuerrichtlinien missachtet werden. Zur steuerlichen Absicherung dieser Gestaltung ist zu empfehlen, vorab einen Antrag auf verbindliche Auskunft beim zuständigen Finanzamt zu stellen.

Auch für den Arbeitgeber ist eine solche Umwandlung reizvoll: Eine Direktversicherung wird nach R 4b Abs. 3 EStR auch dann steuerlich als Betriebsausgabe anerkannt, wenn eine Einmalprämie geleistet wird. Folglich kann die Auszahlung einer Mitarbeiterbeteiligung als Einmalzahlung in eine Direktversicherung verwendet werden.   22

Als weiterer Weg einer Umwandlung von Mitarbeiterbeteiligung in betriebliche Altersversorgung käme die Bildung von Pensionsrückstellungen bzw. die Einstellung von Mitarbeiterbeteiligungszuflüssen, beispielsweise aus Mitarbeiterguthaben, in Unterstützungskassen in Betracht. Beide Varianten ermöglichen die nachgelagerte Besteuerung der Versorgungsleistungen, weil bei der Pensionsrückstellung nur ein Rechtsanspruch gegenüber dem Arbeitgeber besteht, bei der Unterstützungskasse entfällt dieser sogar ganz. Damit ist ein Zufluss beim Arbeitnehmer während der Ansparphase steuerlich ausgeschlossen.

Für den Arbeitgeber dagegen ist grundsätzlich der sofortige Betriebsausgabenabzug in beiden Fällen nur in den Grenzen des § 4d bzw. § 6a EStG eröffnet.   23

Bilanztechnisch betrachtet muss der Arbeitgeber die Pensionsleistungen der Unterstützungskasse – jedenfalls wenn keine Deckungslücke besteht – nicht bei sich abbilden.

Bei einer Pensionszusage muss der Arbeitgeber dagegen grundsätzlich eine Pensionsrückstellung bilden. Vermeiden lässt sich das nur insbesondere in den Grenzen des kommenden Bilanzrechtsmodernisierungsgesetzes, wenn die Pensionszusage analog zur Bildung einer Rückdeckungsversicherung durch ein Planvermögen, z. B. einen Trust, abgesichert wird und dieser den Arbeitgeber intern von der Schuld (Pensionszusage) zivilrechtlich wirksam befreit. Es ist hierbei ausdrücklich darauf zu achten, dass der Arbeitnehmer keinen Rechtsanspruch gegenüber dem Trust erhält.

Unter Beachtung dieser Voraussetzungen ist es dann grundsätzlich möglich, Auszahlungen aus Mitarbeiterbeteiligungen an Arbeitnehmer in Pensionsrückstellungen bzw. Unterstützungskassenversorgungen zu wandeln; das BMF-Schreiben vom 05.02.2008 gibt hierzu die Möglichkeit.   24

Fraglich ist jedoch die zulässige Höchstgrenze für Einmalzahlungen in Pensionsrückstellungen und Unterstützungskassen in Hinblick auf den Betriebsausgabenabzug. So begrenzt § 6a Abs. 4 S. 3 EStG die maximale Zuführung auf den Teilwert der Pensionsverpflichtung am Schluss des Wirtschaftsjahres der Lohnumwandlung. Damit verliert dieses Modell deutlich an Attraktivität. Auch § 4d Abs. 1 Nr. 1a-d EStG sieht Begrenzungen vor, so dass auch diese Form der betrieblichen Altersversorgung letztendlich nur begrenzt geeignet ist für die Lohnumwandlung von Mitarbeiterbeteiligung in betriebliche Altersversorgung.

Denkbar wäre grundsätzlich auch, dass erdiente, aber noch nicht fällige Vergütungen aus Mitarbeiterbeteiligungen in eine Pensionskasse bzw. einen Pensionsfonds eingezahlt werden. Die Umwandlung einer Mitarbeiterbeteiligung von Stock Options, Stock Appreciation Rights etc. in einem Betrag führt jedoch entsprechend oben genanntem BFH-Urteil stets zum Zufluss, weil dem   25

---

11   Zur Unfallversicherung vgl. BFH vom 16.04.1999, HFR 1999 – 715

4

Arbeitnehmer damit ein direkter Rechtsanspruch gegenüber einem Dritten zusteht. Zwar sieht § 3 Nr. 63 EStG bei Zahlungen an eine Pensionskasse / Pensionsfonds grundsätzlich bis zu einer Grenze von 4 % der Beitragsbemessungsgrenze zur Rentenversicherung keinen Zufluss vor. Durch diese Beschränkung ist diese Variante aus steuerlicher Sicht jedoch für größere Beträge aus einer Mitarbeiterbeteiligung uninteressant, es sei denn es findet sich analog zur Direktversicherung ein Pensionsfonds oder eine Pensionskasse, der/die dem Arbeitnehmer nur einen mittelbaren Anspruch gegenüber dem Fonds/ der Kasse gewähren.

Eine sinnvolle Umwandlung von Mitarbeiterbeteiligungsvergütungen in betriebliche Altersvorsorge ist ferner theoretisch denkbar, wenn Mitarbeiterbeteiligungs-Vergütungen zunächst in eine Pensionszusage oder Unterstützungskasse umgewandelt werden und diese dann wiederum von einem Pensionsfonds abgelöst werden. Das ist möglich, weil nach § 3 Nr. 66 EStG Leistungen eines Arbeitgebers oder einer Unterstützungskasse an einen Pensionsfonds zur Übernahme bestehender Versorgungsaufwendungen oder Versorgungsanwartschaften durch den Pensionsfonds steuerfrei bleiben, soweit dies beantragt wird.[12]

26 Auch für den Arbeitgeber wäre diese Gestaltung grundsätzlich sinnstiftend: Bei einer Pensionskasse können nach R 4c Abs. 2 EStR sowohl laufende als auch einmalige Zuwendungen geleistet werden. Gleiches lässt sich für den Pensionsfonds aus § 4e Abs. 3 EStG ableiten.

Im Endeffekt dürfte sich jedoch auch diese Variante nur bedingt als geeignet erweisen, da ja erst eine Pensionszusage oder Leistungen aus einer Unterstützungskasse bestehen müssen und deren Zuführungen bei Einmalzahlungen begrenzt sind (siehe oben).

B.   Zusammenfassung

27 Betriebliche Altersversorgung und Mitarbeiterbeteiligung weisen zum Teil ähnliche Zielsetzungen auf. Hierzu zählt insbesondere eine verstärkte Bindung der Mitarbeiter an das Unternehmen. Durch eine entsprechende Gestaltung können mittels Überführung von betrieblicher Altersversorgung in Mitarbeiterbeteiligung einerseits beziehungsweise Kombination beider Formen andererseits die unterschiedlichen Zielsetzungen beider Instrumente durchaus sinnvoll miteinander verknüpft werden. Aus steuerlicher Sicht ist dies besonders deshalb attraktiv, weil eine solche Aneinanderreihung/ Kombination von Mitarbeiterbeteiligung und betrieblicher Altersvorsorge unter bestimmten Voraussetzungen zum Aufschub der Besteuerung führt. Bei geschickter Gestaltung lassen sich damit Steuerstundungseffekte erzielen, die auch zur Mitfinanzierung der Beteiligung beitragen können.

---

12 Vgl. zur Vertiefung H 4e EStH i.V.m. BMF-Schreiben vom 26.10.2006, BStBl. II 2006, S. 709.

§ 5 Internationale Aspekte der Mitarbeiterbeteiligung

A. Konzeption einer internationalen Mitarbeiterbeteiligung – Pluralitätsdilemma und Lösungsansätze zur Komplexitätsreduktion

I. Einleitung

Die Globalisierung der Wirtschaft und ihre Arbeitsteiligkeit, insbesondere die Tatsache, dass manche Produktionsabläufe wegen Personalintensität in einigen/etlichen Industrieländern gar nicht erst mehr kostendeckend angeboten werden können, zwingen die Unternehmen zur Internationalität. Zudem erfordern immer mehr international aktive Abnehmer global agierende Anbieter. D.h., Unternehmen sind entweder willens oder gezwungen, an unterschiedlichsten Standorten in der Welt Repräsentanzen, Niederlassungen, Betriebsstätten oder Tochtergesellschaften zu errichten. Sei es als Vertriebs- oder Forschungsgesellschaft, als verlängerte Werkbank, als in sich geschlossene Produktionsstätte oder eben als komplette eigene, mit sämtlichen betriebswirtschaftlichen Funktionen ausgestattete Tochtergesellschaft der Muttergesellschaft, sprich als Unternehmen im Unternehmen, im Rahmen eines großen Unternehmensverbundes. 1

Dieser Zwang zur Internationalisierung betrifft nicht nur die großen börsennotierten Gesellschaften, sondern auch den klassischen Mittelstand immer mehr. 2

Alle international verzweigten Unternehmen benötigen daher eine Klammer, die sie von der Unternehmenskultur, von der Personalwirtschaft, aber auch von der Führung her, zusammenhält. Hier sind verschiedenste Maßnahmen möglich, nötig und denkbar. Ein Mittel, um die gesamten Mitarbeiter eines weltumspannenden Unternehmens auf ein Ziel und einen Gesamtunternehmenserfolg zu trimmen und zu motivieren, kann hierbei die Mitarbeiterbeteiligung sein. Da diese immer darauf abzielt, den Gesamtunternehmenserfolg und nicht die Ergebnisse einzelner Sparten oder Regionen in den Fokus zu nehmen und diesen zu optimieren, ist die Mitarbeiterbeteiligung hierzu ein probates Mittel. Aus diesem Grund macht die Mitarbeiterbeteiligung in einem international verzweigten Konzern noch mehr Sinn, als sie bereits in einem national tätigen Unternehmen bewirken kann.

Da, wie in § 1 bereits gezeigt, die unternehmensspezifische individuell ausgerichtete Konzeption elementar entscheidend für den Erfolg einer Mitarbeiterbeteiligung und deren Umsetzbarkeit ist, muss auf diese ein besonderes Augenmerk gerade bei der internationalen Mitarbeiterbeteiligung gelegt werden. Eine international taugliche Konzeption zu generieren ist keineswegs trivial und unkomplex. Sie ist mit Nichten beschränkt auf das bloße isolierte Ausarbeiten und Zusammenfügen der jeweiligen rechtlich und betriebswirtschaftlich optimierten Mitarbeiterbeteiligungsmodelle je Tochtergesellschaft bzw. Betriebsstätte im jeweiligen Aus- bzw. Inland. Entscheidend ist vielmehr die Verzahnbarkeit und die Verprobung dieser im Hinblick darauf, ob überhaupt ein 3 und dieselbe Mitarbeiterbeteiligung bei einem international verzweigten Unternehmen für alle Mitarbeiter und über alle Tochtergesellschaften hinweg weltweit gelingen kann.

Die Relevanz dieser Schlüsselfrage will die nachfolgende Abhandlung verdeutlichen, gerade weil dies eine der entscheidensten Voraussetzungen für eine erfolgreiche Umsetzung einer internationalen Mitarbeiterbeteiligung ist.

II. Besonderheiten bei der Konzeption einer internationalen Mitarbeiterbeteiligung im Vergleich zur isoliert national ausgerichteten Mitarbeiterbeteiligung

4 Abzugrenzen ist die internationale Mitarbeiterbeteiligung von der isolierten, rein national ausgerichteten Mitarbeiterbeteiligung. Im Folgenden wird unter erstgenannter verstanden, dass es sich um ein Mitarbeiterbeteiligungsmodell handelt, das zumindest eine Mitarbeiterbeteiligung für ein deutsches und ein ausländisches Unternehmen im Mutter-Tochterverhältnis betrifft und deutsche wie ausländische Arbeitnehmer und Geschäftsführer bzw. Vorstände berücksichtigt als Teilnehmer und Teilhaber[1].

Soll eine solche Mitarbeiterbeteiligung ausgearbeitet werden, so sind prinzipiell all die Themen durch- und auszuarbeiten, die in § 1 im Grundlagenteil dargestellt wurden, D.h., es wäre z.B. zu überlegen, wo die Firma in drei bis fünf Jahren planmäßig steht, woran genau die Mitarbeiter/ Führungskräfte beteiligt werden sollen und wer im Detail beteiligt werden soll. Auf die nachfolgende Grafik und die Abhandlungen dazu in § 1 wird verwiesen.

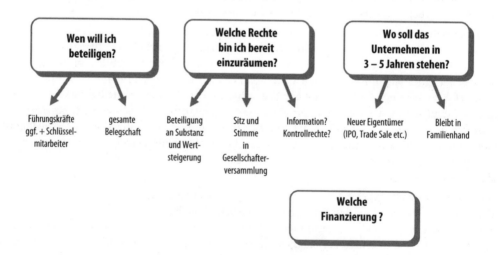

Abbildung 1:   Vorüberlegungen zur Mitarbeiterbeteiligung

---

1   Dazu dass dies auch nach neuester Rechtsprechung (Vgl. OLG München vom 7.5.2008 – 7 U 5618/07, ZIP 2008, S. 1237) weiter möglich ist: Vgl. Hohenstadt, K.-S./ Seibt, C.H./ Wagner T., Einbeziehung von Vorstandsmitgliedern in ergebnisabhängige Vergütungssysteme von Konzernobergesellschaften, ZIP 2008, S. 2289.

All diese Überlegungen sind separat und jeweils für die Mutter- und jede Tochtergesellschaft im   5
Hinblick auf ihr jeweiliges landestypisches Rechts- und Wertesystem anzustellen und zu beurteilen, vorausgesetzt, dass sie in die Mitarbeiterbeteiligung involviert werden soll. Schließlich könnte es sein, dass ein Tochterunternehmen später separat an die Börse geführt werden soll und dass deswegen kurz- bis mittelfristig keine Stimmrechte vergeben werden können, um klare Verhältnisse in der Gesellschafterversammlung der Gesellschaft zu behalten oder dass ein Tochteruntenehmen nicht an der Mitarbeiterbeteiligung teilnimmt, weil es perspektivisch nicht mehr ins Planportfolio passt und in Kürze verkauft werden soll.

In jedem Fall reicht die Spannbreite der abzuarbeitenden Fragestellungen von den eher weichen Themen wie Wertewandel, Selbstverständnis der Arbeitnehmer etc. im jeweiligen Land bis hin zu den gesetzlich kodifizierten „harten" Themen wie Steuerrecht, Arbeitsrecht, Sozialversicherungsrecht, Kapitalmarktrecht etc.

1.   Arbeitgebersicht: Das bilaterale Modell

Einfachster Fall einer internationalen Mitarbeiterbeteiligung wäre der Zwei-Länder-Fall mit Mut-   6
ter- und einer Tochtergesellschaft, eine davon im Ausland, die andere im Inland angesiedelt, im Folgenden kurz bilaterales Modell genannt.

Bei der konkreten Umsetzung eines solchen bilateralen Modells wird es hier erfahrungsgemäß noch Sinn machen, je Land – also zunächst für das Land I - grob zu skizzieren, wie das optimale Modell dort aussehen müsste, damit es allen Anforderungen betriebs-, personalwirtschaftlicher, führungstechnischer Natur als auch den zivil-, handels-, steuerrechtlichen und sonstigen gesetzlichen Anforderungen entspricht und idealerweise noch die jeweils gesetzlich möglichen Förderungen in optimaler Weise nutzt.

Das gleiche wäre mit dem Land II hinsichtlich der dortigen Mitarbeiterbeteiligung (MAB) zu tun.   7
Themen, die in diesem Zusammenhang generell und insbesondere zu beachten sind, fassen die nachfolgenden Grafiken nochmals zusammen.

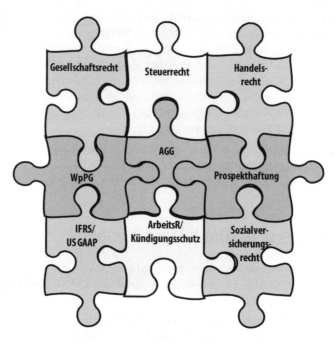

Abbildung 2-1: Rechtliche Bestimmungsfaktoren zur Konzeption einer Mitarbeiterbeteiligung

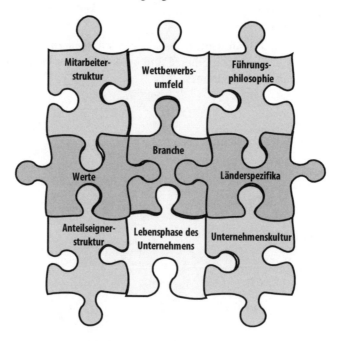

Abbildung 2-2: Betriebswirtschaftliche Bestimmungsfaktoren zur Konzeption einer Mitarbeiterbeteiligung

Dann wäre ein Vergleich beider Landes-Modelle vorzunehmen, insbesondere mit der Fragestellung, ob die optimale Version für das jeweils Land I und das Land II auch die gemeinsam verwendbare Mitarbeiterbeteiligung sein kann, die das Mutterunternehmen für beide Unternehmen begeben darf und sollte. Im Extremfall könnte bereits hier das Ergebnis lauten, dass jedes Land seine eigene Mitarbeiterbeteiligung begeben muss. Im günstigsten Fall lassen sich jedoch Modelle generieren, die Unternehmens-, Mitarbeiter- und Anteilseignerziele im Hinblick auf Mitarbeiterbeteiligung betriebs-, personalwirtschaftlich und führungstechnisch in Kongruenz bringen als auch sämtliche rechtlichen Anforderungen der beiden involvierten Länder erfüllen.

Bereits hier zeigt die Praxis, dass es folglich nicht genügt, das jeweils optimale Mitarbeiterbeteiligungsprogramm eines Landes zu erstellen und dann diese beiden Modelle schlicht zusammen zu fügen. Auch schon beim bilateralen Modell besteht ein großer Teil der Arbeit und damit auch der Zeit und der Kosten im steten Austausch der beiden, die Mitarbeiterbeteiligung im jeweiligen Land ausarbeitenden Konzeptteams. Idealerweise sollte diese Abstimmung schon während der Konzeptausarbeitung beginnen, je früher desto besser. Schließlich ist es unwichtig: Je eher festgestellt wird, ob die Anforderungen des einen Landes mit denen des anderen Landes kompatibel sind, desto weniger ergeben sich nutzlose Modell-Ausarbeitungen, weil eben nicht an Modellen gearbeitet wurde, die im anderen Land nicht gesetzlich zulässig oder sehr nachteilig wären. Diese Aussage trifft vor allem die echte Anteile begebenen Modelle, aber auch die lediglich schuldrechtlich vereinbarten, am wenigsten jedoch die virtuellen Modelle.

Im Ergebnis zeigt sich oftmals schon beim bilateralen Modell, dass das optimale Modell des einen Landes selten auch das Optimum des anderen Landes darstellt und deswegen meist ein Kompromiss gefunden werden muss, der beiden Ländern und deren Spezifika Rechnung trägt. Ebenfalls lässt sich oftmals schon bei bilateralen Modellen erkennen, dass echte Anteile eher weniger sofort begeben werden, sondern regelmäßig Aktienoptionsprogramme bzw. damit vergleichbare Modelle oder gar nur virtuelle Programme, wie Stock Appreciation Rights (SAR), Phantom Stocks, Restricted Stock Units etc. Verwendung finden.

Am Beispiel der beiden Länder Deutschland und USA lässt sich dies gut verdeutlichen: Der Securities Act 1933 (SA 1933), dort die §§ 11 und 12 SA 1933, die persönliche Haftung betreffend, und der Securities Exchange Act 1934 (SEA 1934), der durch § 10 (b) i.V.m. Rule 10 b - 5 Manipulationen und unrichtige Angaben verbietet und zu entsprechender Managerhaftung in den USA führt ist nicht nur anders geartet und deutlich strenger als das Wertpapierprospektgesetz der Bundesrepublik Deutschland. Das deutsche Arbeits- und Kündigungsschutzrecht ist sicherlich rigider als jenes der USA. Die steuerrechtlichen Vorschriften beider Länder sind wiederum anders konstruiert, vor allem auch in den Förderansätzen – verwiesen sei auf die Unterscheidung zwischen Incentive Stock Options und Non Qualified Stock Options in den USA- und nehmen sich an Komplexität wenig, nur dass das amerikanische viel formalistischer ist und das deutsche nur mit guter Beratung zu sehr guten Steuerquoten für Mitarbeiter führt[2]. Dass hier eine optimale Mitarbeiterbeteiligung - beide Länder betreffend - ohne stetigen Austausch beider Konzeptoren je Land und deren Fachleute von Beginn der Entwicklungs- und Konzeptphase gelingen kann ist undenkbar.

Festzuhalten ist jedoch auch, dass bei bilateralen Modellen prinzipiell noch die Vorgehensweise des „Trial and Error" die wohl effektivste ist, sprich, dass zunächst das optimale Modell für das eine Land und zeitgleich für das andere Land in gegenseitiger Abstimmung skizziert, ausgetauscht, abgeglichen, eine Kompromisslösung verabschiedet und diese dann endgültig ausgearbeitet wird, so dass sich tatsächlich ein Modell für beide Länder realisieren lässt.

9

10

---

2   Vgl. ergänzend: Leuner, R./ Radschinsky, S.; Duale Stock Option-Modelle in Deutschland und den USA, Finanzbetrieb 2001, S. 362 -370.

2. Arbeitgebersicht: Das multilaterale Modell

11 Wie oben bereits beim bilateralen Modell gezeigt, ist eine der wesentlichsten Arbeiten um eine effektive und erfolgreiche Mitarbeiterbeteiligung auf internationaler Ebene konstruieren zu können, das Abstimmen und Verzahnen der jeweiligen gesetzlichen und betriebswirtschaftlichen Vorgaben der betroffenen Länder, für die eine Mitarbeiterbeteiligung begeben werden soll an die im In- und im Ausland tätigen Mitarbeiter.

Was bei bilateralen Modellen noch im „Trial and Error-Verfahren" funktionierte, findet seine Grenzen sehr rasch mit steigender Anzahl der zu beteiligenden Tochtergesellschaften. Das zeigt anschaulich die nachfolgende grafische Gegenüberstellung:

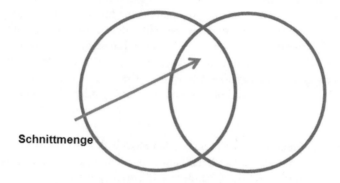

Schnittmenge

Abbildung 3: **Internationale Mitarbeiterbeteiligung unter Einbezug von zwei Ländern**

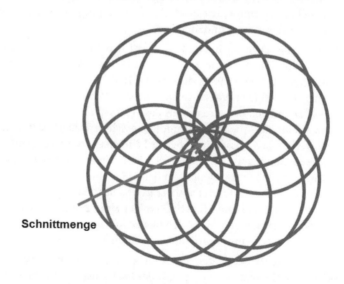

Schnittmenge

Abbildung 4: **Internationale Mitarbeiterbeteiligung unter Einbezug von mehreren Ländern**

12 Die Schnittmenge reduziert sich zwangsläufig mit zunehmender Zahl der Kreise. Nimmt man jeden Kreis als Platzhalter für einen Rechtskreis (Steuerrecht Land A, Kündigungsschutzgesetz Land B etc.) oder ein betriebswirtschaftliches Gebiet eines Landes an, so wird dem Betrachter

offensichtlich, von welch denkbar geringen Schnittmenge man als Gestalter einer internationalen Mitarbeiterbeteiligung selbst bei relativ geringer Anzahl von involvierten Ländern ausgehen kann, soll die Mitarbeiterbeteiligung in der Praxis auch umsetzbar sein. Man könnte diesbezüglich auch vom Pluralitätsdilemma der internationalen Mitarbeiterbeteiligung sprechen.

Um dieses „Pluralitätsdilemma" zu lösen bedarf es sowohl auf betriebswirtschaftlicher als auch auf der rechtlichen Ebene eines sehr systematischen und ganzheitlichen Vorgehens, z.B. durch einheitliche Verwendung von Checklisten, die von jedem teilnehmenden Land zuvor abgearbeitet und beantwortet zurückgesandt werden an eine einheitliche Planungs- und Koordinationsstelle der internationalen Mitarbeiterbeteiligung, weit bevor überhaupt in irgendeinem Land mit der Ausarbeitung eines Beteiligungsmodell gestartet wird. Anders ließen sich erst gar nicht die Themen lokalisieren, geschweige denn lösen, die im Rahmen der unternehmensspezifischen internationalen Mitarbeiterbeteiligung zu bearbeiten sind, damit eine internationale Mitarbeiterbeteiligung zumindest betriebswirtschaftlich funktioniert und nicht gegen rechtliche Vorgaben der teilnehmenden Länder verstößt und an diesen am Ende das ganze Modell scheitert.

Eine solche Checkliste für eine internationale Mitarbeiterbeteiligung könnte beispielhaft folgende Fragen beinhalten: 13

1. *Darf der Mitarbeiter eine von der Muttergesellschaft begebene Mitarbeiterbeteiligung gesetzlich ohne Einschränkung, in der Höhe unbegrenzt und ungehindert erwerben (Ja/ Nein)*

    Wenn Nein, welche Beteiligung betreffend mit welchen Einschränkungen.

    ....

2. *Sind für Mitarbeiterbeteiligung gesetzliche Prospektpflichten/ Informationspflichten zu erfüllen (Ja/ Nein)*

    Wenn Ja, welche Beteiligung betreffend mit welchen Anforderungen

    ....

3. *Gibt es steuerliche/ sozialversicherungsrechtliche Vergünstigungen für Mitarbeiterbeteiligung (Ja/ Nein)*

    Wenn Ja, an welche Kriterien sind diese geknüpft und welche Modelle betreffen sie?

4. *Wann sind verbilligt/ gratis zugewandte Mitarbeiterbeteiligungen zu besteuern / sozialversicherungsrechtlich zu verbeitragen*

    Bei Gewährung/Grant (Ja/ Nein, für welches Modell..............................)

    Bei Ulnverfallbarkeit/Vesting (Ja/ Nein, für welches Modell..............................)

    Bei Ausübung (Ja/ Nein, für welches Modell..............................)

    Bei Verkauf der erworbenen Anteile - z.B. durch Optionsausübung -
    (Ja/ Nein, für welches Modell..............................)

    Sonstiges (Ja/ Nein, für welches Modell..............................)

    Nie (Ja/ Nein, für welches Modell..............................)

5. *Hat der Arbeitgeber lohnsteuerliche/ sozialversicherungsrechtliche Melde-/ Abführungspflichten, auch wenn die Muttergesellschaft die Anteile begibt (Ja/ Nein)*

    Wenn Ja, welche für welche Modell..............................

6. *Führt die Mitarbeiterbeteiligung beim Arbeitgeberunternehmen zu steuerlich anerkanntem Betriebsausgabenabzug (Ja/ Nein)*

    Wenn Ja

    Bei ewährung/GGrant (Für Modell..............................)

Bei U lnverfallbarkeit/Vesting (Für Modell. . . . .)

Bei Ausübung (Für Modell. . . . .)

Bei Verkauf der erworbenen/ ausgeübten Anteile

(Für Modell. . . . .)

Sonstiges (Für Modell. . . . .)

7. *Erhöht die Mitarbeiterbeteiligung handelsrechtlich das bilanzielle Eigenkapital (Ja/ Nein)*

    Wenn ja, unter welchen Bedingungen bei welchem Modell

8. *Sind Vestingklauseln arbeitsrechtlich und kündigungsschutzrechtlich unbedenklich (Ja/ Nein)*

    Wenn Nein, worauf ist zu achten . . . .

9. *Gibt es ungeklärte Rechtsbereiche die Mitarbeiterbeteiligung betreffend (Ja/ Nein)*

    Wenn Ja, welche Mitarbeiterbeteiligungen betreffend in welchem Rechtsgebiet?

10. *Gibt es gesetzlich unzulässige Mitarbeiterbeteiligungen/ Elemente (Ja/ Nein)*

    Wenn Ja, welche Elemente und welche Modelle betreffen sie?

11. *. . . . .*

12. *. . . . .*

13. *. . . . .*

14. *. . . . .*

14   Diese und andere Fragen sollten in einem einheitlichen Fragebogen, in einer in der ganzen Unternehmensgruppe gesprochenen Sprache, gleichzeitig von einer im Vorhinein zum internationalen Mitarbeiterbeteiligung-Koordinator bestimmten Stelle an alle beteiligten Länder versandt werden mit der Vorgabe, diese Checkliste bis zu einem fix definierten Termin beantwortet zurückgesandt zu haben.

Allein die Fragen des Fragebogens lassen erahnen und die Praxis bestätigt dies immer wieder, dass angesichts der Unterschiedlichkeit der Rechtskreise und je größer die Anzahl der beteiligten Tochterunternehmen ist, die in unterschiedlichen Ausländern lokalisiert sind, desto höher wird der Koordinationsaufwand zur Konzeption, Ausarbeitung und Umsetzung einer Mitarbeiterbeteiligung.

15   Dieser Arbeitszuwachs je zusätzlich beteiligtem Land in qualitativer wie quantitativer Hinsicht betrifft nicht nur die Mitarbeiter der Personalabteilung und der Führungszirkel, die sich mit diesem Mitarbeiterbeteiligungsprogramm beschäftigen. Es schlägt sich auch und vor allem nieder auf die Berateranzahl und –güte, die von außen für diese Zwecke je Land hinzugezogen werden müssen. Berater werden spätestens dann unentbehrlich sein, wenn es um die Auslegung und Gestaltbarkeit nationaler Gesetze die Mitarbeiterbeteiligung betreffend geht. Im Übrigen bieten sie dem Unternehmen natürlich auch einen Haftungsschutz der nicht zu gering geschätzt werden sollte.

In der Praxis hat sich überdies gezeigt, dass selbst wenn ein Unternehmen die finanziell unbegrenzten Mittel hätte und investieren wollte, um all seine involvierten Mitarbeiter und Berater in den jeweiligen Ländern entgelten zu können, manches Mal je nach Länderkonstellation die gesetzlichen Vorschriften der jeweiligen Länder so unterschiedlich sind, dass sich insbesondere bei echter Anteilshingabe, kein taugliches Modell mehr ausarbeiten lässt, welches sämtlichen gesetzlichen Vorgaben aller Länder gleichzeitig genügt und dennoch die Motivations- und Bindungseffekte erzielt, die die Führung damit bezweckt. Diese Schlussfolgerung findet sich tendenziell häufiger für die anteilsbegebenen Modelle. Je nach beteiligtem Land können Mitarbeiter Aktien des Auslands nicht oder nur unter extrem erschwerten Bedingungen erwerben. Dementsprechend scheiden immer wieder bei internationalen MAB echte Anteile begebene Modelle aus.

Konzeptionsschwierigkeiten sind aber auch denkbar für Anteilsoptionsmodelle, sofern nicht in   16 diese eine bewusste Sollbruchstelle eingearbeitet wird, der Gestalt, dass Anteile nicht in echten Stücken geliefert werden müssen, sondern dass Anwartschafts- oder Kaufrechte auch in Geld abgefunden werden können, wenn die Gesetze eines Landes ein anderes Vorgehen nicht zulassen oder dieses die Kosten-Nutzen-Relation sprengt. Nur mit dieser Zusatzregelung lassen sich oftmals gesetzliche Fallstricke, wie Securities Act, Europäische Wertpapierprospektrichtlinie, nationales Wertpapierprospektgesetz, Kündigungsschutzgesetz, Allgemeines Gleichbehandlungsgesetz etc. gleichzeitig mit einem Modell für alle Länder vermeiden.

Allein durch international abgestimmte gesetzgebende Maßnahmen, wie sie die europäische Union durch die Einführung einer einheitlichen Rechtsform, beispielsweise der SE in Europa getroffen hat, lassen sich diese Schwierigkeiten abmildern oder im besten Falle beheben. So wird es sicherlich leichter sein in Europa ein Belegschaftsaktienmodell rein für EU - Tochtergesellschaften und in der EU ansässige Mitarbeiter zu gestalten, als ein gleiches Modell, welches beispielsweise Tochtergesellschaften und Mitarbeiter in Deutschland, Frankreich, Indien, Japan und USA bedienen soll.

Aus diesen Gründen ist es auch nicht verwunderlich, dass internationale Mitarbeiterbeteiligungs-   17 pläne durchaus nicht selten virtueller Natur sind[3] oder häufig in Form von Aktienoptionsmodellen oder ähnlichen Modelle, wie restricted stock units, konzipiert sind[4], die zu dem eine Cash-out-Variante vorsehen oder „Exersale"-Modelle sind, sprich mit einem Abfindungsrecht seitens des Arbeitgebers sicherstellen, dass eine Lieferung echter Stücke vom Mitarbeiter niemals erzwungen werden kann.

Auf diese Art und Weise behilft sich die Praxis hinsichtlich des vorgenannten Pluralitätsdilemmas, welches sich mit zunehmender Anzahl der Länder und damit der einzubindenden Gesetze und wirtschaftlichen Bestimmungsfaktoren je Länder ergibt, in welchen eine Mitarbeiterbeteiligung an Arbeitnehmer begeben werden soll.

Tendenziell gilt, dass Komplexitätsreduktion sich umso leichter erreichen lässt, wenn von echten   18 sofort Anteile begebenen Modellen Abstand genommen und stattdessen zu Aktienoptionsmodellen, diesen vergleichbaren Modellen oder gar virtuellen Modellen übergegangen wird. Auf diese Art und Weise lässt sich auch eine ökonomisch akzeptable Kosten-Nutzen-Relation schaffen, die ein noch beherrschbares Mitarbeiterbeteiligungsmodell im täglichen Alltagsbetrieb generiert und erhält.

3.   Arbeitnehmersicht

Der Mitarbeiter merkt idealerweise von alledem – gemeint sind die Überlegungen der beteiligten   19 Unternehmen hinsichtlich der internationalen Mitarbeiterbeteiligung nichts. Ihn interessiert in der Regel und im Idealfall, wie viele Aktienoptionen er erhalten hat, wie groß sein Hebel je Aktie ist und welche Gewinnerwartung er aus dem Modell haben darf. Ferner interessiert den Mitarbeiter im Erfolgsfall, sprich wenn die Option „im Geld" oder die Aktie im Wert gestiegen ist, welche steuer- und sozialversicherungsrechtliche Belastung auf ihn zukommt, und damit seine Wertzuwachspartizipation mindert.

---

3   Vgl. PriceWaterhouseCoopers, 2006 Gobal Equity Incentives Survey, Moving out of uncertainy, S. 15.
4   Vgl. Mercer, Human Ressource Consulting annual study of CEO compensation at large US firms, S. 2.

Letzteres entscheidet sich im Regelfall unabhängig von dem Begebenden der Mitarbeiterbeteiligung, danach wo der Mitarbeiter seinen Wohnsitz oder dauernden Aufenthalt hat (vgl. §§ 8, 9 AO). Da in vielen Staaten der Mitarbeiter nach dem Welteinkommensprinzip besteuert wird, ist es dementsprechend aus nationaler Sicht jedenfalls irrelevant, von woher der Vergütungsbestandteil, z.B. eine aktienbasierte Vergütung, kommt. Ferner entscheidend ist für die Steuerhöhe in vielen Staaten auch, ob die Einkünfte aus der Mitarbeiterbeteiligung den Kapitaleinkünften oder den Lohneinkünften zuzurechnen sind. Kapitaleinkünfte werden in etlichen Ländern – nunmehr prinzipiell auch in Deutschland – abgeltend mit einem gedeckelten, relativ mäßigen Steuersatz besteuert. Lohneinkünfte werden dagegen oftmals progressiv besteuert – wie in Frankreich und Deutschland der Fall; denkbar sind hier aber auch unilaterale Steuervergünstigungen für ausländische Mitarbeiter. Man denke hier an das sogenannte 30 % Ruling der Niederlande[5].

20   Eingeschränkt werden können diese nationalen Besteuerungsrechte für die Einkünfte des Mitarbeiters, z.B. aus der aktienbasierten Vergütung, daher allenfalls noch dadurch, ob und wie lange sich der Mitarbeiter im Ausland aufhielt, wofür der Mitarbeiter die Vergütung erhalten hat und wer diese Vergütung trug. Diese Differenzierungskriterien sind wichtig für die Entscheidung, welchem Staat ein etwaig bilateral abgeschlossenes Doppelbesteuerungsabkommen (DBA) das Besteuerungsrecht für die fraglichen Incentives nimmt, dem Wohnsitzstaat oder dem Staat, in dem das Unternehmen sitzt und den Mitarbeiter beschäftigt.

Ziel von DBA ist, zu vermeiden, dass eine Doppelbesteuerung dadurch entsteht, dass zwei Staaten auf denselben Mitarbeiter und auf dieselben Einkünfte zugreifen. Umgekehrt ist es der Idealfall, dass nur ein Staat einmal die Einkünfte besteuert. Kontraproduktiv aus Sicht der beteiligten Fisci wäre es jedenfalls, wenn kein Staat die Einkünfte des Mitarbeiters besteuert. Da dies bei Doppelbesteuerungsabkommen und Besteuerung durch mehrere Staaten nie ganz auszuschließen ist, versuchen die Staaten mittlerweile durch unilaterale Regelungen, Doppelbesteuerungen zu vermeiden – verwiesen sei beispielsweise auf die §§ 34 c und d EStG – sowie eine Keinmalbesteuerung zu unterbinden dadurch, dass der Staat, in dem der Mitarbeiter sitzt, unilateral besteuern darf, wenn kein anderer Staat besteuert. Für Deutschland sei hier auf den § 50d Abs. 8 und Abs. 9 EStG verwiesen.

21   Auf diese Art und Weise versucht der Fiskus idealerweise eine gleichmäßige Besteuerung bei all seinen Staatsbürgern zu erreichen. Dass dies je nach Einkunftsart unterschiedlich gut gelingt, ist bekannt und immer wieder ein Thema für die Finanz-, ja sogar für die jeweiligen Verfassungsgerichte, zum Beispiel das Bundesverfassungsgericht Deutschlands, welches die Gleichheit der Besteuerung zu beurteilen hat, falls eine Partei hier die Verfassungswidrigkeit vorträgt. Im Ergebnis heißt dies, dass jedenfalls für einen Mitarbeiter, der Wohnsitz und dauernden Aufenthalt in Deutschland hat, es irrelevant ist, ob die Aktienoptionen aus einem deutschen, amerikanischen oder Schweizer Unternehmen stammen. Solange er Dienst in Deutschland tut, von einem deutschen Arbeitgeber dafür vergütet oder dieser dafür wirtschaftlich belastet wird, wird immer eine Besteuerung – in diesem Fall in Deutschland – stattfinden.

Ändern kann sich dies nur, wenn der Mitarbeiter entweder für eine Tochtergesellschaft oder Betriebsstätte in einem anderen Land tätig wird oder gar mehr als 183 Tage im Ausland verbringt oder beispielsweise mit mehreren Tochtergesellschaften oder Betriebsstätten seines Arbeitgebers Arbeitsverträge sogenannte Split Salaries abgeschlossen hat. Dann wird er von mehreren Fisci mit Steuererklärungs- und gegebenenfalls Steuerzahlungspflicht überzogen und muss nicht nur die Einkünfte dort deklarieren, sondern hat auch die Gelegenheit, Besteuerungsgefälle in den jewei-

---

5   Vgl. Stachow, A., Financial Times Deutschland, 22.01.2008, Teil Recht und Steuern, Geteilte Steuer, gefülltes Konto unter Bezugnahme auf die Autoren Lehmeier und Leuner.

ligen Staaten zu seinen Gunsten zu nutzen. Da diese Themen keine allein die Mitarbeiterbeteili-gung betreffenden sind, wird an dieser Stelle auf die einschlägigen Kommentare zu den jeweiligen Doppelbesteuerungsabkommen und die einführende Literatur[6] hierzu verwiesen.

Neben diesen Soll- beziehungsweise Regelfällen, in denen der Mitarbeiter sich meist für die He-belwirkung seiner internationalen Mitarbeiterbeteiligung, deren Besteuerung und die sozialver-sicherungsrechtliche Verbeitragung interessiert, treten des Öfteren die ungeplanten Störfälle auf. Gemeint sind an dieser Stelle die Kündigung des Mitarbeiters, sein Tod, die Tatsache, dass ihm gekündigt wird, wenn seine Firma geschlossen oder aber eben durch die Muttergesellschaft ver-kauft wird, sog. Change of Control - Fälle.   22

In diesen Fällen zeigt sich dann ebenfalls die Güte des ausgearbeiteten Mitarbeiterbeteiligungs-programms. Ein Mitarbeiterbeteiligungsprogramm sollte auch für diese Fälle Regeln vorsehen, die eine klare und idealerweise gerichtsfeste Art und Weise definieren, wie dann Mitarbeiter-beteiligungsprogramme beendet, also regelmäßig gekündigt und abgefunden werden können, ohne z.B. zum Verkaufshindernis zu geraten. Spätestens dann zeigt sich, ob und inwieweit der Gestalter des Modells vorausdachte und idealer Weise Rücksicht auf arbeitsrechtliche, kündi-gungsschutzrechtliche und kapitalmarktrechtliche Vorschiften und Bedürfnisse genommen hat und dies in das Modell bereits bei Konzeption integriert hat.   **5**

Fairerweise ist jedoch festzuhalten, dass beispielsweise das deutsche Arbeits- und Kündigungs-schutzrecht derart differenziert ist, dass es wohl schwerlich einen Berater gelingt, sämtliche denk-baren Fälle gerichtsfest auszugestalten. Dennoch sollten Berater wie Arbeitgeber Vorkehrungen treffen, dass dem Mitarbeiter die Regelungen idealerweise fair und verständlich erscheinen und dieser gegebenenfalls auch deswegen in Verbindung mit seinen eigenen Moralvorstellungen von einer Klage absieht. Dies mag auf den ersten Blick unwahrscheinlich klingen, erfolgte aber in vie-len Praxisfällen der Mitarbeiterbeteiligung durchaus.   23

4.   Resümee

Die internationale Mitarbeiterbeteiligung ist wohl die Königsdisziplin der Mitarbeiterbeteili-gung. Schließlich beinhaltet sie nicht nur all die Arbeiten, die bei der Konzeption, Ausarbeitung und Umsetzung jeder Mitarbeiterbeteiligung zu bedenken sind. Sie erfordert überdies exzellente Kenntnisse bezüglich aller für die Mitarbeiterbeteiligung relevanten Rechtsgebiete und betriebs-wirtschaftlichen Bereiche jedes beteiligten Landes.   24

Dies ist nicht nur fordernd für die Gestalter derartiger Modelle; es erfordert auch erhebliche Zeit-, Kosten- und Personalkapazitäten – intern wie extern. Diesen Kosten stehen aber auch beträchtliche Nutzen gegenüber: Gerade im international verzweigten Konzern bedarf es mehr denn je der Bindung der weltweit verstreuten Mitarbeiter, der Stärkung des Zusammengehörig-keitsgefühl und das Einen auf ein Gesamtunternehmensziel. All dies kann eine internationale Mitarbeiterbeteiligung leisten.

---

6   Vgl. z.B. Leuner, R./ Ban, B.; Steuerquote: 30% trotz Wohnsitz Deutschland, Süsswaren 3/ 2006, Rubrik Steuerrecht, S. 25.

B. Steuerliche Implikationen der internationalen Mitarbeiterbeteiligung

I. Einleitung

25   Die sich aus Mitabeiterbeteiligungen mit länderübergreifendem Kontext ergebenden rechtlichen und steuerlichen Folgen sind vielschichtig und komplex. Die Unternehmen haben unterschiedlichen rechtlichen Vorgaben Rechnung zu tragen. Hierbei sind über das Steuerrecht hinaus insbesondere auch arbeits-, sozialversicherungs- sowie gesellschaftsrechtliche Vorschriften der beteiligten Länder zu beachten. Wegen der Komplexität der Mitarbeiterbeteiligung im internationalen Kontext benötigen die Unternehmen die rechtliche Unterstützung international tätiger Beratungsgesellschaften, die auf Mitarbeiterbeteiligungsmodelle bei grenzüberschreitenden Sachverhalten spezialisiert sind und über das erforderliche Know-How verfügen. Gestaltungen in Unkenntnis der rechtlichen Bestimmungen bergen ein hohes Risikopotential.

Auch im internationalen Kontext gibt es grundsätzlich verschiedene Ausgestaltungsmöglichkeiten der Mitarbeiterbeteiligung, wobei hinsichtlich der Implementierung und der damit verbundenen Konsequenzen die unterschiedlichen nationalen Regelungen zu beachten sind. Gegenstand des vorliegenden Beitrags ist die steuerliche Behandlung von Aktienoptionen im internationalen Kontext, da diese bei internationalen Konzernen am weitesten verbreitet sind. Eine weitere gängige, wenn auch weniger verbreitete Form der Mitarbeiterbeteiligung in einem internationalen Konzern ist die Einräumung von Stock Appreciation Rights (SAR). Deren steuerliche Betrachtung entspricht oftmals weitestgehend denen von Aktienoptionen.

II. Denkbare Konstellationen eines internationalen Bezugs

26   Die Tendenz, international tätig zu sein, nimmt in der Wirtschaft immer mehr zu. Waren es früher nur große Konzerne, die in verschiedenen Staaten operativ tätig waren, haben mittlerweile auch immer mehr mittelständische Unternehmen den Schritt über die Grenze vollzogen und sind international aufgestellt.

Die internationale Tätigkeit multinationaler Unternehmen beschränkt sich hierbei nicht auf Direktgeschäfte (Leistungsaustausch über die die Grenze ohne festen Stützpunkt), sondern erfolgt in der Regel in Form von Direktinvestitionen. D.h. die Tätigkeit außerhalb der nationalen Grenzen erfolgt durch Errichtung einer Betriebsstätte, einer Kapitalgesellschaft oder Personengesellschaft.

27   Um im internationalen Wettbewerb erfolgreich zu sein, benötigen diese Unternehmen qualifizierte und motivierte Mitarbeiter. Als Maßnahme dazu, diese Mitarbeiter zu gewinnen und langfristig an das Unternehmen zu binden, werden von internationalen Konzernen oftmals Mitarbeiterbeteiligungsprogramme aufgelegt. Diese Mitarbeiterbeteiligungsprogramme sind vielfach nicht auf einzelne Länder oder Gesellschaften und deren dort tätige Mitarbeiter beschränkt, sondern werden im internationalen Kontext implementiert, um eine einheitliche Behandlung der Mitarbeiter im Gesamtunternehmen zu ermöglichen.

Dementsprechend sind Mitarbeiterbeteiligungen nicht nur innerhalb der Grenzen Deutschlands verbreitet, sondern spielen gerade auch international eine bedeutende Rolle. Auch das Ausland kennt die Möglichkeit, Mitarbeiter am Unternehmen und damit am Unternehmenserfolg zu beteilen. Aufgrund der zunehmenden Globalisierung und Internationalisierung der Wirtschaft bleiben Beteiligungsprogramme und deren rechtliche sowie steuerliche Konsequenzen dabei oftmals nicht auf die jeweiligen Landesgrenzen beschränkt, sondern erstrecken sich über Landesgrenzen hinaus auf internationale Sachverhalte.[7]

So legen beispielsweise internationale Konzerne oftmals Aktienoptionsprogramme in der Form   28
auf, dass Mitarbeiter von in- und ausländischen Gesellschaften beteiligt werden. In der Regel werden in einem solchen Fall die Aktienoptionen von der Muttergesellschaft gewährt. Diese kann entweder eine inländische Gesellschaft (im Fall von Outbound-Investitionen) oder eine ausländische Gesellschaft (im Fall von Inbound-Investitionen) sein.[8] In der Praxis werden die Aktienoptionspläne oftmals dergestalt implementiert, dass nicht nur ausgewählte Mitarbeiter der gewährenden Muttergesellschaft bezugsberechtigt sind, sondern auch ausgewählte Mitarbeiter in- und ausländischer Tochtergesellschaften an der Zuteilung partizipieren können. In diesem Falle sind die steuerlichen Vorschriften des jeweiligen Ansässigkeits- bzw. Tätigkeitsstaat betreffend die Aktienoptionen zu beachten, ggf. resultieren in verschiedenen Staaten unterschiedliche steuerliche Pflichten aus der Gewährung der Aktienoptionen.

❯ **Beispiel 1:**

Die inländische Gesellschaft T-AG ist eine 100%ige Tochtergesellschaft der M-Inc. mit Sitz in den USA. Die M-Inc. legt einen Aktienoptionsplan auf und gewährt sowohl den eigenen Mitarbeitern (Mitarbeiter, die für die M-Inc. in den USA tätig sind), als auch den Mitarbeitern ihrer Tochtergesellschaft T-AG (Mitarbeiter, die in Deutschland für die deutsche T-AG tätig sind) Optionen zum Erwerb von Aktien der M-Inc.

Die Gewährung der Aktienoptionen hat sowohl steuerliche Konsequenzen in den USA, als auch in Deutschland. So ist die steuerliche Behandlung der Aktienoptionen an die Mitarbeiter der M-Inc. nach US-amerikanischem Recht zu beurteilen, während sich die steuerlichen Konsequenzen auf Ebene der deutschen Mitarbeiter grds. nach dem Recht ihres Ansässigkeitsstaats, d.h. nach deutschem Steuerrecht bestimmen.

Mit zunehmender Globalisierung steigen auch die Mobilität und damit die internationale Tätigkeit der Arbeitnehmer. Oftmals vertrauen Unternehmen bei der Aufnahme von In- und Outboundinvestitionen auf das Know-How ihrer Mitarbeiter und entsenden diese in das betreffende Land, in welchem die Investition getätigt wird. Bei diesen klassischen Entsendungsfällen sind die sog. Expatriates für einen bestimmten Zeitraum – dieser kann kurz-, mittel- aber auch langfristig sein – im Ausland für eine Tochtergesellschaft tätig. Neben der Entsendung im Zuge der Aufbauphase können auch andere Gründe für die Personalentsendung in Frage kommen, z.B. der Mangel an qualifiziertem Personal für die ausländische Tochtergesellschaft vor Ort, deren Überwachung durch Personal der Muttergesellschaft oder der Erwerb von Auslandserfahrung als Incentive.

❯ **Beispiel 2:**

Die inländische D-GmbH, die bereits verschiedene ausländische Tochtergesellschaften hat, entscheidet sich zur Investition in Frankreich und gründet dort eine Tochtergesellschaft. Um den Standort in Frankreich effektiv aufzubauen, werden einer der Geschäftsführer der D-GmbH sowie die Leiter Rechnungswesen und Forschung & Entwicklung der D-GmbH für 18 Monate zur französischen Tochtergesellschaft entsendet. Die Arbeitsverträge mit der D-GmbH bleiben bestehen,

---

7   Ein rein nationaler Sachverhalt ist hierbei aus deutscher Sicht dahingehend zu verstehen, dass ein deutsches Unternehmen für seine ausschließlich in Deutschland für die deutsche Gesellschaft tätigen Mitarbeiter ein Beteiligungsprogramm implementiert. Ein grenzüberschreitender bzw. internationaler Kontext kann daraus resultieren, dass Arbeitgeber und Arbeitnehmer nicht ausschließlich in einem Land ansässig bzw. tätig sind.

8   Direktgeschäfte ausländischer Investoren in Deutschland bezeichnet man als sog. Inbound-Investitionen, das Tätigwerden von inländischen Investoren im Ausland mittels Direktgeschäft als sog. Outbound-Investitionen.

ruhen jedoch für die Zeit der Entsendung. Für diese Zeit wird ein zusätzlicher Entsendevertrag zwischen dem jeweiligen Arbeitnehmer einerseits und der entsendenden und aufnehmenden Gesellschaft abgeschlossen. Die Vergütung wird vom aufnehmenden Unternehmen getragen.

30 Aber auch der dauerhafte internationale Einsatz insbesondere von Führungskräften ist bei weltweit operierenden Konzernen eine häufig praktizierte Methode. Hierbei wird ein Arbeitnehmer nicht nur für eine Konzerngesellschaft tätig, sondern für zwei oder auch mehrere Gesellschaften in verschiedenen Ländern. Der betreffende Arbeitnehmer schließt hierfür separate Arbeitsverträge mit mehreren in- und ausländischen Konzerngesellschaften ab. Die einzelnen Konzerngesellschaften verpflichten sich zur Übernahme der Vergütung des Arbeitnehmers anteilig in Abhängigkeit von Art und Umfang seiner Tätigkeit. Man bezeichnet diese Gestaltung als sog. Split Salary Modell bzw. Payroll Split Modell.

> **Beispiel 3:**

Der Arbeitnehmer ist Geschäftsführer der deutschen Muttergesellschaft, sowie der Schweizer, amerikanischen und niederländischen Tochtergesellschaften. Hierfür hat er mit der Muttergesellschaft und mit den einzelnen Tochtergesellschaften separate Arbeitsverträge geschlossen. Seine Tätigkeit verteilt sich wie folgt: 40 % seiner Arbeitszeit entfällt auf die Tätigkeit für die deutsche Muttergesellschaft, 25 % arbeitet er für die Schweizer und niederländische Konzerngesellschaften und die verbleibenden 10% für die amerikanische Tochter. Seine Gesamtvergütung beträgt 1 Million Euro.

Auf Basis der Split Salary Vereinbarung, die zwischen den betreffenden Gesellschaften und dem Arbeitnehmer geschlossen wurde, zahlen die einzelnen Konzerngesellschaften die Vergütung anteilig entsprechend der Tätigkeit des Geschäftsführers, d.h. die deutsche Gesellschaft zahlt 400.000 Euro, die Schweizer und niederländische Tochtergesellschaften jeweils 250.000 Euro und die amerikanische Tochtergesellschaft 100.000 Euro.

31 Diese Split Salary Modelle haben für den Arbeitnehmer den Vorteil, dass durch den Abschluss separater Arbeitsverträge mit verschiedenen in- und ausländischen Konzerngesellschaften dessen individuelle Steuerlast ggf. dauerhaft gemindert wird. Bei Vorliegen der erforderlichen Voraussetzungen – Arbeitnehmer wird außer für die inländische Gesellschaft auch für einen ausländischen Arbeitgeber tätig und letzterer trägt auch einen Teil des Arbeitslohns – wird die Gesamtvergütung des international tätigen Arbeitnehmers entsprechend der Art und des Umfangs seiner Tätigkeit auf das In- und Ausland verteilt. Auf die ausländischen Bezüge wird der ausländische Steuertarif angewandt. Da der ausländische Grenzsteuersatz für die anteilige ausländische Vergütung häufig niedriger ist, als der auf das Gesamtgehalt bei entsprechend höherer Progression in Deutschland anzuwendende Steuersatz, ergibt sich hieraus eine Steuerersparnis für die Arbeitnehmer. Hinzu kommen ggf. länderspezifische Steuervergünstigungen für ausländische Arbeitnehmer. Allerdings werden an Split Salary Modelle von der deutschen Finanzverwaltung hohe Anforderungen gestellt, um anerkannt zu werden.[9]

32 Oftmals handelt es sich bei den Mitarbeitern, welche entsendet werden oder ein Split Salary mit dem Konzern haben, um leitende Angestellte und Führungskräfte. Wurden diesen Mitarbeitern vor oder während der Entsendung bzw. dem Beginn der internationalen Tätigkeit Aktienoptionen gewährt, so sind hinsichtlich der Aktienoptionen die steuerlichen Konsequenzen in allen betreffenden Ländern, in welchen der jeweilige Mitarbeiter ansässig und/oder tätig war bzw. ist, zu prüfen. D.h. bei Entsendung sind die steuerlichen Vorschriften des Staates, aus welchem der

---

9 Die Anforderungen sind im Einzelnen: Schriftlicher Arbeitsvertrag mit dem ausländischen Arbeitgeber, tatsächliche Ausübung der Tätigkeit im Ausland, Dokumentation über die für den ausländischen Arbeitgeber im Ausland verrichteten Arbeitstage, Verhältnismäßigkeit der ausländischen Vergütung zu der dort ausgeübten Tätigkeit und keine Rückbelastung der Vergütung an den deutschen Arbeitgeber.

Mitarbeiter entsendet wurde, zu prüfen, aber auch die steuerlichen Regelungen im aufnehmenden Staat. Im Falle eines Split Salary ist die Gewährung der Aktienoptionen an die Führungskraft möglicherweise in allen Split Salary-Staaten sowie ggf. (falls abweichend von den Split Salary Staaten) im Ansässigkeitsstaat des Arbeitnehmers steuerlich relevant. Hierbei können sowohl für den Arbeitgeber, als auch für den Arbeitnehmer verschiedene steuerliche Pflichten resultieren.

> **Beispiel 4:**

> Hat der Mitarbeiter in Beispiel 2 von der D-GmbH vor der Entsendung Aktienoptionen gewährt bekommen und übt er diese im Laufe der Entsendung oder nach der Entsendung aus, so haben sowohl Deutschland als auch Frankreich ggf. einen Anspruch auf Besteuerung des geldwerten Vorteils. Zur Aufteilung des Besteuerungsrechts vgl. Kapitel III. 2. d).

> **Beispiel 5:**

> Die Führungskraft aus Beispiel 3 hat Aktienoptionen von der deutschen Muttergesellschaft erhalten. Bestand die Split Salary Vereinbarung der Führungskraft ganz oder teilweise zwischen Gewährung und Ausübung der Optionen, so ist die steuerliche Behandlung des geldwerten Vorteils in den beteiligten Staaten zu prüfen. Ggf. ist der geldwerte Vorteil und das Besteuerungsrecht hierfür auf die einzelnen Länder aufzuteilen, vgl. hierzu Kapitel III. 2. d).

III. Aktienoptionen im internationalen Steuerrecht

Im internationalen Kontext ergeben sich besondere Herausforderungen bei der Besteuerung von Aktienoptionen. Das gewährende Unternehmen und die Arbeitnehmer, welche Aktienoptionen erhalten, müssen die steuerlichen Vorschriften aller beteiligten Länder prüfen, um sicherzustellen, dass sowohl auf Arbeitgeber- als auch auf Arbeitnehmerebene die steuerlichen Pflichten ordnungsgemäß erfüllt werden. War der begünstigte Mitarbeiter für verschiedene Konzerngesellschaften bzw. in verschiedenen Ländern tätig, so ist die steuerliche Befolgung um ein vielfaches komplexer, da in diesem Falle in der Regel mehrere Länder Anspruch auf die Besteuerung des geldwerten Vorteils erheben. Es kommt zu den einzelstaatlichen steuerlichen Vorschriften, die es zu berücksichtigen gilt, die Problematik der Gewinnaufteilung auf die verschiedenen Staaten hinzu.   33

Bei der steuerlichen Behandlung von Aktienoptionen bei grenzüberschreitenden Sachverhalten kann es zu Besteuerungskonflikten kommen. Diese resultieren daraus, dass die steuerliche Behandlung von Aktienoptionen in den einzelnen Staaten unterschiedlich geregelt ist. Entscheidende Systemunterschiede, die häufig zu Besteuerungskonflikten führen, sind insbesondere:

- unterschiedliche Besteuerungszeitpunkte
- Qualifikation der Einkunftsart
- abweichende Zuordnung des Besteuerungsrechts und unterschiedliche Aufteilungsgrundsätze
- unterschiedliche Bemessungsgrundlage

Bevor auf diese Besteuerungsunterschiede und deren Ursachen genauer eingegangen wird, ist es zum Verständnis zunächst wichtig, die Grundlagen der steuerlichen Behandlung der internationalen Arbeitnehmertätigkeit zu kennen. Insbesondere ist es bedeutsam, zu wissen, unter welchen Voraussetzungen die Vergütungen international tätiger Arbeitnehmer der Besteuerung in Deutschland bzw. im Ausland unterliegen.   34

Nach deutschem Steuerrecht ist der Gewinn aus der Ausübung von Aktienoptionen den Einkünften aus nichtselbstständiger Arbeit zuzuordnen. Zu den Einkünften aus nichtselbstständiger

Arbeit i. S. d. § 19 Abs. 1 Satz 1 Nr.1 EStG zählen alle Einnahmen, die dem Arbeitnehmer im Zusammenhang mit dem Dienstverhältnis zufließen (§ 2 Abs. 1 LStDV). Dementsprechend haben Mitarbeiter, die Aktienoptionen von ihrem Arbeitgeber erhalten, einen aus der Ausübung der Optionen resultierenden geldwerten Vorteil nach §§ 19 Abs. 1 Satz 1 Nr. 1, 8 Abs. 1 EStG zu versteuern.

35 Hierbei ist zu beachten, dass dies unabhängig davon gilt, ob die Vorteile unmittelbar vom Arbeitgeber oder von einem Dritten gewährt wurden, wenn der Arbeitnehmer die Vorteile als Frucht seiner Leistung für den Arbeitgeber ansehen muss und der Veranlassungszusammenhang nicht durch unmittelbare rechtliche und wirtschaftliche Beziehungen des Arbeitnehmers zu dem Dritten auszuschließen ist.[10] Aktienoptionen können direkt vom Arbeitgeber oder von einem konzernverbundenen Unternehmen gewährt werden. D.h. auch bei Gewährung der Aktienoptionen durch eine Konzerngesellschaft an Mitarbeiter einer Tochtergesellschaft – Aktienoptionen werden üblicherweise von der Obergesellschaft eines Konzerns gewährt - ist der bei Ausübung erzielte geldwerte Vorteil den Einkünften aus nichtselbstständiger Arbeit zuzuordnen. Zwar stehen die begünstigten Mitarbeiter nicht in einem Dienstverhältnis zur ausgebenden Konzerngesellschaft, jedoch stellt die Optionsgewährung einen von einem Dritten zugewendeten Vorteil dar, der Frucht seiner Leistung für den Arbeitgeber – die Tochtergesellschaft – ist. D.h. entscheidend ist, dass die Zuwendung des Dritten – hier des verbundenen Unternehmens – sich für den Arbeitnehmer als Lohn für seine Arbeit für seinen Arbeitgeber darstellt und aus Sicht des Zuwendenden im Zusammenhang mit diesem Dienstverhältnis erbracht wird.[11] Auch in diesem Fall liegt grds. Arbeitslohn vor, § 38 Abs. 1 Satz 1, 3 EStG.[12]

▶ **Beispiel 6:**

Der in Deutschland Steuerpflichtige S ist bei der deutschen D-GmbH als Leiter der Abteilung Forschung & Entwicklung angestellt. Für seine Tätigkeit erhält er von der D-GmbH eine Gesamtvergütung, welche sich aus einem Fixgehalt und einem leistungsabhängigen Bonus zusammensetzt. Die D-GmbH ist eine 100%ige Tochtergesellschaft der HK-Ltd. mit Sitz in Hongkong. Die HK-Ltd. entscheidet sich, zur Motivation und Bindung der Mitarbeiter des Konzerns einen Aktienoptionsplan aufzulegen. S erhält im Zuge des Optionsplans von der HK-Ltd. Aktienoptionen gewährt.

Die HK-Ltd. ist nicht Arbeitgeber von S, es besteht kein Arbeitsvertrag zwischen der HK-Ltd. und S. Da die Zuwendung der Optionen durch die HK-Ltd. jedoch aufgrund der Tätigkeit von S für die Tochtergesellschaft D-GmbH erfolgt, stellt diese einen Lohn für die Arbeit des S für die D-GmbH dar. D.h. ein etwaiger Ausübungsgewinn ist den Einkünften aus nichtselbstständiger Arbeit des S zuzuordnen.

---

10 Vgl. BFH-Urteil vom 5.7.1996, BStBl. 1996 II, S. 545.

11 Vgl. BFH-Urteil vom 24.1.2001, BStBl. 2001 II, S. 509; BMF-Schreiben vom 14.9.2006, Rz. 130, BStBl. I 2006, S. 532.

12 Bei Einkünften aus nichtselbstständiger Arbeit wird die Einkommensteuer grundsätzlich durch Abzug vom Arbeitslohn erhoben (Lohnsteuer), soweit der Arbeitslohn von einem inländischen Arbeitgeber gezahlt wird oder wenn der Arbeitslohn von einem Dritten gewährt wurde und der inländische Arbeitgeber weiß oder erkennen kann, dass derartige Vergütungen erbracht werden (§ 38 Abs. 1 Satz 1, 3 EStG). Einkünfte aus nichtselbstständiger Arbeit setzen aber nicht unbedingt eine Leistung des Arbeitgebers selbst voraus. Vorteile werden „für" eine Beschäftigung gewährt, wenn sie durch das individuelle Dienstverhältnis des Arbeitnehmers veranlasst sind.

1.   Grundzüge der steuerlichen Behandlung internationaler Arbeitnehmertätigkeit

Die Besteuerung der Einkünfte aus nichtselbstständiger Arbeit bestimmt sich zunächst auf Grundlage der einschlägigen nationalen Vorschriften. Hierbei ist entscheidend, ob der betreffende Arbeitnehmer im Inland unbeschränkt oder beschränkt steuerpflichtig ist. Eine unbeschränkte Steuerpflicht ist gegeben, wenn der Arbeitnehmer seinen Wohnsitz oder gewöhnlichen Aufenthalt im Inland hat.[13]   36

a)   Unbeschränkte Steuerpflicht

Eine in Deutschland unbeschränkt steuerpflichtige natürliche Person unterliegt der Besteuerung in Deutschland mit ihrem Welteinkommen (sog. Welteinkommensprinzip), d.h. auch mit den Einkünften aus nichtselbstständiger Arbeit. Bei grenzüberschreitenden Sachverhalten hat bei Einkünften aus nichtselbstständiger Arbeit allerdings oftmals nach dem sog. Prinzip der Quellenbesteuerung der Tätigkeitsstaat das Besteuerungsrecht für in seinem Staat erzielte Einkünfte. Die sich daraus ergebende Gefahr der Doppelbesteuerung im Ansässigkeitsstaat und im Tätigkeitsstaat wird in unterschiedlicher Weise vermieden, in Abhängigkeit davon, ob mit dem Tätigkeitsstaat ein Doppelbesteuerungsabkommen (DBA) besteht oder nicht. Besteht ein DBA, so geht dieses den einzelstaatlichen Regelungen zur Vermeidung der Doppelbesteuerung vor.[14]   37

Der geldwerte Vorteil aus der Gewährung von Aktienoptionen ist den Einkünften aus unselbstständiger Arbeit nach Art. 15 OECD-Musterabkommen (OECD-MA)[15] zuzuordnen. Ungeachtet dessen sind die Einkünfte, die der Arbeitnehmer nach Ausübung der Aktienoptionen aus dem Halten der erworbenen Anteile oder ihrer späteren Veräußerung erzielt, gesondert zu beurteilen.[16]

Gem. Art. 15 Abs. 1 OECD-MA sind Einkünfte aus unselbstständiger Arbeit grundsätzlich im Tätigkeitsstaat (Quellenstaat)[17] zu besteuern (sog. Arbeitsortprinzip). In Deutschland sind die Einkünfte unter Progressionsvorbehalt von der Besteuerung freizustellen, sofern nach dem jeweiligen DBA die Anwendung der Freistellungsmethode vereinbart wurde und keine Rückfallklausel greift.[18]   38

▶ **Beispiel 7:**

Der Arbeitnehmer N ist für die D-AG in Deutschland tätig. Im Oktober 2009 wird er von der D-AG in die USA entsandt, wo er bis zum Ende des Jahres 2009 für die amerikanische Schwestergesellschaft US-Ltd. arbeiten soll. Ab Beginn der Tätigkeit in den USA erhält er seine Vergütung von der US-Ltd. Seine Familie und damit sein Lebensmittelpunkt bleiben in Deutschland.

Gem. Art. 15 Abs. 1 DBA D-USA[19] sind die Einkünfte, die N für seine Tätigkeit in den USA für die US-Ltd. erhält, im Tätigkeitsstaat, d.h. in den USA zu besteuern.

---

13 Vgl. § 1 Abs. 1 Satz 1 EStG i. V. m. §§ 8, 9 AO.
14 Vgl. § 2 AO.
15 Im Folgenden wird die internationale Behandlung auf Basis des OECD-Musterabkommens (OECD-MA) erläutert. Zwar entsprechen die einzelstaatlichen DBA oftmals dem OECD-MA, dennoch ist im Einzelfall das einschlägige DBA auf abweichende Regelungen hin zu prüfen und diese ggf. entsprechend zu berücksichtigen, denn im konkreten Einzelfall sind die jeweiligen Vorschriften des anzuwendenden DBA maßgeblich, nicht das OECD-MA.
16 Vgl. BMF-Schreiben vom 14.9.2006, Rz. 129, BStBl. 2006 I, S. 532; auf die Beurteilung der Einkunftserzielung nach Ausübung wird an dieser Stelle im Rahmen der abkommensrechtlichen Beurteilung nicht näher eingegangen.
17 Quellenstaat ist der Staat, in dem der Ort der tatsächlichen, d.h. der physischen Arbeitsausübung liegt.
18 Zur unilateralen Rückfallklausel des § 50d Abs. 8 EStG vgl. Kapitel III. 3. b).
19 Anmerkung: Art. 15 DBA D-USA entspricht Art. 15 OECD-MA.

5

39 Die Ausnahme vom Arbeitsortprinzip ist in Art. 15 Abs. 2 OECD-MA geregelt. Gem. Art. 15 Abs. 2 OECD-MA hat der Ansässigkeitsstaat des Arbeitnehmers das Besteuerungsrecht, wenn

a) der Empfänger sich im anderen Staat insgesamt nicht länger als 183 Tage innerhalb eines Zeitraums von zwölf Monaten, der während des betreffenden Steuerjahres beginnt oder endet, aufhält und

b) die Vergütungen von einem Arbeitgeber oder für einen Arbeitgeber gezahlt werden, der nicht im anderen Staat ansässig ist, und

c) die Vergütungen nicht von einer Betriebstätte getragen werden, die der Arbeitgeber im anderen Staat hat.

40 Nur wenn alle drei Voraussetzungen kumulativ erfüllt sind, behält der Ansässigkeitsstaat das Besteuerungsrecht für die Vergütung, die dem Arbeitnehmer für eine Tätigkeit gezahlt wird.

> **Beispiel 8:**

Wie in Beispiel 7 wird der Arbeitnehmer N im Oktober 2009 bis zum Ende des Jahres 2009 in die USA entsandt und dort für die US-Ltd. tätig. Abweichend zu Beispiel 7 erhält er seine Vergütung jedoch nicht von der US-Ltd., sondern weiterhin von der D-AG. Diese trägt auch die Vergütung.

In vorliegendem Fall greift Art. 15 Abs. 2 DBA D-USA.[20] Da alle 3 Voraussetzungen des Art. 15 Abs. 2 DBA D-USA kumulativ erfüllt sind, verbleibt das Besteuerungsrecht beim Ansässigkeitsstaat, d.h. bei Deutschland.

Als Arbeitgeber gem. DBA ist der wirtschaftliche Arbeitgeber zu verstehen. Dies ist das Unternehmen, welches die Vergütungen für die ihm geleistete Arbeit wirtschaftlich trägt, sowohl bei unmittelbarer Auszahlung der Vergütung an den betreffenden Arbeitnehmer, als auch dadurch, dass ein anderes Unternehmen in Vorlage tritt und diesem – dem wirtschaftlichen Arbeitgeber – die Personalkosten der fraglichen Person sachgerecht weiterbelastet.[21] Ein wirtschaftlicher Arbeitgeber ist vorliegend dann anzunehmen, wenn der Arbeitnehmer dem Unternehmen seine Arbeitsleistung schuldet, unter dessen Leitung tätig wird, dessen Weisungen unterworfen ist und der Arbeitslohn nicht Preisbestandteil für eine Lieferung oder Werkleistung ist.

41 Für die Entscheidung, ob der Arbeitnehmer in das jeweilige Unternehmen eingebunden ist, ist das Gesamtbild der Verhältnisse maßgebend. Hierbei ist insbesondere zu berücksichtigen, ob das Unternehmen die Verantwortung oder das Risiko für die durch die Tätigkeit des Arbeitnehmers erzielten Ergebnisse trägt und der Arbeitnehmer den Weisungen des Unternehmens unterworfen ist. Ist ein Arbeitnehmer sowohl für seinen inländischen zivilrechtlichen Arbeitgeber als auch für ein weiteres im Ausland ansässiges verbundenes Unternehmen tätig, so können abkommensrechtlich beide Unternehmen Arbeitgeber des betreffenden Arbeitnehmers sein (z.B. bei Split Salary Modellen)[22]. Der wirtschaftliche Arbeitgeber bestimmt sich unabhängig von der Verbuchung des Lohnaufwands. Wäre die Verbuchung entscheidend, so könnten Konzerne hierdurch bestimmen, welcher Staat den Arbeitslohn besteuert und in welchem Staat der Arbeitslohn gewinnmindernd angesetzt wird.

Besteht mit dem betreffenden Staat kein DBA, so greift zur Vermeidung der Doppelbesteuerung die unilaterale Regelung des § 34c EStG. Die Doppelbesteuerung wird hierbei grds. entweder durch die Anrechnungsmethode gem. § 34c Abs. 1 EStG oder durch die Abzugsmethode gem. § 34c Abs. 2-5 EStG vermieden bzw. gemildert.

---

20 Anmerkung: Art. 15 Abs. 2 DBA D-USA entspricht Art. 15 Abs. 2 OECD-MA.
21 Vgl. BFH-Urteil vom 21.8.1985, BStBl. 1986 II, S. 4.
22 Vgl. BMF-Schreiben vom 14.9.2006, Rz. 66 ff., BStBl. 2006 I, S. 532.

b) Beschränkte Steuerpflicht

Ist ein Arbeitnehmer in Deutschland tätig, ohne einen Wohnsitz oder gewöhnlichen Aufenthalt in Deutschland zu haben, so ist er nach nationaler Regelung gem. § 49 Abs. 1 Nr. 4 EStG mit den inländischen Einkünften aus nichtselbstständiger Arbeit in Deutschland beschränkt steuerpflichtig. Allerdings ist, wie bereits für die unbeschränkte Steuerpflicht ausgeführt, auch in diesem Fall – jedoch aus umgekehrter Sicht – zu prüfen, ob mit dem Ansässigkeitsstaat des Arbeitnehmers ein DBA besteht. Ist dies der Fall, so ist im nächsten Schritt zu prüfen, ob Deutschland als Tätigkeitsstaat das Besteuerungsrecht für diese Einkünfte aus nichtselbstständiger Arbeit hat.[23]

42

> **Beispiel 9:**
>
> Umgekehrt zu Beispiel 7 kommt der Arbeitnehmer B der US-Ltd. im Oktober 2009 nach Deutschland, um bis zum Ende des Jahres 2009 für die deutsche D-AG tätig zu werden. Ab Beginn der Tätigkeit in Deutschland vergütet die D-AG seine Tätigkeit. Da er nur vorübergehend in Deutschland arbeiten wird, bleibt seine Familie in den USA, d.h. sein Lebensmittelpunkt verbleibt in den USA.
>
> Gem. Art. 15 Abs. 1 DBA D-USA sind die Einkünfte, die N für seine Tätigkeit in Deutschland erhält, im Tätigkeitsstaat, d.h. in Deutschland zu besteuern. Gem. § 49 Abs. 1 Nr. 4a EStG unterliegt er mit diesen Einkünften aus nichtselbstständiger Arbeit in Deutschland der beschränkten Steuerpflicht.

> **Beispiel 10:**
>
> Zahlt in Abwandlung zu Beispiel 9 die Vergütung für die Tätigkeit in Deutschland nicht die D-AG, sondern der amerikanische Arbeitgeber US-Ltd. und trägt diese die Vergütung auch, so wird das Besteuerungsrecht gem. Art. 15 Abs. 2 DBA D-USA den USA zugewiesen. Mangels Besteuerungsrecht Deutschlands ist B in Deutschland mit seinen Einkünften aus nichtselbstständiger Arbeit nicht steuerpflichtig.

2. Steuerliche Behandlung von Aktienoptionen und Aktienoptionsgewinnen bei grenzüberschreitenden Sachverhalten

a) Rechtslage der nationalen Besteuerung in Deutschland

aa) Zufluss von Arbeitslohn aus Sicht des deutschen Steuerrechts

Ein Vorteil aus der Gewährung von Optionen ist in dem Zeitpunkt zu versteuern, in dem sich dieser Vorteil zu einer Einnahme konkretisiert. Von einer Einnahme ist nach § 11 Abs. 1 Satz 1 EStG auszugehen, wenn dem Steuerpflichtigen ein geldwerter Vorteil zugeflossen ist. Ein Zufluss liegt vor, wenn die Vorteile zu einer objektiven Bereicherung des Arbeitnehmers führen, d. h. dessen wirtschaftliche Leistungsfähigkeit steigern.[24]

43

---

23 Zu beachten ist bei beschränkt steuerpflichtigen Arbeitnehmern, dass die Einkommensteuer durch den Lohnsteuerabzug grundsätzlich als abgegolten gilt, d.h. es erfolgt keine Veranlagung zur Einkommensteuer (§ 50 Abs. 5 Satz 1 EStG; vgl. jedoch zur Ausnahme § 50 Abs. 5 Satz 2 Nr. 2 EStG).
24 Vgl. Drenseck in: Schmidt, EStG, 27. Aufl. 2008, § 19 Rn. 20.

(1)   Grundsätzlicher Zuflusszeitpunkt

44   Grds. ist im Hinblick auf den Zuflusszeitpunkt zunächst danach zu differenzieren, ob die gewährten Aktienoptionen handelbar sind oder nicht.[25] Unter Handelbarkeit ist nach Ansicht der Finanzverwaltung der tatsächliche Handel der Optionen an einer Wertpapierbörse zu verstehen.[26] Folglich sind nach Ansicht der Finanzverwaltung alle Aktienoptionsrechte, die nicht an einer Börse gehandelt werden, unabhängig davon, ob sie übertragbar oder vererbbar sind oder einer Sperrfrist unterliegen, nicht handelbar.[27]

Werden nun bspw. von einer ausländischen Kapitalgesellschaft börslich handelbare Aktienoptionen an die Arbeitnehmer der deutschen Tochtergesellschaft überlassen, so liegt in dem Moment, in dem die Arbeitnehmer über die Aktienoptionen verfügen können, ein Zufluss von Arbeitslohn vor.[28] Der geldwerte Vorteil wird hierbei gewährt, um in der Vergangenheit geleistete Tätigkeiten zu honorieren.

45   Bei nicht handelbaren Aktienoptionen führt weder die Gewährung der Aktienoptionen noch – soweit durch den Aktienoptionsplan vorgesehen - die erstmalige Ausübungsmöglichkeit der Aktienoptionen (sog. Vesting) zu einem Zufluss von Arbeitslohn i.S.d. § 11 EStG. Dieser ist vielmehr erst dann anzunehmen, wenn dem Arbeitnehmer die jeweiligen Aktien tatsächlich überlassen werden.[29]

In der Gewährung von nicht handelbaren Optionsrechten auf den späteren Erwerb von Aktien zu einem bestimmten Übernahmepreis liegt die Einräumung einer Chance. Nicht handelbare Optionsrechte sind keine Vergütung für in der Vergangenheit erbrachte Leistungen, sondern sollen eine zusätzliche Erfolgsmotivation für die Zukunft schaffen. D.h. die Optionen stellen einen Anreizlohn dar, der die zukünftige Performance des Mitarbeiters belohnen soll. Sie stellen damit eine Vergütung für den Zeitraum zwischen Gewährung und der erstmalig tatsächlich möglichen Ausübung der Optionsrechte durch den Arbeitnehmer dar. Der geldwerte Vorteil fließt dem Mitarbeiter erst zu, wenn er die Aktienoptionen ausübt, d.h. er damit die inhärente Chance auf einen verbilligten Erwerb von Aktien realisiert und der Arbeitgeber den Anspruch des Mitarbeiters erfüllt.[30] Der geldwerte Vorteil ergibt sich aus der Differenz zwischen dem Marktwert der Aktien bei Ausübung und den Aufwendungen des Mitarbeiters für die überlassenen Aktien (z.B. Ausübungspreis).[31]

(2)   Exakter Zuflusszeitpunkt

46   Unklar war bis vor kurzem allerdings, in welchem Zeitpunkt dem Arbeitnehmer genau der geldwerte Vorteil aus der Gewährung von Aktienoptionen zufließt.[32]

Das Bundesministerium der Finanzen (BFM) hat mit einem Schreiben vom 10.03.2003 zu dieser Problematik Stellung genommen. Nach Ansicht des BMF ist der Zuflusszeitpunkt der Tag der Ausbuchung der Aktien aus dem Depot des Überlassenden oder dessen Erfüllungsgehilfen. Diese Auffassung findet auch in der Literatur Anklang.[33]

---

25   Vgl. Finanzministerium NRW, Erlass vom 27.03.2003, DStR 2003, S. 689.
26   Vgl. Finanzministerium NRW, Erlass vom 27.03.2003, DStR 2003, S. 689.
27   Ebenso Bauer/Gemmeke in: DStR 2003, 1818 (1819)).
28   Vgl. Finanzministerium NRW, Erlass vom 27.03.2003, DStR 2003, S. 689.
29   Vgl. Finanzministerium NRW, Erlass vom 27.03.2003, DStR 2003, S. 689; vgl. u.a. auch die Urteile des BFH vom 24.01.2001, I R 119/98, und vom 20.06.2001, VI R 105/99.
30   Vgl. BFH-Urteil 2 vom 24.1.2001, I R 100/98 und I R 119/98, BFH-Urteil vom 20.6.2001, VI R 105/99.
31   Vgl. BFH-Urteil 2 vom 24.1.2001, I R 100/98 und I R 119/98.
32   Vgl. Rode, DStZ 2005, 404 (405).
33   Vgl. Pflüger in: Herrmann/Heuer/Raupach, EStG, § 19 Rdnr. 213, von Thürmer in: Blümich, EStG, § 19 Rdnr. 280.

Die Oberfinanzdirektionen (OFD) München und Nürnberg haben am 20.04.2005 die Auffassung [47] des BMF weiter konkretisiert. Demnach ist im Falle des sog. „Exercise and Sell" der „Tag der Ausübung" nicht maßgeblicher Zuflusszeitpunkt, wenn die Aktien sofort mit der Ausübung des Aktienoptionsrechts verkauft werden. Denn in diesen Fällen gibt es eigentlich keinen Tag der Ausbuchung. Demgemäß soll bei der sog. Exercise and Sell-Variante der Zufluss des geldwerten Vorteils bereits im Zeitpunkt der Ausübung des Aktienoptionsrechts bewirkt sein.[34]

Allerdings ist die Auffassung des BMF nicht unbestritten. Es wird argumentiert, der Zufluss von Arbeitslohn liege erst dann vor, wenn der Arbeitgeber dem Arbeitnehmer wirtschaftliches Eigentum an den Aktien verschafft hat. Das bedeutet, dass der Arbeitnehmer wirtschaftliche Verfügungsmacht über die Aktien besitzen muss. Er muss die Möglichkeit haben, diese Aktien zu nutzen und zu verwerten. Diese hat er aber noch nicht bei Ausbuchung der Aktie aus dem Depot der emittierenden Gesellschaft, sondern erst mit Einbuchung auf seinem Depot.[35]

Dieser zuvor nur in der Literatur vertretenen Ansicht ist das Finanzgericht Köln mit seinem Urteil [48] vom 05.10.2005[36] gefolgt. In diesem Urteil hat das FG Köln judiziert, dass der geldwerte Vorteil aus der Ausübung von Aktienoptionsrechten dem Arbeitnehmer erst in dem Moment zufließt, in dem die Aktien in seinem Depot eingebucht wurden oder ihm übergeben bzw. übersandt wurden. Diese Entscheidung hat mittlerweile der Bundesfinanzhof in seinem Urteil vom 01.02.2007[37] bestätigt und als Zuflusszeitpunkt die Einbuchung der Aktien in das Depot des Arbeitnehmers angesehen.

bb) Auswirkung internationaler Tätigkeit

Ist ein Mitarbeiter, dem Aktienoptionen gewährt wurden, international, d.h. in mehreren Ländern tätig, so ist der geldwerte Vorteil hinsichtlich des Besteuerungsrechts auf die beteiligten Länder aufzuteilen. Besteht mit den beteiligten Ländern ein DBA, so richtet sich die Zuordnung des Besteuerungsrechts nach den Regelungen des DBA. Auch bei der Aufteilung ist zwischen handelbaren und nicht handelbaren Optionsrechten zu unterscheiden: [49]

Bei handelbaren Optionen, welche für die in der Vergangenheit geleistete Tätigkeit gewährt wurden, ist die Aufteilung entsprechend der Verhältnisse des betreffenden Zeitraums der Vergangenheit vorzunehmen und der geldwerte Vorteil ggf. entsprechend der Auslandtätigkeit im maßgeblichen Zeitraum zeitanteilig von der inländischen Besteuerung freizustellen.[38]

Im Falle von nicht handelbaren Optionen ist auf die Tätigkeit des Mitarbeiters im maßgeblichen [50] Zeitraum nach der Gewährung abzustellen. Ist der Mitarbeiter im Zeitraum zwischen Gewährung und erstmalig tatsächlich möglicher Ausübung der Optionsrechte für verschiedenen Gesellschaften des Konzerns tätig – sei es bei einer Entsendung nach der Gewährung für das entsendende und das aufnehmende Unternehmen oder bei internationaler Tätigkeit im Rahmen eines Split Salary für verschiedene Konzerngesellschaften –, so dient die Erfolgsmotivation allen beteiligten Unternehmen. Soweit die von dem Arbeitnehmer in dem genannten Zeitraum bezogenen Einkünfte aus nichtselbstständiger Arbeit wegen einer Auslandtätigkeit in Deutschland steuerfrei sind, ist auch der bei tatsächlicher Ausübung der Aktienoptionen zugeflossene geldwerte Vorteil

---

34 Unklar ist insoweit allerdings, inwieweit diese Regelung nach den sogleich aufgeführten Entscheidungen des Finanzgerichts Köln und des Bundesfinanzhofs noch Gültigkeit besitzt. Gleiches gilt im Hinblick auf das BMF-Schreiben vom 29.3.2007, BStBl. I 2007, S. 369 i.V.m. BMF-Schreiben vom 10.03.2003, DStR 2003 S. 509.
35 Vgl. Fritsche/Bäumler in: DStR 2003, 1005, 1007, 1009, 1010; Bauer/Gemmeke in: DStR 2003, 1818, (1820); Rode in: DStZ 2005, 404, (406).
36 Az.: 5 K 4396/03, EFG 2006, 182.
37 Az.: VI R 73/04, DStRE 2007, S. 1004.
38 Vgl. BMF-Schreiben vom 14.9.2006, Rz. 131, BStBl. 2006 I, S. 532.

auf den Zeitraum zwischen der Gewährung der Optionsrechte und dem Zeitpunkt der erstmalig möglichen Ausübung aufzuteilen und zeitanteilig von der inländischen Besteuerung freizustellen.[39] Der aus der Ausübung der Optionen erzielte Gewinn ist in diesem Falle zeitanteilig entsprechend der geleisteten Tätigkeit den verschiedenen Unternehmen zuzuordnen und entsprechend anteilig in den betreffenden Ländern zu versteuern.

51　Da die Regelungen zur Besteuerung von Aktienoptionen von Land zu Land unterschiedlich sind, resultieren hieraus zahlreiche Probleme bei grenzüberschreitenden Sachverhalten. Diese Probleme werden zudem dadurch verstärkt, dass die Aktienoptionen in der Regel zu einem Zeitpunkt besteuert werden, der von dem Zeitpunkt bzw. -raum abweicht, zu dem die Arbeitsleistung, welche durch die Optionen vergütet wird, erbracht wird. So wird in zahlreichen Ländern der geldwerte Vorteil aus der Optionsgewährung im Zeitpunkt der Ausübung besteuert, während die Arbeitsleistung hierfür – diese spiegelt sich im Wert der den Optionen zugrunde liegenden Aktien wider - gem. der Annahme der Zukunftsbezogenheit im Zeitraum zwischen Gewährung und Ausübung der Optionen erbracht wurde.

Im Ergebnis bedeutet dies, dass bei internationaler Tätigkeit des Optionsberechtigten und der Zuweisung des Besteuerungsrechts auf verschiedene Länder der geldwerte Vorteil auf das In- und Ausland aufzuteilen ist und die verschiedenen einzelstaatlichen Regelungen der betreffenden Länder hinsichtlich der nationalen Besteuerung des anteiligen geldwerten Vorteils zu beachten sind.

52　Betreffend die o.g. Unterscheidung zwischen handelbaren und nicht handelbaren Optionen ist anzumerken, dass in der Praxis die Gewährung handelbarer Optionen eher selten ist; i.d.R. erfolgt die Gewährung nicht handelbarer Optionen. Im Folgenden werden deswegen nicht handelbare Optionen näher untersucht, d.h. im Folgenden sind Aktienoptionen als nicht handelbare Aktienoptionen zu verstehen.

b)　Besteuerungszeitpunkt

53　Als Besteuerungszeitpunkt von Aktienoptionen sind grundsätzlich verschiedene Zeitpunkte denkbar. Im Einzelnen kommen folgende Besteuerungsvarianten in Frage:

- Besteuerung im Zeitpunkt der Gewährung (sog. Upfront-Besteuerung)
- Besteuerung im Zeitpunkt der erstmaligen Verfügbarkeit bzw. Unverfallbarkeit (sog. Vesting-Besteuerung)
- Besteuerung im Zeitpunkt der Ausübung der Aktienoptionen (sog. Exercise-Besteuerung)
- Besteuerung im Zeitpunkt des Verkaufs der bei Ausübung erworbenen Aktien

54　Wie bereits ausgeführt, haben sich die Rechtsprechung und Finanzverwaltung in Deutschland für eine Besteuerung bei Ausübung ausgesprochen. Die Besteuerung der Optionen bei erstmaliger Ausübbarkeit wurde von der Rechtsprechung abgelehnt.[40]

Gewinnausschüttungen aus den erworbenen Aktien sind grds. den Einkünften aus Kapitalvermögen zuzuordnen.[41] Veräußert der Mitarbeiter die bei Ausübung erworbenen Aktien, so ist ein hieraus resultierender Gewinn bzw. Verlust steuerlich grds. nach den Vorschriften über private Veräußerungsgeschäfte bzw. nach den Vorschriften über Einkünfte aus Kapitalvermögen zu behandeln.

39　Vgl. BMF-Schreiben vom 14.9.2006, Rz. 133, BStBl. 2006 I, S. 532.
40　Vgl. BFH-Urteil vom 20.6.2001, BStBl. 2001 II, S. 689.
41　Zuordnung zu den Einkünften aus Kapitalvermögen unter der Annahme, dass die Aktien im Privatvermögen gehalten werden; hält der Mitarbeiter die Aktien im Betriebsvermögen, so stellen die Gewinnausschüttungen grds. Einkünfte aus Gewerbebetrieb dar.

Auch international ist die Besteuerung der Aktienoptionen bei Ausübung am häufigsten vertreten.   55
Beispielsweise Großbritannien, Frankreich, Schweden oder Österreich besteuern die Gewinne bei
Ausübung. Und auch die Niederlande besteuern Optionsgewinne zwischenzeitlich bei Ausübung.
In der Vergangenheit waren nach niederländischem Recht Aktienoptionen ursprünglich bei Ein-
tritt der Unverfallbarkeit und Ausübbarkeit zu besteuern (Vesting-Besteuerung), später hatten die
Mitarbeiter zeitweise die Möglichkeit, zwischen der Besteuerung bei Vesting und bei Ausübung
zu wählen. Die Schweiz wendete früher die Besteuerung bei Gewährung (Upfront-Besteuerung)
an, zwischenzeitlich erfolgt die Besteuerung i.d.R. bei Ausübung. In den USA ist die Besteuerung
von der Art der gewährten Optionen abhängig. Die sog. non-qualified stock options führen zu
Einkünften aus nichtselbstständiger Arbeit und werden bei Ausübung besteuert. Die sog. incentive stock options (ISO) werden nicht als Einkünfte aus nichtselbstständiger Arbeit bei Ausübung
besteuert, sondern führen zu Kapitaleinkünften. Die Besteuerung von ISO erfolgt erst im Zeitpunkt der Veräußerung der zugrunde liegenden Aktien mit einem ermäßigten Steuertarif.[42]

c)   Qualifikation der Einkommensart

Wie in Deutschland ordnet auch das Ausland den Gewinn aus der Ausübung von Aktienoptionen   56
in der Regel den Einkünften aus nichtselbstständiger Arbeit zu.

Einige Länder geben die Möglichkeit, Aktienoptionspläne als sog. qualifizierte Pläne zu gestalten und zu implementieren. Hierdurch können steuerliche Vorteile generiert werden. Wie im
Falle der USA, bei der die Aktienoptionen als sog. ISO qualifiziert werden können (vgl. Kapitel
III. 2. b)) und entsprechend erst bei Aktienveräußerung begünstigt besteuert werden, besteht
auch in Ländern wie Großbritannien, Frankreich oder Irland diese Möglichkeit. Analog den USA
wird der Besteuerungszeitpunkt i.d.R. auf die Veräußerung der Aktien verlegt und es werden
die Regelungen für Veräußerungsgewinne angewendet. An die Einordnung und Behandlung als
qualifizierte Aktienoptionspläne werden jedoch teilweise weit reichende Voraussetzungen (u.a.
behördliche Genehmigungen, Haltefristen) gestellt.

d)   Aufteilung des geldwerten Vorteils bei internationaler Tätigkeit

Insbesondere die Aufteilung eines geldwerten Vorteils auf verschiedene Länder birgt eine hohe   57
Komplexität, vor allem da zahlreiche verschiedene Fallkonstellationen denkbar sind, die es zu
lösen gilt.

So können beispielsweise einem Arbeitnehmer Aktienoptionen gewährt werden, während er in
Deutschland ansässig und tätig ist. Gibt dieser Arbeitnehmer dann seinen Wohnsitz in Deutschland auf und wird im Ausland ansässig und tätig, so kann bei Ausübung der Optionen eine Steuerpflicht hinsichtlich des Ausübungsgewinns in beiden Staaten erwachsen (im Ausland ggf. unbeschränkte Steuerpflicht und im Inland beschränkte Steuerpflicht). Umgekehrt kann ein Mitarbeiter, der im Ausland für seine Tätigkeit Aktienoptionen erhalten hat, nach Zuzug nach Deutschland
mit seinen Optionen in Deutschland unbeschränkt steuerpflichtig sein, gleichzeitig aber auch im
Ausland beschränkt steuerpflichtig bleiben.

Probleme hinsichtlich der Zuordnung des Besteuerungsrechts können sich auch dann ergeben,   58
wenn der Arbeitnehmer in einem anderen Staat als dem Ansässigkeitsstaat Einkünfte aus nichtselbstständiger Arbeit erzielt und im Rahmen dieser Tätigkeit Aktienoptionen erhalten hat. Noch

---

42   Vgl. Vater, H., IWB, Fach 8, USA, Gruppe 2, S. 1355 ff. und 1321 ff.

komplexer wird die steuerliche Behandlung, wenn der Mitarbeiter im Zeitraum zwischen Gewährung und späterer Ausübung mehrmals über die Grenzen umgezogen ist oder im Rahmen eines Split Salary-Modells in verschiedenen Ländern und für verschiedene Gesellschaften tätig war.

Wurden Aktienoptionen als für eine Arbeit bezogen angesehen, die in mehr als einem Staat ausgeübt worden ist, so ist es erforderlich, festzulegen, welcher Teil des Gewinns aus welchem Staat stammt. Steuerlich kann die internationale Tätigkeit hierbei in Abhängigkeit von uneinheitlichen Aufteilungsgrundsätzen einerseits zu einer vorteilhaften Minderbesteuerung des Ausübungsgewinns führen, andererseits aber auch zu einer Doppel- oder Mehrfachbesteuerung.

59   Grundsätzlich sind verschiedene Aufteilungsmöglichkeiten denkbar, in der einzelstaatlichen Praxis finden sich inbesondere folgende Aufteilungsmaßstäbe:

- Tätigkeit im Zeitraum Gewährung bis Unverfallbarkeit (Vesting)
- Tätigkeit im Zeitraum Gewährung bis Ausübung (Exercise)

Soweit der Steuerpflichtige ab Gewährung der Aktienoptionen in verschiedenen Ländern gearbeitet hat, ist der geldwerte Vorteil in Abhängigkeit von den nationalen Regelungen und – soweit ein DBA einschlägig ist – den Vorschriften des anzuwendenden DBA auf die betreffenden Länder aufzuteilen. Da im DBA-Fall grds. der Tätigkeitsstaat das Besteuerungsrecht hat, sollte das Besteuerungsrecht zeitanteilig in Abhängigkeit von der Tätigkeit bestehen. Soweit kein DBA anzuwenden ist, ist aus deutscher Sicht zu prüfen, inwiefern der Ausübungsgewinn in Deutschland steuerpflichtig ist.

60   Hinsichtlich der Festlegung des sog. Erdienungszeitraums der Optionen und damit der Aufteilung des geldwerten Vorteils gibt es verschiedene Möglichkeiten. Für deutsche Besteuerungszwecke hat sich der BFH – bei Vorliegen eines DBA – für eine Aufteilung basierend auf der Tätigkeit im Zeitraum zwischen Gewährung und tatsächlicher Ausübung der Optionen ausgesprochen.[43] Soweit die vom begünstigten Arbeitnehmer in dem Zeitraum zwischen Gewährung und Ausübung des Optionsrechts bezogenen Einkünfte aus nichtselbstständiger Arbeit wegen der Auslandstätigkeit nach DBA steuerfrei sind, soll auch der bei Optionsausübung zufließende geldwerte Vorteil steuerfrei sein.

Zwischenzeitlich hat das BMF mit Schreiben vom 14.9.2006 den Erdienungs- bzw. Aufteilungszeitraum abweichend von dem o.g. BFH-Urteil definiert. Demnach ist der geldwerte Vorteil, der bei Ausübung der Optionen zugeflossen ist, auf den Zeitraum zwischen Gewährung und erstmalig möglicher Ausübung der Optionen zu verteilen.[44] Dies entspricht im Wesentlichen der Auffassung der OECD. Gem. OECD-Musterkommentierung zu Art. 15 OECD-MA werden Optionsgewinne im Zeitraum zwischen Gewährung und Unverfallbarkeit (Vesting) erdient und der erzielte Gewinn ist anteilig auf diesen Zeitraum aufzuteilen.[45] Diesem von der OECD-Musterkommentierung empfohlenen Maßstab folgen zwischenzeitlich immer mehr Länder. [46]

61   Die rechnerische Ermittlung des anteiligen Optionsgewinns bei internationaler Tätigkeit ergibt sich grds. wie folgt:

$$\text{Relativer Anteil am Optionsgewinn des Landes X} = \frac{\text{Arbeitstage im Erdienungszeitraum in Land X}}{\text{Gesamtarbeitstage im Erdienungszeitraum}}$$

---

43   BFH-Urteil vom 24.1.2001, BStBl. 2001 II, S. 509.
44   Vgl. BMF-Schreiben vom 14.9.2006, Rz. 133, BStBl. 2006 I, S. 532.
45   Vgl. OECD-MK zu Art. 15 Tz. 12.
46   Vgl. Hasbargen/Schmitt/Wiesemann, IStR 2007, S. 380 (381); Hasbargen/Schmitt/Kiesel, IStR 2006, S. 257.

Besteht bei internationalen Sachverhalten zwischen den betroffenen Staaten ein DBA, besteuern die beteiligten Staaten den Gewinn im Ausübungszeitpunkt als Einkünfte aus nichtselbstständiger Arbeit und definieren alle beteiligten Staaten den Erdienungs- und damit Aufteilungszeitraum gleich, so dürfte eine konfliktfreie Besteuerung der Aktienoptionen gewährleistet sein. Allerdings ist eine solche vollständige Übereinstimmung der steuerlichen Regelungen bei internationalen Sachverhalten nur selten der Fall. Fallen die Besteuerungsgrundsätze auseinander – bspw. aufgrund von zwischenstaatlichen Unterschieden im Besteuerungszeitpunkt, unterschiedlichen Qualifikationen der daraus resultierenden Einkünfte oder nicht einheitlichen Regelungen betreffend die Zuordnung des geldwerte Vorteils auf mehrere Staaten -, so kann es zu steuerlichen Verzerrungen in Form von Doppel- und Minderbesteuerungen kommen.[47]

Im Folgenden soll anhand eines vereinfachten Beispiels aufgezeigt werden, welche Konsequenzen abweichende Besteuerungsgrundsätze haben können. Hierbei wird von abweichenden einzelstaatlichen Aufteilungsmechanismen ausgegangen. Es soll verdeutlicht werden, wie die Aufteilung des Optionsgewinns bei internationaler Tätigkeit erfolgt und welche Auswirkungen sich bei der Aufteilung des geldwerten Vorteils in Abhängigkeit von den anzuwendenden einzelstaatlichen Aufteilungsmethoden ergeben.

62

> **Beispiel 11:**
>
> Dem Arbeitnehmer N wurden im Rahmen seiner Tätigkeit für eine Gesellschaft in Land A zum 1.1.2008 1.000 nicht handelbare Aktienoptionen zum Optionspreis von 10 EUR pro Option gewährt. Die Optionen vesten nach 2 Jahren, d.h. zum 31.12.2009. N übt die gesamten 1.000 Optionen am 31.12.2010 aus. Der Kurswert der zugrunde liegenden Aktie im Zeitpunkt der Ausübung beträgt 110 EUR.
>
> N war im Zeitraum vom 1.1.2008 bis 31.12.2010 wie folgt international tätig:
>
> - 1.1.2008 bis 31.12.2008 Tätigkeit in Land A
> - 1.1.2009 bis 31.12.2010 Tätigkeit in Land B.
>
> Seine Arbeitstage pro Jahr betragen 230.
>
> Der geldwerte Vorteil von N beträgt (110 EUR – 10 EUR) x 1.000 Stück = 100.000 EUR.
>
> Dieser geldwerte Vorteil ist in Abhängigkeit von seiner Tätigkeit anteilig in den Ländern A und B zu versteuern. Die Aufteilung ist von den geltenden einzelstaatlichen Aufteilungsmethoden abhängig.
>
> **Variante 1:**
>
> Aufteilungsmethode in Land A und B basiert jeweils auf der Tätigkeit im Zeitraum Gewährung bis Vesting:
>
> Anteiliger Optionsgewinn des Landes A = 230/460 x 100.000 EUR = 50.000 EUR
>
> Anteiliger Optionsgewinn des Landes B = 230/460 x 100.000 EUR = 50.000 EUR
>
> Gesamter steuerpflichtiger Gewinn: 50.000 EUR + 50.000 EUR = 100.000 EUR
>
> **Variante 2:**
>
> Aufteilungsmethode in Land A und B basiert jeweils auf der Tätigkeit im Zeitraum Gewährung bis Ausübung:
>
> Anteiliger Optionsgewinn des Landes A = 230/690 x 100.000 EUR = 33.333,33 EUR
>
> Anteiliger Optionsgewinn des Landes B = 460/690 x 100.000 EUR = 66.666,67 EUR
>
> Gesamter steuerpflichtiger Gewinn: 33.333,33 EUR + 66.666,67 EUR = 100.000 EUR

---

47   Vgl. hierzu Beispiel 11.

Variante 3:

Aufteilungsmethode in Land A basiert auf der Tätigkeit im Zeitraum Gewährung bis Vesting und in Land B auf der Tätigkeit im Zeitraum Gewährung bis Ausübung:

Anteiliger Optionsgewinn des Landes A = 230/460 x 100.000 EUR = 50.000 EUR

Anteiliger Optionsgewinn des Landes B = 460/690 x 100.000 EUR = 66.666,67 EUR

Gesamter steuerpflichtiger Gewinn: 50.000 EUR + 66.666,67 EUR = 116.667,76 EUR

Variante 4:

Aufteilungsmethode in Land A basiert auf der Tätigkeit im Zeitraum Gewährung bis Ausübung und in Land B auf der Tätigkeit im Zeitraum Gewährung bis Vesting:

Anteiliger Optionsgewinn des Landes A = 230/690 x 100.000 EUR = 33.333,33 EUR

Anteiliger Optionsgewinn des Landes B = 230/460 x 100.000 EUR = 50.000 EUR

Gesamter steuerpflichtiger Gewinn: 50.000 EUR + 66.666,67 EUR = 83.333,33 EUR

Dieses vereinfachte Bespiel zeigt, zu welchen unterschiedlichen Ergebnissen die Besteuerung von Aktienoptionen bei internationaler Tätigkeit je nach Aufteilungsmechanismus führen kann. Stimmen die Aufteilungsmethoden der betreffenden Länder überein, so resultiert aus der Aufteilung keine Mehr- oder Minderbesteuerung (Variante 1 und 2). Bei abweichenden Aufteilungsmethoden kann der Optionsgewinn hingegen mehrbesteuert (Variante 3) oder minderbesteuert (Variante 4) werden.[48]

63 Basierend auf dem für die Besteuerung in Deutschland maßgeblichen Aufteilungszeitraum Gewährung bis Vesting ist auch denkbar, dass ein Mitarbeiter bei Ausübung zwar nicht mehr in Deutschland ansässig ist, aufgrund seiner anteiligen Tätigkeit in Deutschland vor der Ausübung der Optionen aber mit seinem Ausübungsgewinn anteilig der beschränkten Steuerpflicht in Deutschland unterliegt.[49] D.h. auch im Falle eines Wegzugs eines Steuerpflichtigen aus Deutschland sind die steuerlichen Konsequenzen einer späteren Optionsausübung in Deutschland nicht allein deswegen außer Acht zu lassen, weil die betreffende Person nicht mehr in Deutschland arbeitet und ansässig ist. Diese nachträglichen Auswirkungen erhöhen die ohnehin bereits bestehende Komplexität von Aktienoptionen im internationalen Kontext.

e)   Bemessungsgrundlage

aa)   Gewährung durch börsennotiertes Unternehmen

64 Erfolgt die Besteuerung der Aktienoptionen bei Ausübung, so ist die Ermittlung des geldwerten Vorteils international grundsätzlich identisch. Der geldwerte Vorteil berechnet sich aus der Differenz des Marktwerts der Aktien bei Ausübung und dem vom Mitarbeiter zu zahlenden Ausübungspreis zzgl. weiterer mit der Optionsausübung verbundener Aufwendungen.

---

48 Abweichungen in der Aufteilung und eine damit verbundene Mehr- oder Minderbesteuerung können sich auch daraus ergeben, dass die Arbeitstage pro Jahr und damit die Gesamtarbeitstage im Erdienungszeitraum in den einzelnen Staaten unterschiedlich hoch angesetzt werden. Im vorliegenden Fall wurde vereinfacht davon ausgegangen, dass die Arbeitstage pro Jahr in Land A und B jeweils 230 betragen. Würde eines der beiden Länder hingegen als Basis von z.B. nur 220 und das andere von z.B. 250 Arbeitstagen pro Jahr ausgehen, würde auch aus diesem Aufteilungsunterschied eine Mehr- oder Minderbesteuerung resultieren.

49 In Beispiel 11 wäre dies z.B. der Fall, wenn Deutschland Land A wäre. Zu der Verpflichtung zur Einbehaltung von Lohnsteuer bzw. der Anzeige gem. § 38 Abs. 4 EStG durch den (ehemaligen) deutschen Arbeitgeber vgl. Kapitel III. 3. a).

Unterschiede können sich bei der Bestimmung des Marktwertes ergeben. Bei börsennotierten Unternehmen ist der Börsenkurs der zugrunde liegenden Aktie heranzuziehen.[50] Hierbei ist für steuerliche Zwecke in Deutschland der niedrigste Börsenkurs gem. § 19a Abs. 2 EStG anzusetzen.

Maßgeblicher Bewertungsstichtag zur Bestimmung des Börsenkurses ist gem. Finanzverwaltung der Tag der Überlassung, welcher als Tag der Ausbuchung aus dem Depot des Überlassenden oder dessen Erfüllungsgehilfen anzunehmen ist.[51] Dies gilt unabhängig davon, ob die Kurse zwischen der Optionsausübung und der Ausbuchung der Aktien aus dem Depot des Überlassenden oder dessen Erfüllungsgehilfen gestiegen oder gefallen sind. Im Falle der sog. „Exercise and Sell"-Ausübungsvariante, d.h. wenn die Aktien sofort mit der Ausübung des Aktienoptionsrechts verkauft werden, soll maßgeblicher Zuflusszeitpunkt und damit auch Bewertungszeitpunkt nicht der Tag der Ausbuchung aus dem Depot sein, sondern der Tag der Ausübung des Aktienoptionsrechts, welcher grds. als Tag der Unterzeichnung des „form-of-exercise" angenommen wird.[52] In Abhängigkeit von der Kursentwicklung kann die Höhe des Ausübungsgewinns unter Berücksichtigung der beiden möglichen Bewertungs- und Zuflussstichtage variieren, da zwischen Ausübung und Ausbuchung aus dem Depot zum Teil ein Zeitraum von mehreren Tagen liegen kann. D.h. der steuerpflichtige geldwerte Vorteil kann damit unterschiedlich hoch sein. Diese Problematik wird zusätzlich dadurch verstärkt, dass als Zuflusszeitpunkt nach der aktuellen Rechtsprechung der deutschen Finanzgerichtsbarkeit der Tag heranzuziehen ist, an dem die gewährten Aktien in das Depot des Arbeitnehmers eingebucht werden.[53] Insofern können also drei ggf. unterschiedliche Kurse für die Ermittlung des steuerpflichtigen geldwerten Vorteils des Arbeitnehmers eine Rolle spielen.

In anderen Ländern können abweichende Regelungen hinsichtlich der Bestimmung des Marktwertes gegeben sein, z.B. wird in den USA der Schlusskurs am Tag der Ausübung herangezogen und bspw. auch die Niederlande orientieren sich in der Regel am Schlusskurs bei Ausübung.

Die Unterschiede, die sich je nach nationalen Regelungen in der Bemessungsgrundlage ergeben können, soll das folgende Beispiel verdeutlichen.

> **Beispiel 12:**

Der Arbeitnehmer N, dem 1.000 Optionen zum Optionspreis von 10 EUR pro Stück gewährt wurden, übt seine gesamten Optionen aus. Er unterzeichnet das Form of Exercise am 20.3.2009. Die Ausbuchung aus dem Depot des Arbeitgebers erfolgt am 24.3.2009. Die Einbuchung der gewährten Aktien im Depot des N erfolgt am 25.3.2009. Der Kurs der zugrunde liegenden Aktie beträgt im Einzelnen:

20.3.2009 Schlusskurs:	115 EUR
20.3.2009 niedrigster Kurs:	111 EUR
24.3.2009 Schlusskurs:	129 EUR
24.3.2009 niedrigster Kurs:	127 EUR
25.3.2009 Schlusskurs:	125 EUR
25.3.2009 niedrigster Kurs:	124 EUR

---

50 Vgl. § 11 Abs. 1 BewG.
51 Vgl. Finanzministerium Nordrhein-Westfalen vom 27.03.2003, II.1, DStR 2003, S. 689.
52 Vgl. Verfügungen der OFD Nürnberg und München, S 2347 – 7 St 41; S 2347 – 16/St 32), DStR 2005, S. 1011; inwiefern diese Verfügungen noch anwendbar sind oder aufgrund des BMF-Schreibens vom 29.3.2007, BStBl. I 2007, S. 369 i.V.m. BMF-Schreiben vom 10.03.2003, DStR 2003 S. 509 nicht mehr anzuwenden sind, ist derzeitig unklar.
53 Vgl. bereits oben unter Kapitel III. 2. a) aa) (2).

Je nachdem, welcher Kurs für die Ermittlung des geldwerten Vorteils maßgeblich ist, beträgt der Optionsgewinn:

20.3.2009 Schlusskurs:	(115 EUR − 10 EUR) x 1.000 = 105.000 EUR
20.3.2009 niedrigster Kurs:	(111 EUR − 10 EUR) x 1.000 = 101.000 EUR
24.3.2009 Schlusskurs:	(129 EUR − 10 EUR) x 1.000 = 119.000 EUR
24.3.2009 niedrigster Kurs:	(127 EUR − 10 EUR) x 1.000 = 117.000 EUR
25.3.2009 Schlusskurs:	(125 EUR − 10 EUR) x 1.000 = 115.000 EUR
25.3.2009 niedrigster Kurs:	(124 EUR − 10 EUR) x 1.000 = 114.000 EUR

Im vorliegenden Fall beträgt die mögliche Bandbreite des steuerpflichtigen Gewinns je nach anzuwendenden einzelstaatlichen Vorschriften 101.000 EUR bis 119.000 EUR.

67 Während aber die grundsätzliche Bestimmung des Marktwerts der den Optionen zugrunde liegenden Aktien bei börsennotierten Unternehmen für den jeweiligen Bewertungsstichtag sehr einfach ist, da er dem Börsenkurs entspricht, werden das Unternehmen und deren steuerliche Berater bei der Ermittlung des Marktwertes der Aktien von nicht börsennotierten Unternehmen zur Bestimmung des geldwerten Vorteils aus der Ausübung von Aktienoptionen in Deutschland derzeit vor erhebliche Probleme gestellt, wie im Folgenden verdeutlicht werden soll.

bb)   Gewährung durch nicht börsennotiertes Unternehmen

68 Bei nicht börsennotierten Unternehmen war in der Vergangenheit für die Bestimmung des Marktpreises der Aktien zur Ermittlung des geldwerten Vorteils bei Optionsausübung entweder auf Anteilsverkäufe oder nachrangig auf das sog. Stuttgarter Verfahren abzustellen.[54] Insb. das Stuttgarter Verfahren bot für die Praxis eine weitestgehend praktikable Bewertungsmethode.

In der jüngsten Vergangenheit hat diese Anteilsbewertung entscheidende Änderungen durch den Gesetzgeber erfahren. Die Bewertung der zugrunde liegenden Anteile im Rahmen von Optionsausübungen setzt heute oftmals eine detaillierte und tiefergehende Bewertung des Unternehmens, welches die Aktien(-optionen) ausgibt, voraus. Eine solche Unternehmensbewertung ist jedoch nicht nur per se sehr komplex. Sie ist gerade dann, wenn eine inländischen Tochtergesellschaft den Wert der ausländischen Muttergesellschaft für Zwecke der Lohnversteuerung von Aktienoptionen ermitteln muss, in aller Regel nur schwer möglich, da es der Tochtergesellschaft regelmäßig an den erforderlichen Informationen über die Muttergesellschaft und ggf. deren weiteren Tochtergesellschaften fehlen wird.

69 Der gemeine Wert von Anteilen an Kapitalgesellschaften, die nicht an einer deutschen Börse gehandelt werden, ist grundsätzlich nach § 11 Abs. 2 Satz 2, 1. HS BewG aus Anteilsverkäufen innerhalb eines Jahres abzuleiten. Ist ein derartiger Wert nicht ermittelbar, erfolgte bislang eine Schätzung nach dem sog. Stuttgarter Verfahren. Dieses galt bis ins Jahr 2006 auch für ertragsteuerliche Zwecke. Im Zuge des SEStEG[55] wurde jedoch § 11 Abs. 2 BewG bereits um einen Satz 3 ergänzt, wonach sich die Ermittlung des gemeinen Werts von Anteilen an nicht börsennotierten Kapitalgesellschaften für Zwecke der Ertragsteuern nicht mehr nach dem Stuttgarter Verfahren richten sollte.[56] Diese Regelung trat zum 13.12.2006 in Kraft.

---

54   Für Anteile an Unternehmen, die an einer deutschen Börse gelistet sind, ist demgegenüber grds. der niedrigste am Stichtag notierte Kurs anzusetzen, § 11 Abs. 1 BewG sowie oben unter Kapitel III. 2. e) aa).

55   Sog. Gesetz über steuerliche Begleitmaßnahmen zur Einführung der Europäischen Gesellschaft und zur Änderung weiterer steuerrechtlicher Vorschriften (SEStEG) vom 07.12.2006, BGBl. I S. 2782.

56   Vgl. § 11 Abs. 2 Satz 3 BewG a.F.

Nunmehr wurde § 11 Abs. 2 BewG im Zuge des Erbschaftsteuerreformgesetzes komplett neu gefasst.[57] Auch nach der Neufassung kommt das Stuttgarter Verfahren nicht mehr zur Anwendung.

Ableitung des gemeinen Wertes aus Anteilsverkäufen

Auch künftig sind zur Bestimmung des gemeinen Wertes der überlassenen Anteile gemäß §§ 19a Abs. 2 Satz 1 EStG, 11 Abs. 2 Satz 2, 1. HS BewG Wertkonkretisierungen im Zuge von Anteilsveräußerungen heranzuziehen.[58] Einschränkend können allerdings nach § 11 Abs. 2 Satz 2, 1. HS BewG n.F. nur Verkäufe unter fremden Dritten, die weniger als ein Jahr zurück liegen, zur Ableitung des gemeinen Werts der zu bewertenden Anteile heran gezogen werden.[59] 70

Zu beachten ist jedoch, dass sich die Wertableitung immer nur auf die konkrete Gattung von Wertpapieren beziehen kann. Sollten verschiedene Gattungen vorliegen, z.B. Vorzugsaktien und Stammaktien, so kann der ermittelte Wert für Vorzugsaktien nicht auch als Wert für die Stammaktien angesetzt werden und umgekehrt. Sollte eine Wertkonkretisierung für die zu bewertende Gattung nicht vorliegen, kann ggf. durch Zuschläge oder Abschläge der gemeine Wert eines Anteils auch von einem Anteil einer anderen Gattung abgeleitet werden.

Ist eine Wertableitung aus entsprechenden Verkaufsvorgängen nicht möglich, ist der gemeine Wert gem. § 11 Abs. 2 Satz 2, 2. HS BewG unter Berücksichtigung der Ertragsaussichten oder anhand einer im gewöhnlichen Geschäftsverkehr für nichtsteuerliche Zwecke üblichen Bewertungsmethode zu ermitteln. Dabei soll die Bewertungsmethode zur Anwendung kommen, die ein Erwerber für die Bemessung des Kaufpreises zugrunde legen würde. Eine Wertuntergrenze stellt jedoch der Substanzwert dar, § 11 Abs. 2 Satz 3 BewG. 71

In diesem Zusammenhang ist zu beachten, dass durch das Erbschaftsteuerreformgesetz die §§ 199 ff. in das BewG eingefügt wurden. Diese Vorschriften regeln ein vereinfachtes Ertragswertverfahren zur Ermittlung des gemeinen Werts von Anteilen an einer nicht börsennotierten Kapitalgesellschaft. Konsequenterweise verweist auch § 11 Abs. 2 Satz 4 BewG auf die §§ 199 – 203 BewG. Allerdings soll das im BewG niedergelegte vereinfachte Ertragswertverfahren nach § 199 Abs. 1 BewG nur dann zur Anwendung kommen, wenn es nicht zu offensichtlich unzutreffenden Ergebnissen führt.[60]

---

[57] Gesetz zur Reform des Erbschaftsteuer- und Bewertungsrechts – Erbschaftsteuerreformgesetz – in der Fassung des Gesetzesbeschlusses vom 28.11.2008, Bt-DrS. 888/08.

[58] Vgl. zur bisherigen Rechtslage Mannek, in: Gürsching/Stenger, Bewertungsrecht, § 11 Rdnr. 455; Oberfinanzdirektion Karlsruhe, Verfügung vom 13.02.2007; Oberfinanzdirektion Rheinland, Verfügung vom 15.11.2007.

[59] Eine wesentliche Voraussetzung für eine Ableitung des gemeinen Wertes aus Verkäufen ist, dass die Kaufpreise im gewöhnlichen Geschäftsverkehr tatsächlich erzielt worden sind. Unter gewöhnlichem Geschäftsverkehr ist nach der Rechtsprechung der Handel zu verstehen, der sich nach marktwirtschaftlichen Grundsätzen von Angebot und Nachfrage vollzieht und bei dem jeder Vertragspartner ohne Zwang und nicht aus Not oder besonderen Rücksichten, sondern freiwillig in Wahrung seiner eigenen Interessen zu handeln in der Lage ist, vgl. BFH, Urteil vom 05.02.1992, BStBl. 1993 II, S. 266, sowie Mannek in: Gürsching/Stenger, Bewertungsrecht, § 11 Rdnr. 126. Eine Kapitalerhöhung, an der lediglich die bisherigen Gesellschafter beteiligt sind, kann dementsprechend nicht als Veräußerungsvorgang i. S. d. § 11 Abs. 2 BewG angesehen werden, da es schon an der Beteiligung fremder Dritter fehlt. Ohne den zwischen fremden Dritten bestehenden Interessengegensatz ist aber keine Wertfindung im gewöhnlichen Geschäftsverkehr gegeben, vgl. Mannek, in: Gürsching/Stenger, Bewertungsrecht, § 11 Rdnr. 130. Dies bestätigt auch der BFH in seinem Urteil vom 05.02.1992. Sind an einer Finanzierungsrunde demgegenüber sowohl Finanziers beteiligt, die bereits Gesellschafter sind als auch Geldgeber, die durch die Finanzierungsrunde neue Gesellschafter werden, so kann eine solche Kapitalerhöhung einer Anteilsveräußerung im gewöhnlichen Geschäftsverkehr im Sinne des § 11 Abs. 2 Satz 2 BewG gleichgestellt werden, vgl. Mannek, in: Gürsching/Stenger, Bewertungsrecht, § 11 Rdnr. 130.

[60] Offen bleibt im Zuge der Neuregelung der §§ 11 Abs. 2 und 199 ff. BewG im Zuge des Erbschaftsteuerreformgesetzes jedoch, wie zu verfahren ist, wenn das vereinfachte Ertragswertverfahren zu unzutreffenden Ergebnissen führt. Es kann nicht ausgeschlossen werden, dass die Finanzverwaltung in einem solchen Fall wieder auf die – vorbehaltlich einer etwaigen Selbstbindung der Verwaltung nicht bindenden - Grundsätze der Unternehmensbewertung nach dem Leitfaden der OFD Rheinland vom 15.11.2007 zurückgreifen wird.

72   Nach § 11 Abs. 2 Satz 2 BewG kann die durchzuführenden Unternehmensbewertung auch nach einer anderen im gewöhnlichen Geschäftsverkehr für nichtsteuerliche Zwecke üblichen Methode ermittelt werden. Allerdings sind dabei nur solche Methoden zulässig, die ein Erwerber bei Bemessung des Kaufpreises anwenden würde. Hier kommt eine Vielzahl von Bewertungsmethoden in Betracht. Für den Fall, dass das Unternehmen dauernd Verluste erwirtschaftet und demzufolge nicht in die Gewinnzone gelangt oder wenn mit der Fortführung des Unternehmens nicht gerechnet werden kann, kann sogar unmittelbar – und nicht nur als Wertuntergrenze i.R.d. § 11 Abs. 2 Satz 3 BewG - das Substanzwertverfahren als geeignete Bewertungsmethode in Betracht kommen.[61] Neben den internen Bewertungsmethoden, also dem Ertrags- und dem Substanzwertverfahren, gibt es auch noch externe Bewertungsverfahren, sog. vergleichswertorientierte Bewertungsverfahren. Diese Verfahren können ggf. ebenso zur Ermittlung des Unternehmenswerts herangezogen werden.

Im Hinblick auf die im gewöhnlichen Geschäftsverkehr anerkannten, aber gesetzlich nicht geregelten Bewertungsmethoden bleibt jedoch abzuwarten, welche Methoden die Finanzverwaltung i.R.d. § 11 Abs. 2 Satz 2 BewG anerkennen wird. Insofern ist hier die weitere Entwicklung im Auge zu behalten.

73   Für die Praxis bedeutet die Änderung des § 11 Abs. 2 BewG durch das SEStEG und das Erbschaftsteuerreformgesetz eine deutliche Erschwernis. Im Extremfall ist der deutsche Arbeitgeber bei jeder Optionsausübung dazu verpflichtet, eine neue Unternehmensbewertung zur Ermittlung des lohnsteuerpflichtigen geldwerten Vorteils durchzuführen. Das kann bedeuten, dass aufgrund mehrmaliger unterjähriger Ausübung der deutsche Arbeitgeber entsprechend mehrmals zu einer solchen Unternehmensbewertung verpflichtet ist. Erschwerend kann hinzukommen, dass die deutsche Tochtergesellschaft nicht über ausreichende Informationen über die ausländische Muttergesellschaft verfügt, um eine hinreichende Unternehmensbewertung durchzuführen.

3.   Nationale Besonderheiten im Rahmen der Lohnbesteuerung und der Veranlagung

a)   Verpflichtung des Arbeitgebers zum Einbehalt von Lohnsteuer

74   Die grds. Folge der Gewährung von Aktienoptionen, die Entstehung eines steuerpflichtigen geldwerten Vorteils beim Arbeitnehmer führt dazu, dass seitens des Arbeitgebers Lohnsteuer einzubehalten ist, § 38 Abs. 3 Satz 1 EStG. Diese Verpflichtung zum Einbehalt der Lohnsteuer gilt auch, wenn der Arbeitnehmer nach Beendigung des Arbeitsverhältnisses Vorteile bezieht, die aus dem früheren Beschäftigungsverhältnis erwachsen sind.[62] Ferner ist seitens des Arbeitgebers auch Lohnsteuer für Lohnzahlungen Dritter einzubehalten, wenn der Arbeitgeber weiß oder erkennen kann, dass Vergütungen durch einen Dritten gezahlt werden. Dieses Wissen des Arbeitgebers wird sogar gesetzlich zu Lasten des Arbeitgebers widerlegbar vermutet, wenn der Arbeitgeber und der Dritte verbundene Unternehmen i.S.d. § 15 AktG sind, § 38 Abs. 1 Satz 3, 2. HS EStG.

---

61   Vgl. hierzu Abschnitt B 2.1 des Leitfadens der OFD Rheinland.
62   Vgl. Schmidt, EStG, 27. Aufl. 2008, § 38 Rn. 14 a.E.

Dies bedeutet, dass der inländische Arbeitgeber Lohnsteuer auch für die Ausübungsgewinne aus   75
der Gewährung bzw. Ausübung der Aktienoptionen durch die ausländische Muttergesellschaft
an den deutschen Arbeitnehmer einbehalten und abführen muss. Es wird sogar zu Lasten des
inländischen Arbeitgebers vermutet, dass er von der Lohnzahlung, also deren Termin und Höhe
Kenntnis hatte.

In diesem Zusammenhang ist darauf hinzuweisen, dass der Arbeitnehmer – um etwaige Vollzugs-
defizite zu vermeiden – nach § 38 Abs. 4 Satz 3 EStG dazu verpflichtet ist, dem Arbeitgeber etwaige von Dritten gewährte Bezüge am Ende des jeweiligen Lohnzahlungszeitraums anzugeben. Der
Arbeitgeber hat eine Anzeige an das Betriebsstättenfinanzamt zu machen, falls der Arbeitnehmer
keine oder aber eine erkennbar unrichtige Angabe macht.[63] Für den Fall, dass der Arbeitnehmer
einer deutschen Tochtergesellschaft Aktienoptionen der ausländischen Muttergesellschaft erhält,
bedeutet das, dass der Arbeitnehmer selbst dazu verpflichtet ist, seinem inländischen Arbeitgeber
zum Ende des jeweiligen Kalenderjahres zu offenbaren, welche Bezüge er aus der Gewährung von
Aktienoptionen bzw. der Optionsausübung im abgelaufenen Kalenderjahr hatte.[64]

Gleichwohl wird der konzernverbundene inländische Arbeitgeber durch § 38 Abs. 1 Satz 3, 2. HS   76
EStG dazu verpflichtet, stets den Überblick zu bewahren, welchen seiner Arbeitnehmern von ei-
ner anderen Stelle im Konzern – i.d.R. der Muttergesellschaft – Arbeitsentgelt zugewendet wird.
Praktisch wird sich diese Anforderung nur schwerlich umsetzen lassen, wenn der Arbeitnehmer
seine Anzeigpflichten nach § 38 Abs. 4 Satz 3 EStG nicht erfüllt. Denn in aller Regel hat eine
Tochtergesellschaft keine Handhabe, von ihrer Muttergesellschaft zu verlangen, dass diese – in
unserem Beispielsfall – alle Teilnehmer an einem Aktienoptionsprogramm, sowie die relevanten
Ausübungszeiträume und –gewinne benennt. Insofern ist der Arbeitgeber zur Erfüllung seiner
lohnsteuerlichen Pflicht auf den goodwill der ausländischen Muttergesellschaft oder des Arbeitnehmers angewiesen.[65]

Hat der inländische Arbeitgeber alle für die Lohnversteuerung erforderlichen Daten, so hat er
Lohnsteuer einzubehalten und abzuführen. Dies gilt jedoch nicht uneingeschränkt. Er darf den
Lohnsteuereinbehalt nur insoweit vornehmen, als ihm dies innerhalb Pfändungsfreigrenzen gestattet ist. Die jeweiligen Höchstgrenzen sind abhängig von unterhaltspflichtigen Personen und
dem jeweiligen Nettoeinkommen des einzelnen Arbeitnehmers und werden vom Arbeitgeber berechnet.[66]

Reicht der vom Arbeitgeber geschuldete Barlohn zur Deckung der Lohnsteuer nicht aus, hat der   77
Arbeitnehmer nach § 38 Abs. 4 EStG dem Arbeitgeber den Fehlbetrag zur Verfügung zu stellen
oder der Arbeitgeber einen entsprechenden Teil der anderen Bezüge des Arbeitnehmers zurück-
zuhalten. Soweit die geschuldete Lohnsteuer vom Arbeitgeber nicht in voller Höhe einbehalten
werden konnte, hat der Arbeitgeber dies dem Betriebsstättenfinanzamt anzuzeigen. Das Finanzamt hat die zu wenig erhobene Lohnsteuer vom Arbeitnehmer nachzufordern (§ 38 Abs. 4 Sätze
2 und 4 EStG).

---

63   Vgl. § 38 Abs. 4 Satz 3, 2. HS EStG.
64   Kritisch hierzu Schmidt, EStG, 27. Aufl. 2008, § 38 Rn. 11. Diese Informationspflicht soll i.Ü. auch be-
     treffend die etwaig geschuldeten Beiträge zur Sozialversicherung gelten. Alle laufenden und einmaligen
     Einnahmen aus einer Beschäftigung, gleich unter welcher Bezeichnung und in welcher Form sie geleistet
     werden, sind nach § 14 Abs. 1 Satz 1 SGB IV Arbeitsentgelt. Das Arbeitsentgelt umfasst also auch die
     geldwerten Vorteile aus der Gewährung / Ausübung von Aktienoptionen. Der Arbeitnehmer hat folglich
     auch in sozialversicherungsrechtlicher Hinsicht gemäß § 28o Abs. 1 SGB IV die Verpflichtung, seinem
     Arbeitgeber alle zur Durchführung der Beitragszahlung erforderlichen Angaben zu machen.
65   Kritisch zu den Anforderungen des § 38 Abs. 1 Satz 3, 2. HS EStG auch Schmidt, EStG, 27. Aufl. 2008, § 38 Rn. 11.
66   Vgl. Schmidt, EStG, 27. Aufl. 2008, § 38 Rn. 15.

b)   Nationale Rückfallklausel des § 50d Abs. 8 EStG

78   Ab dem Veranlagungszeitraum 2004 ist gem. § 50d Abs. 8 EStG zu beachten, dass die in einem DBA vereinbarte Freistellung der Einkünfte eines unbeschränkt steuerpflichtigen aus nichtselbstständiger Arbeit in Deutschland nur zu gewähren ist, soweit der Steuerpflichtige nachweist, dass der Staat, dem nach dem DBA das Besteuerungsrecht zusteht (Tätigkeitsstaat), auf dieses Besteuerungsrecht verzichtet hat oder dass die in diesem Staat auf die Einkünfte festgesetzten Steuern entrichtet wurden.[67]

Dies bedeutet für den Fall, dass für einen bei Ausübung erzielten Optionsgewinn das Besteuerungsrecht anteilig dem Ausland zugewiesen wird, dieser anteilige Optionsgewinn in Deutschland nur nach Maßgabe des § 50d Abs. 8 EStG von der Besteuerung freigestellt wird. Der Steuerpflichtige muss also nachweisen, dass der anteilige Ausübungsgewinn im Ausland besteuert wurde oder das Ausland auf die Besteuerung verzichtet hat. Dieser Nachweis ist in der Praxis zum Teil schwer zu führen, insbesondere aufgrund von Abweichungen in der einzelstaatlichen Behandlung und erfordert vom Steuerpflichtigen und dessen steuerlichem Berater zusätzlichen Aufwand.

IV.   Fazit

79   Der vorstehende Beitrag hat gezeigt, dass Mitarbeiterbeteiligungen gerade im internationalen Kontext extrem komplex sind. Es gilt hier nicht nur, die nationalen (steuerlichen) Vorschriften zu beachten. Daneben spielen auch das nationale Recht der anderen involvierten Staaten und ggf. die existierenden DBA eine große Rolle.

Gleichwohl sind in diesem Bereich bei weitem nicht alle Fragen abschließend geklärt. Gerade wenn es um die Frage geht, nach welchem Maßstab geldwerte Vorteile aus Aktienoptionen zwischen verschiedenen Staaten verteilt werden sollen, besteht auf zwischenstaatlicher Ebene aktuell keine einheitliche Vorgehensweise. Uneinigkeit besteht auch im Hinblick auf die Ermittlung der Bemessungsgrundlage, also des steuerpflichtigen geldwerten Vorteils.

Schließlich ist anzumerken, dass die existierende anspruchsvolle Situation durch den deutschen Gesetzgeber, der das Stuttgarter Verfahren für die Ermittlung des geldwerten Vorteil im Jahr 2006 abgeschafft hat, noch verstärkt wird. Die zuvor von der Finanzverwaltung geforderte und nun auch gesetzlich in § 11 Abs. 2 BewG n.F. verankerte Bewertung des die Aktienoptionen ausgebenden Unternehmens stellt – gerade bei internationalen Sachverhalten – die inländischen Arbeitgeber vor enorme administrative Aufgaben, wenn sie eine zutreffende Ermittlung des lohnsteuerpflichtigen geldwerten Vorteils für viele Unternehmen nicht sogar gänzlich unmöglich macht.

---

67   Vgl. BMF-Schreiben vom 14.9.2006, Rz. 24, BStBl. 2006 I, S. 532; vgl. näher hierzu BMF-Schreiben vom 21.7.2005, BStBl. I 2005, S. 821.

Ban/Dumser

§ 6 Ausblick: Mitarbeiterbeteiligung – Quo vadis?

Die vorangegangenen Ausführungen haben verdeutlicht, dass Mitarbeiterbeteiligung offensichtlich ein sinnvolles Instrument ist, um die Mitarbeiter an das Unternehmen zu binden und für den Unternehmenserfolg zu motivieren. Zur Erreichung dieser Zielsetzung stehen unterschiedliche Instrumente – je nach Rechtsform und Lebensphase des Unternehmens insbesondere aber auch abgestimmt auf die Entwicklungsperspektive dessen – zur Verfügung, die jeweils an die unternehmensindividuellen Bedürfnisse angepasst werden können und müssen.

Aus Sicht der Mitarbeiter bietet die Mitarbeiterbeteiligung die Möglichkeit am Unternehmenserfolg zu partizipieren, sich mit ihrem Unternehmen zu identifizieren, sich mit diesem partnerschaftlich zu verbinden und sich über Wertsteigerungserlöse oder laufende Ergebnispartizipationen einen zusätzlichen Kapitalstock zu schaffen. Aus Sicht des Arbeitgeberunternehmens können auf diese Weise qualifizierte Mitarbeiter langfristig an das Unternehmen gebunden, neue Mitarbeiter gewonnen und Motivationseffekte erzielt werden. Daneben kann durch eine Mitarbeiterbeteiligung dem Unternehmen Kapital für die weitere Finanzierung von Investitionen gesichert werden.

Dass Mitarbeiterbeteiligung langfristig auch positive gesamtwirtschaftliche Folgen hat, beweisen die Erfahrungen im europäischen Ausland[1] und einschlägige Studien die die höhere Produktivität Betrieben mit Mitarbeiterbeteiligung belegten[2]. In Deutschland ist das Thema Mitarbeiterbeteiligung in der Vergangenheit viel zu wenig in der Öffentlichkeit diskutiert worden. Dementsprechend war die Verbreitung insbesondere in der mittelständischen Wirtschaft eher gering.

Dies ist auch eine unmittelbare Folge der unzureichenden staatlichen Förderung der Mitarbeiterbeteiligung. Zwar ist die Vereinbarung einer Mitarbeiterbeteiligung grundsätzlich Aufgabe der Mitarbeiter einerseits und des Unternehmens andererseits bzw. der Tarifvertragsparteien, dennoch lässt sich durch eine staatliche Förderung die Verbreitung der Mitarbeiterbeteiligung entscheidend vorantreiben. Dies zeigen wiederum die Studien aus dem europäischen Ausland[3]. Die gegenwärtige staatliche Förderung ist zudem außerordentlich komplex in Anbetracht der geringen betragsmäßigen Höhe der effektiv geleisteten Förderung. Dies hat inzwischen auch die Politik erkannt und seit 2007 mehrere Versuche unternommen, diesen Zustand zu ändern.

---

1 Vgl. für Frankreich: Körner, M., Das französische Modell der Mitarbeiterbeteiligung, Der Betriebsberater 2009 Special 1/09, S. 9 ff.
2 Vgl. Möller, I., IAB-Kurzbericht Nr. 9, 30.05.2001, S. 1.
3 Vgl. Zowitsch, J., Mitarbeiterbeteiligung und Unternehmensnachfolge in KMK, Der Betriebsberater 2009, Special 1/09, S. 13 ff., II Hintergrund.

A. Aktuell beschlossene Förderung der Mitarbeiterkapitalbeteiligung

I. Prinzipielle Konzeption der Förderansätze

3 Zu erwähnen ist an dieser Stelle das 2008 als Regierungsentwurf vorgestellte Mitarbeiterkapitalbeteiligungsgesetz, kurz: MKBG. Dieses wurde am 22.1.2009 vom Deutschen Bundestag in seiner 200. Sitzung nach Sachverständigenanhörung am 5.11.2008[4] beschlossen. Es bezweckt den Ausbau der Mitarbeiterbeteiligung in Deutschland und die Vermeidung der Polarisierung der Gesellschaft in Arbeitnehmer und Kapitalgeber. Der Bundesrat hat diesem am 13.2.2009 ebenfalls zugestimmt.

4 Im Wesentlichen beschlossen Bundestag und Bundesrat somit:

1. Den Fördersatz für vermögenswirksame Leistungen, die in Beteiligungen angelegt sind, von 18 % auf 20 % zu erhöhen und die Einkommensgrenzen auf 20.000/40.000 € (Ledige/Verheiratete) anzuheben.

2. Den nach § 19 a EStG steuer- und sozialversicherungspflichtigen Höchstsatz für die Überlassung einer Mitarbeiterbeteiligung von 135 auf 360 € anzuheben und gleichzeitig die Begrenzung auf den halben Wert der Beteiligung fallen zu lassen. Dafür muss jedoch der Arbeitgeber zusätzlich zum ohnehin geschuldeten Lohn und freiwillig jedenfalls allen im Zeitpunkt der Angebotsbekanntgabe ununterbrochen mehr als 1 Jahr im Unternehmen beschäftigten Mitarbeiter die Beteiligung anbieten. Diese Formulierung entstammt einem politischen Kompromiss der beiden Regierungskoalitionäre. Eine noch vom Bundesrat in seiner Stellungnahme zum Regierungsentwurf des MKBG[5] am 10.10.2008 geforderte steuerliche Förderung der Mitarbeiterkapitalbeteiligung auch dann, wenn sie nicht allen Beschäftigten zu Teil wird, sondern nur einer Beschäftigtengruppe, die zuvor nach objektiven Kriterien einheitlich festgelegt worden ist, folgte der Bundestag in seinem Beschluss dagegen nicht. Er verwies insoweit auf seine Absicht mit der nunmehr beschlossenen Formulierung Unsicherheiten bei der steuerlichen Beurteilung vermeiden zu wollen.[6] Der Bundesrat folgte der Ansicht des Bundestags entgegen seiner früheren Stellungnahme.

3. Daneben wurde die Einführung sog. Mitarbeiterbeteiligungsfonds beschlossen, die von professionellen Fondmanagern geleitet werden sollen. Diese Fonds, die der Aufsicht der Bundesanstalt für Finanzdienstleistungen unterliegen, müssen prinzipiell 60 % ihres Anlagekapitals in Firmen anlegen, deren Beschäftigte Anteile an dem Fonds erwerben. In ein und dasselbe Unternehmen dürfen lediglich 20% investiert werden. Eine allgemeine, verpflichtende Insolvenzsicherung für Mitarbeiterbeteiligungen ist im Rahmen des Fondsmodells nicht vorgesehen.

4. Abweichend vom Regierungsentwurf modifizierte der Bundestagsbeschluss den § 37 b EStG. Mit Veröffentlichung des Regierungsentwurfs des MKBG hatten Fachkreise sich erhofft, dass nunmehr eine pauschaliert besteuerte und damit steuerbegünstigte Führungskräftebeteili-

---

4 An dieser nahm der Verfasser als geladener Sachverständiger teil und gab hierzu zusammen mit der Arbeitsgemeinschaft für Partnerschaft in der Wirtschaft mehrere Stellungnahmen ab.

5 Vgl. Bundesrat, Drucksache 632/08 (Beschluss) vom 10.10.08 : 1. Zu Artikel 1 Nr. 1 (§ 3 Nr. 39 EStG)

6 Vgl. Umdruck Nr. 1 Änderungsantrag der Fraktionen CDU/CSU und SPD vom 8.1.2008.

Leuner/Lehmeier

gung möglich würde. Dem haben Bundestag und Bundesrat nun eine klare Absage erteilt. Letztere erschien nach dem Regierungsentwurf zum MKBG durch die Streichung des § 19 a EStG billigend in Kauf genommen, ggfs. sogar erwünscht. Dies wurde nunmehr konterkariert durch expliziten Ausschluss von Vermögensbeteiligungen von der Pauschalierung[7].

II.   Abgrenzung von nicht geförderten Mitarbeiterbeteiligungsmodellen

Ausdrücklich nicht anzuwenden ist das neue Gesetz dagegen, wenn es um Fälle der Entgeltumwandlung, der Gewinnbeteiligung und um Mitarbeiterbeteiligungen geht, die nicht sofort zu Kapitalzuwendungen führen. Zu denken ist hier beispielsweise an Aktienoptionen, Wandelschuldverschreibungen etc. Hier bleibt der interessierte Anwender weiterhin auf Rechtsprechung und Finanzverwaltungsverfügungen angewiesen. In Anbetracht der Zwecksetzung dieses Beitrags sei daher lediglich auf das unlängst veröffentlichte Urteil des BFH vom 20.11.2008 verwiesen: Der BFH stellte dort klar, dass die Handelbarkeit von Optionen und vergleichbaren Instrumenten für ihn kein Kriterium für die Festlegung des Zuflusszeitpunktes ist. Gleichzeitig eröffnete er jedoch Gestaltungsspielräume im Hinblick auf die Möglichkeiten alternativ zur Ausübung über derartige „Long Term Incentives" anderweitig zu verfügen.[8]

III.   Folgerungen aus dem neuen MKBG: Pro und Contra

Die Inanspruchnahme des nunmehr beschlossenen neuen § 3 Nr. 39 EStG setzt voraus, dass Mitarbeiterkapitalbeteiligung zusätzlich gewährt wird, d. h. als freiwillige Leistung, zum ohnehin geschuldeten Arbeitslohn. Eine Entgeltumwandlung bzw. ein Gehaltsverzicht verbunden mit einer Gewährung einer Mitarbeiterbeteiligung ist daher nach dieser Regelung – anders als derzeit - nicht mehr begünstigt. Dies führt dazu, dass zahlreiche, in der Praxis erprobte Modelle künftig nicht mehr steuerlich förderfähig sein werden. Es wäre daher zu überdenken das Tatbestandsmerkmal der „Zusätzlichkeit" ganz zu streichen. Dies ersparte auch künftige Auslegungsfragen und damit Gerichtsprozesse.

Zudem setzt die Inanspruchnahme des § 3 Nr. 39 EStG in lit b.) voraus, dass die Beteiligung nahezu der gesamten Belegschaft offen steht, sprich anzubieten ist. Damit fällt die bloße Förderung von Führungskräftebeteiligungen aus der steuerlichen Förderung heraus. Das jedoch sollte für diese Gruppe angesichts von bisher 135 €, zukünftig 360 € pro Jahr und Person nicht schmerzlich sein. Schwerer wiegt dagegen die sachlich nicht mehr differenzierbare Beteiligung der Arbeitnehmer, jedenfalls dem Grunde nach. D.h., auch viele befristet Angestellte oder Auszubildende sind zu beteiligen, obwohl bei diesen eine langfristige Motivation und Bindung in aller Regel nicht möglich bzw. beabsichtigt ist. Zu Recht forderte daher auch der Bundesrat in seiner Stellungnahme zum MKBG diese sachlichen Differenzierungsrechte ein[9]. Allein der Erfolg blieb aus. Wäre

---

7   Vgl. Umdruck Nr. 2 Änderungsantrag der Fraktionen CDU/CSU und SPD vom 8.12.2008.

8   Vgl. BFH vom 20.11.2008 VI R 25/05 unter Gründe 3 b).

9   Vgl. Bundesrat Drucksache 632/08 (Beschluss) vom 10.10.08 : 1. Zu Artikel 1 Nr. 1 (§ 3 Nr. 39 EStG): „Zur Erreichung des Ziels einer Ausweitung der Mitarbeiterkapitalbeteiligung ist es jedoch sinnvoll, in begründeten Fällen eine Differenzierung hinsichtlich einzelner Gruppen von Beschäftigten eines Unternehmens zuzulassen. Eine Öffnung der steuerlichen Förderung der Mitarbeiterkapitalbeteiligung erscheint unter der engen Voraussetzung einer vorherigen Festlegung objektiver Kriterien sachgerecht. Dadurch wäre es weiterhin möglich, eine Beteiligung am arbeitgebenden Unternehmen etwa in Abhängigkeit zur Betriebszugehörigkeit zu gewähren."

der Bundestag konsequent gewesen, so hätte er seiner o.g. Begründung folgend am besten lit. b.) aus § 3 Nr. 39 EStG ganz gestrichen. Dann wären künftige Rechtstreite vielfach vermeidbar gewesen. Zudem existiert bereits im Arbeitsrecht der sogenannte Gleichbehandlungsgrundsatz. Diesem muss bei jeder Konzeption einer Mitarbeiterbeteiligung ohnehin gefolgt werden, soll sie wenigstens Aussicht haben, „gerichtsfest" zu sein. Es hätte somit der lit b.) in § 3 Nr. 39 EStG gar nicht bedurft. Alternativ hätte eine maßvollere Formulierung wie z.B., dass die Beteiligung wenigstens 70% der beschäftigten Arbeitnehmer anzubieten ist, Streitfälle vermeiden und das Gesetzgebungsziel eleganter erreichen können.

7   Zum Dritten wird das Kriterium der Freiwilligkeit mit Sicherheit zukünftige Konflikte schüren, beispielsweise wenn eine steuerliche Förderung bei tarifvertraglich vereinbarten Kapitalbeteiligungen erwünscht ist oder aufgrund von Betriebsvereinbarungen gewährt werden soll.

Was § 37b EStG neuer Fassung betrifft, so ist darin eine grundlose Einschränkung einer Pauschalierungsnorm zu sehen. Sie wäre auch absolut sinnstiftend und notwendig gewesen. Die durch das MKBG erfolgte Anhebung der Förderung auf 360 Euro p.a. allein wird wohl kaum die Führungskräfte zur Kapitalbeteiligung stimulieren können. Umso erfreulicher, ja weitsichtiger erschien der Regierungsentwurf, der eine echte Förderchance für die reine Führungskräftebeteiligung in Höhe einer dreißigprozentigen Pauschalierung von Arbeitgebersachzuwendungen, auch für Kapitalbeteiligungen eröffnete. Diese Opportunität haben Bundestag und Bundestag nunmehr grundlos vertan, in dem sie in § 37b Abs. 2 Satz 2 die Angabe „§ 19a sowie § 40 Abs. 2" durch die Angabe „§ 40 Abs. 2 sowie in Fällen, in denen Vermögensbeteiligungen überlassen werden," ersetzten. Eine stichhaltige Begründung ließ der Gesetzgeber hier vermissen. Dies ist bitter, zumal ein unveränderter § 37b EStG zu keiner Mehrbelastung des Staatshaushaltes hätte führen können, da die Norm eben bereits bestand und genutzt wurde.

8   Steuerpflichtige geldwerte Vorteile aus der Überlassung von Vermögensbeteiligungen sind nunmehr auch in 2009 und den Folgejahren auch weiterhin nach dem Willen des Gesetzgebers stets individuell zu besteuern. Es ist dabei unerheblich, ob es sich um betriebliche (insbes. Belegschaftsaktien) oder überbetriebliche (z. B. Aktien anderer Unternehmen, Investmentfondsanteile) Vermögensbeteiligungen handelt. Damit wurde eine große Chance für die steueroptimierte Mitarbeiterbeteiligung in Deutschland für die so wichtige Gruppe der Führungskräfte vertan.

Zum Mitarbeiterbeteiligungsfonds ist insbesondere Folgendes anzumerken: Dass Mitarbeiterbeteiligungsfonds Insolvenzrisiken einzelner Unternehmen bezogen auf die Allgemeinheit der Beteiligten leichter abfedern können als direkt eingegangene Beteiligungen, ist einsichtig und richtig. Dieser positive Effekt wird jedoch überkompensiert durch schwerwiegende Mängel: Dabei sei an dieser Stelle noch nicht einmal Bezug genommen auf die bereits zahlreich geäußerten Kritiken der Fondsbetreiber, Banken und Versicherungen. Es sei auch nicht den erheblichen, durch direkte Beteiligung vermeidbaren Bürokratiekosten, sprich der gesetzlich nunmehr kodifizierten Erklärungspflicht der Unternehmen bei Inanspruchnahme des Fonds, das Wort geredet, die der Fonds bei kleinen nicht börsennotierten Unternehmen haben wird.

9   Die Kritik setzt viel grundsätzlicher an: Wie soll sich ein Mitarbeiter an sein Unternehmen gebunden und beteiligt fühlen, wenn der Fonds, in den sein Geld fließt, gerade nicht in sein Unternehmen investiert, sondern zu 20% des Fondsvermögens (maximal zulässige Grenze) in das Konkurrenzunternehmen, bei dem nicht ein Euro in Mitarbeiterbeteiligung investiert wird? Genau dieser Systemfehler ist dem neuen Mitarbeiterbeteiligungsfonds immanent und führt das gesamte Konzept ad absurdum.

Zudem dürfen nur bewertbare Beteiligungen vom Fonds gezeichnet werden. Bei nicht börsennotierten Unternehmen scheidet damit jede echte Anteilsbeteiligung durch den Fonds aus.

Auf der anderen Seite und trotz aller Kritik birgt die nunmehr Gesetz gewordene Fassung des   10
MKBG auch Chancen in sich:

Dazu bedarf es zum einen neuer Denkweisen zur Nutzung der neuen „On Top" Förderung. Zudem geht vor wie nach Verabschiedung des MKBG ohne den versierten Berater nichts: Es sind nicht nur die auf Rechtsprechung basierenden Steuervorteile aus Entgeltumwandlungsmodellen weiterhin nutzbar, sondern auch die neuen Fördertatbestände der Mitarbeiterkapitalbeteiligung sind auslegungsfähig und gestaltbar. So sollte eine sachliche Differenzierung unter Beibehalt des Steuervorteils für Kapitalbeteiligungen trotz des nunmehr bestehenden Gesetzeswortlauts durch Sachverhaltgestaltung auch künftig möglich sein: Der Arbeitgeber muss zwar nahezu allen Arbeitnehmern seiner Rechtseinheit Kapitalbeteiligung anbieten, um Steuervorteile nutzen zu können. Es bliebe jedoch weiterhin ihm überlassen, zuvor diese seine Rechtseinheit umzugestalten und die dort beschäftigte Belegschaft zum Beispiel durch Spaltungen, Betriebsübergänge etc. zielkonform zu formen.

Die neue „On Top" Förderung ist für das Gros der durchschnittlich verdienenden Belegschaft in   11
Deutschland und damit auch für Unternehmer dann durchaus ein attraktives Modell, wenn der Arbeitgeber die „On Top" Förderung als Finanzierungsquelle für sich begreift und die Mitarbeiter quasi durch lange Bindungsfristen zur Hausbank macht. Die neueste Rechtsprechung des Bundesarbeitsgerichts gibt ihm die Möglichkeit dazu.[10]

Auch könnten freiwillige Maßnahmen seitens Arbeitnehmer und Arbeitgeber mit einander verzahnt werden. Ob es der BFH als höchstes deutsches Steuergericht tatsächlich verwirft, wenn sachlich und zeitlich unabhängig Verzichte auf Gehaltserhöhung und freiwillige „On Top" Kapitalbeteiligung der Belegschaft stattfinden, darf bezweifelt werden. Das gilt trotz seiner sogenannten „Gesamtplanrechtsprechung", die Missbräuche von Gesetzen entgegen wirken will und im Wesentlichen vom vorgefassten Plan eines Individuums und nicht von sich wie unter fremden Dritten gegenüberstehenden Interessengruppen ausgeht.

In bewertungsrechtlicher Hinsicht tat sich hingegen wenig Neues: Neben einer überschaubaren   12
Neuregelung des Bewertungsmaßstabes bei börsennotierten Belegschaftsaktien legte das neue MKBG bewusst gem. § 3 Nr. 39 EStG den gemeinen Wert als Wertmesser der Vermögensbeteiligung fest. Dieser auf das Bewertungsgesetz gemünzte Verweis hätte jedoch fatale Folgen gehabt, wäre nicht auch zum Jahreswechsel das neue Erbschaftsteuergesetz und mit ihm vor allem § 11 Abs. 2 des Bewertungsgesetzes (BewG) reformiert worden.

Danach gilt nun wieder für die Wertfindung von Personen-[11] wie Kapitalgesellschaften prinzipiell einheitlich die sogenannte Jahresgrenze: D.h. Verkäufe unter fremden Dritten binnen Jahresfrist definieren den von geldwerten Vorteilen steuerfreien Verkaufspreis der Mitarbeiterkapitalbeteiligung.

Lässt sich hingegen der gemeine Wert nicht aus Verkäufen unter fremden Dritten ableiten, die   13
weniger als ein Jahr zurückliegen, so ist er aus dem Maximum von Ertrags- und Substanzwert des Arbeitgeberbetriebs zu ermitteln. Der neue Gesetzeswortlaut ist hier auch wesentlich klarer als der noch 2008 geltende, so dass unter Einholung von Lohnsteueranrufungsauskünften durchaus taugliche Bewertungen zu erzielen sein dürften bei gleichzeitiger weitgehender Rechtssicherheit. So gibt es ab 2009 nunmehr auch wieder, anders als in 2007 und 2008 eine einheitliche Bewertungsregel, die für Einkommen- wie Schenkungsteuer gleichermaßen gilt.

---

10   Vgl. BAG, Urteil vom 28.5.2008, 10 AZ R 351/07.
11   Vgl. für diese § 32, 95-97, insb. durch § 109 BewG, der auf § 11 Abs. 2 BewG verweist.

Zu hoffen bleibt überdies, dass sogenannte konditionierte Kapitalbeteiligungen von Gerichtsprozessen verschont bleiben. D.h., wenn nur die Mitarbeiter gratis oder verbilligt Kapitalbeteiligung vom Arbeitgeber „on Top" erhalten, die eine Eigenbeteiligung zuvor erbrachten. Schließlich lässt sich diese Beteiligungsform allen Beschäftigten anbieten und allein die freiwillige „On Top"- Gabe des Arbeitgebers ist steuerlich förderfähig. Ob ein zu hoch festgelegtes Eigeninvest die Finanzgerichte zu anderen Schlussfolgerungen Anlass geben werden, bleibt abzuwarten.

Was den Zuflusszeitpunkt betrifft, bietet das MKBG ebenfalls nichts Neues: Der Gesetzestext in § 11 EStG, dem Zulussparagrafen, bleibt unverändert. Der beteiligungswillige Arbeitgeber ist daher wie bisher auf seinen Berater und die Chancen, die die Rechtssprechung ihm hierzu bietet angewiesen.

Resümierend bleibt fest zu halten: Der Gesetzgeber hat beim MKBG aus fiskalischen Gründen und Koalitionszwängen auf eine umfangreiche Neukonzeption der Förderung der Mitarbeiterbeteiligung verzichtet. Im Ergebnis die alte Subvention des § 19 a EStG durch eine kompliziertere neue ersetzt: § 3 Nr. 39 EStG (Fondslösung inklusive). Dennoch, der Wille des Gesetzgebers zur Verbesserung der Förderung der Mitarbeiterbeteiligung ist gleichwohl anzuerkennen.

Trotz aller Kritik ist die Tatsache, dass der deutsche Gesetzgeber die MAB durch das Mitarbeiterkapitalbeteiligungsgesetz fördern möchte, sehr zu befürworten, da bei Kapital- anders als bei Gewinnbeteiligungen von den Mitarbeitern eine Einlageleistung gefordert wird und dementsprechend ein Finanzierungsbeitrag aus dem eigenen Vermögen der Mitarbeiter folgen muss, soweit nicht der Arbeitgeber, der Staat oder andere Förderer einen Beitrag hierzu leisten.

14   Auch ist es kein Widerspruch, dass die Mitarbeiterkapitalbeteiligung gefördert wird parallel zur Förderung des Altersvorsorgevermögens. Schließlich ist die Mitarbeiterbeteiligung im Lebensarbeitszyklus der Altersversorgung vorgelagert. Sie kann sogar dazu führen, dass ein erhöhtes Altersvorsorgevermögen später gebildet werden kann als ohne sie. Insofern kann es keinen prinzipiellen Vorrang der Bildung von Altersvorsorgevermögen geben, sondern lediglich eine Förderung beider Formen der Ansammlung von Vermögen durch Mitarbeiter, die schließlich ineinander übergehen können.

Dementsprechend ist die Mitarbeiterkapitalbeteiligung eben gerade nicht direkte Konkurrenz zur Altersvorsorge, sondern ein Mittel eine höhere Altersvorsorge sich als Arbeitnehmer anzusammeln als in der 2008 noch gegebenen Gesetzeslage.

15   Mitarbeiterkapitalbeteiligung und Altersvorsorge haben im Übrigen auch gänzlich unterschiedliche Ziele. Die Mitarbeiterkapitalbeteiligung ist im Regelfall eine Erfolgs- bzw. Wertsteigerungsbeteiligung am Unternehmen(-sergebnis) und wird während der Arbeitsphase des Mitarbeiters erdient und auch ausgezahlt. Die Altersvorsorge ist im Regelfall eine erfolgsunabhängige Form der Gewährung von Arbeitgebermitteln an den Mitarbeitern und/oder Arbeitnehmerbeiträgen, die nach Beendigung seiner Lebensarbeitszeit ausgezahlt wird. Eine Konkurrenz ist daher denklogisch nicht gegeben.

B. Zukünftig wünschenswerte Förderung der Mitarbeiterkapitalbeteiligung

Auch wird durch den Ausbau der Förderung der Mitarbeiterkapitalbeteiligung nicht die Mitarbeitererfolgsbeteiligung benachteiligt. Die Mitarbeitererfolgsbeteiligung ist ein einlagefreies Modell und dementsprechend bedarf es auch keiner steuerlichen Förderung der Einlagenleistung. Dies erklärt sich bereits aus Gründen der Logik. Auch ist es ein Irrglaube, dass durch bloße Beteiligung am Unternehmenserfolg allein positive Identifikation mit bzw. Bindung zum eigenen Unternehmen aufgebaut wird. Diese werden vielmehr nur durch ein Zusammenspiel von Beteiligung am Erfolg, der Information, der Entscheidung und der Substanz ermöglicht.

16

Insofern ist das Mitarbeiterkapitalbeteiligungsgesetz zu begrüßen als erster Schritt in die richtige Richtung.

17

Dennoch, notwendig wäre eine komplette Neukonzeption der Mitarbeiterbeteiligung gewesen um auch tatsächlich Anreizeffekte zu verstärken bzw. erst zu schaffen. Ein solcher Anreizeffekt wäre insbesondere im Bereich des Steuerrechts möglich. Stichwort ist hier eine nachgelagerte Besteuerung, die dem Modell der betrieblichen Altersversorgung (bAV) nachgebildet werden könnte. Wünschenswert wäre eine Barlohnumwandlung von Gehaltsbestandteilen jeder Art – brutto für netto – in Mitarbeiterkapitalbeteiligung und von dort spätestens mit Eintritt ins Rentenalter – brutto für netto wiederum- in betriebliche Altersversorgung. Vereinfacht ausgedrückt soll eine Umschichtung von Lohn und Vermögen lohnsteuerneutral und sozialversicherungsfrei erfolgen können, wenn in eine Mitarbeiterbeteiligung oder von dort in bAV investiert wird. Erst im Zeitpunkt der späteren Ausschüttung der Mitarbeiterbeteiligung oder der Auszahlung der bAV-Rente erfolgte letztendlich die Lohnsteuerbelastung und der Abzug von Sozialversicherungsabgaben. Auch wenn dies letztendlich kurzfristig zu Steuermindereinnahmen führen sollte, wird aus langfristiger Sicht sogar damit zu rechnen sein, dass sich hieraus Steuermehreinnahmen ergeben, da wesentlich mehr Unternehmen Mitarbeiterbeteiligung anbieten und etliche weitere Mitarbeiter Beteiligungen am Unternehmen nachfragen werden und eben nicht Mitarbeiter Geld bei ihrer Bank erst anlegen müssen, damit diese Kredite an deren Arbeitgeber vergibt, die dort Fremdkapital sind und nicht in Krisensituationen weiter dem Unternehmen erhalten bleiben.

Diese Besteuerung am langen Ende wäre durchaus konform mit dem verfassungsrechtlichen Prinzip der Besteuerung nach Maßgabe der Leistungsfähigkeit und ersparte zudem langwierige Bewertungsfragen, weil eben nur das versteuert würde was als Geld ausbezahlt würde – direkt in Euro nennbar ohne Unternehmensbewertungsproblematik.

18

Im Ergebnis hätte eine solche Vorgehensweise auch den Vorteil, dass hierdurch die Mitarbeiterbeteiligung wesentlich vereinfacht wird. Das Steuerecht würde hierbei letztendlich nur das nachvollziehen, was die Mitarbeiter und das Unternehmen vereinbart haben. Soweit beide Seiten dahingehend übereinstimmen, dass die Lohnbestandteile nicht sofort an den Mitarbeiter ausbezahlt werden, sondern erst im Unternehmen verbleiben, so ist dem Mitarbeiter die Verfügungsmacht über diese Vergütungsbestandteile zunächst entzogen. Dementsprechend wäre es aus steuerlicher Sicht nur konsequent, im Zeitpunkt der Vereinbarung der Mitarbeiterbeteiligung noch keinen lohnsteuerlichen Zufluss anzunehmen. Erst wenn tatsächlich die Mitarbeiterbeteiligung, die angesammelt wurde, ausbezahlt wird, ist diese wirtschaftliche Verfügungsmacht des Arbeitnehmers gegeben.

19 In diesem Zeitpunkt kann auch die Lohnsteuer erhoben werden und etwaige Sozialversicherungs-beiträge einbehalten werden. All dies ist letztendlich die Voraussetzung für eine weitere Verbreitung der Mitarbeiterbeteiligung. Es bleibt zu hoffen, dass der Gesetzgeber den vorher beschriebenen Weg begehen wird und die nunmehr vorliegende Gesetzesnovelle lediglich einen Zwischenschritt darstellt. Dies würde die Mitarbeiterbeteiligung stark in den Fokus der Öffentlichkeit rücken und zu einer weiteren Verbreitung dieses für alle Beteiligten sinnvollen Instruments führen. Dass dies nicht nur Utopie ist, zeigt der Parteitagsbeschluss einer der großen deutschen Volksparteien in 2006, den die Verfasser mit einem Konzeptpapier steuerlicher Natur unterstützen durften.

20 Es bleibt zu hoffen, dass diese bereits schwarz auf weiß vorliegende Gedankenskizze bald in Deutschland Realität wird, auch um einen Beitrag zu leisten, die Deckungslücke in der gesetzlichen Rentenversicherung zu schließen.

Stichwortverzeichnis

fette Zahlen = Paragraph

andere Zahlen = Randnummer

Steuer- und Gesellschaftsrecht

Sicher im neuen Recht beraten!

Die Unternehmensteuerreform 2008 führt zu tiefgreifenden Änderungen im Steuerrecht, welche weit über das Jahr 2008 Auswirkungen haben werden. Das Werk erläutert alle Änderungen der Reform und gibt wertvolle Gestaltungsempfehlungen für eine steueroptimale Beratung.

Siegfried Glutsch | Ines Otte | Bernd Schult
Das neue Unternehmensteuerrecht
Richtig beraten nach der Unternehmensteuerreform 2008
2008. 237 S. Br.
EUR 44,90
ISBN 978-3-8349-0675-5

Vereine steueroptimal beraten

Der Verein stellt besonders in Deutschland eine beliebte Form der Organisation von Freiwilligen dar. Ob Kleintierverein, TÜV, Automobilclubs oder die verschiedenen Verbandsorganisationen, alle sind als Verein organisiert. Seine Beratung in Steuerfragen ist ebenso vielfältig wie seine Formen. Das Werk erläutert praxisnah alle wichtigen Fragen von der Gründung bis zur wirtschaftlichen Betätigung.

Thomas Brinkmeier
Vereinsbesteuerung
Steuervorteile durch Gemeinnützigkeit
2008. 226 S. Br.
EUR 44,90
ISBN 978-3-8349-0438-6

Effektive Beratung bei Unternehmenskrisen

Die Abwendung einer Unternehmenskrise und der Insolvenz gehört zu den besonders anspruchsvollen Aufgaben in der Beratung. Präzise und effektive Beratung in Steuerfragen ist ein wesentlicher Teil der Lösung. Ein wertvolles Arbeitsmittel für jeden Berater im Steuer- und Insolvenzrecht.

Ziegenhagen, Andreas
Besteuerung in Krise und Insolvenz
2009. Ca. 250 S. Br.
Ca. EUR 49,90
ISBN 978-3-8349-0759-2

Änderungen vorbehalten. Stand: Februar 2009.
Erhältlich im Buchhandel oder beim Verlag.
Gabler Verlag · Abraham-Lincoln-Str. 46 · 65189 Wiesbaden · www.gabler.de

Gut beraten

Durch Marketing erfolgreicher werden

Immer mehr Kanzleien treten im Markt gegeneinander an. Effektives Marketing ist damit unerlässlich, um auch künftig Wachstum und Umsatz zu gewährleisten. Dieses Werk ist speziell auf die Bedürfnisse deutscher Kanzleien und Beratungsgesellschaften ausgerichtet und unterstützt so wirksam den Aufbau und die Durchführung effektiver Marketingmaßnahmen.

Claudia Schieblon (Hrsg.)
Marketing für Kanzleien und Wirtschaftsprüfer
Ein Praxishandbuch für Anwalts-, Steuerkanzleien und Wirtschaftsprüfungsunternehmen
2009. Ca. 200 S.
Br. Ca. EUR 49,90
ISBN 978-3-8349-1135-3

Speziell für die Freien Berufe konzipiert

Durch Qualitätsmanagement können Sie Prozesse und Leistungen in Ihrer Kanzlei erheblich verbessern. Fehlerquellen werden beseitigt und wertvolle Arbeitszeit eingespart, wenn die internen Abläufe optimal organisiert sind. Vorteile zieht daraus nicht nur Ihre Kanzlei, sondern insbesondere auch Ihr Mandant, so dass die Sicherung der Qualität zugleich der Sicherung Ihres Mandantenstammes dient.

Hubert Kohlhepp
Qualitätssicherung in Steuerberatung und Wirtschaftsprüfung
Die Einführung von Qualitätsmanagement bei Freien Berufen
2009. 254 S.
Br. EUR 44,90
ISBN 978-3-8349-0909-1

Kapital schützen – Steuern optimieren

Die Besteuerung von Kapitalerträgen ist durch die Abgeltungsteuer vollkommen neu geregelt worden. Bei der Beratung von Privatanlegern und Unternehmern sind damit ganz neue Strategien zur Steueroptimierung erforderlich. Die praxisnahe Darstellung macht das Werk zu einem wertvollen Ratgeber im neuen Recht.

Ellen Ashauer | Sonja Rösch
Abgeltungsteuer
Kapital schützen –
Steuern optimieren
2008. 211 S.
Br. EUR 39,90
ISBN 978-3-8349-0905-3

Änderungen vorbehalten. Stand: Februar 2009.
Erhältlich im Buchhandel oder beim Verlag.
Gabler Verlag · Abraham-Lincoln-Str. 46 · 65189 Wiesbaden · www.gabler.de

GABLER